REFA · Methodenlehre des Arbeitsstudiums

Teil 1   Grundlagen
Teil 2   Datenermittlung
Teil 3   Kostenrechnung, Arbeitsgestaltung
Teil 4   Anforderungsermittlung (Arbeitsbewertung)
Teil 5   Lohndifferenzierung
Teil 6   Arbeitsunterweisung

Verband für Arbeitsstudien
und Betriebsorganisation e. V.

Methodenlehre des Arbeitsstudiums

Teil 3
Kostenrechnung, Arbeitsgestaltung

Carl Hanser Verlag, München 1985

CIP-Kurztitelaufnahme der Deutschen Bibliothek

Methodenlehre des Arbeitsstudiums / REFA, Verb. für Arbeitsstudien u. Betriebsorganisation e. V. – München: Hanser

NE: Verband für Arbeitsstudien und Betriebsorganisation

Teil 3. Kostenrechnung, Arbeitsgestaltung. – 7. Aufl., 202.–220. Tsd. – 1985.
ISBN 3-446-14236-3

7. Auflage 1985
202.–251. Tausend

6. Auflage 1978
151.–201. Tausend

5. Auflage 1976
121.–150. Tausend

4. Auflage 1975
101.–120. Tausend

3. Auflage 1973
66.–100. Tausend

2. Auflage 1972
32.–65. Tausend

1. Auflage 1971
1.–31. Tausend

Copyright 1971 by REFA – Verband für Arbeitsstudien und Betriebsorganisation e.V.,
Darmstadt

Kommissions-Verlag: Carl Hanser, München

Umschlagentwurf: G & S Werbestudio, Frankfurt
Satz und Druck: Roether Druck, Darmstadt
Printed in Germany

Inhaltsverzeichnis

Teil 3, Kostenrechnung

Kapitel 1
Kostenrechnung 9

1.1 Einführung 10
1.2 Einzel- und Gemeinkosten 23
1.3 Kostenträgerrechnung (Kalkulation) 33
1.4 Variable und fixe Kosten 43
1.5 Teilkostenrechnung 51
1.6 Kostenvergleichsrechnung 56
1.7 Plankostenrechnung 65

Teil 3, Arbeitsgestaltung

Kapitel 2
Einführung in die Arbeitsgestaltung

2.1	Begriffsbestimmung	70
2.2	Möglichkeiten und Voraussetzungen	71
2.3	Vorgehensweisen	73
2.4	Anforderungen an den Arbeitsgestalter	74
2.5	Stetigkeit der Aufgabe	75

Kapitel 3
Die 6 Stufen zur Gestaltung von Arbeitssystemen

3.1	Einführung in die 6-Stufen-Methode der Systemgestaltung	78
3.2	Stufe 1: Ziele setzen	81
3.3	Stufe 2: Aufgabe abgrenzen	85
3.4	Stufe 3: Ideale Lösungen suchen	94
3.5	Stufe 4: Daten sammeln und praktikable Lösungen entwickeln	98
3.6	Stufe 5: Optimale Lösung auswählen	102
3.7	Stufe 6: Lösung einführen und Zielerfüllung kontrollieren	103
3.8	Beispiel	110

Kapitel 4
Ablaufanalyse

4.1	Einführung	112
4.2	Darstellungsformen	116
4.3	Arbeitssituation	132

Kapitel 5
Grundsätze zur Gestaltung des Arbeitsplatzes und -vorganges

5.1	Einleitung	137
5.2	Arbeitsplatztypen	139
5.3	Ergonomische Arbeitsplatzgestaltung	142
5.4	Bewegungsablauf	183
5.5	Organisatorische Arbeitsgestaltung – Arbeitsstrukturierung	207
5.6	Arbeitsverfahren	228
5.7	Betriebsmittelnutzung	231

Kapitel 6
**Grundsätze zur Gestaltung des Arbeitsablaufes
zwischen mehreren Arbeitsplätzen**

6.1	Einleitung	248
6.2	Ablaufprinzipien	250
6.3	Besonderheiten des Verrichtungs- und des Flußprinzips	268
6.4	Gestaltung des Materialflusses	291

Kapitel 7
Erzeugnisgestaltung

7.1	Einführung und Begriffsbestimmung	331
7.2	Funktion	334
7.3	Vergleich der Lösungen	338
7.4	ABC-Analyse	340

Kapitel 8
Arbeitssicherheit

8.1	Einleitung	344
8.2	Der Arbeitsschutz	348
8.3	Arbeitsschutz- und Unfallverhütungsvorschriften	354
8.4	Unfälle und Unfallfolgen	362
8.5	Arbeitssicherheit als menschliches und als technisches Problem	369
8.6	Arbeitsgestaltung und Arbeitssicherheit	371
Stichwortverzeichnis		389

Kapitel 1

Kostenrechnung

1.1	Einführung	10
1.1.1	Grundbegriffe	10
1.1.1.1	Kosten	10
1.1.1.2	Ausgaben und Aufwand	11
1.1.1.3	Kostenarten	12
1.1.1.4	Kostenstellen	14
1.1.1.5	Kostenträger	15
1.1.1.6	Grundkosten und kalkulatorische Kosten	16
1.1.2	Aufgaben der Kostenrechnung	16
1.1.3	Vorgehen in der Kostenrechnung	18
1.1.4	Aufbau des betrieblichen Rechnungswesens	19
1.2	Einzel- und Gemeinkosten	23
1.2.1	Definition der Begriffe	23
1.2.2	Betriebsabrechnungsbogen (BAB)	25
1.2.2.1	Aufgaben und Aufbau des BAB	25
1.2.2.2	Erfassung und Verteilung der Kosten im BAB	28
1.3	Kostenträgerrechnung (Kalkulation)	33
1.3.1	Divisionskalkulation	33
1.3.2	Divisionskalkulation mit Äquivalenzzahlen	34
1.3.3	Zuschlagskalkulation	35
1.3.4	Zuschlagskalkulation mit Maschinenstundensätzen	40
1.4	Variable und fixe Kosten	43
1.4.1	Variable Kosten	43
1.4.2	Fixe Kosten	44
1.4.3	Mischkosten	46
1.4.3.1	Schätzverfahren zur Zerlegung von Mischkkosten	46
1.4.3.2	Grafisches Verfahren zur Zerlegung von Mischkosten	47
1.4.4	Zeit- und mengenabhängige Kosten bei steigender Mechanisierung	49
1.5	Teilkostenrechnung	51
1.5.1	Wesen der Deckungsbeitragsrechnung	51
1.5.2	Anwendung der Deckungsbeitragsrechnung	53
1.6	Kostenvergleichsrechnung	56
1.6.1	Grundlagen	56
1.6.2	Berechnung der kritischen Stückzahl	60
1.6.3	Überprüfung des Risikos der Investition	63
1.7	Plankostenrechnung	65
	Literatur	68

1.1 Einführung

Kostenrechnung
im
Arbeitsstudium

Die Kostenrechnung wird im Arbeitsstudium vorwiegend zur Kostenvor-rechnung (Vorkalkulation) und Kostennachrechnung (Nachkalkulation) und zur Planung sowie Überwachung von Rationalisierungsmaßnah-men (Wirtschaftlichkeitsrechnung) eingesetzt. In diesem Sinne ist die Kostenrechnung ein Hilfsmittel für die Arbeitsgestaltung; man kann mit ihr die vorgeschlagenen Maßnahmen bewerten und beurteilen. Vor al-lem ist es wichtig zu wissen, wodurch Kosten entstehen und in welchem Ausmaß die Verursachungsfaktoren die Kostenhöhe beeinflussen, um Kosten je Mengeneinheit senken beziehungsweise möglichst gering hal-ten zu können.

Mit diesem Wissen kann der Arbeitsstudiensachbearbeiter wesentlich zur Steigerung der Wirtschaftlichkeit eines Unternehmens beitragen.

1.1.1 Grundbegriffe

1.1.1.1 Kosten

> **Als Kosten bezeichnet man den in Geld bewerteten Verzehr von Gütern und Diensten zur Erstellung betrieblicher Leistun-gen. Kosten werden entweder für eine Periode oder für eine Mengeneinheit bestimmt.**

Kosten sind durch drei Merkmale gekennzeichnet:

1) Es muß ein Güter- oder Diensteverzehr vorliegen, zum Beispiel der Einsatz menschlicher Arbeitskraft, der Verbrauch von Werkstoffen, die Nutzung von Betriebs- beziehungsweise Arbeitsmitteln.
2) Dieser Güter- oder Diensteverzehr muß bei der Erstellung betriebli-cher Leistungen entstanden sein.
3) Der Güter- oder Diensteverzehr muß mit Geld bewertet sein (Faktor-preise), zum Beispiel bei der Nutzung oder dem Einsatz menschli-cher Arbeitskraft mit Lohnsätzen, beim Verbrauch von Werkstoffen mit Einstandspreisen, bei der Nutzung von Betriebs- beziehungswei-se Arbeitsmitteln mit Abschreibungen und Zinsen.

Beim Bewertungsvorgang, als dessen Ergebnis Kostenbeträge entste-hen, werden subjektive Wertungen vorgenommen, so daß Kosten nur bedingt als objektive Wertmaßstäbe anzusehen sind.

Kosten ergeben sich durch Multiplikation der Menge oder der Zeit mit dem Wert.

Kosten gleich Menge oder Zeit mal Wert

Beispiele sind:

1) Materialeinzelkosten:
   Materialverbrauchsmenge: 20 Stück
   Geldwert des Materials je Mengeneinheit: 6 DM/Stück
   Materialeinzelkosten = 20 Stück · 6 DM/Stück = 120 DM

2) Lohnkosten:
   Einsatzzeit: 5 h
   Geldwert der Zeiteinheit (Stundenlohn, Lohnsatz) 14 DM/h
   Lohnkosten = 5 h · 14 DM/h = 70 DM

3) Kalkulatorische Abschreibungskosten
   Gebrauchsdauer des Betriebsmittels: 8 Jahre
   Beschaffungswert des Betriebsmittels: 40 000 DM
   Kalkulatorische Abschreibungskosten = 40 000 DM/8 Jahre = 5 000 DM/Jahr

1.1.1.2 Ausgaben und Aufwand

Ausgaben sind Zahlungen jeglicher Art, die einen Geldabfluß aus dem Unternehmen darstellen.

Ausgaben

Beispiele:
Bezahlung einer Rechnung am 12.10.1984; Rückzahlung eines Darlehens.
Ausgaben sind *zeitpunktbezogen*.

Als Aufwand bezeichnet man den in Geld bewerteten Verzehr von Gütern und Diensten in einem Abrechnungszeitraum.

Aufwand

Man unterscheidet den *Zweckaufwand* oder *kostengleichen Aufwand,* der mit der betrieblichen Leistungserstellung zusammenhängt (zum Beispiel Materialverbrauch), und den *neutralen Aufwand,* der nicht mit der Leistungserstellung zusammenhängt (zum Beispiel Spenden) (näheres siehe Abschnitt 1.1.1.6).

Zweckaufwand und neutraler Aufwand

1.1.1.3 Kostenarten

Kostenarten

Als Kostenarten bezeichnet man nach der Art des Verzehrs an Gütern und Diensten unterteilte (Gesamt-)Kosten.

wichtige Kostenarten

Alle in einem Betrieb entstehenden Kosten lassen sich ihrem Verbrauchscharakter nach bestimmten Kostenarten zuordnen. Die wichtigsten Kostenarten sind:

1) Fertigungsmaterialkosten
2) Lohn- und Gehaltskosten
3) Abschreibungs- und Zinskosten
4) Instandhaltungskosten.

Klasse 4 des Kontenrahmens

In dem bisher üblichen Kontenrahmen (näheres siehe Abschnitt 1.1.4) werden in der *Kontenklasse 4* folgende Kostenarten aufgeführt:

40 Fertigungsmaterialverbrauch
41 Gemeinkostenmaterialverbrauch
   (zum Beispiel Schmieröle, Fette, Schleifbänder)
42 Brennstoffe, Energie und dergleichen
   (zum Beispiel Kohle, Heizöl, Strom, Gas, Wasser, Druckluft usw.)
43 Löhne, Gehälter
   (zum Beispiel Fertigungslöhne, Löhne für Urlaub, Feiertage und Ausbildung, Überstundenzuschläge, Gehälter)
44 Sozialkosten
   (Arbeitgeberanteile, soziale Abgaben, Weihnachtsgratifikation)
45 Kosten für Instandhaltungsarbeiten und sonstige Leistungen (Fremdanfall)
46 Steuern, Gebühren, Beiträge, Versicherungen
   (zum Beispiel Vermögenssteuer, Grundsteuer, Kfz.-Steuer, Beiträge an Fachverbände, Haftpflicht, Kfz.-Versicherung)
47 Mieten-, Verkehrs-, Büro-, Werbekosten und dergleichen
48 Kalkulatorische Kosten
   (zum Beispiel kalkulatorische Abschreibungskosten, kalkulatorische Zinskosten)
49 Sondereinzelkosten
   (zum Beispiel Werkzeuge, Vorrichtungen, Provisionen, Verpackung)

Wichtig für die Kostenrechnung im Arbeitsstudium sind neben den Kostenarten 40 bis 45 die kalkulatorischen Kosten. Darunter werden unter anderem kalkulatorische Abschreibungen und kalkulatorische Zinsen verstanden. Diese bedürfen einer näheren Erläuterung:

kalkulatorische Kosten

Betriebs- beziehungsweise Arbeitsmittel wie Maschinen und Werkzeuge haben eine bestimmte Lebens- oder Nutzungsdauer, während der sich ihr Wert mindert. Gründe für diese Wertminderung können zum Beispiel sein:

Abschreibung

a) Technischer Verschleiß durch Abnutzung infolge Gebrauchs oder auch durch Korrosion bei Nichtgebrauch.

b) Technische Veralterung, indem neue, wirtschaftlicher einsetzbare Anlagen auf den Markt kommen.

c) Unfall-, Schadens- und Katastrophenverschleiß, indem durch diese Ursachen eine Wertminderung bedingt wird.

d) Zeitliche Entwertung, indem ein Gebrauchsmusterschutz oder ein Patent nach einer bestimmten Zeit abläuft.

Abschreibungen sind aufgrund einer dieser Wertminderungen notwendige Berichtigungen für Wertansätze bei Wirtschaftsgütern.

> **Die Abschreibung ist eine Methode, den Anschaffungspreis eines Betriebs- beziehungsweise Arbeitsmittels mit einem Wert von über 800 DM über seinen meist mehrjährigen Nutzungszeitraum (Lebensdauer) zu verteilen. Die Wertminderung, die durch die Nutzung entsteht, wird mit Hilfe der Abschreibung als Kosten eines Zeitabschnitts ermittelt und auf diese Weise in Ansatz gebracht.**

Ebenso wie die Abschreibung sind auch Zinsen eine Kostenart in der Kostenrechnung.

Zinsen

> **Zinsen sind Kosten für eingesetztes Kapital.**

Zinsen auf das Eigenkapital stellen ein Äquivalent für entgangene Zinseinnahmen bei alternativer Kapitalverwendung dar. Zinsen für Fremdkapital entsprechen dem dem Geldgeber zu zahlenden Zinsbetrag für den Kredit.

kalkulatorische
Abschreibungen
und Zinsen

Abschreibungen und Zinsen erscheinen sowohl im Jahresabschluß (Bilanz mit Gewinn- und Verlustrechnung) als auch in der Kostenrechnung. Sie müssen jedoch nach unterschiedlichen Gesichtspunkten bestimmt werden, weshalb man zwischen kalkulatorischen Abschreibungs- und Zinskosten sowie bilanziellem (steuerlichem) Zinsaufwand unterscheidet.

In der Kostenrechnung interessieren vorrangig die kalkulatorischen Kosten.

1.1.1.4 Kostenstellen

Kostenstelle

Als Kostenstelle bezeichnet man einen betrieblichen Bereich (Abteilungen, Werkstätten, Maschinengruppen, eventuell auch einzelne Arbeitsplätze), der nach kostenrechnerischen Gesichtspunkten abgegrenzt und kostenrechnerisch selbständig abgerechnet wird.

Haupt- und
Hilfskostenstellen

Es werden zwei Kostenstellenkategorien unterschieden:

1) Hauptkostenstellen
   Stellen, deren Kosten nicht mehr auf andere Kostenstellen, sondern direkt auf die Kostenträger verrechnet werden (Zuschnitt, Näherei, Montage) und
2) Hilfskostenstellen
   Stellen, deren Kosten nicht direkt auf die Kostenträger, sondern erst auf andere (Hilfs- oder Haupt-)Kostenstellen umgelegt werden (zum Beispiel Energieversorgung, Kantine, Einkauf, Arbeitsvorbereitung).

Kostenstellen werden insbesondere nach der Funktion, seltener auch nach räumlichen, organisatorischen und kostenstrukturellen Gesichtspunkten gebildet.

betriebsübliche
Kostenstellen

In vielen Fällen der Betriebspraxis wird folgende Kostenstellengliederung angewendet:

1. Allgemeine Kostenstellen
    (zum Beispiel Grundstücke und Gebäude, Kesselhaus, Wasserversorgung, Wohlfahrtseinrichtungen, Betriebsrat)
2. Fertigungsstellen
2.1 Fertigungshilfsstellen
    (zum Beispiel Entwicklung und Konstruktion, Fertigungsleitung, Arbeitsvorbereitung, Vorrichtungsbau, Reparaturwerkstatt)

2.2   Fertigungshauptstellen
(zum Beispiel Stanzerei, Fräserei, Dreherei, Bohrerei, Schmiede, Leimerei, Färberei, Lackiererei, Ofenanlage, Montage, Steinbruch, Spulerei, Weberei)

3.   Materialwirtschaftsstellen
(zum Beispiel Einkauf, Fuhrpark, Anfuhr, Fertigungsmateriallager)

4.   Verwaltungsstellen
(zum Beispiel Geschäftsleitung, Finanzbuchhaltung, Betriebsbuchhaltung, Kalkulation, Verwaltung allgemein)

5.   Vertriebsstellen
(zum Beispiel Korrespondenz, Werbung, Versand, Fertiglager, Verkauf, Kundendienst).

1.1.1.5 Kostenträger

Kostenträger sind betriebliche Leistungen (Erzeugnisse oder Dienstleistungen beziehungsweise die zu ihrer Erstellung erteilten Aufträge), denen die von ihnen verursachten Kosten zugerechnet werden.

Beispiele für Kostenträger sind
in der Serienfertigung das Erzeugnis: Waschmaschine, Kühlschrank,
in der Einzelfertigung: die Presse A 3311, der Auftrag 1604, die Reparatur des Motors XYZ.

Die Definitionen der Kostenarten, -stellen und -träger können wie folgt   Zusammenfassung
zusammengefaßt werden:

Kostenarten	Kostenstellen	Kostenträger
Welche Kosten sind angefallen?	Wo sind die Kosten angefallen?	Wofür sind die Kosten angefallen?

Kostenarten – Kostenstellen – Kostenträger   Bild 1

1.1.1.6 Grundkosten und kalkulatorische Kosten

Grundkosten

Grundkosten (aufwandsgleiche Kosten) sind zeitraumbezogene Kosten und entsprechen dem Zweckaufwand.

Beispiele:
Verbrauch von Roh-, Hilfs- und Betriebsstoffen, die in einem Abrechnungszeitraum zur Erstellung der Betriebsleistung verwendet werden;
Löhne, Gehälter und fremde Dienstleistungen;
Abschreibungen;
Steuern und öffentliche Abgaben.

kalkulatorische Kosten

Kalkulatorische Kosten sind nicht aufwandsgleiche Kosten.

Sie sind demnach Kosten, die nur mittelbar der Erstellung der Erzeugnisse oder der Dienstleistungen zugeordnet werden können.

Die kalkulatorischen Kosten werden auch Zusatzkosten genannt.

Beispiele:
Kalkulatorischer Unternehmerlohn (bei mitarbeitendem Eigentümer);
kalkulatorische Abschreibungen, soweit sie den in den Grundkosten enthaltenen Anteil übersteigen (das ist zum Beispiel der Fall, wenn eine Maschine in den Grundkosten voll abgeschrieben ist oder die Abschreibungshöhe durch Steuervorschriften nach oben begrenzt ist);
kalkulatorische Zinsen (entgangene Zinseinnahmen).

Aufwand und Kosten

Die Abgrenzung der eng zusammenhängenden Begriffe Aufwand und Kosten läßt sich an folgendem Grundschema verdeutlichen:

Aufwand	Neutraler Aufwand	Zweckaufwand	
Kosten		Grundkosten	Kalkulatorische Kosten

Bild 2   Abgrenzung von Aufwand und Kosten

16

1.1.2 Aufgaben der Kostenrechnung

Die Kostenrechnung hat hauptsächlich drei Aufgabengebiete (siehe Bild 3):

1) Betriebsabrechnung
2) Kostenträgerrechnung
3) Sonderrechnungen, wie zum Beispiel die Kostenvergleichsrechnung.

Aufgabengebiete der Kostenrechnung

Bild 3

Die *Betriebsabrechnung* dient der Ermittlung von Verrechnungssätzen und Kennzahlen (Fertigungsstundensätze, Materialgemeinkosten-, Verwaltungsgemeinkosten- und Vertriebsgemeinkostenzuschläge)

Betriebs-
abrechnung

Die *Leistungsartenrechnung* besteht aus der *Kostenträgerrechnung* (Ermittlung der Selbstkosten je Kostenträger (Leistungsart) und Abrechnungszeitraum (meist ein Monat)) und der *kurzfristigen Erfolgsrechnung* (meist monatliche Ermittlung des Betriebserfolgs von Kostenträgern oder Kostenträgergruppen). Daraus lassen sich Schlüsse hinsichtlich der Ertragskraft und künftiger Erfolgsaussichten einzelner Kostenträger ziehen.

Leistungsarten-
rechnung

Die Kostenträgerstückrechnung dient zur Ermittlung der Kosten, die für die Erstellung eines bestimmten Kostenträgers

Kostenträger-
stückrechnung

a) voraussichtlich anfallen werden (Vorrechnung vor Leistungserstellung – *Vorkalkulation*) oder
b) tatsächlich angefallen sind (Nachrechnung nach Leistungserstellung – *Nachkalkulation*).

Der Begriff Kostenträgerstückrechnung resultiert daraus, daß man häufig die kalkulierten Selbstkosten auf ein Stück bezieht.

17

Selbstkosten

Selbstkosten auf Vollkostenbasis sind eine Entscheidungshilfe für die Preisfestsetzung beziehungsweise auf Festkostenbasis für die Ermittlung der Preisuntergrenze. Die Vorkalkulation der Vollselbstkosten bietet einen Anhalt, wie hoch der Preis zum Beispiel für ein Produkt sein müßte, um die Kosten zu decken. Die Vorkalkulation der Grenzkosten bietet einen Anhalt dafür, wie niedrig der Preis sein darf, um ihn gerade noch akzeptieren zu können. Mit Hilfe der Nachkalkulation wird ermittelt, ob die Vorkalkulation eine realistische Schätzung von Zeiten, Mengen und Kosten war.

Kostenvergleichs-
rechnung

Eine Aufgabe der Kostenrechnung besteht auch darin, für Sonderrechnungen Kosteninformationen bereitzustellen. Diese Sonderrechnungen sind meist Investitions- und Wirtschaftlichkeitsrechnungen. Im Arbeitsstudium werden besonders häufig Kostenvergleichsrechnungen durchgeführt, um die Kostenunterschiede zwischen alternativen Maßnahmen zu ermitteln. So werden Kostenvergleichsrechnungen durchgeführt, um zum Beispiel Fragen nach dem kostengünstigsten Verfahren oder ob Eigen- oder Fremdfertigung kostengünstiger ist zu entscheiden.

1.1.3 Vorgehen in der Kostenrechnung

Erfassen,
Verrechnen
und Verwenden
der Kosten

Die Kostenrechnung geht im wesentlichen in folgenden drei Schritten vor sich:

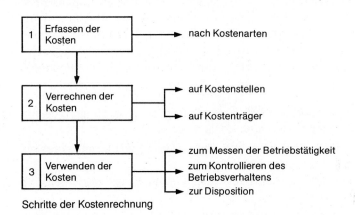

Bild 4   Schritte der Kostenrechnung

Ähnlich der Ermittlung und Verwendung von Daten, wie sie im Teil 2, Datenermittlung, behandelt wurden, gibt es auch für das Erfassen, Verrechnen und Verwenden der Kosten eine Reihe von Regeln und Verfahren. Diese Regeln und die Anwendung dieser Verfahren richten sich nach dem Zweck der Kostenrechnung.

Im wesentlichen müssen zwei grundsätzlich verschiedene Kostenrechnungsverfahren unterschieden werden:

Kostenrechnungs-
verfahren

Verfahren der Kostenrechnung   Bild 5

Bei der *Vollkostenrechnung* werden alle angefallenen Kostenarten nach dem Verursachungsprinzip auf die Kostenträger verrechnet.

Vollkosten-
rechnung

Bei den *Teilkostenrechnungsverfahren* werden nur die *variablen Kosten* der Kostenträger erfaßt. Die *fixen Kosten* werden periodenweise bestimmt. Für die Gewinnung von Preisuntergrenzen bei sich verändernden Verhältnissen (veränderliche Einkaufspreise, Absatz- und Beschäftigungslage usw.) hilft die Teilkostenrechnung bei kurzfristigen Planungen.

Teilkosten-
rechnung

Man spricht nicht deshalb von Teilkostenrechnung, weil nur Teile der gesamten Kosten(-arten) erfaßt werden, sondern weil nur Teile der gesamten Kosten(-arten) auf die Kostenträger *verrechnet* werden.

1.1.4 Aufbau des betrieblichen Rechnungswesens

Das Rechnungswesen vieler Unternehmen ist wie folgt gegliedert:

Bild 6

Gliederung des Rechnungswesens

Geschäfts-
buchführung

Die *Geschäftsbuchführung* erfaßt die Wertbewegungen des Unternehmens zur Außenwelt, also zu den Kunden, Lieferanten, Banken, dem Finanzamt usw. Auf ihnen aufbauend werden periodisch der Abschluß, die Gewinn- und Verlustrechnung sowie die Bilanz erstellt. Mit dem Bereich der Geschäftsbuchführung hat der Arbeitsstudiensachbearbeiter kaum zu tun.

Betriebs-
buchführung

Dagegen stellt die *Betriebsbuchführung* (auch Betriebsabrechnung genannt) einen für den Arbeitsstudiensachbearbeiter wesentlichen Bereich mit einer für ihn großen Aussagekraft über die Kostenstruktur des Betriebs dar. In der Betriebsbuchführung werden die innerbetrieblichen Vorgänge erfaßt.

Die Betriebsbuchführung hat im einzelnen folgende Aufgaben:

- Erfassung aller anfallenden Kosten
- Gliederung der erfaßten Kosten in Kostenarten
- Verbuchung der Kosten nach Kostenarten
- Verteilung der Kostenarten auf die Kostenstellen, die für die Entstehung der Kosten verantwortlich sind
- Verteilung der Kostenarten auf die in einer Periode erstellten Erzeugnisse oder Dienstleistungen unter Berücksichtigung des Prinzips der Verursachung
- Ermittlung der Gemeinkostenzuschläge
- Ermittlung von betriebswirtschaftlichen Kennzahlen
- Erstellung von Unterlagen zur Steuerung und Kontrolle des Betriebsgeschehens.

In der Geschäftsbuchführung werden alle Geschäftsvorfälle erfaßt und aufgrund von Buchungsbelegen (Rechnungen, Quittungen, Frachtbriefen usw.) nach einem Buchungssatz (Nennung der Konten, die vom vorliegenden Geschäftsvorfall berührt werden) auf Konten gebucht. Konten sind sach- oder personenorientierte Sortierklassen für Geschäftsvorfälle. Den Organisations- und Gliederungsplan, in dem die wesentlichen Konten nach einem übergeordneten Prinzip zusammengefaßt sind, nennt man *Kontenrahmen*. Der bisher in der Industrie meist verwendete Kontenrahmen ist in zehn Kontenklassen unterteilt (Klasse 0 bis 9):

Kontenrahmen

Kontenklasse 0:	Konten des Anlagevermögens und des langfristig gebundenen Kapitals
Kontenklasse 1:	Finanz-Umlaufkonten und kurzfristige Verbindlichkeiten
Kontenklasse 2:	Neutrale Aufwendungen und Erträge
Kontenklasse 3:	Stoffbestände
Kontenklasse 4:	Kostenartenkonten
Kontenklasse 5/6:	Kostenstellenkonten
Kontenklasse 7:	Bestände an halbfertigen und fertigen Erzeugnissen
Kontenklasse 8:	Kostenträgererträge
Kontenklasse 9:	Abschlußkonten.

Kontenklassen

Die für die Kostenrechnung wichtigste Kontenklasse ist die Klasse 4.

Im Jahr 1971 ist vom Bundesverband der Deutschen Industrie (BDI) ein neuer Industrie-Kontenrahmen vorgeschlagen worden, der eine andere Ordnung der Kontenklassen enthält.

Die im Rahmen der Betriebsbuchhaltung erfaßten Kosten werden regelmäßig am Ende einer Periode abgerechnet. Der Abrechnungszeitraum beträgt meist 1, 3 oder 12 Monate. Diese Abrechnung, die Betriebsabrechnung genannt wird, besteht aus:

Betriebsabrechnung

Betriebsabrechnung   Bild 7

Kostenarten-
rechnung

Durch die *Kostenartenrechnung* wird ermittelt, wieviel Kosten einer bestimmten Kostenart innerhalb einer Periode im Betrieb angefallen sind
(zum Beispiel Personalkosten, Fertigungsstoffkosten, Abschreibungen).

Kostenstellen-
rechnung

Die *Kostenstellenrechnung* verteilt die Kostenarten einer Periode auf die
einzelnen Kostenbereiche (zum Beispiel Beschaffungs-, Produktions-,
Verwaltungs- und Vertriebsbereich). Durch die Feststellung, wo die Kosten verursacht worden sind, soll im Rahmen der Kostenträgerrechnung
eine genaue Zurechnung der Kosten auf die in der Periode erstellten Erzeugnisse oder Dienstleistungen ermöglicht werden.

Das Bilanzrichtliniengesetz (BiRiLiG) vom 19.12.1985 enthält unter anderem Vorschriften für die Gliederung von Bilanzen und Gewinn- und Verlustrechnung. Teilweise sind Konten anderen Bilanz- und GuV-Positio-
nen zuzuordnen als bisher. Die Einteilung des Kontenrahmens nach
Kontenklassen wird davon nicht berührt.

1.2 Einzel- und Gemeinkosten

1.2.1 Definition der Begriffe

Wie schon in Abschnitt 1.1.2 ausgeführt wurde, erfolgt die Erfassung der Kosten nach den Kostenarten der Kontenklasse 4 des Kontenrahmens. Je nach Verwendungszweck werden die gemäß diesen Kostenarten ermittelten Kosten nach verschiedenen Gesichtspunkten aufgespalten.

Hierbei kann im wesentlichen zwischen *Einzel- und Gemeinkosten* (1) sowie zwischen *zeit- und mengenabhängigen Kosten* (2) unterschieden werden.

Einzel- und Gemeinkosten

1) *Gliederung der Kosten nach ihrer Zurechenbarkeit auf einen Kostenträger:*

Gliederung der Kosten nach Zurechenbarkeit auf einen Kostenträger   Bild 8

Einzelkosten ist der Sammelbegriff aller Kostenarten, die einem Kostenträger direkt zugerechnet werden können.

Einzelkosten

Die wichtigsten Einzelkosten sind (näheres siehe Abschnitt 1.3.3):

a) die Arbeitsgegenstandskosten, die in der Kostenrechnung meist mit *Material-* oder auch *Fertigungsstoffeinzelkosten* bezeichnet werden; zu den Materialeinzelkosten gehören neben dem eigentlichen Fertigungsmaterial auch zum Beispiel die eingekauften Zubehörteile, das Verpackungsmaterial usw. und

Material-einzelkosten

b) die *Fertigungslohnkosten*, die sich aus der Multiplikation von Fertigungslohn und gebrauchter Zeit ergeben.

Gemeinkosten

> **Gemeinkosten ist der Sammelbegriff aller Kostenarten, die einem Kostenträger nur mit Hilfe von Zuschlägen zugerechnet werden können.**

Diese Gemeinkostenzuschläge werden mit Hilfe von besonderen Umlageschlüsseln (zum Beispiel Wertschlüsseln, Mengenschlüsseln, Abmessungsschlüsseln, kombinierten Schlüsseln) ermittelt. Darauf wird im Abschnitt 1.2.2 näher eingegangen.

Beispiele für Gemeinkosten sind: Hilfslöhne (Gemeinkostenlöhne), Hilfs- und Betriebsstoffe (Gemeinkostenmaterial), Gehälter, Instandsetzungskosten, kalkulatorische Abschreibungskosten, kalkulatorische Zinskosten, Raumkosten.

Vorteil der
Einzelkosten

Für die Entscheidung, ob eine Kostenart als Einzelkosten- oder als Gemeinkostenart verrechnet wird, gibt es nur dem Zweck angepaßte Grundsätze (zum Beispiel erforderliche Genauigkeit, Erfaßbarkeit usw.). Allgemein kann aber festgestellt werden, daß eine Kostenrechnung um so genauer ist, je mehr Kosten als Einzelkosten erfaßt werden.

2) *Gliederung der Kosten nach der Art ihrer Beschäftigungsabhängigkeit:*

fixe und
variable Kosten

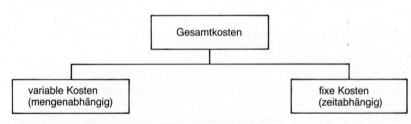

Bild 9   Gliederung der Kosten nach Beschäftigungsabhängigkeit

Auf diese Kostengliederung wird in Abschnitt 1.4 näher eingegangen.

1.2.2 Betriebsabrechnungsbogen (BAB)

1.2.2.1 Aufgaben und Aufbau des BAB

Der Betriebsabrechnungsbogen (BAB) hat folgende Aufgaben:

1) Ermitteln von Gemeinkostenverrechnungssätzen (Fertigungskosten-sätze, Material-, Fertigungs-, Verwaltungs- und Vertriebsgemeinko-stenzuschlagssätze) für die Vor- und Nachkalkulation.
2) Ermitteln von betriebswirtschaftlichen Kennzahlen zur Überwachung einzelner Kostenstellen und Betriebsbereiche.

Aufgaben des BAB

Die Gemeinkosten werden nicht auf einzelne Kostenträger beziehungs-weise Aufträge, sondern auf bestimmte Kostenstellen verrechnet. Sie können nur auf dem Umweg über die Stellen, an denen sie entstehen, das heißt über eine Kostenstellenrechnung, den einzelnen Kostenträ-gern beziehungsweise Aufträgen zugerechnet werden:

Verrechnung der Gemeinkosten

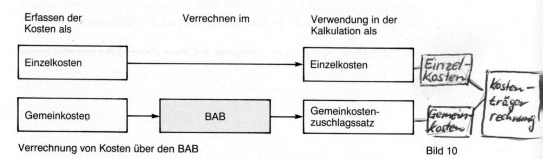

Verrechnung von Kosten über den BAB

Bild 10

Der BAB ist nach Kostenarten und Kostenstellen gegliedert. Im einzel-nen hängt sein Aufbau von den im jeweiligen Betrieb vorhandenen Ko-stenstellengliederungen ab. Die Kostenartengliederung orientiert sich an der Kontenklasse 4 (siehe Abschnitt 1.1.1.3 und 1.1.4) des Konten-rahmens. Die folgenden Ausführungen beschränken sich auf den Be-triebsabrechnungsbogen, der auf den beiden folgenden Seiten (Bild 11) abgebildet ist.

Aufbau des BAB

Die ab Spalte 5 angegebenen Kostenstellen entsprechen in Bezeich-nung und Reihenfolge dem im Abschnitt 1.1.1.4 beispielhaft wiederge-gebenen Kostenstellenplan. Die letzte Spalte 20 dient der Sammlung al-ler Sondereinzelkosten, die unmittelbar dem Kostenträger zugerechnet werden können, wie zum Beispiel einem Teil der Entwicklungs- und Konstruktionskosten.

Die übrigen Spalten und Zeilen des BAB werden im Verlauf der nachfol-genden Ausführungen erklärt.

Kostenstellen / Kostenarten	Erfassungsgrundlage	Verteilung bzw. Umlageschlüssel	Summen
Spalte ▶ / Zeile ▼	1	2	3	4
1				Genutzte Flächen in m²
2	Hilfsstoffe	Materialscheine	direkt	22916
3	Strom, Wasser, Brennstoffe	Rechnungen	direkt	17230
4	Hilfslöhne	Lohnscheine	direkt	77950
5	Gehälter	Gehaltsliste	direkt	70552
6	Gesetzliche Sozialkosten	Lohn- und Gehaltsliste	direkt	74068
7	Freiwillige Sozialkosten	Kontenblatt	Arbeitnehmerzahl	16840
8	Werkzeuge, Vorrichtungen	Betriebsaufträge oder Rechnungen	direkt	49488
9	Fremdreparaturen	Rechnungen	direkt	26428
10	Kalkulatorische Abschreibungen und Zinsen	Kontenblatt der Betriebsbuchhaltung	direkt	72400
11	Steuern, Beiträge, Versicherungen	Kontenblätter	Umlage	25822
12	Sonstige Gemeinkosten	Kontenblätter	Umlage	37892
13	Summe der Kosten je Kostenstelle	Z. 2 bis Z. 12		491586
14	Raumkosten	Sp. 5, Z. 13	genutzte Fläche der Kostenstelle	17238
15	Sozialkosten	Sp. 6 (Z. 13 bis Z. 14)	Arbeitnehmerzahl der Kostenstelle	23966
16	Energiekosten	Sp. 7 (Z. 13 bis Z. 15)	Energieverbrauch der Kostenstelle	27012
17	Instandhaltungskosten	Sp. 8 (Z. 13. bis Z. 16)	Erfahrungswerte in % auf Z. 13	26884
18	Entwicklungs- und Konstruktionsgemeinkosten	Sp. 9 (Z. 13 bis Z. 17)	Umlage von 910 DM, als SEK 15000 DM	15910
19	Kosten der Fertigungsleitung	Sp. 10 (Z. 13 bis Z. 18)	Lohnsumme als SEK 4320 DM	21816
20	Summe Gemeinkosten	Sp. 16 + Sp. 17 bis Sp. 19		472266
21	Fertigungslohnkosten	Lohn- und Akkordscheine	Kontierung	218234
22	Fertigungskosten	(Sp. 16 Z. 20) + (SP 16 Z. 21)		595430
23	Materialeinzelkosten	Materialscheine		293032
24	Materialgemeinkosten	Sp. 17, Z. 20		21262
25	Materialkosten	Sp. 4 (Z. 23 + Z. 24)		314294
26	Sondereinzelkosten der Fertigung	Sp. 20, Z. 19		4320
27	Herstellkosten	Sp. 4 (Z. 22 + Z. 25 + Z. 26)		914044
28	Entwicklungs- und Konstruktionseinzelkosten	Rechnungen 53000 DM + Sp. 20 Z. 18		68000
29	Verwaltungsgemeinkosten	Sp. 18, Z. 20		38490
30	Vertriebsgemeinkosten	Sp. 19, Z. 20		35318
31	Selbstkosten	Sp. 4 (Z. 27 bis Z. 30)		1055852

Bild 11   Betriebsabrechnungsbogen

Allgemeine Stellen			Fertigungshilfsstellen				Fertigungshauptstellen								
Grundstück, Gebäude	Sozialeinrichtungen	Energiestation	Instandhaltung	Entwicklung	Leitungsstellen	Summe Sp. 5–10	101	201	301	401–410	Summe Sp. 12–15	Materialwirtsch. (Einkauf, Lager)	Verwaltung	Vertrieb	Sondereinzelkosten SEK
5	6	7	8	9	10	11	12	13	14	15	16	17	18	19	20
17238	442	344	430	436	392	2044	2012	2540	3184	5242	12978	1062	444	710	–
1824	972	4238	2432	356	592	10414	1732	2424	1396	4296	9848	832	588	1234	–
1630	140	12210	2420	220	610	17230	–	–	–	–	–	–	–	–	–
3240	2632	3824	8532	2936	3628	24792	3736	5284	6996	23038	39054	5624	3644	4836	–
–	–	–	3280	5154	7188	15622	–	3644	7828	6432	17904	4956	16432	15638	–
636	668	740	2284	1572	2054	7954	6856	11128	12036	24884	54904	2128	4704	4378	–
–	16840	–	–	–	–	16840	–	–	–	–	–	–	–	–	–
–	–	–	1224	–	–	1224	2376	11216	13684	20988	48264	–	–	–	–
2596	–	496	–	–	2036	5128	–	4838	4256	12206	21300	–	–	–	–
5600	1598	3980	3640	3220	2548	20586	2072	6336	12016	18694	39118	2320	8592	1784	–
1334	280	496	232	652	720	3714	2820	3276	5944	7656	19696	640	976	796	–
378	394	444	940	352	420	2928	4210	6350	5812	12162	28534	648	1224	4558	–
17238	23524	26428	24984	14462	19796	126432	23802	54496	69968	130356	278622	17148	36160	33224	–
–	442	344	430	436	392	2044	2012	2540	3184	5242	12978	1062	444	710	–
–	–	240	312	404	478	1434	2860	4658	3100	10480	21098	358	480	596	–
–	–	–	1158	608	882	2648	3256	4324	4850	7860	20290	1880	1406	788	–
–	–	–	–	–	268	268	4346	5454	5970	10032	25802	814	–	–	–
–	–	–	–	–	–	–	166	60	80	604	910	–	–	–	15000
–	–	–	–	–	–	–	2960	3604	3852	7080	17496	–	–	–	4320
–	–	–	–	–	–	–	39402	75136	91004	171654	377196	21262	38490	35318	–
–	–	–	–	–	–	–	36520	49284	33236	99194	218234	–	–	–	–
–	–	–	–	–	–	–	75922	124420	124240	270848	595430	–	–	–	–

1.2.2.2 Erfassung und Verteilung der Kosten im BAB

Bei der Erfassung und Verrechnung der Kosten im BAB wird in folgenden Schritten vorgegangen:

Schritt 1   *Gemeinkosten erfassen und verrechnen:*

Übernahme der Zahlen aus der Betriebsbuchführung:

Auf speziellen Kontenkarten werden die Kosten eines Abrechnungszeitraumes nach Kostenart und Kostenstelle gegliedert erfaßt. Die Summen der Kosten jeder Kostenart werden in den BAB (Zeilen 2 bis 12, Spalten 4 bis 20) übernommen. In Spalte 11 werden die Summen der Spalten 5 bis 10, in Spalte 16 die Summen der Spalten 12 bis 15 und in Spalte 4 die Summen der Spalten 11, 16 und 17 bis 20 eingetragen.

Die Kosten je Kostenstelle werden addiert und die Summe in Zeile 13 eingetragen.

Schritt 2   *Internen Leistungsaustausch verrechnen:*

In diesem Schritt werden die Gemeinkosten der allgemeinen Kostenstellen, die in Zeile 13, Spalten 5 bis 7, erfaßt wurden, von links nach rechts auf die Fertigungshilfsstellen, die Fertigungshauptstellen, die Materialwirtschaft sowie Verwaltung und Vertrieb umgelegt. Die Kosten der Fertigungshilfsstelle Instandhaltung werden auf die Leitungsstellen, die Fertigungshauptstellen und die Materialwirtschaft, die Kosten der Entwicklung und der Leitungsstellen lediglich auf die Fertigungshauptstellen umgelegt.

Zur Umlage dienen Umlageschlüssel (siehe Spalte 3, Zeilen 14 bis 19).

Beispiele für Umlage   Zum Beispiel betragen die in der Abrechnungsperiode auf der Kostenstelle „Grundstück und Gebäude" angelaufenen Kosten 17 238 DM. Dieser Betrag wird zunächst in Zeile 14, Spalte 4, als Summe der Raumkosten übertragen. Die Auflösung dieser Kostensumme auf die nachfolgenden Kostenstellen geschieht mit Hilfe eines Umlageschlüssels. Als Umlageschlüssel dient die genutzte Fläche der Kostenstelle. Die Summe der Flächen aller Kostenstellen beträgt 17 238 m². Daraus ergeben sich als Schlüssel für die Umlage

$$\text{Kosten} = \frac{17\ 238}{17\ 238} = 1{,}00\ \text{DM/m}^2.$$

Die Sozialeinrichtungen haben eine Fläche von 442 m² belegt, wodurch sich ein Umlagebetrag an Raumkosten für diese Kostenstelle von 442 · 1,00 DM/m² = 442 DM ergibt.

Entsprechend werden die Raumkkosten aller weiteren Kostenstellen berechnet. Ihre Summe ergibt wieder 17 238 DM.

Die Kosten der Kostenstelle für Sozialeinrichtungen werden dementsprechend umgelegt. Dabei wird zu der Summe in Zeile 13 (23 524 DM) die bereits erfolgte Umlage an Raumkosten (442 DM) hinzugezählt. So ergibt sich für die Sozialkosten eine Summe von 23 966 DM. Als Umlageschlüssel dient hier die Anzahl der Arbeitnehmer pro Kostenstelle.

Mit den weiteren Kostenstellen wird entsprechend verfahren.

Wie man den Zeilen 18 und 19 des BAB entnehmen kann, wird nur ein Teil der Gemeinkosten für Entwicklung und Konstruktion sowie für Fertigungsleitung auf die Fertigungshauptstellen umgelegt; ein anderer Teil kann als Sondereinzelkosten (siehe auch Abschnitt 1.3.3) verrechnet werden (Zeile 20 im BAB).

Für die Fertigungshauptstellen, Einkauf und Lager, Verwaltung sowie Vertrieb können nun die gesamten Gemeinkosten durch Addition der Beträge der Zeilen 13 bis 19 errechnet werden. So beträgt zum Beispiel die Summe der Fertigungsgemeinkosten aller Fertigungshauptstellen (Zeile 20, Spalte 16) 377 196 DM.

Gemeinkostenverrechnungssätze und Kennzahlen ermitteln: Schritt 3

In Zeile 21, Spalten 12 bis 15, werden die Fertigungslohnkosten, die während der Abrechnungsperiode in den einzelnen Fertigungshauptstellen anfielen, eingetragen.

Durch die Addition von Fertigungsgemeinkosten (Zeile 20, Spalten 12 bis 15) und Fertigungslohnkosten (Zeile 21, Spalten 12 bis 15) ergeben sich die Fertigungskosten je Kostenstelle (Zeile 22, Spalten 12 bis 15), die in der Abrechnungsperiode angefallen sind. In Zeile 22, Spalte 16, finden sich die gesamten Fertigungskosten der Periode.

Die Kosten der Spalte 4, Zeilen 20 bis 31, können nun durch Addition errechnet werden, nachdem die Materialeinzelkosten (Zeile 23) den Materialscheinen und die Entwicklungs- und Konstruktionseinzelkosten (Zeile 28) den entsprechenden Rechnungen entnommen wurden.

Damit ist es möglich, die gewünschten Gemeinkostensätze zu berechnen, wie dies auf den beiden folgenden Seiten erläutert wird. Diese Kostensätze werden zur Ermittlung der Selbstkosten im Rahmen der Zuschlagskalkulation (siehe Abschnitt 1.3.3) und zu statistischen Zwecken verwendet. Soweit sie zur Vorkalkulation verwendet werden, kann es erforderlich sein, die aus Ist-Kosten gewonnenen Zuschläge einer kritischen Bewertung ihrer Gültigkeit als Soll-Kosten zu unterziehen.

Kennzahl	Gesamt-Betrieb	Fertigungshauptstellen			
		101	201	301	401 – 410
Materialgemeinkosten-zuschlagssatz	7,3 %				
Fertigungsgemein-kostenzuschlagssatz		108 %	152 %	274 %	173 %
Verwaltungsgemeinko-stenzuschlagssatz(1)	4,2 %				
Verwaltungsgemeinko-stenzuschlagssatz(2)	6,5 %				
Vertriebsgemein-kostenzuschlagssatz	3,9 %				
Fertigungslohn-stunden	15 315 h	2440 h	3200 h	2060 h	7615 h
Fertigungsstunden-satz		31,12 $\frac{DM}{h}$	38,88 $\frac{DM}{h}$	60,31 $\frac{DM}{h}$	35,57 $\frac{DM}{h}$

Ausrechnung
S. 31

Bild 12   Gemeinkostenverrechnungssätze und Kennzahlen

Die in Bild 12 aufgeführten Kennzahlen ergeben sich aus folgenden Gleichungen (siehe dazu auch Bild 11):

Materialgemeinkostenzuschlagssatz in %

$$= \frac{\text{Kosten für Einkauf und Lager (Sp. 17, Z. 20)}}{\text{Materialeinzelkosten (Sp. 4, Z. 23)}} \cdot 100$$

$$= \frac{21\,262\ DM}{293\,032\ DM} \cdot 100 = 7,3\ \%$$

Fertigungsgemeinkostenzuschlagssatz in %

$$= \frac{\text{Gemeinkosten einer Fertigungshauptstelle (Sp. 12, Z. 20)}}{\text{Fertigungslohnkosten dieser Kostenstelle (Sp. 12, Z. 21)}} \cdot 100$$

$$= \frac{39\,402 \text{ DM}}{36\,520 \text{ DM}} \cdot 100 = 108 \text{ \% (für Kostenstelle 101)}$$

Im allgemeinen werden die Verwaltungsgemeinkosten auf die Herstellkosten bezogen; sie können aber auch auf die Fertigungskosten bezogen werden:

Verwaltungsgemeinkostenzuschlagssatz in % (1)

$$= \frac{\text{Verwaltungsgemeinkosten (Sp. 18, Z. 20)}}{\text{Herstellkosten (Sp. 4, Z. 27)}} \cdot 100$$

$$= \frac{38\,490 \text{ DM}}{914\,044 \text{ DM}} \cdot 100 = 4{,}2 \text{ \%}$$

Verwaltungsgemeinkostenzuschlagssatz in % (2)

$$= \frac{\text{Verwaltungsgemeinkosten (Sp. 18, Z. 20)}}{\text{Fertigungskosten (Sp. 4, Z. 22)}} \cdot 100$$

$$= \frac{38\,490 \text{ DM}}{595\,430 \text{ DM}} \cdot 100 = 6{,}5 \text{ \%}$$

Vertriebsgemeinkostenzuschlagssatz in %

$$= \frac{\text{Vertriebsgemeinkosten (Sp. 19, Z. 20)}}{\text{Herstellkosten (Sp. 4, Z. 27)}} \cdot 100$$

$$= \frac{35\,318 \text{ DM}}{914\,044 \text{ DM}} \cdot 100 = 3{,}9 \text{ \%}$$

Eine weitere Kennzahl, die mit Hilfe des BAB gewonnen werden kann, ist der Fertigungskostensatz. Hierbei werden die Fertigungskosten durch die Fertigungslohnstunden der Abrechnungsperiode, die aus Aufschreibungen der Betriebsbuchhaltung gewonnen werden, dividiert:

Fertigungsstundensatz

$$= \frac{\text{Fertigungskosten einer Fertigungshauptstelle (Sp. 12, Z. 22)}}{\text{Fertigungslohnstunden dieser Kostenstelle}}$$

$$= \frac{75\,922 \ \text{DM}}{2\,440 \ \text{h}} = 31{,}12 \ \text{DM/h}$$

S. 27

1.3 Kostenträgerrechnung (Kalkulation)

1.3.1 Divisionskalkulation

Die Divisionskalkulation besteht darin, daß alle während einer Periode anfallenden Kosten auf die während dieser Periode erzeugte Menge bezogen werden.   Definition

Die Kosten je Mengeneinheit ergeben sich durch einfache Division:

$$\text{Kosten} = \frac{\text{Kosten eines Abrechnungszeitraumes } (\textit{Periode})}{\text{in diesem Abrechnungszeitraum erzeugte Menge}}$$

Die Divisionskalkulation kann nur dann angewendet werden, wenn in dem betrachteten Abrechnungszeitraum nur *eine* Art von Erzeugnissen, zum Beispiel nur eine Type, erstellt wird und Lagerbestandsveränderungen an Halb- und Fertigfabrikaten ohne Bedeutung sind. Diese Voraussetzung ist nur in wenigen Betrieben gegeben, zum Beispiel in Getränkefabriken, Brauereien mit nur einer Biersorte, Gas- und Elektrizitätswerken oder Zementwerken usw.   Anwendung

Die Ermittlung der Kosten für eine Kilowatt-Stunde (kWh) ist ein Musterbeispiel für die Anwendung der Divisionskalkulation: Beispiel

1) 2)	Herstellkosten je Monat erzeugte Mengeneinheit in diesem Monat	24.000 DM/Monat 480.000 KWh/Monat
3)	Herstellkosten in DM je KWh	0,050 DM/KWh

1.3.2 Divisionskalkulation mit Äquivalenzzahlen

Definition,
Anwendung

Die Äquivalenzzahlenrechnung ist eine modifizierte Divisionskalkulation.

Sie wird angewendet, wenn

1) das gleiche Material mit untersschiedlichem Fertigungszeitaufwand zu mehr oder weniger unterschiedlichen Varianten verarbeitet wird (zum Beispiel Getränke in verschieden große Flaschen abfüllen),
2) verschiedene Materialien mit gleichem Fertigungszeitaufwand zu mehr oder weniger unterschiedlichen Varianten verarbeitet werden (zum Beispiel Kunststoffteile aus verschiedenem Kunststoff spritzen),
3) verschiedene Materialien mit unterschiedlichem Fertigungszeitaufwand zu verschiedenen Varianten verarbeitet werden (zum Beispiel Kunststoffpreßteile aus verschiedenem Material und mit verschiedenen Härtezeiten für das gleiche Teil, Bier verschiedener Sorten in unterschiedlichen Flaschengrößen).

Beispiel

Für das Abfüllen von je 100 Flaschen der Größen klein (1), mittel (2) und groß (3) ist mit Hilfe von Zeitaufnahmen folgende Vorgabezeit je Sorte festgestellt worden:

für Größe 1: 90 min/100 Flaschen
für Größe 2: 114 min/100 Flaschen
für Größe 3: 175 min/100 Flaschen

Wird für die Vorgabezeit der ersten Sorte die Äquivalenzzahl 1 gesetzt, so erhält man

für Größe 2 $= \dfrac{114}{90} = 1{,}27$ oder Äquivalenzzahl 1,27 und

für Größe 3 $= \dfrac{175}{90} = 1{,}94$ oder Äquivalenzzahl 1,94.

Mit diesen Äquivalenzzahlen können nun die Recheneinheiten (RE) ermittelt werden, die der Kalkulation zugrunde gelegt werden.

Von den drei Flaschensorten sind in einem bestimmten Monat 100 000 beziehungsweise 60 000 beziehungsweise 30 000 Flaschen abgefüllt worden. Die Recheneinheiten ergeben sich durch Multiplikation dieser Abfüllmengen mit den Äquivalenzzahlen:

Sorte	Abfüllmenge in Flaschen/Monat	Vorgabezeit in min/100 Flaschen	Äquivalenzzahl	Recheneinheiten in RE/Monat
1	100.000	90	1	100.000
2	60.000	114	1,27	76.200
3	30.000	175	1,94	58.200
			Summe der Recheneinheiten je Monat	234.400

Betragen die angefallenen Gesamtfertigungskostenn in dem betrachteten Monat 19 400 DM, so ergeben sich folgende Fertigungskosten je Recheneinheit:

$$\text{Fertigungskosten} = \frac{19\ 400\ \text{DM/Monat}}{234\ 400\ \text{RE/Monat}} = 0{,}0828\ \frac{\text{DM}}{\text{RE}} = 8{,}28\ \frac{\text{DM}}{100\ \text{RE}}$$

Wiederum unter Verwendung der Äquivalenzzahlen können damit die Fertigungskosten für die drei Flaschensorten errechnet werden:

Sorte	Äquivalenzzahl	Fertigungskosten in DM/100 RE	in DM/100 Flaschen
1	1	8,28	8,28
2	1,27	8,28	10,50
3	1,94	8,28	16,05

1.3.3 Zuschlagskalkulation

Die Zuschlagskalkulation (Kalkulation mit Gemeinkostenzuschlagssätzen) geht von einer Trennung der Einzel- und Gemeinkosten aus.

Definition, Anwendung

Sie wird überall dort angewendet, wo mehrere Erzeugnisse mit unterschiedlichen Kosten an Material und Fertigungslohnkosten mit verschiedenen Fertigungsverfahren hergestellt werden. Im Bild 13 wird ein häufig verwendetes Schema der Zuschlagskalkulation dargestellt. Hierzu können folgende Erläuterungen gegeben werden:

1) Die Materialeinzelkosten MEK ergeben sich, wie schon beschrieben, aus dem Verbrauch an Material für die Fertigung des zu kalkulierenden Kostenträgers oder Auftrags und dem Wert des Materials je Mengeneinheit. Der Verbrauch kann in vielen Fällen den Materialscheinen (siehe Teil 1, Abschnitt 2.2.3) entnommen werden.

Materialeinzelkosten

Wenn zum Beispiel 5 kg Material im Kalkulationswert von 2 DM/kg für ein Produkt benötigt werden, so betragen die Materialeinzelkosten 10 DM je Produkt. Dieser Wert wird in die Kalkulation übernommen.

Meistens werden verschiedene Materialien in verschiedensten Mengen mit unterschiedlichen Preisen für die Herstellung eines Produktes benötigt. Dann müssen die Kosten jeder einzelnen Materialmenge ermittelt werden, und ihre Summen werden dann in die Kalkulation als Materialeinzelkosten MEK übernommen.

Material-
gemeinkosten

2) Die Materialgemeinkosten **MGK** enthalten die anteiligen Kosten, welche durch Einkauf, Lagerung und Verwaltung des Materials entstanden sind. Sie liegen meist als Materialgemeinkostenzuschlagssatz MGKZ vor, der mit Hilfe des Betriebsabrechnungsbogens ermittelt wird.

Materialkosten

3) Die Materialkosten **MK** ergeben sich aus der Summe von Materialeinzel- und Materialgemeinkosten:

$$MK = MEK + MGK \text{ beziehungsweise}$$

$$MK = MEK \cdot \left(1 + \frac{MGKZ}{100}\right)$$

Fertigungs-
lohnkosten

4) Die Fertigungslohnkosten **FLK** ergeben sich aus der gebrauchten Zeit (auch abgerechnete Zeit oder Ist-Zeit genannt) und dem Fertigungslohnsatz. Die gebrauchte Zeit kann den Arbeitsscheinen (siehe Teil 1, Abschnitt 2.2.3) entnommen werden. Diese enthalten meist auch den Fertigungslohn in Form des Stundenlohnes in DM/h bei Zeitlohn oder in Form eines Minutenfaktors in Pf/min bei Leistungslohn.

Betragen zum Beispiel der Stundenlohn 14,50 DM/h und die gebrauchte Zeit 20 min/Stück, dann sind die Fertigungslohnkosten für das während dieser Zeit gefertigte Stück:

$$\text{Fertigungslohnkosten} = \frac{14{,}50 \text{ DM/h} \cdot 20 \text{ min/Stück}}{60 \text{ min/h}} = 4{,}83 \text{ DM/Stück}$$

Fertigungs-
gemeinkosten

5) Die Fertigungsgemeinkosten **FGK** bestehen aus den im BAB erfaßten Kostenarten. Wie in Abschnitt 1.2.2 erläutert, werden sie als Zuschlagssatz FGKZ auf die Fertigungslohnkosten je Kostenstelle bezogen.

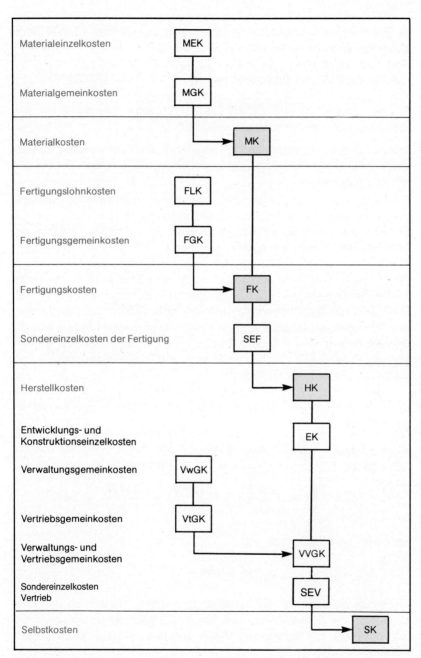

Schema zur Kalkulation der Herstell- und Selbstkosten je Mengeneinheit aus Einzel- und   Bild 13
Gemeinkosten

Fertigungskosten

6) Die Fertigungskosten **FK** ergeben sich gemäß Bild 13 aus Fertigungslohnkosten und Fertigungsgemeinkosten:

$$FK = FLK + FGK \text{ beziehungsweise}$$

$$FK = FLK \cdot \left(1 + \frac{FGKZ}{100}\right)$$

Durchläuft das zu kalkulierende Produkt mehrere Kostenstellen, so werden zunächst die Fertigungskosten der einzelnen Kostenstellen errechnet und dann addiert.

Die Fertigungskosten je Mengeneinheit können auch mit Hilfe von Fertigungskostensätzen ermittelt werden, indem je Kostenstelle die gebrauchte Zeit mit diesem Fertigungskostensatz multipliziert wird. In diesem Fall spricht man von einer Kalkulation mit Fertigungskostensätzen.

Sonder-
einzelkosten der
Fertigung

7) Sondereinzelkosten der Fertigung **SEF** sind Einzelkosten, die ebenso wie das Material und der Fertigungslohn unmittelbar und ausschließlich durch den kalkulierten Kostenträger oder Auftrag verursacht werden. Ein typisches Beispiel sind die Kosten für eine spezielle Vorrichtung oder Werkzeug, die für andere Produkte nicht wiederverwendet werden können. Ebenso gehören hierher Patent- und Lizenzkosten, die für Verwertung fremder Ideen anfallen.

Herstellkosten

8) Die Herstellkosten **HK** ergeben sich aus der Summe der bisher genannten Kosten:

$$
\begin{aligned}
HK &= MEK + MGK + FLK + FGK + SEF \\
&= MK \qquad\quad + FK \qquad\quad + SEF
\end{aligned}
$$

$$HK = MEK \cdot \left(1 + \frac{MGKZ}{100}\right) + FLK \cdot \left(1 + \frac{FGKZ}{100}\right) + SEF$$

Falls SEF = 0 ist, ergibt sich:

$$HK = MK + FK$$

Selbstkosten

9) Um die Selbstkosten **SK** ermitteln zu können, müssen zu den Herstellkosten die Entwicklungs- und Konstruktionseinzelkosten sowie die Gemeinkosten der Verwaltung VwGK und des Vertriebs VtGK addiert werden:

$$SK = HK + EK + VwGK + VtGK + SEV$$
$$= HK + EK + VVGK + SEV$$

Die Entwicklungs- und Konstruktionseinzelkosten sollten vor allen in entwicklungsintensiven Unternehmen unmittelbar auf den Kostenträger, für den sie geleistet werden, verrechnet werden. Nur Kostenreste, die dem Kostenträger nicht zugeteilt werden können, sollten über den Betriebsabrechnungsbogen verrechnet werden (zum Beispiel nicht realisierte Projekte).   *Entwicklungs- und Konstruktionseinzelkosten*

Unter Sondereinzelkosten des Vertriebs fallen alle Vertriebskosten, die einem Kostenträger unmittelbar zugerechnet werden können. Solche Kosten sind zum Beispiel: Werbekosten für einzelne Erzeugnisse, Frachten, Lizenzen, Provisionen, Versicherungsgebühren usw.   *Sondereinzelkosten Vertrieb*

Die Anwendung des Zuschlagskalkulations-Schemas (Bild 13) soll an einem Beispiel veranschaulicht werden: *Beispiel*

Für ein Gerät sind die Herstellkosten und die Selbstkosten zu ermitteln. Folgende Daten sind gegeben:

MEK	920, – DM/Stück
MGK	8 % von MEK
FLK	240,50 DM/Stück
FGK	270 % von FLK
SEF	450, – DM
EK	5 % von HK
VwGK	9 % von HK
VtGK	6 % von HK

Die Sondereinzelkosten für eine spezielle Montagevorrichtung sind auf 1 000 Stück (voraussichtliche Gesamt-Produktionsmenge des Gerätes) umzulegen.

Gemäß Bild 13 ergibt sich:

Kostenart	Verrechnungsbasis	Kosten in DM/Stück	
MEK		920,—	
MGK	8 % von MEK	73,60	
MK			993,60
FLK		240,50	
FGK	270 % von FLK	649,35	
FK			889,85
SEF			0,45
Herstellkosten HK			1883,90
EK	5 % von HK		94,20
VwGK	9 % von HK	169,55	
VtGK	6 % von HK	113,03	
VVGK			282,58
Selbstkosten SK			2260,68

1.3.4 Zuschlagskalkulation mit Maschinenstundensätzen

Verbesserung
der oben
beschriebenen
Zuschlags-
kalkulation

Bei der Zuschlagskalkulation, wie sie bisher beschrieben wurde, wird auf den Fertigungslohn der durchschnittliche Gemeinkostenzuschlagssatz der meist eine Vielzahl von Arbeitsplätzen umfassenden Kostenstelle verrechnet. Dabei bleibt unberücksichtigt, ob die Produktion auf einer großen Maschine mit hoher Kapitalbindung oder einer kleinen Maschine mit geringer Kapitalbindung durchgeführt wird. Diese Rechnung kann zu Fehlern bei der Ermittlung der Selbstkosten je Stück führen, indem ein Produkt mit zu hohen, das andere mit zu geringen Kosten belastet wird. Um solche Fehler einzuschränken, werden aus dem Fertigungsgemeinkostenzuschlagssatz die durch die Betriebs- beziehungsweise Arbeitsmittel verursachten Kosten herausgezogen, gesondert errechnet und entsprechend dem jeweiligen Kostenträger direkt zugerechnet. Diese Kosten des Betriebsmittels werden als *Maschinenkosten* bezeichnet (siehe Bild 14).

Restfertigungs-
gemeinkosten

Durch die direkte Zurechnung der Maschinenkosten eventuell einschließlich der Werkzeug- und Vorrichtungskosten auf die Erzeugnisse wird der Fertigungsgemeinkostensatz aufgespalten, so daß dem Fertigungslohn nur noch die verbleibenden Fertigungsgemeinkosten, die sogenannten *Restfertigungsgemeinkosten*, zugerechnet werden müssen. In diesen sind dann vor allem noch die Lohnnebenkosten (gesetzliche und freiwillige Sozialkosten) sowie die Gehälter und Hilfslöhne enthalten.

Kostenarten der
Maschinenkosten

In den Maschinenkosten sind folgende Kostenarten zusammengefaßt:

1) kalkulatorische Abschreibung,
2) kalkulatorische Zinsen,
3) Raumkosten,
4) Energiekosten,
5) Instandhaltungskosten.

Zuschlagskalkulation

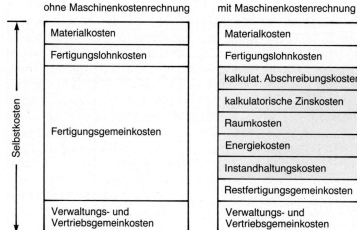

Selbstkosten ohne und mit Maschinenkosten (ohne SEF, EK und SEV)   Bild 14

An folgendem Beispiel soll gezeigt werden, wie man

1) die Maschinenkosten je Stunde *(Maschinenstundensatz)* und
2) die Maschinenkosten je Stück

errechnet:

Beispiel für die
Ermittlung des
Maschinen-
stundensatzes

Beschaffungspreis einschließlich Installation	90 000 DM	Ausgangsdaten
Lebensdauer der Maschine bei 1-Schicht-Betrieb	10 Jahre	
Lebensdauer der Maschine bei 2-Schicht-Betrieb	8 Jahre	
Soll-Einsatzzeit im Jahr bei 1-Schicht-Betrieb		
(bei 250 Arbeitstagen/Jahr, 8 h Arbeitszeit/Tag und einem		
Planungsfaktor von 0,8)	1 600 h/Jahr	
Soll-Einsatzzeit im Jahr bei 2-Schicht-Betrieb		
(bei 16 h Arbeitszeit/Tag)	3 200 h/Jahr	
Zinssatz	9 %/Jahr	
Flächenbedarf	6 m^2	
Kalkulatorischer Mietpreis	35 DM/m^2 · Jahr	
Energiebedarf		
= Anschlußwert (Motorleistung) x Auslastungsfaktor η	5 kW	
Strompreis	0,10 DM/kWh	
Instandhaltungskostensatz bei 1-Schicht-Betrieb in Prozent		
des Beschaffungspreises	8 %/Jahr	
Instandhaltungskostensatz bei 2-Schicht-Betrieb in Prozent		
des Beschaffungspreises	14 %/Jahr	

Maschinen-
stundensatz

Die Bestimmung des Maschinenstundensatzes kann gemäß Bild 15 vorgenommen werden:

Kostenart	Berechnungsformel	Kosten in DM/h	
		1-Schicht-Betrieb	2-Schicht-Betrieb
kalkulatorische Abschreibungskosten	$\dfrac{\text{Beschaffungspreis in DM}}{\text{Nutzungsdauer in Jahren}} \cdot \dfrac{1}{\text{Einsatzzeit in h/Jahr}}$	5,63	3,52
kalkulatorische Zinskosten	$\dfrac{\text{Beschaffungspreis in DM}}{2} \cdot \dfrac{\text{Zinssatz in \%/Jahr}}{100} \cdot \dfrac{1}{\text{Einsatzzeit in h/Jahr}}$	2,53	1,27
Raumkosten	$\dfrac{\text{Flächenbedarf in m}^2 \cdot \text{kalkulat. Mietpreis in DM/m}^2 \cdot \text{Jahr}}{} \cdot \dfrac{1}{\text{Einsatzzeit in h/Jahr}}$	0,13	0,07
Energiekosten	Energiebedarf in kW · Strompreis in DM/kWh	0,50	0,50
Instandhaltungskosten	$\text{Beschaffungspreis in DM} \cdot \dfrac{\text{Instandhaltungskostensatz in \%/Jahr}}{100} \cdot \dfrac{1}{\text{Einsatzzeit in h/Jahr}}$	4,50	3,94
Maschinenstundensatz	Summe der Kosten	13,29	9,30

Bild 15   Schema zur Berechnung des Maschinenstundensatzes

Maschinenkosten
je Stück

Für die Kalkulation der Maschinenkosten je Stück muß zunächst die Betriebsmittelzeit je Einheit errechnet werden. Wenn im Beispiel $t_{rB} = 60$ min, $t_{eB} = 10$ min/Stück und $m = 200$ Stück sind, dann ist die Betriebsmittelzeit je Einheit t'_{eB} unter Berücksichtigung der Rüstzeit:

$$t'_{eB} = \frac{t_{rB}}{m} + t_{eB} = \frac{60}{200} + 10 = 10{,}3 \text{ min/Stück}$$

Damit sind:

Maschinenkosten in DM/Stück

$$= \text{Maschinenstundensatz in DM/h} \cdot \text{Belegungszeit in min/Stück} \cdot \frac{1}{60 \text{ min/h}}$$

	1-Schicht-Betrieb	2-Schicht-Betrieb
Maschinenkosten in DM/Stück	$\dfrac{13{,}29 \text{ DM/h} \cdot 10{,}3 \text{ min/Stck.}}{60 \text{ min/h}}$ $= 2{,}28 \text{ DM/Stück}$	$\dfrac{9{,}30 \text{ DM/h} \cdot 10{,}3 \text{ min/Stck.}}{60 \text{ min/h}}$ $= 1{,}60 \text{ DM/Stück}$

Bild 16   Maschinenkosten in DM/Stück

1.4 Variable und fixe Kosten

1.4.1 Variable Kosten

Eine Kostenart wird als variabel bezeichnet, wenn sie sich in einem bestimmten Zeitraum und innerhalb bestimmter Beschäftigungsgrenzen bei einer Veränderung der Beschäftigung betragsmäßig verändert.

Definition

Damit hängen die variablen Kosten von der Anzahl der im Zeitabschnitt erstellten Mengeneinheiten ab. Variable Kostenarten sind zum Beispiel Materialeinzelkosten oder Fertigungslohnkosten.

In Bild 18 ist dargestellt, wie sich die variablen Kosten

a) als Kosten je Abrechnungszeitraum und
b) als Kosten je Mengeneinheit

in Abhängigkeit von der Beschäftigung (abgebildet durch die Mengenleistung in Stück/Monat) verhalten. Dabei wurde von folgenden Zahlen (Bild 17) ausgegangen:

Mengenleistung in Stück/Monat	variable Kosten	
	in DM/Monat	in DM/Stück
20	200	10
70	700	10
40	400	10

Zahlentabelle zu Bild 18

Bild 17

Verlauf der
variablen
Kosten

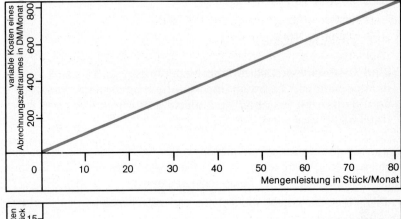

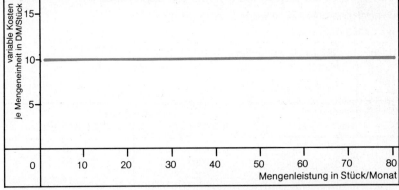

Bild 18   Verlauf der variablen Kosten in Abhängigkeit von der Beschäftigung (Mengenleistung in Stück/Monat)

1.4.2 Fixe Kosten

Eine Kostenart wird als fix bezeichnet, wenn sie sich in einem bestimmten Zeitraum und innerhalb bestimmter Beschäftigungsgrenzen betragsmäßig nicht verändert.

Die fixen Kosten entstehen in einem bestimmten Zeitabschnitt unabhängig davon, ob Leistungen erbracht werden oder nicht, das heißt, ob produziert wird oder nicht.

Fixe Kostenarten können Gehälter, Raumkosten, Zinskosten, Mieten, Abschreibungskosten im Verlauf der Einsatzzeit usw. sein.

Ob eine Kostenart als fix betrachtet wird oder nicht, hängt ab von

a) dem gewählten Betrachtungszeitraum,
b) den betrachteten Beschäftigungsgrenzen und
c) der Art der Anpassungsentscheidungen.

In Bild 20 sind die fixen Kosten

a) als Kosten je Abrechnungszeitraum und

b) als Kosten je Mengeneinheit

in Abhängigkeit von der Beschäftigung dargestellt. Dabei sind folgende Zahlen (Bild 19) zugrundegelegt:

Mengenleistung in Stück/Monat	fixe Kosten	
	in DM/Monat	in DM/Stück
1	300	300
20	300	15
70	300	4,29
40	300	7,50

Zahlentabelle zu Bild 20 Bild 19

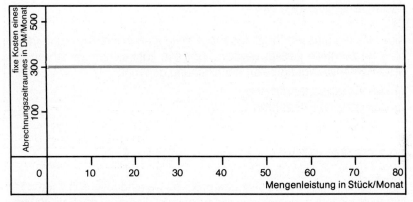

Verlauf der fixen Kosten

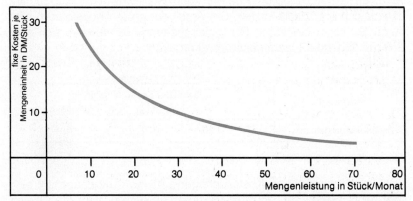

Verlauf der fixen Kosten in Abhängigkeit von der Beschäftigung (Mengenleistung in Stück/Monat) Bild 20

Forderungen aus
dem Verlauf der
fixen Kosten

Aus Bild 20 ist zu ersehen, daß die Summe der fixen Kosten über einen Abrechnungszeitraum (zum Beispiel einen Monat) unabhängig von der erzeugten Menge als konstant anzusehen ist. Die fixen Kosten je Mengeneinheit werden hingegen mit zunehmender Menge je Abrechnungszeitraum geringer. Daraus folgt: Wenn die fixen Kosten je Abrechnungszeitraum auf eine größere Produktionsmenge, die in der gleichen Periode hergestellt sein muß, umgelegt werden können, dann sind die Kosten, welche auf eine Mengeneinheit entfallen, geringer.

1.4.3 Mischkosten

Definition

Als Mischkosten bezeichnet man eine Kostenart, die sowohl aus fixen als auch aus variablen Bestandteilen besteht.

Beispiele sind: Hilfslohnkosten, Kosten für Hilfsstoffe, Instandhaltungskosten, Energiekosten usw.

Verfahren zum
Zerlegen von
Mischkosten

Mischkosten müssen für einige Fragestellungen in ihre fixen und variablen Bestandteile zerlegt werden. Von den zahlreichen Verfahren zur Mischkostenzerlegung seien nachstehend genannt:

1) das Schätzverfahren und
2) das grafische Verfahren.

1.4.3.1 Schätzverfahren zur Zerlegung von Mischkosten

Jede Kostenart wird zunächst überprüft, ob sie eindeutig den fixen oder variablen Kosten zugeordnet werden kann. Ist dies nicht der Fall, so handelt es sich um Mischkosten. Der Anteil der beiden Kostenarten wird durch Schätzen bestimmt. Für Instandhaltungskosten kann sich zum Beispiel folgende Zusammensetzung ergeben:

Kostenart	Geschätzter Kostenanteil in %	
	fix	variabel
Instandhaltungskosten	20	80

Bild 21   Kostenzerlegung durch Schätzen

Eine so vorgenommene Kostenzerlegung ist zwar ungenau, läßt sich aber leicht anwenden, und die erreichte Genauigkeit genügt in vielen Fällen.

1.4.3.2 Grafisches Verfahren zur Zerlegung von Mischkosten

Die grafische Zerlegung der Mischkosten ist nur dann sinnvoll, wenn   Anwendung
über einen weiten Beschäftigungsbereich die jeweils aufgetretenen
Mischkosten (zum Beispiel Hilfslohnkosten) erfaßt werden können.

Die betrieblichen Zahlenwerte der Vergangenheit, welche in Abhängig-   Vorgehen
keit von Menge oder Zeit entstanden sind, werden in ein Koordinatensy-
stem eingetragen. Dabei werden die Kosten einer Periode (zum Beispiel
Hilfslohnkosten je Monat) auf der senkrechten und die Mengenleistung
des jeweiligen Monats auf der waagerechten Achse erfaßt. Durch die
Punkte wird grafisch eine Ausgleichsgerade gezogen. Der Schnittpunkt
der Ausgleichsgeraden mit der senkrechten Achse ergibt die Größe der
fixen Kosten.

In einem Betrieb wurden für ein bestimmtes Jahr in einer Kostenstelle folgende Zahlen   Beispiel
(Bild 22) erfaßt:

Monat	Mengenleistung in Stück/Monat	Hilfslohnkosten in DM/Monat
Januar	1 200	1 150
Februar	1 490	1 450
März	1 600	1 590
April	1 380	1 270
Mai	1 700	1 550
Juni	1 950	1 800
Juli	2 040	1 700
August	1 750	1 750
September	1 390	1 400
Oktober	1 820	1 780
November	2 240	1 850
Dezember	1 560	1 550
Gesamt	20 120 Stück/Jahr	18 840 DM/Jahr

Zahlentabelle zu Bild 23   Bild 22

Die Werte aus Bild 22 sind in Bild 23 als grüne Punkte übertragen worden. Die Ausgleichsgerade dieser Punkte (Linie B) schneidet die senkrechte Achse bei 450 DM/Monat. Diese 450 DM/Monat stellen den fixen Anteil der Hilfslohnkosten dar; sie entstehen in dieser Höhe, obwohl die Mengenleistung gleich Null ist.

Der variable Anteil der Hilfslohnkosten entspricht der Steigung der Linie B. Zu ihrer Ermittlung liest man zum Beispiel bei 1 050 Stück/Monat 1 150 DM/Monat an Hilfslohnkosten ab. Davon sind die fixen Kosten in Höhe von 450 DM/Monat abzuziehen und die Differenz durch 1 050 Stück/Monat zu teilen:

$$\text{variable Hilfslohnkosten} = \frac{(1\ 150 - 450)\ \text{DM/Monat}}{1\ 050\ \text{Stück/Monat}} = 0,67\ \text{DM/Stück.}$$

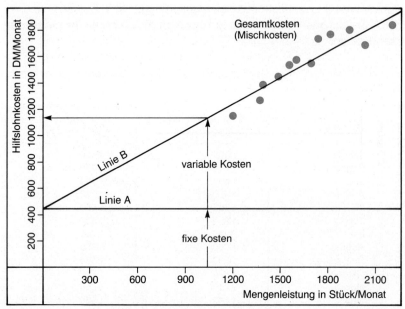

Bild 23   Zerlegung der Mischkosten in fixe und variable Kostenanteile

Bezogen auf ein Jahr ergibt sich folgendes Verhältnis von variablen zu fixen Kostenanteilen:

Kostenart	Kosten	
	in DM/Jahr	in %
Gesamtkosten	18 840	100
fixer Kostenanteil	5 400	29
variabler Kostenanteil	13 440	71

Bild 24   Ergebnis der Mischkostenzerlegung, bezogen auf ein Jahr

1.4.4 Fixe und variable Kosten bei steigender Mechanisierung

Folgende Ausführungen unterstreichen den Wert der Kostenzerlegung in fixe und variable Kostenanteile:

Ist die Mechanisierung mit dem Einsatz teurer Betriebs- beziehungsweise Arbeitsmittel verbunden, was in der Regel der Fall ist, so wird der Anteil der fixen Kosten größer. In Bild 25 sind zwei unterschiedlich mechanisierte Verfahren dargestellt. Um die Kosten je Mengeneinheit gegenüber geringer mechanisierten Arbeitsabläufen auf gleicher Höhe zu halten, sind höhere Mengenleistungen erforderlich. Um dieses Ziel zu erreichen, muß das Betriebsmittel entweder eine höhere Produktionsgeschwindigkeit haben, so daß in der gleichen Zeit mehr Mengeneinheiten hergestellt werden können, oder es muß die Nutzungszeit erhöht werden (zum Beispiel Übergang von 1- auf 2-Schichtbetrieb).

wachsender Anteil der fixen Kosten

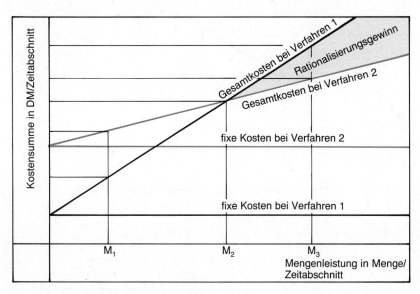

Kosten und Produktionsmengen je Periode   Bild 25

Im Bild 25 sind die Kosten und die Produktionsmenge je Zeitabschnitt für ein weniger mechanisiertes Verfahren (Verfahren 1) und ein höher mechanisiertes Verfahren (Verfahren 2) dargestellt. Bei geringer Produktionsmenge je Monat (M_1) sind die Gesamtkosten (fixe plus variable Kosten) beim Verfahren 1 geringer als beim Verfahren 2. Bei einer wesentlich höheren Produktionsmenge (M_3) ergibt das Verfahren 2 geringere Kosten als das Verfahren 1. Bei der Produktionsmenge (M_2) sind die fixen Kosten bei beiden Verfahren gleich (siehe auch Kostenvergleichsrechnung, Abschnitt 1.6).

1.5 Teilkostenrechnung

Die bisher dargestellten Kalkulationsverfahren sind auf Vollkosten abgestellt und gehen davon aus, daß ein Marktpreis nicht existiert und ein Angebotspreis deshalb auf Selbstkostenbasis ermittelt wird. Sie führen zu durchschnittlichen Ergebnissen für die betrachteten Erzeugnisse. In der Vollkostenkalkulation können die fixen Kosten nur schwer verursachungsgerecht verteilt werden. Dieses Durchschnittsergebnis ist für die Ermittlung der Herstellkosten beziehungsweise Selbstkosten ausreichend, wenn keine großen Markt- und Beschäftigungsschwankungen auftreten und ein Marktpreis nicht existiert.

Vor- und Nachteile der Vollkosten- und Teilkostenrechnung

Diese Vollkosten-Kalkulationsverfahren sind dagegen für Kostenvergleiche, für die Entscheidung zwischen Eigen- oder Fremdfertigung, für Kostenvergleichsrechnungen und ähnliche Fragestellungen ungeeignet. Hierfür sind die Teilkosten-Rechnungsverfahren wesentlich besser geeignet.

1.5.1 Wesen der Deckungsbeitragsrechnung

Die Teilkostenrechnung geht von der Teilung der Kosten in ihre variablen und fixen Bestandteile aus.

Definition der Teilkostenrechnung

Die Schwierigkeit der verursachungsgerechten Zurechnung fixer Kosten auf die Kostenträger hat dazu geführt, dies bei der Deckungsbeitragsrechnung, einem verbreiteten Teilkostenrechnungsverfahren, ganz zu unterlassen. Man bestimmt dann nur die variablen Kosten eines Auftrags oder Erzeugnisses einerseits und den Erlös (= Netto-Verkaufspreis · Menge) andererseits. Die Differenz aus beiden ist der Deckungsbeitrag:

Deckungsbeitrag = Erlös – variable Kosten.

Definition des Deckungsbeitrags

Dieser Deckungsbeitrag kann entweder bezogen auf eine Mengeneinheit (das heißt im allgemeinen stückbezogen) oder auf einen Abrechnungszeitraum ermittelt werden.

Die Zusammenhänge dieser Gleichungen sind in Bild 26 dargestellt. Daraus ist zu erkennen, daß der Erlös fixe und variable Kosten zuzüglich Gewinn beziehungsweise abzüglich Verlust enthält. Der Erlös läßt jedoch kein Urteil darüber zu, ob ein Erzeugnis mit Gewinn oder Verlust verkauft wurde. Erst der Monats- oder Jahresabschluß ergibt, wie groß der Gewinn oder Verlust für die in dieser Periode verkauften Erzeugnisse war.

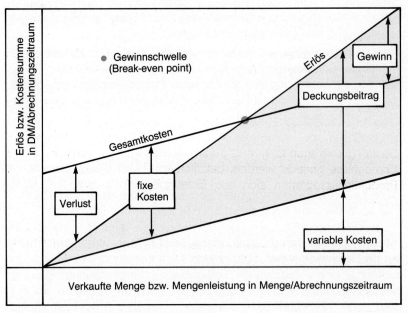

Bild 26   Grundbegriffe der Deckungsbeitragsrechnung

1.5.2 Anwendung der Deckungsbeitragsrechnung

Werden durch den Erlös aus dem Verkauf der Erzeugnisse nur die variablen Kosten und ein Teil der fixen Kosten wiedergewonnen, so ist für die restlichen fixen Kosten keine „Deckung" vorhanden. Die Deckung der fixen Kosten kann durch folgende Maßnahmen erreicht werden:

Erhöhung des Deckungsbeitrags

1) Absatz von Produkten mit hohen Deckungsbeiträgen erhöhen
2) Anteil variabler Kosten durch Verminderung der Materialeinzelkosten (zum Beispiel mit Hilfe der Wertanalyse) und der Fertigungslohnkosten je Mengeneinheit (zum Beispiel durch Arbeitsgestaltung) senken
3) Anteil fixer Kosten durch Verminderung der Durchlaufzeit der Aufträge und falls möglich durch Erhöhung des Preises senken.

Ist nicht einmal mehr eine Deckung der variablen Kosten möglich, wird man das Produkt aus dem Programm nehmen, so daß die variablen Kosten als die absolute Preisuntergrenze anzusehen sind. Im Falle einer Sortimentsverpflichtung müssen die Kosten für Produkte mit geringeren Deckungsbeiträgen langfristig durch andere besser am Markt liegende Erzeugnisse gedeckt werden. Letztlich kommt es darauf an, daß das Produktionsprogramm sich aus Erzeugnissen mit möglichst hohen Deckungsbeiträgen zusammensetzt.

Im folgenden wird an Beispielen der Deckungsbeitrag für drei Erzeugnisse zunächst auf die Mengeneinheit und anschließend auf den Abrechnungszeitraum bezogen verrechnet.

Beispiele

a) Deckungsbeitrag bezogen auf die Mengeneinheit:

Deckungsbeitrag je Mengeneinheit

Nr.	Kostenart	Maßeinheit	Erzeugnisse		
			A	B	C
1	Materialeinzelkosten	DM/Einheit	9	13	16
2	Fertigungslohnkosten	DM/Einheit	2	4	10
3	Sonstige variable Kosten	DM/Einheit	4	5	2
4	variable Kosten (1 + 2 + 3)	DM/Einheit	15	22	28
5	Erlös	DM/Einheit	13	23	36
6	Deckungsbeitrag (5 – 4)	DM/Einheit	– 2	+1	+8
7	Belegungszeit im Engpaß	h/Einheit	0,2	0,5	5
8	Deckungsbeitrag je Engpaßstunde	DM/h	–	2,0	1,6

Deckungsbeitrag bezogen auf die Mengeneinheit und je Engpaßstunde   Bild 27

Betrachtet man zunächst lediglich den Deckungsbeitrag/Einheit der drei Erzeugnisse (siehe Zeile Nr. 6 in Bild 27), so müßte der Verkauf von Erzeugnis C gefördert und der des Erzeugnisses A eingeschränkt werden. Diese Entscheidung wäre bei kurzfristiger Betrachtung richtig. Bei langfristiger Betrachtung könnte eine andere Verkaufspolitik, zum Beispiel ein zukunftsträchtiges Produkt zu schaffen, allerdings den Vorrang haben.

Deckungsbeitrag je Engpaßstunde

Unter der Voraussetzung, daß die drei Erzeugnisse dieselbe Engpaßstelle (zum Beispiel dieselbe Maschine) belegen, ist das Produkt mit dem höchsten Deckungsbeitrag je Engpaßstunde (auch spezifischer Deckungsbeitrag genannt) zu bevorzugen; das Produkt B erwirtschaftet je Belegungsstunde des Engpasses den höchsten Deckungsbeitrag.

Daraus folgt, daß bei freier Kapazität das Produkt C und bei Vollbeschäftigung das Produkt B bevorzugt gefertigt werden sollte.

b) Deckungsbeitrag bezogen auf den Abrechnungszeitraum:

Deckungsbeitrag je Periode

Will man den Deckungsbeitrag je Abrechnungszeitraum ermitteln, so müssen die Deckungsbeiträge der einzelnen Erzeugnisse mit den in dem gleichen Abrechnungszeitraum verkauften Mengeneinheiten multipliziert werden. Wird der Deckungsbeitrag um die Summe der in dieser Periode für alle Erzeugnisse angefallenen fixen Kosten vermindert, so ergibt sich der Gesamtgewinn oder -verlust nach Verkauf aller in der betrachteten Periode hergestellten Erzeugnisse.

Die Vorgehensweise kann mit folgenden Zahlen (Bild 28) verdeutlicht werden:

Nr.	Bezeichnung	Erzeugnisse		
		A	B	C
1	Deckungsbeitrag in DM/Mengeneinheit	– 2	+ 1	+ 8
2	Verkaufte Erzeugnisse in Mengeneinheit/Monat	1000	2000	500
3	Deckungsbeitrag in DM/Monat	– 2000	+ 2000	+ 4000
4	fixe Kosten in DM/Monat	3000		
5	Gewinn (3 – 4) in DM/Monat	1000		

Bild 28   Deckungsbeitrag bezogen auf den Abrechnungszeitraum

Aus diesem Beispiel ist zu erkennen, in welchem Maße die drei Erzeugnisse zum Gewinn des Unternehmens beitragen. Trotz der geringen Absatzmenge hat das Produkt C den höchsten Deckungsbeitrag pro Abrechnungszeitraum, weil der stückbezogene Deckungsbeitrag mit Abstand am höchsten ist.

Die Teilkostenrechnung liefert Datenmaterial für folgende Entscheidungen: Zusammenfassung

1) Mit Hilfe der Teilkostenrechnung können gewinnoptimale Produktionsprogramme errechnet und damit der Unternehmensleitung Entscheidungshilfen für die Absatzpolitik gegeben werden. Maßstab ist dabei die Summe der Deckungsbeiträge aller in einer Periode verkauften Produkte.

2) Mit Hilfe der Teilkostenrechnung kann ermittelt werden, ob man einen Auftrag annehmen oder ablehnen sollte, für den ein Marktpreis vorliegt, oder ob es sich lohnt, ein Produkt noch im Produktionsprogramm zu führen. Ein Produkt mit negativem Deckungsbeitrag (Erlös unter den variablen Kosten) ist für das Unternehmen uninteressant; es sei denn, es müßte aus zwingenden absatzpolitischen Gründen im Programm geführt werden.

   Ein positiver Deckungsbeitrag eines Produktes läßt es dagegen bei freien Kapazitäten angeraten sein, dieses Produkt so lange zu führen, bis ein anderes Produkt mit höherem Deckungsbeitrag vorliegt. Im Falle einer Kapazitätsbeschränkung kann sich dagegen bei einstufigem Engpaß die Notwendigkeit einer Produktauswahl nach dem höchsten spezifischen Deckungsbeitrag ergeben. Bei mehrstufigen Engpässen kann die mathematische Planungsrechnung (lineare oder nichtlineare Programmplanung) angewandt werden.

3) Schließlich kann die Teilkostenrechnung auch im Rahmen der Kostenvergleichsrechnung (siehe Abschnitt 1.6) verwendet werden, worauf aber hier nicht näher eingegangen werden soll.

1.6 Kostenvergleichsrechnung

1.6.1 Grundlagen

Definition

Die Kostenvergleichsrechnung ist ein Wirtschaftlichkeits-Rechnungsverfahren, mit dessen Hilfe ermittelt wird, welche von mindestens zwei Alternativen wirtschaftlicher ist.

Mit Hilfe der Kostenvergleichsrechnung ermittelt man, in welchem Maße die Auswahl und Abstimmung der von einem Betrieb verwendeten Mittel, Organisationsmaßnahmen sowie Arbeitsverfahren und -methoden dem Wirtschaftlichkeitsprinzip entsprechen. Deshalb wird die Kostenvergleichsrechnung auch häufig als Wirtschaftlichkeitsrechnung bezeichnet.

Entscheidungshilfe

Sie stellt eine Entscheidungshilfe für die Beantwortung folgender und ähnlicher Fragen dar:

– Soll eine Investition durchgeführt werden oder nicht?
– Soll ein Produkt selbst hergestellt oder fremdbezogen werden?
– Soll die Produktion auf dem Betriebs- beziehungsweise Arbeitsmittel 1 oder 2 durchgeführt werden?
– Soll ein neues Produkt aufgenommen werden oder nicht?
– Ist das Arbeitsverfahren A oder B günstiger?

Für die Beantwortung dieser Fragen ist die Kostenvergleichsrechnung nur insofern eine Entscheidungshilfe, als hierbei meist noch andere Gesichtspunkte eine Rolle spielen, wie zum Beispiel die zukünftigen Marktchancen eines Erzeugnisses, die Verzinsung des eingesetzten Kapitals, das Risiko der Investition.

Bei der Kostenvergleichsrechnung wird von folgenden Grundsätzen ausgegangen:

Grundsätze der Kostenvergleichs-rechnung

1) In einem bestimmten Abrechnungszeitraum wird eine bestimmte Menge erzeugt. Mit Hilfe der Vergleichsrechnung wird dann ermittelt, mit welchem der sich anbietenden Verfahren diese Menge mit den geringsten Kosten hergestellt werden kann.

2) Bei der Kostenvergleichsrechnung sind fixe und variable Kostenarten zu verwenden, die mehr oder minder stark gegliedert werden. Dabei werden in den Vergleich nur die Kostenarten einbezogen, die bei den verglichenen Verfahren eine unterschiedliche Kostenhöhe aufweisen.

   Kosten, welche die gesuchte Kostendifferenz nur unwesentlich beeinflussen, können bei der Ermittlung der Vergleichskosten vernachlässigt werden.

3) Es wird bei der üblicherweise angewandten statischen Rechnung mit Durchschnittswerten gerechnet, die sich über die Nutzungs- oder Einsatzdauer der Alternative ergeben (zum Beispiel bei zehnjähriger Nutzung ein im Mittel für diesen Zeitraum geltender Mietsatz).

4) Abschreibung, Zins- und Raumkosten für vorhandene Betriebs- beziehungsweise Arbeitsmittel sollten in die Vergleichskosten nicht mit einbezogen werden, sofern diese Betriebs- beziehungsweise Arbeitsmittel noch freie Kapazität haben. Das heißt umgekehrt, daß die Maschinenkosten für die Bereitstellung neuer Betriebs- beziehungsweise Arbeitsmittel nur dann und insoweit in die Vergleichskosten mit einbezogen werden, wie die Investition für die zu untersuchende Maßnahme erfolgt.

Im folgenden wird an einem einfachen Beispiel die Kostenvergleichsrechnung erläutert. Dabei wird davon ausgegangen, daß für alle drei Alternativen die Betriebs- beziehungsweise Arbeitsmittel beschafft werden müssen.

Für einen zu bearbeitenden Gegenstand wurden folgende Daten ermittelt:

Die Produktionsmenge beträgt 3 000 Stück je Jahr. Es wird erwartet, daß sie in Kürze auf 6 000 Stück je Jahr ansteigt. Für die Fertigung des Gegenstandes stehen folgende Arbeitsverfahren zur Wahl:

1) Handarbeit mit Hilfsvorrichtung,
2) handbetätigte Vorrichtung,
3) Maschinenbearbeitung.

Für die drei Verfahren ist das erforderliche Material nach Abmessungen und Art gleich.

Beispiel

Ausgangsdaten

Bezeichnung	Einheit	Verfahren		
		1	2	3
Zeit je Einheit (t_e)	min/Stück	9	6	4,5
Rüstzeit (t_r)	min/Auftrag	20	40	60
Auftragsmenge (m) bei M = 3000 Stück/Jahr	Stück/Auftrag	250	250	250
Auftragsmenge (m) bei M = 6000 Stück/Jahr	Stück/Auftrag	500	500	500
Fertigungslohn	DM/h	15	14	13,50
Beschaffungspreis der Vorrichtung	DM	200	2400	6000
Einsatzzeit der Vorrichtung	Jahre	4	4	4
Instandhaltungskosten der Vorrichtung	DM/Jahr	20	100	800
kalkulatorischer Zinssatz	%/Jahr	8	8	8
Energiekosten M = 3000 Stück/Jahr	DM/Jahr	–	–	125
M = 6000 Stück/Jahr	DM/Jahr	–	–	250

Bild 29   Ausgangsdaten für die Kostenvergleichsrechnung des Bildes 30

Die Vorrichtungen sollen nach 4 Jahren abgeschrieben sein.

Fragestellung   Welches der drei Verfahren soll unter Berücksichtigung der ermittelten Daten für die Fertigstellung des Gegenstandes als wirtschaftlichstes Verfahren verwirklicht werden?

Kostenvergleichs-rechnung   In Bild 30 ist die Kostenvergleichsrechnung für die drei Verfahren zusammengestellt.

Nr.	Kostenart	Berechnungsformel	Vergleichskosten in DM/Jahr für M = 3000 Stück/Jahr Arbeitsverfahren 1	2	3	M = 6000 Stück/Jahr Arbeitsverfahren 1	2	3
1	Materialkosten	bei allen 3 Verfahren unverändert	—	—	—	—	—	—
2a	Fertigungslohnkosten	$t_r \cdot \frac{FL}{60} \cdot \frac{M}{m}$	60	112	162	60	112	162
2b	Fertigungslohnkosten	$t_e \cdot \frac{FL}{60} \cdot M$	6 750	4 200	3037,50	13 500	8 400	6 075
3	Sondereinzelkosten der Fertigung	fallen in diesem Beispiel keine an	—	—	—	—	—	—
4	kalkulatorische Abschreibungskosten	$\frac{\text{Beschaffungspreis in DM}}{\text{Lebensdauer in Jahren}}$	50	600	1500	50	600	1 500
5		$\frac{\text{Beschaffungspreis in DM}}{2} \cdot \frac{\text{Zinssatz in \%/Jahr}}{100}$	8	96	240	8	96	240
6	Raumkosten	bei allen 3 Verfahren unverändert	—	—	—	—	—	—
7	Energiekosten		—	—	125	—	—	250
8	Instandhaltungskosten		20	100	800	20	100	800
9	Summe		6 888	5 108	5864	13 638	9 308	9 027
10	fixe Kosten	Kostenarten 2a + 4 + 5 + 8	138	908	2702	138	908	2 702
11	variable Kosten	Kostenarten 2b + 7	6 750	4 200	3162,50	13 500	8 400	6 325

Schema einer Kostenvergleichsrechnung

Bild 30

Die hier dargestellte statische Kostenvergleichsrechnung gilt nur unter folgenden Voraussetzungen:

1) Die Betriebs- beziehungsweise Arbeitsmittel für Verfahren 1, 2 und 3 sind nicht vorhanden.

2) Es wird davon ausgegangen, daß in allen drei Fällen die zu beschaffenden Betriebs- beziehungsweise Arbeitsmittel ausschließlich für die Herstellung des betreffenden Gegenstandes verwendet werden können beziehungsweise dadurch voll ausgelastet sind. (Unter dieser Bedingung sind die Rüstlohnkosten (siehe Zeile 2a) fixe Kosten.)

Der Kostenvergleich hat folgendes Ergebnis:

1) Für die Produktionsmenge von 3 000 Stück je Jahr ist die handbetätigte Vorrichtung (Arbeitsverfahren 2) das wirtschaftlichere Arbeitsverfahren.

2) Beträgt die Produktionsmenge 6 000 Stück je Jahr und mehr, ist die Maschinenbearbeitung (Arbeitsverfahren 3) vorzuziehen.

1.6.2 Berechnung der kritischen Stückzahl

Definition

Die kritische Stückzahl ist die Produktionsmenge je Abrechnungszeitraum, bei welcher die Gesamtkosten für zwei Alternativen gleich groß sind.

Bedeutung
der kritischen
Stückzahl

Bei einer höheren Produktionsmenge als der kritischen Stückzahl ist das Arbeitsverfahren mit den höheren fixen Kosten wirtschaftlicher als das Verfahren mit den niedrigeren fixen Kosten. Dabei werden in den Gesamtkosten nur jene fixen und variablen Kosten berücksichtigt, die durch die Verfahrenswahl beeinflußt werden.

Die kritische Stückzahl kann

a) grafisch,
b) rechnerisch

ermittelt werden.

a) Grafische Ermittlung der kritischen Stückzahl

Im Bild 31 wird die kritische Stückzahl für die drei Arbeitsverfahren grafisch ermittelt, deren fixe und variable Kosten in Bild 30 errechnet wurden. Daraus ergibt sich, daß Verfahren 1 gegenüber Verfahren 2 bis zu einer Produktionsmenge M_{kr1} von 900 Stück je Jahr das wirtschaftlichste ist. Beim Vergleich des Verfahrens 2 mit Verfahren 3 kann das Verfahren 2 bis zu einer Produktionsmenge M_{kr3} von 5 200 Stück je Jahr als das wirtschaftlichere angesehen werden.

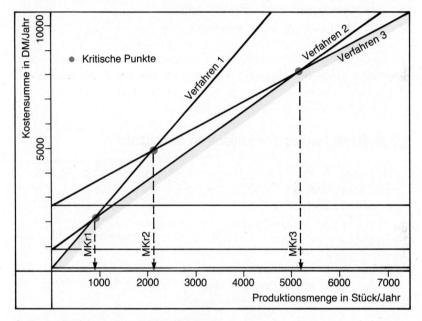

Grafische Ermittlung der kritischen Stückzahl   Bild 31

b) Rechnerische Ermittlung der kritischen Stückzahl:

Es wird von folgender Gleichung ausgegangen:

Ausgangs-
gleichung

Gesamtkosten in DM/Jahr = Kf + Kv · M

Darin sind:

Kf fixe Kosten in DM je Jahr

Kv variable Kosten in DM je Stück

$$= \frac{\text{variable Kosten in DM je Jahr}}{\text{Produktionsmenge in Stück je Jahr}}$$

M Produktionsmenge in Stück je Jahr

Gleichung für
die kritische
Stückzahl

Bei der kritischen Stückzahl M_{kr} sind die Gesamtkosten des Arbeitsverfahrens 1 gleich den Gesamtkosten des Verfahrens 2. So ergibt sich:

$$Kf_1 + Kv_1 \cdot M_{kr} = Kf_2 + Kv_2 \cdot M_{kr}$$

Daraus ist:

$$M_{kr} = \frac{Kf_2 - Kf_1}{Kv_1 - Kv_2}$$

Beispiel

Werden aus Bild 30 die Zahlenwerte entnommen und in die Gleichungen eingesetzt, so ergibt sich folgende kritische Stückzahl zwischen Verfahren 2 und 1:

$$M_{kr} = \frac{Kf_2 - Kf_1}{Kv_1 - Kv_2} = \frac{908 - 138}{\dfrac{6\,750}{3\,000} - \dfrac{4\,200}{3\,000}}$$

$$\text{beziehungsweise} \quad \frac{908 - 138}{\dfrac{13\,500}{6\,000} - \dfrac{8\,400}{6\,000}} = 906 \text{ Stück/Jahr}$$

1.6.3 Überprüfung des Risikos der Investition

Von den zahlreichen Verfahren zur Überprüfung von Investitionsentscheidungen ist die Bestimmung der Wiedergewinnungsdauer des eingesetzten Kapitals und damit des Investitionsrisikos am verbreitetsten.

Ein wesentliches Kennzeichen einer Investition ist die Kapitalbindung; Kapital ist zum Beispiel in Form von Maschinen gebunden und steht damit nicht mehr zur freien Verfügung.

Daher werden Investitionsentscheidungen oft erst dann gefällt, wenn man sich über die Wiedergewinnungsdauer des eingesetzten Kapitals im klaren ist. Die Wiedergewinnungsdauer des eingesetzten Kapitals wird auch als Amortisationsdauer bezeichnet.

Maßstab für eine sinnvolle, weil risikoarme Investition ist deshalb die Wiedergewinnungsdauer, in der das für die Investition eingesetzte Kapital durch die infolge der Investition erzielte Ersparnis wieder rückverdient ist.

Die Wiedergewinnungsdauer bei Rationalisierungsinvestitionen kann in einfacher Weise wie folgt ermittelt werden:

$$\text{Wiedergewinnungsdauer} = \frac{\text{Investitionsausgaben in DM}}{\text{variable Kostenersparnis und Abschreibungen in DM/Jahr}}$$

Dabei bestehen die Investitionsausgaben im wesentlichen aus dem Beschaffungspreis für die Investition einschließlich aller Nebenkosten, wie zum Beispiel Transport- und Aufstellungskosten.

Beispiel:

Investitionsausgaben	50 000 DM
Variable Kostenersparnis	15 000 DM/Jahr
Abschreibungen	8 000 DM/Jahr

$$\text{Wiedergewinnungsdauer} = \frac{50\ 000\ \text{DM}}{23\ 000\ \text{DM/Jahr}} = 2{,}2\ \text{Jahre}$$

Hierbei wird allerdings davon ausgegangen, daß die dem Beispiel zugrundeliegende Kostenersparnis keiner Ertragssteuerbelastung unterliegt.

Dringlichkeits-
skala

Für die Dringlichkeitsskala können beispielsweise folgende Richtwerte zugrunde gelegt werden:

1. Dringlichkeitsstufe:
Investitionen, die innerhalb von 2 Jahren rückverdient werden.

2. Dringlichkeitsstufe:
Investitionen, die innerhalb von 2 bis 3,5 Jahren rückverdient werden.

3. Dringlichkeitsstufe:
Investitionen, die innerhalb von 3,5 bis 5 Jahren rückverdient werden.

Bedeutung
richtiger
Investitions-
politik

Die Fragen der Investition berühren die gesamte Politik des Unternehmens. Grundsätzlich sollte jedes Unternehmen in seinem Jahresbudget einen angemessenen Betrag für Investitionen vorsehen, in der Regel mindestens in der Größenordnung der Abschreibungen. Im Rahmen der verfügbaren Mittel entscheidet dann die Dringlichkeit über die Reihenfolge der geplanten Vorhaben. Die endgültige Entscheidung hängt unter Umständen noch von anderen Kriterien ab.

Normalerweise sind größere technische Investitionen nur zu vertreten, wenn steigende Markterwartungen für die damit gefertigten Erzeugnisse diese rechtfertigen. Damit ist die Investitionsplanung ein gutes Beispiel für die technisch-wirtschaftliche Verknüpfung unternehmerischer Entscheidungen, die nicht isoliert, sondern nur im Rahmen der gesamten Betriebsführung getroffen werden dürfen.

1.7 Plankostenrechnung

Bei den bisher dargestellten Kostenrechnungsverfahren wurde unterstellt, daß sie die tatsächlich angefallenen Kosten (Ist-Kosten) erfassen, verrechnen und für die Zukunft verwenden. Eine Auswertung der Kosten der Vergangenheit wird immer dann vorgenommen, wenn man die Notwendigkeit ihrer Entstehung prüfen will. Häufig muß man aber darüber hinaus zum Beispiel für Finanzierung und Wirtschaftlichkeitsbetrachtungen wissen, wie sich einzelne Kostenarten in der Zukunft entwickeln werden. Zu diesem Zweck können die verbrauchten Kosten der Vergangenheit als *Soll-Kosten* für die Zukunft ermittelt werden.

Ist- und Sollkosten

Die einfachste Möglichkeit, Soll-Kosten zu ermitteln, besteht darin, aus den Ist-Kosten vergangener Abrechnungszeiträume Mittelwerte („Durchschnittskosten") zu bilden, die man als Normalkosten bezeichnet. Wenngleich dieses Verfahren eine weitere Verbesserung der Kostenplanung bedeutet und ein Vergleich der tatsächlich gesammelten Kosten mit den Normalkosten gestattet ist, ist es dennoch in mindestens zweifacher Weise unbefriedigend:

Normalkosten

1) Es ist auf Verbrauchswerte der Vergangenheit aufgebaut, deren Berechtigung nicht geprüft wurde, und
2) es berücksichtigt nicht die voraussichtliche Entwicklung der Preise und der Beschäftigung in der Zukunft.

Eine befriedigende Kostenplanung setzt eine Analyse erforderlicher Mengen, Zeiten und Preise voraus. Zukünftige Kosten sind auf dem für diese Periode ermittelten Mengen- und Zeitverbrauch aufzubauen. Kosten der Vergangenheit stellen hierbei nur Vergleichswerte dar. Die so entwickelten Kosten werden *Plankosten* genannt.

Plankosten

Die Plankostenrechnung ist eine Weiterentwicklung der Normalkostenrechnung, weil die Plankosten aufgrund planerischer Überlegungen ermittelt werden. Ferner versucht man, alle planwidrigen Kosteneinflußgrößen zu eliminieren.

> **In der Plankostenrechnung werden somit planmäßige, bei wirtschaftlichen Arbeitsabläufen erreichbare und unterschreitbare Soll-Kosten vorgegeben, die im Gegensatz zu den Normalkosten Vorgabecharakter haben.**

In der Folge wird nur auf die Plankostenrechnung eingegangen.

Orientierungs-
daten

Plankosten sind Budgetgrößen und damit Orientierungsdaten für einen zukünftigen Abrechnungszeitraum, wenn

1) die Plankosten realistisch und
2) die Ist-Kosten durch die Mitarbeiter in der betreffenden Kostenstelle beziehungsweise deren Vorgesetzte beeinflußbar und Abweichungen von den Plankosten zu vertreten sind.

Analyse der
Betriebsabläufe

Eine Voraussetzung für die Anwendung der Plankostenrechnung zur Budgetierung ist eine genaue und reproduzierbare Analyse der Betriebsabläufe. Dieser Zwang zu einer intensiven Untersuchung der Betriebsabläufe führt häufig bereits vor der eigentlichen Einführung der Plankostenrechnung zum Aufdecken von Kostensenkungsmöglichkeiten.

Aufgaben der
Plankosten-
rechnung

Die Aufgaben der Plankostenrechnung liegen im wesentlichen

a) in der Kostenüberwachung, das heißt in einem periodischen, zum Beispiel monatlichen, Soll-Ist-Vergleich und der sich daran anschließenden Kostenanalyse,
b) in der Schaffung von Kalkulationssätzen.

Aus dieser Aufgabenstellung lassen sich zwei Erscheinungsformen der Plankostenrechnung ableiten:

Budgetkosten-
rechnung

1) Budgetkostenrechnung:
Die Budgetkostenrechnung dient in erster Linie der Überwachung des Betriebsgeschehens, indem die Soll- und Ist-Kosten je Abrechnungszeitraum verglichen werden.

Standardkosten-
rechnung

2) Standardkostenrechnung:
Die Standardkostenrechnung geht darüber hinaus, indem Sollkosten je erstellter Mengeneinheit ermittelt und für die Kalkulation verwendet werden.

Beispiel

In Bild 32 ist die Standardkostenrechnung für eine Kostenstelle dargestellt.

Standardausbringung der Kostenstelle in Stück/Monat	960		1080		1200	
Fertigungsstunden in h/Monat	2400		2700		3000	
Beschäftigungsgrad in %	80		90		100 (Normalbe- schäftigung)	
Kosten in DM/Mon. Kostenarten	fixe	variabel	fixe	variabel	fixe	variabel
Gehaltskosten	2700	1760	2700	1980	2700	2200
Fertigungshilfslohn- kosten	800	640	800	720	800	800
Hilfsmaterialkosten	120	1200	120	1350	120	1500
Instandhaltungskosten	210	160	210	180	210	200
Kalkulatorische Abschreibungskosten	3600	—	3600	—	3600	—
Raumkosten	300	—	300	—	300	—
Versicherungskosten	350	—	350	—	350	—
Kalkulat. Zinskosten	90	—	90	—	90	—
Energiekosten	80	80	80	90	80	100
Summe	8250	3840	8250	4320	8250	4800
Gesamtgemeinkosten	12090		12570		13050	

Standardkostenrechnung für eine Kostenstelle   Bild 32

Die Standardausbringung ist die angenommene Soll-Mengenleistung der Kostenstelle. Die Fertigungsstunden und der Beschäftigungsgrad sind davon abgeleitete Plandaten. Die Standardkosten für die einzelnen Kostenarten sind in fixe und variable Kosten aufgeteilt, wobei die letzteren mit dem Beschäftigungsgrad steigen. Diesen Standardkosten werden am Ende der Periode (zum Beispiel eines Monats) die tatsächlich angefallenen und über den BAB erfaßten und ausgewerteten Ist-Kosten gegenübergestellt; dabei wird in obiger Tabelle diejenige Doppelspalte ausgewählt, der die Ist-Mengenleistung in dem betrachteten Monat entspricht. Abweichungen zwischen Standardkosten und Istkosten müssen auf ihre Ursachen hin untersucht werden.

Literatur

Böhm, H.H., Wille, F.: Deckungsbeitragsrechnung und Optimierung. Verlag Moderne Industrie, München 1982

Böhrs, H.: Funktionale Kostenkalkulation. Beuth-Vertrieb, Berlin-Köln 1971

Bollmann, P.: Besser führen mit „Brauchbaren" Kostendaten. Welches Kostenrechnungssystem eignet sich zur strategischen und operativen Unternehmensführung? Verlag Industrielle Organisation, Zürich 1983

Bokranz, R., Bührer, V.: REFA-Lehrgang Kostenwesen. REFA-Institut, Darmstadt 1981

Döring, H.-G., Weber, R.: Praxis der Betriebsabrechnung. Lexika Verlag, Grafenau 1976

Empfehlungen zur Kosten- und Leistungsrechnung, Band I - III. Verlag Industrie-Förderung GmbH, Köln, Heider Verlag, Bergisch-Gladbach 1980

Eversheim, W., Minolla, W., Fischer, W.: Angebotskalkulation mit Kostenfunktionen in der Einzel- und Kleinserienfertigung. Beuth-Verlag, Berlin-Köln, Betriebstechnische Reihe RKW/REFA, 1977

Kilger, W.: Flexible Plankostenrechnung. Gabler-Verlag, Wiesbaden 1981

Kosiol, E.: Kostenrechnung und Kalkulation. Verlag Walter de Gruyter, Berlin-New York 1972

Meinendres, L.: Kosten schnell erfaßt und richtig zugeordnet. Praktische Beispiele für aussagefähige Kostenrechnung. WEKA-Verlag, Fachverlag für Verwaltung und Industrie, Kissing 1981

Mellerowicz, K.: Kosten und Kostenrechnung. Bd. 2/2: Kalkulation und Auswertung der Kostenrechnung und Betriebsabrechnung. Verlag Walter de Gruyter, Berlin-New York 1980

Mellerowicz, K.: Neuzeitliche Kalkulationsverfahren. R. Haufe Verlag, Freiburg 1977

Michel, R., Torspecken, H.-D.: Neuere Formen der Kostenrechnung. Kostenrechnung II. Carl Hanser Verlag, München 1981

Norden, H., Wille, F.: Der Betriebsabrechnungsbogen. Forkel-Verlag, Wiesbaden 1973

REFA (Hrsg.): Methodenlehre der Planung und Steuerung, Band 1 und 2. Carl Hanser Verlag, München 1985

Riebel, P.: Einzelkosten- und Deckungsbeitragsrechnung. Grundfragen einer markt- und entscheidungsorientierten Unternehmensrechnung. Westdeutscher Verlag, Opladen-Wiesbaden 1982

Riedel, G.: Deckungsbeitragsrechnung wie aufbauen, wie nutzen? Deutscher Betriebswirte-Verlag, Gernsbach 1976

Schönfeld, H.-M.: Kostenrechnung, Sonderausgabe der Bände 1-3 (7. Auflage 1975) in einem Band. C.E. Poeschel Verlag, Stuttgart 1979

Sonnenberg, H.: Betriebslehre und Arbeitsvorbereitung, Band 2: Kostenrechnung, Arbeitsstudium. Fr. Vieweg u. Sohn, Braunschweig-Wiesbaden 1981

Wilkens, K.: Kosten- und Leistungsrechnung. Ein Lern- und Arbeitsbuch. R. Oldenbourg Verlag, München-Wien 1980

Kapitel 2

Einführung
in die Arbeitsgestaltung

2.1	Begriffsbestimmung	70
2.2	Möglichkeiten und Voraussetzungen	71
2.3	Vorgehensweisen	73
2.4	Anforderungen an den Arbeitsgestalter	74
2.5	Stetigkeit der Aufgabe	75

2.1 Begriffsbestimmung

Arbeitsgestaltung ist das Schaffen eines aufgabengerechten optimalen Zusammenwirkens von arbeitenden Menschen, Betriebsmitteln und Arbeitsgegenständen durch zweckmäßige Organisation von Arbeitssystemen unter Beachtung der menschlichen Leistungsfähigkeit und Bedürfnisse. Im besonderen besteht die Arbeitsgestaltung in der Neuentwicklung oder Verbesserung von Arbeitsverfahren, Arbeitsmethoden und Arbeitsbedingungen, von Arbeitsplätzen, Maschinen, Werkzeugen, Hilfsmitteln sowie in der ablaufgerechten Gestaltung von Arbeitsgegenständen.

Ziele der
Arbeitsgestaltung

Die Arbeitsgestaltung dient dem Zweck,

1) die *Wirtschaftlichkeit* des Betriebs beziehungsweise den Wirkungsgrad von Arbeitssystemen (siehe Teil 1, Kapitel 3) zu erhöhen (das heißt eine hohe Mengenleistung und eine gute Qualität bei niedrigen Kosten zu erzeugen) und gleichzeitig
2) die Arbeit *menschengerecht* zu machen (zum Beispiel hohe Beanspruchung zu verringern und die Arbeitssicherheit zu erhöhen).

Betriebs-
verfassungsgesetz
und
Arbeitsgestaltung

Nach §§ 90 und 91 des Betriebsverfassungsgesetzes (siehe auch Teil 1, Kapitel 6) sollen dabei die gesicherten arbeitswissenschaftlichen Erkenntnisse über die menschengerechte Gestaltung der Arbeit berücksichtigt werden.

Systemgestaltung,
Arbeitsplatz- und
Arbeitsablauf-
gestaltung; Ablauf-
organisation

Gegenstand der Arbeitsgestaltung sind *Arbeitssysteme*. Deshalb spricht. man auch von *Systemgestaltung*. Die Arbeitssysteme können unterschiedliche Größe und Komplexität haben; handelt es sich um einen einzelnen Arbeitsplatz, spricht man von *Arbeitsplatzgestaltung*; sind es mehrere zusammenhängende Arbeitsplätze, spricht man von *Arbeitsablaufgestaltung*; werden ganze Betriebsteile gestaltet, spricht man häufig von *Ablauforganisation* oder auch von Produktionsgestaltung. Arbeitsgestaltung im hier verwendeten Sinne hängt eng mit der *Rationalisierung* und auch der *Wertanalyse* zusammen.

2.2 Möglichkeiten und Voraussetzungen

Das Ziel, Güter, Informationen und Dienstleistungen möglichst wirt-schaftlich und unter humanen Bedingungen zu produzieren, kann in ver-schiedenen Bereichen innerhalb eines Unternehmens, zum Beispiel in der Konstruktion, im Förderwesen, im Lager oder in der Fertigung und unter Auswahl verschieden großer Systeme – angefangen von der Ge-staltung der Bedienungselemente einer Maschine bis hin zur Rationali-sierung des Produktionsablaufs eines ganzen Betriebs – angestrebt werden. Es sollen hier nur drei Hauptanwendungsbereiche der Arbeits-gestaltung genannt werden, auf die später noch ausführlicher eingegan-gen wird:

Anwendungs-bereiche der Arbeitsgestaltung

1) Gestaltung von Arbeitsvorgängen, Arbeitsplätzen und Betriebsmit-teln, zum Beispiel mit den Kriterien Mengenleistung, Qualität, Auf-wand, Beanspruchung und Sicherheit des Arbeitenden,
2) Gestaltung des Arbeitsablaufs zwischen mehreren Arbeitsplätzen, zum Beispiel mit den Kriterien Durchlaufzeit des Materials, Nutzung der Betriebsmittel,
3) Erzeugnisgestaltung, zum Beispiel mit den Kriterien Funktion, Ferti-gung, Form.

Arbeitsgestaltung beschränkt sich nicht auf die materielle Produktion im Betrieb, sondern kann auch auf Dienstleistungen angewendet werden, die in der Produktion von Informationen (zum Beispiel Anfertigen von Auftragspapieren), in der Instandhaltung (zum Beispiel von Maschinen) oder in der Güterverteilung (Handel) bestehen können.

Schon diese knappe Übersicht zeigt die Vielfalt der Anwendungsberei-che der Arbeitsgestaltung und der dabei maßgebenden Gesichtspunkte. Sie deutet andererseits darauf hin, daß Arbeitsgestaltung ein bestimm-tes Maß an Wissen, Können und Erfahrung auf einer Reihe unterschied-licher Sachgebiete erfordert, wie zum Beispiel auf den Gebieten

Voraussetzungen der Arbeitsgestaltung

– Ergonomie,
– Fertigungstechnik,
– Konstruktionslehre,
– Fördertechnik,
– Kostenwesen und
– Arbeitssicherheit.

Teamarbeit

Daraus geht weiter hervor, daß Arbeitsgestaltung entweder einen Arbeitsstudienmann mit einer umfassenden Ausbildung oder *Teamarbeit* von Spezialisten erfordert. Das letztere gilt vor allem dann, wenn die Gestaltungsaufgabe über den Rahmen eines einzelnen Arbeitsplatzes hinausgeht, wenn etwa eine größere Maschinengruppe oder eine ganze Betriebsabteilung neu geordnet werden sollen oder wenn das Erzeugnis geändert werden soll. Hierbei kann der Arbeitsstudienmann – je nach der Stufe seiner Ausbildung und Erfahrung – nicht nur als Spezialist mitwirken, sondern kann, wenn er gewohnt ist, in Systemen zu denken, die Führung eines solchen Teams übernehmen. Teams, die zur Bearbeitung größerer Ratiionalisierungsaufgaben gebildet wurden, werden auch Projektgruppen genannt (siehe auch Teil 1, Kapitel 2).

Arbeitsgestaltung ist methodisches Vorgehen

Die Notwendigkeit, sich mit einer Vielzahl von Gestaltungsaufgaben zu befassen, läßt es darüber hinaus als äußerst wichtig erscheinen, bei der Lösung einer solchen Aufgabe *methodisch* vorzugehen, das heißt sich nicht von zufälligen Eindrücken leiten zu lassen, sondern die Überlegungen nach einer vorgezeichneten Schrittfolge ablaufen zu lassen, die man der Erfahrung abgewonnen hat.

2.3 Vorgehensweisen

In der Arbeitsgestaltung gibt es im wesentlichen folgende Vorgehensweisen:

1) die untersuchende (analytische) Vorgehensweise:

Der Arbeitsgestalter sammelt Daten (zum Beispiel Zeiten und deren Einflußgrößen, Mengen, Kosten) und wertet sie aus, um zu neuen Erkenntnissen zu kommen; er beobachtet systematisch die zu gestaltenden Arbeitsabläufe und analysiert die wirkenden Faktoren, um neue Zusammenhänge zu erkennen.

analytisches Vorgehen

2) die gestalterische (synthetische) Vorgehensweise:

Der Arbeitsgestalter geht von allgemeinen Erfahrungen und Grundsätzen aus und wendet diese auf seine spezielle Aufgabe an, um dadurch zu einer Lösung seines Problems zu kommen. Seine Fragestellung und Aufgabe bestehen nicht in erster Linie in der Analyse von Zusammenhängen, sondern darin, mit Hilfe seiner schöpferischen Fantasie einen bestimmten durch die Arbeitsaufgabe gegebenen Zusammenhang zwischen verschiedenen Elementen des zu gestaltenden Systems herzustellen. Bei der Gestaltung der Montage einer Steckdose geht er beispielsweise vom Grundsatz der Beidhandarbeit aus und ordnet demnach Vorrichtungen und Teilebehälter so an, daß beide Hände bei der Arbeit gleichzeitig tätig sein können.

synthetisches Vorgehen

Diese beiden Vorgehensweisen wechseln bei der Lösung einer Gestaltungsaufgabe miteinander ab: Im Vorgang der Gestaltung kann es notwendig werden, auftretende Fragen durch eine Analyse zum Beispiel des Arbeitsverfahrens oder der Arbeitsmethode zu klären. Wie schon das Wort Gestaltung zum Ausdruck bringt, liegt aber der *Schwerpunkt der Arbeitsgestaltung* nicht auf der Analyse, sondern auf der *Synthese*, also dem Gestalten. Deshalb kann man auch sagen, daß Arbeitsgestaltung final (zielgerichtet) und nicht kausal (ursächlich) orientiert ist.

Schwerpunkt der Arbeitsgestaltung

2.4 Anforderungen an den Arbeitsgestalter

Fantasie und
Erfahrung

Arbeitsgestaltung ist in erster Linie ein schöpferischer Vorgang. Dieser erfordert zunächst ein bestimmtes Maß von *Fantasie*, das heißt von Beweglichkeit und Freiheit des Denkens, das dem Arbeitsgestalter erlaubt, ausgefahrene Geleise zu verlassen und neue Ideen, neue Möglichkeiten und Wege zu finden. Dabei kann die *Erfahrung*, die man auf einem bestimmten Gebiet gewonnen hat, sogar im Wege stehen, weil sie häufig mit einem gewissen Schematismus des Denkens, das heißt mit Gewohnheit, verbunden ist. Jeder kennt die Erscheinung der Betriebsblindheit, die den betriebsgewohnten Spezialisten daran hindert, Mängel in seinem Betrieb zu erkennen oder sich den Arbeitsablauf überhaupt anders vorzustellen. Wirklich entscheidende Fortschritte werden auf allen Teilgebieten der Rationalisierung nur dann erreicht, wenn man sich gedanklich vom Ist-Zustand so weit wie möglich freimacht.

Drang zur Ver-
vollkommnung

Arbeitsgestaltung erfordert darüber hinaus einen inneren *Drang zur Vervollkommnung*, der sich nicht mit dem Bestehenden zufriedengibt, der grundsätzlich daran zweifelt, daß der bestehende Zustand die optimale Lösung ist. Der Arbeitsgestalter sollte ein unruhiger Geist sein.

Wissen

Fantasie und Drang zur Vervollkommnung nützen aber allein noch nicht viel, wenn sie − wie schon weiter oben erwähnt − nicht mit einem bestimmten Maß an *Wissen* verbunden sind. Auch der fantasievolle unruhige Geist kann letztlich nur Ideen entwickeln und verwirklichen, wenn er auf einen ausreichenden Bestand an speziellen Fachkenntnissen wie auf ein möglichst umfassendes Wissen aus dem gesamten Bereich der Technik − gewissermaßen als Rohmaterial − zurückgreifen kann.

Ziele

Schließlich ist es wichtig, daß sich der Arbeitsgestalter an Zielen orientieren und gegebenenfalls auch auf diese berufen kann. Diese Ziele müssen mit den allgemeinen Unternehmenszielen abgestimmt sein.

2.5 Stetigkeit der Aufgabe

Arbeitsgestaltung ist – bezogen auf ein bestimmtes Erzeugnis oder ein bestimmtes Arbeitsverfahren oder allgemein auf ein bestimmtes Arbeitssystem – kein einmaliger Vorgang, sondern eine Daueraufgabe. Im schneller werdenden Fluß des technischen Wandels und im Wechsel der Wünsche des Menschen sowie der Forderungen des Marktes veralten Werkstoffe, Verfahren und Betriebsmittel schnell, müssen also ständig neu durchdacht werden, auch wenn das Betriebsergebnis derzeit noch ausreichend erscheint. – Auf der anderen Seite ist Arbeitsgestaltung im allgemeinen nur wirtschaftlich, wenn die Produktion eine gewisse Kontinuität aufweist; in einem gewissen Umfang erzwingt Rationalisierung kontinuierliche Verhältnisse.

Arbeitsgestaltung ist Daueraufgabe

Arbeitsgestaltung ist an drei verschiedenen Stellen der „Lebensläufe" von Arbeitssystemen erforderlich oder möglich:

1) bei der *Neuentwicklung* eines bisher nicht vorhandenen Systems,
2) bei der *Weiterentwicklung* eines vorhandenen, aber noch befriedigend arbeitenden Systems,
3) bei der *Verbesserung* eines mangelhaft arbeitenden Systems.

Neu- und Weiterentwicklung sowie Verbesserung von Arbeitssystemen

Es ist deshalb gut, eine Gestaltungsmethode anzuwenden, die es erlaubt, sich gedanklich vom Ist-Zustand freizumachen und die zukünftige Entwicklung möglichst weit im voraus ins Auge zu fassen. Dadurch wird – auch der Geschäftsleitung – ein Ziel, ein Zukunftsplan sichtbar, von dem dann schrittweise das jeweils wirtschaftlich Mögliche verwirklicht werden kann.

Impulse für die Verbesserung mangelhaft arbeitender Systeme können mit Hilfe des *innerbetrieblichen Vorsschlagswesens* gewonnen werden.

innerbetriebliches Vorschlagswesen

Kapitel 3

Die 6 Stufen zur Gestaltung von Arbeitssystemen

3.1	Einführung in die 6-Stufen-Methode der Systemgestaltung	78
3.2	Stufe 1: Ziele setzen	81
3.2.1	Kostenziel	81
3.2.2	Andere Ziele	83
3.3	Stufe 2: Aufgabe abgrenzen	85
3.3.1	Systemgröße, Rationalisierungsansätze und Minimalforderungen abgrenzen	85
3.3.2	Projektgruppe bilden, Termine planen	90
3.3.3	Ist-Zustands-Analyse	91
3.3.4	Zusammenfassung	93
3.4	Stufe 3: Ideale Lösungen suchen	94
3.5	Stufe 4: Daten sammeln und praktikable Lösungen entwickeln	98
3.6	Stufe 5: Optimale Lösung auswählen	102
3.7	Stufe 6: Lösung einführen und Zielerfüllung kontrollieren	103
3.8	Beispiel	104
	Literatur	110

3.1 Einführung in die 6-Stufen-Methode der Systemgestaltung

Vorgehensweise
und Techniken der
Arbeitsgestaltung

In der Arbeitsgestaltung – oder allgemeiner in der Rationalisierung – ist zu unterscheiden zwischen dem schrittweisen Vorgehen bei der Verwirklichung der gesetzten Ziele und zwischen den einzelnen Techniken und Hilfsmitteln, die zur Ausführung dieses generellen Vorgehens hilfreich sein können (Bild 33). Die nachfolgend erläuterte 6-Stufen-Methode zur Lösung von Rationalisierungsaufgaben ist ebenso gut für eine leicht überschaubare Arbeitsplatzgestaltung wie auch für die Rationalisierung von komplexen Abläufen in Fertigung, Verwaltung oder Vertrieb geeignet. Die speziellen Techniken haben demgegenüber meist besondere Anwendungsschwerpunkte.

Besonderheiten
der
6-Stufen-Methode

Im Bild 34 ist die grundsätzliche Vorgehensweise bei der Arbeitsgestaltung in Form von 6 Stufen dargestellt. Diese 6-Stufen-Methode ist eine Erweiterung der bisher bekannten 4-Stufen-Methode der Arbeitsgestaltung. In ihr sind unter anderem Erkenntnisse von G. Nadler (1969) und der Wertanalyse (DIN 69 910) verarbeitet.

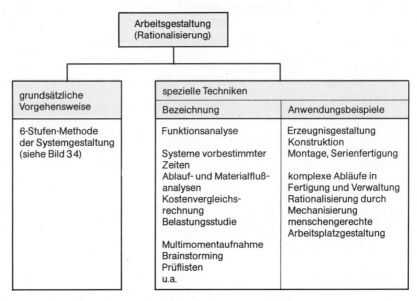

Bild 33   Vorgehen und Techniken der Arbeitsgestaltung

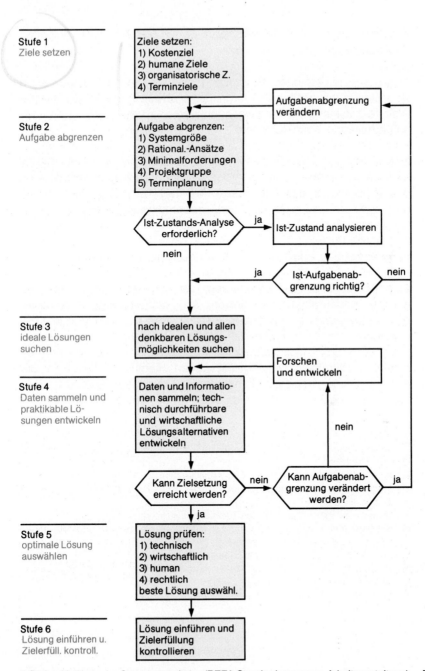

Stufe 1
Ziele setzen

Stufe 2
Aufgabe abgrenzen

Stufe 3
ideale Lösungen
suchen

Stufe 4
Daten sammeln und
praktikable Lö-
sungen entwickeln

Stufe 5
optimale Lösung
auswählen

Stufe 6
Lösung einführen u.
Zielerfüll. kontroll.

6-Stufen-Methode der Systemgestaltung (REFA-Standardprogramm Arbeitsgestaltung)   Bild 34

Zusammengefaßt zeichnet sich die 6-Stufen-Methode durch folgende Besonderheiten aus:

Planung
neuer Systeme

1) Die 6-Stufen-Methode der Systemgestaltung kann ebensogut auf die Neuentwicklung noch nicht vorhandener Arbeitssysteme wie auf die Weiterentwicklung von Ist-Zuständen oder die Verbesserung mangelhaft arbeitender Arbeitssysteme angewandt werden.

universell
anwendbar

2) Sie gilt für alle Ansatzpunkte der Rationalisierung: der Rationalisierung durch Verbesserung der Arbeitsmethode (Bewegungsgestaltung), des Arbeitsverfahrens (technologische Rationalisierung, Mechanisierung und Automatisierung) und der Arbeitsbedingungen (ergonomische, arbeitsorganisatorische und soziale Gestaltung der Umwelt); ebenso gilt sie für alle Systemgrößen: für einzelne Arbeitsplätze, für Produktions- und Verwaltungsabteilungen sowie auch für ganze Betriebe.

Belebung der
gestaltenden
Fantasie

3) Bei dieser 6-Stufen-Methode liegt das Schwergewicht weniger auf der Anwendung einzelner Techniken als auf der Belebung der gestaltenden Fantasie und der Teamarbeit. Hierzu gehört, daß nicht in jedem Fall unbedingt von der Analyse des Ist-Zustandes ausgegangen werden muß; das Problem soll nicht so ähnlich wie schon immer, sondern an Ideal-Vorstellungen orientiert gelöst werden. Hierzu gehört auch das Bemühen, zu jeder Aufgabe nicht nur eine, sondern mehrere Lösungsalternativen zu suchen, um daraus dann die jeweils beste auszuwählen.

Gestaltungs-
system

Es ist möglich, ähnlich dem im Teil 1, Kapitel 3, erklärten Arbeitssystem auch die Arbeitsgestaltung durch ein System, das man dann *Gestaltungszystem* nennen kann, zu beschreiben. Dabei sind

1) Arbeitsaufgabe: die Gestaltung eines Arbeitssystems,
2) Eingabe: die Ausgangsdaten, wie zum Beispiel der Ist-Zustand oder die gewünschte Kostensenkung,
3) Mensch: der Arbeitsgestalter, das Team oder die Projektgruppe,
4) Betriebsmittel: Hilfsmittel, wie zum Beispiel spezielle Vordrucke für Ablaufanalysen oder für die Kostenvergleichsrechnung,
5) Ablauf: die 6-Stufen-Methode der Systemgestaltung,
6) Umwelteinflüsse: Randbedingungen, zum Beispiel in Form der Minimalforderungen (siehe Abschnitt 3.3.1) und
7) Ausgabe: die Lösung der Gestaltungsaufgabe beziehungsweise das gestaltete Arbeitssystem.

3.2 Stufe 1: Ziele setzen

Diese erste Stufe der Systemgestaltung kann auch als eine Vorstufe der eigentlichen Arbeitsgestaltungsmethodik bezeichnet werden. Dabei hängt es von der Größe des Betriebs und der Stellung des Arbeitsgestalters ab, ob er bei der Zielsetzung mitwirkt oder ob sie ihm vorgegeben wird.

Unter Ziel wird hier das Gesamtziel oder das Globalziel der Arbeitsgestaltung verstanden. Um es zu verwirklichen, muß es in Unter- oder Teilziele aufgegliedert werden. In den meisten Fällen sind zur Verwirklichung des Gesamtziels längere Zeiträume erforderlich; demgemäß soll es Bestandteil der längerfristigen Unternehmensplanung sein.

Gesamt- und Teilziele

Die Ziele der Arbeitsgestaltung sind an den Unternehmenszielen orientiert. Es sind – wie im Teil 1, Kapitel 1, erwähnt – grundsätzlich *wirtschaftliche und nichtwirtschaftliche Zielvorstellungen* zu unterscheiden.

Unternehmensziele

3.2.1 Kostenziel

Die wirtschaftlichen (monetären) Ziele eines Unternehmens können im wesentlichen durch zwei Maßnahmen verfolgt werden:

wirtschaftliche Ziele

1) Verringerung der Selbstkosten,
2) Erhöhung des Wertes oder Nutzens des erzeugten Produktes oder der erstellten Dienstleistung zur Erzielung eines höheren Preises für die verkaufte Leistung sowie eines größeren Umsatzes und Marktanteils.

Im Rahmen der betrieblichen Rationalisierung hat im allgemeinen die Kostensenkung den Vorrang.

Das Kostenziel wird im allgemeinen von der Unternehmensleitung vorgegeben. Es lautet zum Beispiel, daß im kommenden Jahr die Selbst- oder die gesamten Herstellkosten nachweisbar um mindestens 10 % zu senken sind. Dieses Globalziel wird nun in den einzelnen Betrieben mit Hilfe eines möglichst geringen Aufwandes zu verwirklichen versucht.

Gesamt-Kostenziel

Die Auswahl von für die Verfolgung dieses Zieles besonders geeigneten Arbeitssystemen und Erzeugnissen hängt im wesentlichen von drei Einflußgrößen ab:

1) von dem Anteil einzelner Kostenarten an den Selbstkosten,
2) von dem Rationalisierungsgrad der Ist-Arbeitssysteme und von dem Stand der technischen Entwicklung und
3) von der zukünftigen Entwicklung des Einkaufs- und Absatzmarktes.

Kostenmatrix

Zur Untersuchung der Kostenverursachung in den einzelnen Abteilungen (Kostenstellen) kann es sinnvoll sein, für einen Betrieb eine Kostenmatrix (Bild 35) zu erstellen, die verdeutlicht, wie sich die Selbstkosten prozentual verteilen. Die Daten für diese Kostenmatrix können geschätzt oder auch dem Betriebsabrechnungsbogen entnommen werden. Mit Hilfe der in Bild 35 angegebenen Kostenanteile kommt man beispielsweise zu folgender Rangfolge (Prioritäten) für die durchzuführenden Rationalisierungsmaßnahmen:

1) Senkung des Rohmaterialeinsatzes (Materialkosten in Vorfertigung)
2) Verbesserung der Arbeitsverfahren und Arbeitsmethoden in der Montage (Senkung der Lohnkosten)
3) Erhöhung der Maschinennutzung in der Vorfertigung
4) Vereinfachung der Verwaltungsaufgaben.

Kostenstelle	Gesamt-kosten in %	Löhne und Gehälter in %	Betriebs-mittelkosten in %	Material-kosten in %
Vorfertigung	35	5	10	20
Montage	30	20	9	1
Qualitätssicherung	6	5	1	–
Fertigungshilfsstellen	8	5	2	1
Entwicklung, Konstruktion	6	4	1	1
Verwaltung	10	9	1	–
Einkauf und Lager	1	1	–	–
Vertrieb	4	4	–	–
Selbskosten in %	100	53	24	23

Bild 35   Beispiel einer Kostenmatrix als Entscheidungshilfe für die Auswahl von Rationalisierungsschwerpunkten (siehe auch Göltenboth, 1971)

ABC-Analyse

Bei der Auswahl von für das Unternehmen wichtigen Erzeugnissen ist außerdem die sogenannte ABC-Analyse ein wichtiges Hilfsmittel; darauf wird im Kapitel 7 näher eingegangen.

Diese ersten Überlegungen müssen nun mit weiteren Gesichtspunkten abgewogen werden. Man wird sich immer solche Arbeitssysteme zur Rationalisierung aussuchen, bei denen man mit geringem kostenmäßigen und zeitlichen Aufwand einen hohen Ertrag erzielen kann. Das ist in aller Regel bei höheren Stückzahlen leichter möglich als bei kleineren Stückzahlen. Außerdem spielt eine Rolle, inwieweit ausgereifte neue Arbeitsverfahren, neue Arbeitsmethoden oder auch neue Materialien bekannt geworden sind und angewendet werden können. – Schließlich wird man bei der Auswahl von Arbeitssystemen mit einem hohen Anteil an Maschinenkosten Engpässe bevorzugt rationalisieren, um dadurch gegebenenfalls die Beschaffung weiterer Betriebsmittel zu vermeiden.

Auswahl geeigneter Arbeitssysteme

Schließlich ist es im Rahmen dieser ersten Stufe der Systemgestaltung wichtig, daß man die Arbeitsgestaltung immer auf solche Erzeugnisse ausrichtet, die auch in Zukunft einen bedeutenden Anteil am Erfolg des Unternehmens haben werden. Hierbei kann es erforderlich sein, die Entwicklung der Stückzahlen während der vergangenen und der zukünftigen Jahre und den gegenwärtigen Anteil am Gesamtumsatz festzustellen, die Preise sowie die Vorzüge und Mängel der eigenen Produkte oder Dienstleistungen mit denen der Konkurrenz zu vergleichen und auch die zukünftige Lohn- und Preisentwicklung abzuschätzen.

Auswahl geeigneter Erzeugnisse

Das Ergebnis all dieser Überlegungen ist, daß das Globalziel – zum Beispiel im nächsten Jahr die Selbstkosten um mindestens 10 % zu senken – entsprechend den gegebenen Möglichkeiten und Chancen in Teilziele und damit in Rationalisierungsschwerpunkte aufgegliedert wird (zum Beispiel Senkung der Materialkosten und Senkung der Verwaltungskosten).

Rationalisierungsschwerpunkte

3.2.2 Andere Ziele

humane Ziele

Neben dem Kostenziel gibt es andere Ziele der Rationalisierung, die primär nicht wirtschaftlicher, sondern *humaner* Natur sind. Diese Ziele betreffen in den meisten Fällen die Verminderung der Belastung oder auch einen Wechsel der Belastung bei einseitiger Beanspruchung des Menschen und die Erhöhung der Arbeitssicherheit. Hierher gehören auch die Entwicklung von Unterlagen für die Einführung neuer Entlohnungsgrundsätze, die Schaffung neuer Formen der innerbetrieblichen Zusammenarbeit und der Aufgabenerweiterung, Veränderungen in der Arbeitsorganisation sowie allgemein Maßnahmen zur Verbesserung der menschlichen Zusammenarbeit und des Betriebsklimas.

organisatorische Ziele

Weitere nicht unmittelbar als Kostenziel formulierte Zielsetzungen der Rationalisierung können beispielsweise sein:

– Verminderung des Ausschusses,
– Erhöhung des Betriebsmittelnutzungsgrades,
– Verminderung der Unterbrechungszeiten bei Mensch und Betriebsmittel,
– Verringerung der Liegezeit der Arbeitsgegenstände (Materialflußgestaltung),
– Anpassung der Arbeitsverfahren und -methoden an steigende Stückzahlen.

Rationalisierungsziele dieser Art sind im Bild 34 als organisatorische Ziele bezeichnet.

Terminziel

Von Bedeutung ist schließlich, daß jede Zielsetzung so formuliert sein soll, daß ihre Erfüllung kontrolliert werden kann. Hierzu gehört vor allem das Setzen eines Terminzieles, an dem die Rationalisierungsmaßnahme abgeschlossen sein soll.

3.3 Stufe 2: Aufgabe abgrenzen

3.3.1 Systemgröße, Rationalisierungsansätze und Minimalforderungen abgrenzen

Auch die zweite Stufe der 6-Stufen-Methode ist als eine Vorstufe zur eigentlichen Gestaltung im Rahmen der dritten und vierten Stufe (dem Suchen und Entwickeln neuer Lösungen) zu verstehen. Gute Lösungen können nur erwartet werden, wenn vorab eine größere Zahl von weiteren mehr ins einzelne gehenden Überlegungen angestellt werden, die die Abgrenzung der *Gestaltungsaufgabe* betreffen. Diese soll in jedem Fall mit dem Gesamtziel aller Rationalisierungsmaßnahmen eines Unternehmens abgestimmt sein. Sie besteht im allgemeinen:

Gestaltungsziel und Gestaltungsaufgabe

a) in der Benennung des zu rationalisierenden Erzeugnisses beziehungsweise der Baugruppe eines Erzeugnisses (Teilerzeugnisses) oder in der Angabe der zu gestaltenden Abläufe beziehungsweise Betriebsbereiche sowie
b) in einem Mindestziel.

Die Gestaltungsaufgabe lautet beispielsweise, daß die Herstellkosten eines bestimmten Erzeugnisses um mindestens 15 % zu senken sind oder daß an bestimmten Arbeitsplätzen die Beanspruchung des Menschen die Stufe 2 (siehe Kapitel 7 im Teil 2) nicht überschreiten soll.

Während die Gestaltungsaufgabe in diesem groben Rahmen dem Arbeitsgestalter in aller Regel von einer vorgesetzten Instanz vorgegeben wird, ist die Abgrenzung und Beschreibung des zu gestaltenden Arbeitssystems im einzelnen meistens seine erste konkrete Aufgabe im Rahmen der Systemgestaltung. Dieser Schritt ist deshalb von besonderer Bedeutung, weil hierbei entschieden wird, wie begrenzt beziehungsweise wie umfangreich das gestellte Problem in Angriff genommen wird.

Abgrenzung und Beschreibung des Arbeitssystems

Drei Fragen sind zur Abgrenzung der Gestaltungsaufgabe und des zu gestaltenden Systems zu beantworten:

1) Systemgröße:

Im Kapitel 3 des Teils 1 wurde schon erläutert, daß man Arbeitssysteme unterschiedlicher Größe unterscheiden kann. Die Gestaltung kann sich auf den einzelnen Platz (Mikro-Arbeitssystem), eine Gruppe von Arbeitsplätzen, einen Fertigungsbereich oder auch auf die gesamte Fertigung eines Produktes (Makro-Arbeitssystem) beziehen.

Größe des Arbeitssystems

Ansatzpunkte der
Rationalisierung

2) Rationalisierungsansätze:

Für die Rationalisierung gibt es im wesentlichen folgende Ansatzpunkte:

a) *Gestaltung des Bewegungsablaufs beziehungsweise der Arbeitsmethode* (arbeitsplatzbezogene Gestaltung ohne wesentliche Investitionen);

b) *Ablauforganisation* (Gestaltung des Ablaufs und Materialflusses zwischen mehreren Arbeitsplätzen und auch betrieblichen Bereichen);

c) *Mechanisierung und Automatisierung* (Änderung des Arbeitsverfahrens, Einsatz von Betriebsmitteln für bisher vom Menschen ausgeführte Abläufe);

d) *Erzeugnisgestaltung* (Veränderung der Konstruktion der Erzeugnisse so, daß die gewünschten Funktionen mit den geringsten Herstellkosten erfüllt werden können); dabei kann die Rationalisierung ein gesamtes Erzeugnis, einzelne Baugruppen dieses Erzeugnisses (Teilerzeugnisse) oder auch Einzelteile umfassen;

e) *soziale Betriebsgestaltung und Gestaltung der Umwelteinflüsse* (Veränderung der menschlichen Zusammenarbeit sowie der physikalischen, organisatorischen und sozialen Umwelteinflüsse).

Im allgemeinen ergibt eine kombinierte Anwendung der Rationalisierungsansätze die besten Ergebnisse. Jedenfalls ist es zweckmäßig, bei einem bestimmten Projekt zum Beispiel nicht nur die Arbeitsmethode zu verbessern, sondern gleichzeitig zu prüfen, ob das Projekt nicht auch wertanalytisch gestaltet oder das Arbeitsverfahren geändert werden sollte.

Minimal-
forderungen

3) Minimalforderungen:

Jede Arbeitsgestaltung steht unter bestimmten Voraussetzungen, die gleichsam Randbedingungen der Gestaltung darstellen. Hierzu gehören im besonderen

a) die gewünschte Mengenleistung des Arbeitssystems und die erforderliche Qualität seiner Ausgabe,

b) der Umfang möglicher Investitionen beziehungsweise die Notwendigkeit, vorhandene Betriebsmittel zu nutzen, sowie

c) ergonomische und soziale Randbedingungen, wie zum Beispiel die Forderung, daß der Arbeitsplatz auch für Frauen geeignet ist oder daß im Leistungslohn gearbeitet werden soll.

Die Formulierung der Minimalforderungen entspricht dem Pflichtenheft des Konstrukteurs; es enthält die Forderungen, die unter allen Umständen erfüllt werden müssen, und eventuell auch die Wünsche, die nach Möglichkeit berücksichtigt werden sollen.

Pflichtenheft

Je geringer die Anzahl der Forderungen ist, um so mehr Spielraum hat der Arbeitsgestalter für eine gute Lösung; es sind deshalb vor allem die *minimalen* Forderungen aufzunehmen, die das neu zu gestaltende Arbeitssystem unbedingt erfüllen muß; Ausnahmen sollten zunächst vernachlässigt werden.

Die Auswahl des zu gestaltenden Systems, die Wahl des Rationalisierungsansatzes und die Formulierung der minimalen Forderungen für das ausgewählte System stellen eine sehr komplexe Aufgabe dar, deren Bearbeitung von vielerlei und von Fall zu Fall unterschiedlichen Umständen abhängt. Das Ergebnis dieser Überlegungen wird stark vom Wissen und der Erfahrung sowie der Fantasie des Arbeitsgestalters abhängen. Es hat sich aber erwiesen, daß es nützlich ist, wenn sich der Arbeitsgestalter zwingt, in jedem Falle die einzelnen Stufen und Unterstufen der 6-Stufen-Methode systematisch durchzugehen und dabei niemals einen Punkt zu überspringen.

Komplexität der Aufgabe

Einige spezielle Hinweise sollen diese Ausführungen über die geeignete Aufgabenabgrenzung ergänzen:

Im allgemeinen geht man bei der Abgrenzung der zu gestaltenden Systemgröße absichtlich von einem relativ sehr eng begrenzten Arbeitssystem aus, definiert dessen Arbeitsaufgabe und erweitert diese Aufgabe und damit das betrachtete System schrittweise. Durch zwei Beispiele (Bild 36) soll das erläutert werden:

Erweiterung des betrachteten Arbeitssystems

Systemgröße	Kaufhaus	Gießerei
klein ↓ groß	1) Preisschild an Ware anbringen 2) Preisinformation an Ware anbringen 3) Verkäufer und Käufer über Preis informieren 4) Waren verkaufen 5) Waren verteilen	1) Gießgrate entfernen 2) saubere Teile herstellen 3) maschinelle Bearbeitung der Teile ermöglichen 4) gewünschte Einzelteile herstellen

Schrittweise Erweiterung des betrachteten Arbeitssystems   Bild 36

Es kann nützlich sein, wenn man bei der schrittweisen Ausweitung des Systems weit über jede Möglichkeit der Verwirklichung hinausgeht und so zum Beispiel in Betracht zieht, solche Einzelteile zu gießen, bei denen sich nicht nur das Entfernen des Gießgrates vor der maschinellen Bearbeitung, sondern die Bearbeitung überhaupt erübrigt. Die Entscheidung darüber, wieweit das System ausgedehnt werden soll, hängt letztlich von verschiedenen Kriterien ab, nämlich von

1) den möglichen Einsparungen,
2) den Wünschen der Betriebsleitung,
3) der zur Verfügung stehenden Zeit,
4) organisatorischen Gründen, zum Beispiel Kompetenzschwierigkeiten zwischen verschiedenen betrieblichen Instanzen.

Allgemein sollte angestrebt werden, von einem ursprünglich engen System durch Fragen, wie zum Beispiel „Zu welchem nächstgelegenen System gehört dieser Arbeitsplatz?" oder „Welcher nächsthöhere Zweck wird durch die Aufgabe dieses Systems erreicht?", auf ein möglichst großes Arbeitssystem zu kommen.

Beispiel für die Formulierung der Minimal- forderungen

Die Minimalforderungen des abgegrenzten Systems werden am besten in einem besonderen Schema festgehalten (Bild 37). Dieses Schema stellt gleichsam die Formulierung der Gestaltungsaufgabe für den Arbeitsgestalter dar. Es ist in die sieben Systembegriffe eingeteilt, mit denen ein Arbeitssystem beschrieben werden kann. Außerdem enthält es eine Spalte, in die die Änderungstendenzen der einzelnen Angaben eingetragen werden können.

Systembegriffe	Minimalforderungen	Änderungstendenz
Aufgabe	Zusammenbau von Staubsaugern; saubere Verarbeitung ist von großer Bedeutung, da starke Klagen seitens des Vertriebs	allmähliche Typenverringerung
Eingabe	Einzelteile und Baugruppen nach Zeichnung	–
Ausgabe	Staubsauger Typ A 2000 Stck/Monat Staubsauger Typ B 1000 Stck/Monat	höhere Stückzahlen von Typ A
Umwelteinflüsse	Lärmeinfluß durch benachbarte Werkstatt in seiner Wirkung vermindern	–
Mensch	keine Gewichte über 15 kg heben, Anzahl der Arbeitskräfte um 50 % reduzieren	zunehmende Knappheit von Arbeitskräften
Betriebsmittel	vorhandene Betriebsmittel müssen nicht übernommen werden; neue Betriebsmittel müssen sich jedoch innerhalb eines Jahres rentiert haben	–
Arbeitsablauf	Verwendung genormter Arbeitstische und Behälter	–

Schema für die Formulierung der Minimalforderungen für die Gestaltung eines Arbeitssystems (Beispiel)   Bild 37

Besondere Aufmerksamkeit erfordert die Formulierung der Arbeitsaufgabe des gewählten Systems. Es ist zu fragen, ob die Aufgabe des Systems selbst eine Minimalforderung darstellt, das heißt ob das System überhaupt nötig ist. Wenn dies der Fall ist, muß die Bezeichnung der Aufgabe so gewählt werden, daß dadurch nicht schon eine spezielle technische Lösung vorweggenommen wird und daß nur die Aufgabe dieses einen Systems und nicht zugleich andere Systeme mit erfaßt werden. Beispielsweise darf die Aufgabe einer Gußputzerei nicht „Gußteile zur Bearbeitung vorbereiten" (umfaßt auch andere Systeme) oder „Gußteile schleifen „ (Vorwegnahme einer speziellen Technik) lauten, sondern sollte etwa mit „Gießgrate entfernen" bezeichnet werden.

3.3.2 Projektgruppe bilden, Termine planen

Schließlich gehören zur Stufe 2 der 6-Stufen-Methode der Systemgestaltung (siehe Bild 34) die Bildung der Projektgruppe und die Terminplanung.

Projektgruppe

Die Zusammensetzung der Projektgruppe, die die Arbeitsgestaltung durchzuführen hat, hängt im wesentlichen von dem gewählten Rationalisierungsansatz ab. Die Bewegungsgestaltung erfordert zum Beispiel in einem System vorbestimmter Zeiten ausgebildete Arbeitsstudienleute, Betriebsmittelkonstrukteure und Arbeitsunterweiser. Im Falle der Mechanisierung und Automatisierung sind Fachleute aus der Fertigung und der Betriebswirtschaft hinzuzuziehen. Wenn die Erzeugniskonstruktion mit in Betracht gezogen wird, müssen die Entwicklung und Konstruktion sowie Einkauf und Vertrieb mitarbeiten.

Der Wirkungsgrad solcher Arbeitsgruppen hängt von der Auswahl der Mitglieder, vom Teamleiter, von der Teamgröße (6 bis 9 Personen sind optimal), von der Vorbildung und dem Einsatz der Teammitglieder ab; im Team müssen Informationen bereitwillig ausgetauscht werden; die Teammitglieder sollten darauf verzichten, Vorrechte aus ihren Dienststellungen abzuleiten.

Terminplanung

Bei komplexen Aufgaben kann eine detaillierte Terminplanung erforderlich sein, mit der die Zusammenarbeit der verschiedenen an dem Rationalisierungsprojekt beteiligten Personen und Instanzen zeitlich aufeinander abgestimmt wird. Die Aufstellung eines Netzplanes (siehe Kapitel 4) ist dabei häufig sinnvoll.

3.3.3 Ist-Zustands-Analyse

Wie Bild 34 zu entnehmen ist, kann die Abgrenzung der Aufgabe eine Ist-Zustands-Analyse erforderlich machen. Art und Umfang der Ist-Zustands-Analyse hängen

a) vom Anlaß der Arbeitsgestaltung und
b) von der Komplexität des zu gestaltenden Systems ab.

Notwendigkeit der Ist-Zustands-Analyse

a) Wie bereits im Abschnitt 2.5 gesagt wurde, können im wesentlichen drei verschiedene Anlässe zur Arbeitsgestaltung unterschieden werden:

Anlaß der Arbeitsgestaltung

1) Entwicklung eines bisher noch nicht vorhandenen Systems (zum Beispiel bei Einführung eines neuen Erzeugnisses),
2) Weiterentwicklung von Systemen, die zur Zeit noch befriedigend arbeiten, und
3) Verbesserung mangelhafter Systeme.

Im ersten Fall scheidet von vornherein eine Ist-Zustands-Analyse aus. Im zweiten Fall ist der Anstoß für die Weiterentwicklung häufig das Bekanntwerden eines neuen Arbeitsverfahrens oder einer neuen Arbeitsmethode; dann ist die Ist-Zustands-Analyse ebenfalls meist von keinem großen Wert. Im dritten Fall geht man von der Erkenntnis eines Mangels aus und versucht, diesen Mangel durch geeignete Maßnahmen zu beheben. Dabei ist es wichtig, daß man nicht bei oberflächlich erkennbaren Tatsachen und Fehlern (Symptomen) stehenbleibt, sondern die wirklich entscheidende Ursache erkennt, die möglicherweise im Hintergrund steht. Wenn beispielsweise im Zuge der Fließbandmontage von Kleinteilen bei einem Nietvorgang häufig Ausschuß entsteht, dann liegt die Ursache unter Umständen nicht in der Fertigung, sondern in der Konstruktion des Erzeugnisses. Die richtige Formulierung der Fehlerursache kann den Lösungsweg oder wenigstens die Richtung zu einer Lösung andeuten. In diesem dritten Fall ist demnach eine detaillierte Ist-Zustands-Analyse vielfach der einzig mögliche Weg, um das Problem vollständig zu erkennen.

Komplexität des
Arbeitssystems

b) Neben diesen Gesichtspunkten ist selbstverständlich eine Ist-Zustands-Analyse um so mehr erforderlich, je komplexer und größer das zu gestaltende Arbeitssystem ist. Besteht zum Beispiel die Arbeitsaufgabe in der Verbesserung des Arbeitsablaufs an einer einstufigen Stanze, so wird im allgemeinen eine schriftlich niedergelegte Ist-Zustands-Analyse kaum erforderlich sein. Handelt es sich dagegen um die Rationalisierung des Materialflusses in einem mehrgeschossigen Betrieb, so ist eine Ist-Zustands-Analyse unerläßlich.

Diese Ausführungen lassen sich wie folgt zusammenfassen:

Anlaß der Arbeitsgestaltung	Arbeitssystem	
	einfach	komplex und groß
	Ist-Zustands-Analyse:	
Neuentwicklung	nicht möglich	
Weiterentwicklung	nicht notwendig	sinnvoll
Verbesserung		notwendig

Bild 38   Erforderlichkeit einer Ist-Zustands-Analyse

Umfang der
Ist-Zustands-
Analyse

Über Einzelheiten der Ist-Zustands-Analyse wird in Kapitel 4 näheres berichtet. Grundsätzlich gilt, daß der Ist-Zustand immer nur soweit wie zur Aufgabenabgrenzung nötig und niemals soweit wie möglich erfaßt werden sollte. Es muß vermieden werden, daß durch eine zu sehr in Einzelheiten gehende und zeitaufwendige Ist-Zustands-Analyse die Lösungsideen bereits in einer ganz bestimmten Richtung fixiert werden und daß die Ist-Zustands-Analyse erst zu einem Termin vorliegt, zu dem die Gestaltung bereits abgeschlossen sein sollte.

Schulung im
Analysieren

Am Rande sei noch vermerkt, daß für den Anfänger im Arbeitsstudium das Analysieren auch von einfachen Abläufen aus Schulungszwecken wichtig ist; er wird dabei im analytischen Beobachten und gedanklichen Durchdringen und im Erkennen von Schwachstellen geschult. Je häufiger er im Lehrgang und in seiner Praxis Ist-Zustands-Analysen durchgeführt hat, um so mehr kann er später auch bei komplexeren Systemen darauf verzichten; er ist dann weitgehend imstande, durch bloße Beobachtung des Ablaufs gedanklich den Ist-Zustand soweit zu erfassen, wie das für die Entwicklung neuer Lösungen erforderlich ist.

3.3.4 Zusammenfassung

Zusammenfassend ist zu dieser zweiten Stufe der Systemgestaltung zu sagen, daß sie deshalb hier so ausführlich besprochen werden mußte, weil es von großer Wichtigkeit erscheint, daß sich der Arbeitsgestalter zu Beginn eines jeden Rationalisierungsprojektes umfassende und vielseitige Gedanken darüber macht, durch welche Maßnahmen der größte Erfolg bei kleinstem Aufwand erzielt werden kann. Dabei kann es keine Rezepte geben; in dem einen Fall mag eine einfache Arbeitsplatzgestaltung (Mikro-Rationalisierung) die beste Rationalisierungsmaßnahme darstellen; im anderen Falle hätte es wenig Sinn, den Ablauf zu gestalten, wenn schon das Produkt keine fertigungsgerechte Konstruktion aufweist.

Zudem wird es häufig notwendig sein, im Zuge des weiteren Vorgehens im Rahmen der 6-Stufen-Methode Korrekturen an den Ergebnissen der oben abgehandelten Überlegungen vorzunehmen. In den seltensten Fällen wird in einem Zug eine genügend gute Lösung gefunden; die optimale Kombination aller zu beachtenden Faktoren kann nur in einem schrittweisen (sukzessiven) Vorgehen erreicht werden.

3.4 Stufe 3: Ideale Lösungen suchen

Orientierung an idealen Lösungen

Die dritte und vierte Stufe der Systemgestaltung haben den eigentlichen schöpferischen Prozeß der Arbeitsgestaltung zum Inhalt. Hier kommt es darauf an, daß dem Arbeitsgestalter ausgehend von den Überlegungen der zweiten Stufe eine gute, möglichst eine optimale Lösung einfällt. Die folgenden Ausführungen sollen zur Aktivierung dieses schöpferischen (kreativen) Prozesses beitragen. *Dabei wird davon ausgegangen, daß gute Ergebnisse immer nur erzielt werden, wenn man sich dabei an idealen Lösungen und nicht an vorhandenen Lösungen orientiert.*

Lösungsebenen

In Anlehnung an Nadler (1970) kann man verschiedene *Lösungsebenen* in Form eines Dreiecks darstellen (Bild 39). Die Grundlinie dieses Dreiecks sind die Herstell- oder Fertigungskosten oder auch die Zeit je Mengeneinheit. Überschlägig kann man bekanntlich sagen, daß die technische Entwicklung durch Rationalisierung in der Steigerung der Arbeitsgeschwindigkeit der Betriebsmittel besteht. Je kürzer die Zeit für die Verwirklichung einer bestimmten Arbeitsaufgabe ist, um so stärker ist demnach der Ablauf rationalisiert. Die Spitze des Dreiecks im Bild 39 stellt die theoretisch ideale Lösung dar; sie wird erreicht, wenn sich herausstellt, daß das zu gestaltende Arbeitssystem gänzlich überflüssig ist (zum Beispiel eventuell bei Prüfvorgängen).

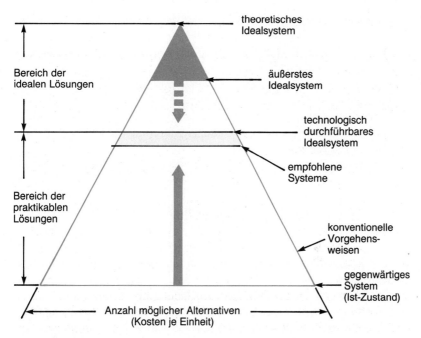

Lösungsebenen   Bild 39

Im Sinne des in Bild 39 dargestellten Zusammenhangs bemüht sich die   ideale Lösungen
Projektgruppe im Rahmen der dritten Stufe der Systemgestaltung vorzustellen, wie ein Arbeitssystem im Idealfall aussehen würde, das die gestellte Aufgabe erfüllt. Ideale Systeme können nur entworfen werden,
wenn zunächst von der in der zweiten Stufe ausgewählten Systemgröße, den dort formulierten Rationalisierungsansätzen und Minimalforderungen (wie zum Beispiel kleine Stückzahl, Verwendung vorhandener
Materialien) abgesehen wird. Dementsprechend können bei der Suche
nach idealen und allen denkbaren Lösungsmöglichkeiten für die gestellte Gestaltungsaufgabe folgende Hinweise nützlich sein:

a) „Vernachlässige zunächst die Frage der Wirtschaftlichkeit der vorgestellten Lösungen; berücksichtige den neuesten Stand der Technik,
im besonderen die neuesten Materialien auch dann, wenn ihre Einführung und Verwendung unter den betrieblichen Gegebenheiten
zunächst utopisch erscheinen."

b) „Vernachlässige zunächst soweit wie möglich die Minimalforderungen; gehe von höheren Stückzahlen und von einer unbegrenzten In-
vestitionsbereitschaft des Unternehmens aus."

c) „Gehe davon aus, daß der Betrieb den Markt und nicht der Markt den
   Betrieb beherrscht; wende dieses Prinzip auch für die in dem System
   tätigen Menschen an (es gibt genügend viele Personen mit allen gewünschten Qualifikationen)."

d) „Reduziere die notwendige Eingabe in das Arbeitssystem nach
   Quantität und Qualität auf ein Minimum."

e) „Automatisiere. „

f) „Erfasse und verarbeite Daten selbsttätig (real-time)."

g) „Vermeide Kontrollen."

h) „Entwickle Systeme für Regelfälle und vernachlässige zunächst alle
   Ausnahmen."

Vorteile des Suchens nach idealen Lösungen

Mit dieser Stufe 3 – dem Suchen nach idealen Lösungen vor der Entwicklung praktikabler Lösungen – soll im wesentlichen folgendes erreicht werden:

1) Die schöpferischen Fähigkeiten des Gestalters sollen aktiviert (frei-
   gesetzt) werden.

2) Die Bereitschaft der Beteiligten zur Mitarbeit wird geweckt.

3) Es wird ein Fernziel (die ideeale Lösung) aufgestellt, das als Maßstab
   für das Erreichte genutzt werden kann.

Brainstorming

Ideale wie auch praktikable Lösungen sucht man am besten in Teamarbeit. Dabei kommt es wesentlich darauf an, daß jedes Gruppenmitglied
seiner Fantasie freien Lauf läßt, daß es bewußt schöpferisch tätig wird
und sein gesamtes Wissen einsetzt. Teamarbeit dieser Art wird auch mit
Brainstorming bezeichnet.

Nach Stier (1969) handelt es sich beim Brainstorming um eine Art vorurteilsloser Rundtisch-Diskussion, bei der eine Gruppe von denkfreudigen Menschen ein ihnen gestelltes Problem lösen soll, indem sie einen „Sturm" von Ideen entfachen oder eine „methodische Jagd nach dem Gedankenblitz" veranstalten. Osborne, dem Schöpfer dieses Verfahrens – Direktor einer amerikanischen Werbeagentur – war nämlich aufgefallen, daß die üblichen Konferenzen und Ausschußsitzungen im allgemeinen wenig effektiv sind, weil bei den Teilnehmern zu viele Hemmungen herrschen. Viele Menschen scheuen ja bekanntlich „den Schritt in das bisher Ungedachte, um den Sicherheit verleihenden Schutz der konventionellen Antwort nicht zu verlieren". Die Angst, sich mit einer unkonventionellen Antwort vor Kollegen oder gar Vorgesetzten zu blamieren, herrscht vor.

Die Brainstorming-Methode will daher vor allem erreichen, daß durch das Vermeiden jeder vorschnellen Beurteilung oder Kritik einer Idee eine befreite schöpferische Atmosphäre geschaffen wird, die dazu anregt, weitere Ideen zu äußern und den Gedankenfaden weiterzuspinnen.

Osborne stellt vier Grundregeln auf:

1) Jede Kritik an den vorgebrachten Ideen ist zu vermeiden und auf später aufzuschieben (sogenannte Killerphrasen „ ... das haben wir schon mal probiert ..." oder Entschuldigungsfloskeln: „Vielleicht wird es nicht gehen, aber ...").
2) Je ausgefallener und ungezwungener die Ideen, um so besser.
3) Erwünscht ist eine möglichst große Anzahl von Ideen. Dadurch wird die Wahrscheinlichkeit, daß eine brauchbare dabei ist, um so größer.
4) Man soll versuchen, die Ideen zu verbessern, weiterzuentwickeln und miteinander zu kombinieren.

Bezüglich der Organisation von Brainstorming-Sitzungen hat sich herausgestellt, daß

a) die Teilnehmerzahl optimal zwischen 5 und 15 liegt (bei zu wenigen Teilnehmern werden meist zu wenig Ideen geäußert – bei zu vielen tritt das Phänomen der Gruppenpassivität auf);
b) die Teilnehmer rechtzeitig unter Bekanntgabe des Problems eingeladen werden sollten;
c) die Teilnehmer möglichst aus der gleichen hierarchischen Ebene des Unternehmens kommen sollten, aber aus verschiedenen Fachbereichen;
d) die Sitzung nicht kürzer oder länger als 30 min dauern sollte;
e) die auf Tonband aufgenommenen Ideen später von einer Gruppe von Fachleuten ausgewertet werden sollen.

Des Vorteil des Brainstorming liegt in der Möglichkeit, mit geringem Aufwand viele Ideen zu produzieren, weil psychische Hemmungen beseitigt werden; seine Begrenztheit liegt allerdings darin, daß es – notwendigerweise – völlig unsystematisch vorsichgeht. Der Erfolg des Verfahrens hängt wesentlich von den Eigenschaften der teilnehmenden Personen ab, noch mehr vom Sitzungsleiter, der eine allerseits anerkannte Persönlichkeit sein sollte, die zugleich anregend und lenkend wirken muß.

3.5 Stufe 4: Daten sammeln und praktikable Lösungen entwickeln

von idealen
zu praktikablen
Lösungen

Die im Rahmen einer Brainstorming-Sitzung gefundenen Lösungsansätze werden dort im allgemeinen lediglich in Form einiger weniger Stichworte festgehalten. Im zweiten Teil dieser Sitzung geht es darum, von der ideal-utopischen Lösungsebene auf eine technisch durchführbare und wirtschaftliche Lösungsebene (Bild 39) herabzusteigen, indem man der Reihe nach

- die oben definierten Minimalforderungen,
- die zweckmäßig erscheinende Systemgröße und
- den bei der gegebenen Stückzahl sowie bei den möglichen Investitionen gebotenen Rationalisierungsansatz

berücksichtigt.

Daten und
Informationen
sammeln

Um auf diesem Wege zu Lösungen zu kommen, ist es stets erforderlich, Daten und Informationen zu sammeln, mit deren Hilfe das Finden verschiedener Lösungsalternativen möglich ist. Bei der raschen technischen Entwicklung ist es kaum möglich, daß der Arbeitsgestalter von allen wesentlichen Neuentwicklungen auf seinem Fachgebiet weiß. Es ist zu beobachten, daß der Wissensschlupf – die Zeit zwischen dem Bekanntwerden eines neuen Verfahrens und seiner Verbreitung in der Praxis – immer größer wird. Deshalb ist es von großer Wichtigkeit, daß der Arbeitsgestalter systematisch Daten und Informationen über die neuen Entwicklungen auf seinem Stoffgebiet sammelt und zum Beispiel in Form einer Datenbank anlegt.

Hilfsmittel zur Sammlung und Darstellung von Daten sind

1) Möglichkeitslisten und
2) Lösungsschemata.

1) Die *Möglichkeitsliste* soll dazu dienen, daß für ein bestimmtes Detail einer Gestaltungsaufgabe alle Alternativen zusammengetragen werden. Im folgenden sind zwei Beispiele wiedergegeben:

Möglichkeitsliste

a) Möglichkeitsliste für die Eingabe in ein Arbeitssystem:
   – Verwendung von Abfall
   – neues Material anstelle von Abfall
   – anderes Material
   – andere Verpackung
   – weniger und genormte Teile
   – Auswärtsbestellen von Teilen
   – Selbstherstellen von Teilen
   – Änderung der Größe der Teile
   – Vorrichtung zur Lagefixierung der Teile
   – Daten in Form von Lochkarten
   – genauere Qualitätsfestlegung
   – andere Hilfs- und Betriebsstoffe
   – Anlieferung der Teile auf Paletten
   – Verwendung von Endlosmaterial (zum Beispiel Bandrollen)
   – zusätzliche Arbeit beim Zulieferer?

b) Möglichkeitsliste für die Gestaltung von Abläufen:
   – Automatisierung
   – Arbeitsteilung
   – zeitlich ungebundene Fließarbeit
   – zeitlich gebundene Fließarbeit
   – Verrichtungsprinzip
   – Beidhandarbeit
   – Prinzip der Verminderung von unproduktiven Ablaufabschnitten
   – Bewegungsvereinfachung.

2) Das *Lösungsschema* (auch morphologischer Kasten genannt) ist eine erweiterte Möglichkeitsliste. Für die einzelnen Teilaufgaben eines Arbeitssystems oder eines Erzeugnisses werden alle zur Zeit denkbaren Lösungsmöglichkeiten erfaßt und in einer Matrix dargestellt. Im Bild 40 findet sich ein von Boesch (1954) erarbeitetes Lösungsschema für eine Armbanduhr.

Lösungsschema

Ähnliche Lösungsschemata können zum Beispiel auch für das Verbinden zweier Metallplatten oder für das Schützen einer Oberfläche aufgestellt werden. Dazu sind in erster Linie ein umfassendes und aktuelles Wissen, das heißt Daten und Informationen, erforderlich, die aus Büchern und Zeitschriften, auf Messen und Seminaren erworben werden können.

Teil-Funktion	Möglichkeiten							
Energiequelle	Handaufzug	Erschütterung	Handgelenkausdehnung	Druckschwankung der Luft	Temperaturschwankung	hydraulische Energie	galvanische Energie	Strahlungsenergie	Starkstromnetz
Energiespeicher	Heben eines Gewichts	elastische Feder	Bimetallspirale	Druckbehälter		elektrischer Akkumulator	außerhalb der Uhr befindliche Speicher		
Motor	Federmotor	Elektromotor		pneumatischer Motor		hydraulischer Motor			
Geschwindigkeitsregler	Echappement	Torsionspendel mit Anker	Fliehkraftregler	Hippsches Pendel		Stimmgabel oder Torsionspendel mit Kontakt		konstante Netzfrequenz	elektrische Impulse von außen
Getriebe	Zahnradgetriebe	Kettengetriebe	Schnekkengetr.	magnetisches Getriebe					
Anzeigevorrichtung	Zeiger und Zifferblatt	Scheiben und Marke	Ziffernrollen und Fenster	Schieber und Marke		Wendeblätter			
Aussage nach Art und Feinheit	Datum und Stunde und Minute und Sekunde	Stunde und Minute und Sekunde		Stunde und Minute	Stunde				

praktikable Lösung

Bild 40　　Lösungsschema für eine Armbanduhr (die durch Linien verbundenen Möglichkeiten stellen eine reale Lösung dar)

Die Gegenüberstellung der Lösungsalternativen in Möglichkeitslisten und Lösungsschemata läßt in der Mehrzahl aller Fälle sehr schnell erkennen, welche Alternativen es nicht wert sind, weiter verfolgt zu werden.

Auswahl geeigneter Alternativen

Die erfolgversprechenden Alternativen – es sollen mindestens zwei Lösungsmöglichkeiten sein – werden nun weiter verfolgt und im Detail ausgearbeitet. Dabei wird vom Projektleiter die Gesamtaufgabe in Teilaufgaben auf die einzelnen Spezialisten aufgeteilt.

Im Verlauf dieser Realisierungsphase der ausgewählten Alternativen ist so bald wie möglich zu überprüfen, ob die Zielsetzung erreicht werden kann (siehe Bild 34) oder ob dazu erst eine umfangreiche Forschungs- und Entwicklungsarbeit erforderlich ist. Gegebenenfalls kann sich auch zeigen, daß es zweckmäßig ist, die Aufgabenabgrenzung und hierbei im besonderen die Systemgröße zu verändern.

Zielerfüllung überprüfen

3.6 Stufe 5: Optimale Lösung auswählen

Prüfen der
Lösungen

Die verschiedenen Lösungen müssen im wesentlichen folgende vier Forderungen erfüllen; sie müssen

a) technisch sicher sowie
b) wirtschaftlich,
c) menschlich zumutbar und
d) rechtlich zulässig

sein.

Unter diesen vier Gesichtspunkten müssen die entwickelten Arbeitssysteme einander gegenübergestellt werden. Für den Wirtschaftlichkeitsvergleich kann die Kostenvergleichsrechnung (siehe Abschnitt 1.6) herangezogen werden. Es ist möglich, daß der Vergleich der Lösungen nach den verschiedenen Gesichtspunkten zu gegensätzlichen Ergebnissen führt; wirtschaftliche Lösungen können zum Beispiel technisch unsicher sein. Unter diesen Umständen kann es notwendig sein, die verschiedenen Gesichtspunkte zu gewichten und damit ihre Bedeutung zu bewerten (siehe Zangemeister [1970]).

Beispiele

In den folgenden Kapiteln finden sich mehrere Beispiele, bei denen verschiedene Lösungen nach verschiedenen Kriterien miteinander verglichen werden.

Auswahl der
besten Lösungen

Als Kriterium für die letztendliche Auswahl der Lösung, die verwirklicht wird, können die oben genannten technischen, wirtschaftlichen, humanen und rechtlichen Forderungen gelten. In vielen Fällen können aber noch andere Gesichtspunkte mitspielen, wie zum Beispiel die Absicht, ein neues Arbeitsverfahren zu erproben oder wegen riskanter Marktchancen des Produktes keine wesentlichen Investitionen mehr vorzunehmen. Die Auswahl der besten Lösung geschieht häufig nicht durch den Arbeitsgestalter selbst, sondern durch vorgesetzte Instanzen.

3.7 Stufe 6: Lösung einführen und Zielerfüllung kontrollieren

Die Einführung des neuen Systems setzt voraus, daß die nötigen Genehmigungen beziehungsweise Aufträge der zuständigen Vorgesetzten vorhanden sind. Im übrigen hat die Einführung von Neuerungen

a) einen technischen Aspekt und
b) einen psychologischen Aspekt.

a) Der *technische Aspekt* enthält Überlegungen darüber,   technischer Aspekt

- ob das System (bei großem Umfang) im ganzen oder in Teilen nacheinander eingeführt werden soll,
- ob das System mit eigenen Kräften oder durch Spezialisten von außerhalb installiert werden soll,
- wie Ausfälle im Produktionsprogramm vermieden werden können, wenn es sich um die Änderung eines bestehenden Systems handelt,
- wie die Einführung zeitlich ablaufen soll (Netzplantechnik),
- wie die nötigen Arbeitskräfte optimal geschult beziehungsweise angelernt werden können.

b) Der *psychologische Aspekt* berücksichtigt die Einstellung der betroffenen Mitarbeiter zu den Neuerungen. Hier ist vor allem zu fragen,   psychologischer Aspekt

- ob man sie bei der Entwicklung des Systems zum Beispiel mit Hilfe des innerbetrieblichen Vorschlagswesens zu Rate gezogen hat (weil sie gefragt werden möchten) und
- ob man sie rechtzeitig über die geplanten Maßnahmen informiert hat.

Das eingeführte System muß periodisch *überwacht* werden, um sicherzugehen, daß die geplanten Arbeitsverfahren und Arbeitsmethoden angewendet und die geplanten Leistungen erbracht werden. Diese Überwachung sollte als Gelegenheit angesehen werden, weitere Verbesserungen am eingeführten System einzuleiten.   Überwachen des Eingeführten

Im Anschluß an die Einführungsphase des neuen Systems ist zu kontrollieren, ob die *gesetzten Ziele erreicht* wurden. Falls dies nicht der Fall ist, müssen die Ursachen für die Nichterfüllung gesucht werden, um daraus Maßnahmen für zukünftige Rationalisierungsprojekte ableiten zu können.   Kontrolle der Zielerfüllung

3.8 Beispiel

Stufe 1　　　Ziele setzen

Eine pharmazeutische Fabrik verschickt auf Anforderung sogenannte Ärztemuster. Die Zahl der Anforderungen ist im Steigen begriffen. Die Betriebsleitung erteilt deshalb den Auftrag, die Arbeitsplätze, an denen die betreffenden Medikamente herausgesucht und zusammengestellt, eingepackt und versandfertig gemacht werden, zu rationalisieren, um einen höheren Ausstoß zu erzielen. Als Ziel wird eine Zahl von 10 000 Sendungen je Monat genannt.

Stufe 2　　　Aufgabe abgrenzen

Die Arbeit wird derzeit von drei Arbeiterinnen an drei hintereinanderliegenden Arbeitsplätzen, die durch einen Bandförderer verbunden sind, ausgeführt. Das Fließband ist allerdings mangels Taktabstimmung meistens nicht in Betrieb.

Am ersten Arbeitsplatz werden anhand der formlosen Bestellkarte des Arztes, die durch Eintragungen einer werksinternen Bearbeitungsstelle ergänzt wurde, beziehungsweise anhand einer von einem Ärztebesucher ausgefüllten Liste die gewünschten Muster aus einem Regal entnommen und in einen Korb gelegt. Am zweiten Arbeitsplatz werden die Muster aus dem Korb herausgenommen und in einen Wellpappe-Karton von geeigneter Größe eingepackt. Am dritten Arbeitsplatz werden die Kartons gewogen, banderoliert, die Adressen aufgeklebt, gestempelt und Portostreifen aufgeklebt.

Dieser Ist-Zustand zeichnet sich zusammengefaßt dadurch aus, daß aus einer großen Menge verschiedener Medikamente die jeweiligen Sendungen zusammenzustellen waren, und zwar zum Teil anhand formloser Bestellkarten, die unter Umständen zu Irrtümern Anlaß gaben.

Die Aufgabe des zu gestaltenden Systems lautet: Zusammenstellen und Versandfertigmachen von Ärztemustern.

Arzneimittelmuster werden den Ärzten auf Anforderung zur Verfügung gestellt, um ihnen Gelegenheit zu geben, sich über das Medikament zu informieren und seine Wirkung kennenzulernen. Der Versand ist deshalb notwendig.

Die gesamte Eingabe in das derzeitige System (Ist-Zustand) ist folgende:

bearbeitete Bestellkarten
Bestell-Listen
189 verschiedene
Medikamente
Literatur
Wellpappe-Kartons
(3 Größen)
Adressen
Portostreifen
Banderolen

Zusammenstellen und Versandfertigmachen von Ärztemustern

versandfertige Päckchen

Bild 41　　　Arbeitssystem des Beispiels

Nach eingehender Diskussion ergab sich, daß folgende Eingaben nicht als Minimalforderungen zu betrachten sind und deshalb überprüft werden sollten:

1) die Art der Bestellkarten und -listen
2) die Anzahl verschiedener Medikamente
3) die Art der Verpackung.

Der Punkt 1 führte zu der Überlegung, daß es zweckmäßig ist, die werksinterne Bearbeitungsstelle der Ärztebestellungen mit in das zu gestaltende System einzubeziehen, das heißt die betrachtete Systemgröße entsprechend zu erweitern (Bild 42):

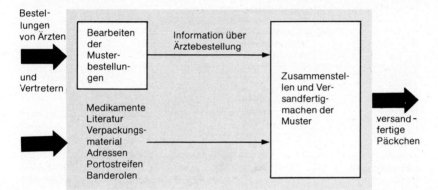

Erweiterung des Systems   Bild 42

Die Aufgabe des erweiterten Systems lautet nun: Bearbeiten der Bestellungen sowie Zusammenstellen und Versandfertigmachen der Muster.

Der noch weitergehende Plan, das System auch auf den Besteller auszudehnen, um die formlosen Bestellungen der Ärzte zu vermeiden und die interne Bearbeitungsstelle möglicherweise dadurch aufzulösen, wurde aus praktischen Erwägungen fallengelassen.

Bild 43 zeigt die Minimalforderungen an das zur Gestaltung ausgewählte System:

Systembegriffe	Minimalforderungen	Änderungstendenz
Aufgabe	Bearbeiten der Bestellungen sowie Zusammenstellen und Versandfertigmachen von Mustern	
Eingabe	Bestellkarten und - listen von Ärzten und Vertretern ~10000/Monat Medikamente (Anzahl noch offen) Literatur Verpackungsmaterial (Art noch offen) Adressen, Portostreifen, Banderolen	steigende Tendenz
Ausgabe	versandfertige Päckchen (ansprechende, werbewirksame und stoßsichere äußere Form) ~10000/Monat	steigende Tendenz
Umwelteinflüsse		
Mensch		
Betriebsmittel		
Arbeitsablauf		

Bild 43   Minimalforderungen an das System

Stufe 3   Ideale Lösungen suchen

Es ist ein System denkbar, in dem die Bestellungen des Arztes in eine Form gebracht werden (Formular, Lochkarte o.ä.), die maschinell lesbar ist. Die angeforderten Muster werden mittels Koordinatensteuerung aus einem Lager vollautomatisch entnommen, über ein Förderband zu einem Sammelpunkt transportiert und dort automatisch verpackt und versandfertig gemacht.

Daten sammeln und praktikable Lösungen entwickeln

Das geschilderte System erweist sich – obwohl technisch arbeitsfähig – vor allem aus wirtschaftlichen Gründen als nicht praktikabel.

Nach verschiedenen Zwischenstufen wird schließlich ein System (Bild 44) entwickelt, das weitgehend auf Handarbeit beruht:

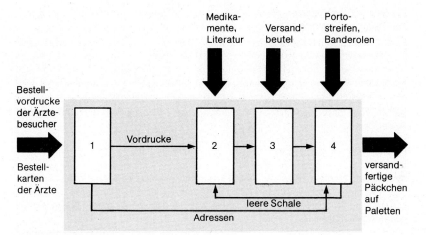

Entwickeltes System   Bild 44

Arbeitsaufgaben der einzelnen Arbeitssysteme:

1: Bearbeiten der Bestellungen
2: Zusammenstellen der Medikamente und mit zugehöriger Literatur in Schale legen
3: Verpacken des Schaleninhaltes in Versandbeutel
4: Versandfertigmachen (Versandbeutel schließen, Adresse und Portostreifen aufkleben, auf Palette ablegen).

Die in der formlosen Bestellkarte des Arztes enthaltene Information wird von Hand in einen Vordruck übertragen, der dann als Grundlage für den weiteren Arbeitsablauf dient. Als Verpackung wird anstelle des Wellpappe-Kartons ein Papierbeutel vorgeschlagen, weil dieser in der Größe anpassungsfähiger ist. Die Stoßsicherheit soll durch zwei Schaumstoffstreifen gewährleistet werden.

Bei der Entwicklung dieses Systems tauchten zum Beispiel die folgenden Fragen auf:

a) Wieviele Medikamente enthält durchschnittlich eine Sendung?
b) Was verursachen die verschiedenen Adressierungsmöglichkeiten an Kosten?

Im Hinblick darauf, daß es zweckmäßig ist, zunächst die regulären, am häufigsten vor-kommenden Bedingungen eines Systems zu berücksichtigen, wurde ferner die Frage gestellt:

c)   Wie verteilen sich die Bestellungen statistisch auf die verschiedenen Medikamente?

Informationen zur letzten Frage ergaben, daß unter 189 vorhandenen Präparaten 41 als „Schwerpunktpräparate" gelten, die am meisten verlangt werden (siehe auch ABC-Analyse im Kapitel 7).

Die Informationen ergaben die Möglichkeit beziehungsweise Notwendigkeit, zu einzel-nen Teilen des Systems Alternativorschläge auszuarbeiten.

Es erweist sich zum Beispiel als zweckmäßig, für die Medikamente nicht einen einheitli-chen Bestellvordruck zu verwenden, in dem alle Medikamente verzeichnet sind, sondern einen allgemeinen und einen Schwerpunkt-Vordruck. In der gleichen Weise werden die Medikamente auch in einem allgemeinen Regal und in einem Schwerpunkt-Regal gela-gert, wodurch die Zusammenstellung der Sendungen beschleunigt wird.

Weitere Alternativen betreffen das Verpackungsmaterial, insbesondere die Art und Grö-ße der Beutel.

Stufe 5   Optimale Lösung auswählen

Als Kriterium für die Auswahl der besten Lösung konnte hier der Zeitverbrauch herange-zogen werden. Dieser wurde mit Hilfe der Systeme vorbestimmter Zeiten für die ver-schiedenen Lösungsmöglichkeiten ermittelt. Dabei ergab sich als beste Lösung das fol-gende Arbeitssystem:

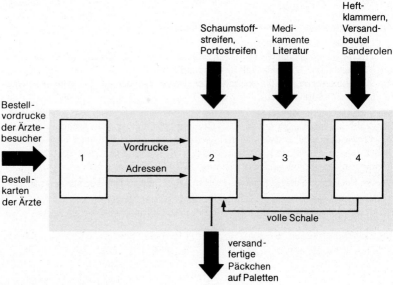

Bild 45   Ausgewählte beste Lösung

Arbeitsaufgaben der einzelnen Arbeitssysteme:

1: Bearbeiten der eingegangenen Bestellungen auf dem entsprechenden Vordruck
2: Schale kreuzweise mit Schaumstoff auslegen, Bestellvordruck und Adresse (in Plastikhülle) beifügen und an das entsprechende Regal zu Platz 3 weiterleiten; nach Rückkehr der Schale von Platz 4 den fertigen Versandbeutel wiegen, Adresse und Portostreifen aufkleben, Beutel auf Gitterboxpalette (siehe auch Kapitel 6) ablegen
3: Medikamente aus dem jeweiligen Regal mit zugehöriger Literatur zusammenstellen und in Schale legen und an Platz 4 weiterleiten
4: Schaumstoffstreifen zusammenheften, Packung in Versandbeutel stecken, in Schale legen und mit Banderole verschließen.

Lösung einführen und Zielerfüllung kontrollieren   Stufe 6

Das folgende Bild zeigt eine Skizze der räumlichen Anordnung des Systems mit Ausnahme des Platzes 1 (Bearbeiten der Bestellung); Platz 2 ist durch zwei Förderbänder mit den beiden Regalen verbunden (Platz 3). Die gefüllten Schalen gehen über Rollbahnen an den Platz 4, wo die Verpackung stattfindet; gegebenenfalls können hier noch Warenproben in den Versandbeutel gegeben werden, die auf einer besonderen Palette bereitliegen. Die gefüllten Beutel gehen zurück an den Platz 2, wo sie versandfertig gemacht werden.

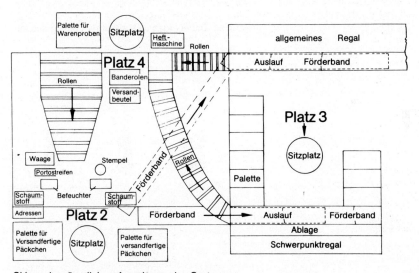

Skizze der räumlichen Anordnung des Systems   Bild 46

Das vorgeschlagene System wurde von der auftraggebenden Firma akzeptiert. Einführung und Leistungskontrolle erfolgten durch die Firma.

Literatur

Göltenboth, H.: Entwicklung von Entscheidungsprioritäten für die Unternehmensleitung. Industrial Engineering 1 (1971) 1, S. 31-35

Nadler, G.: Arbeitsgestaltung – zukunftsbewußt. Carl Hanser Verlag, München 1969

Stier, F.: Zur Methodik der Arbeitsgestaltung. Beuth-Verlag, Berlin 1969

Stier, F.: Zur Methodik der Gestaltung von Arbeitssystemen. REFA-Nachrichten 25 (1972) 5, S. 347-355

Zangemeister, Ch.: Nutzwertanalyse in der Systemtechnik. 4. Auflage 1976. Wittmannsche Buchhandlung, München

Kapitel 4

Ablaufanalyse

4.1	Einführung	112
4.1.1	Definition der Ablaufanalyse	112
4.1.2	Ist- und Soll-Zustands-Analyse	114
4.2	Darstellungsformen	116
4.2.1	Darstellung von Abläufen durch Beschreibung	116
4.2.2	Darstellung von Abläufen in Bildern	120
4.2.3	Darstellung von Abläufen in Symbolen	124
4.3	Arbeitssituation	132
	Literatur	134

4.1 Einführung

4.1.1 Definition der Ablaufanalyse

Analyse (wörtlich übersetzt: Auflösung) ist die Gliederung, Zerlegung beziehungsweise Trennung eines Ganzen in seine Teile.

Ablaufanalyse ist die Untersuchung des räumlichen und zeitlichen Zusammenwirkens von Mensch und Betriebsmittel mit dem Arbeitsgegenstand beziehungsweise der Eingabe eines Arbeitssystems unter Berücksichtigung ausgewählter Teilaspekte.

(Vergleiche dazu auch die Definition des Arbeitsablaufs im Teil 1, Abschnitt 3.2.)

Arbeitssystem-
und Ablaufanalyse

Da sich jede Art von Arbeit in Form eines Ablaufs vollzieht, besteht zwischen den Bezeichnungen Arbeitsanalyse und Ablaufanalyse kein Unterschied. Ebenso ist es richtig, die Ablaufanalyse als Arbeitssystemanalyse zu bezeichnen. Den Begriff Ablaufanalyse wird man wählen, wenn im Vordergrund der Betrachtung der Ablauf steht; der umfassende Begriff Arbeitssystemanalyse sollte verwendet werden, wenn neben dem Ablauf vor allem auch die Arbeitsbedingungen interessieren.

Teilaspekte einer
Ablaufanalyse

In der obigen Definition sind die letzten Worte (... unter Berücksichtigung ausgewählter Teilaspekte) insofern von Bedeutung, als sie kennzeichnen, daß bei einer Ablaufanalyse immer nur bestimmte Teilaspekte aller in einem Arbeitssystem zusammenwirkenden Systemelemente berücksichtigt werden. In Bild 47 sind eine Reihe von Aspekten aufgeführt, unter denen im Arbeitsstudium häufig Arbeits-, Arbeitssystem- beziehungsweise Ablaufanalysen durchgeführt werden. Die Tabelle enthält rechts gebräuchliche Bezeichnungen für diese Analysen.

Aspekte von Arbeits-, Arbeitssystem- bzw. Ablaufanalysen	gebräuchliche Bezeichnungen
1) zeitliche Folge von Ablaufabschnitten	Zeitaufnahme, Balkendiagramm, Netzplan
2) logische Folge von Ablaufabschnitten	Flußdiagramm, Netzplan
3) räumliche Darstellung des Ablaufes	Materialflußanalyse

4) menschliche Aspekte
  1) Arbeitsmethode
  2) Beanspruchung
  3) Arbeitsanforderung
 	
  4) menschliche Leistung
  5) andere ergonomische Aspekte
 	
  6) sozial-psychologische und organisatorische Aspekte
	
	Bewegungsanalyse
	Belastungsanalyse
	Arbeits- bzw. Anforderungsanalyse -beschreibung, -bewertung
	analytische Leistungsbewertung
	Sicherheitsstudie, Arbeitszerlegung zur Arbeitsunterweisung
	Organisationsstudie u. a.

5) technische Aspekte
  1) Arbeitsverfahren
  2) Betriebsmitteleinsatz und -nutzung
  3) Materialfluß
  4) andere technische Arbeitsbedingungen
	
	technologische Studie
	Betriebsmittelstudie (z. B. in Form einer Multimomentaufnahme)
	Materialflußstudie
	Werkstoffprüfung

Aspekte von Arbeits-, Arbeitssystem- und Ablaufanalysen und deren gebräuchliche Bezeichnungen   Bild 47

Wie schon im Kapitel 3 des Teils 1 ausgeführt, sind die wichtigsten Kennzeichen des Arbeitsablaufs das Arbeitsverfahren, die Arbeitsmethode und die Arbeitsbedingungen. Eine Ablaufanalyse im Sinne des Arbeitsstudiums umfaßt deshalb meist die Darstellung der Arbeitsmethode und des dabei angewandten Arbeitsverfahrens. Welche Aspekte darüber hinaus unter der Bezeichnung Arbeitsbedingungen zusätzlich analysiert werden, hängt vollkommen vom Verwendungszweck der Ablaufanalyse ab. Handelt es sich zum Beispiel um eine Belastungsstudie (siehe Kapitel 7 im Teil 2), so ist neben der Arbeitsmethode die Erfassung der Umgebungseinflüsse von besonderer Bedeutung; bei einer Zeitaufnahme ist die Erfassung der Bezugsmenge und der zeitbestimmenden Einflußgrößen ein besonderer Schwerpunkt; bei einer Materialflußuntersuchung kann es zum Beispiel vor allem auf die Erfassung der Fördermenge, der Förderwege und Fördermittel (siehe Kapitel 6) ankommen.

Schwerpunkte von Ablaufanalysen

4.1.2 Ist- und Soll-Zustands-Analyse

Ist-Zustands-
Analyse

Das Ziel einer jeden Ablaufanalyse ist, ein reproduzierbares Abbild eines Ist-Zustandes zu erlangen. Dabei hängt die Genauigkeit dieses Abbildes vollkommen vom Untersuchungsziel der Analyse ab. Einmal mag es genügen, daß die Analyse aus einigen wenigen Stichworten besteht (zum Beispiel wenn ein Ist-Zustand nur zur Dokumentation erfaßt wird, um ihm später die Verbesserung in Form des Soll-Zustandes gegenüberzustellen). In anderen Fällen kann eine äußerst detaillierte Analyse eventuell bis hin zur Beschreibung der Arbeitsmethode mit Hilfe von Bewegungselementen (zum Beispiel bei der Ermittlung von Planzeiten) erforderlich sein.

Ist-Zustands-Analysen im Rahmen der Arbeitsgestaltung haben im allgemeinen folgende Ziele:

1) Klärung der Abgrenzung des zu gestaltenden Systems,
2) Erkennen der Mängel des Ist-Zustandes, und auch
3) Beschaffung von Daten und Informationen, um eine Vorstellung für den Entwurf von idealen und praktikablen Systemen zu erlangen.

Kritik des
Ist-Zustandes

Das Erkennen von Mängeln ist ein zentrales Ziel jeder Ist-Zustands-Analyse. Hierzu ist es nützlich, Fragen zu stellen, wie zum Beispiel:

– Wozu wird dieser Ablaufabschnitt überhaupt verrichtet?
– Was ist der Zweck?
– Was will man damit erreichen?
– Muß das sein?
– Ist das nötig?

Umfang von
Ist-Zustands-
Analysen

Die Ist-Zustands-Analyse sollte stets nur so weit verfeinert werden, daß man alle wichtigen Mängel erkennt. Eine zu weit getriebene Ist-Zustands-Analyse vermindert unnötig die durch die Gestaltung erzielten Einsparungen. Man bedenke, daß es das Ziel der Arbeitsgestaltung ist, den Ist-Zustand durch einen Soll-Zustand zu ersetzen und nicht den Ist-Zustand zu zementieren.

Ablaufanalysen sind nicht nur für Ist-Zustände, sondern ebenso für Soll-Zustände möglich. Bei der Ablaufanalyse für Soll-Zustände spricht man auch von einem Ablaufplan oder in der Arbeitsplanung auch von einem Arbeitsplan. Der Ablauf- oder Arbeitsplan besteht in der Niederschrift eines gedanklich vorgestellten Ablaufs.

Soll-Zustands-Analyse

Grundsätzlich sind alle nachstehend behandelten Formen von Ablaufanalysen für Ist-Zustands- und Soll-Zustands-Analysen geeignet.

Schließlich sei erwähnt, daß es neben den Ablaufanalysen noch andere Analysen gibt, wie zum Beispiel Häufigkeitsanalysen, Kostenanalysen, Schadensanalysen oder auch Funktionsanalysen (siehe Kapitel 7).

4.2 Darstellungsformen

drei Darstellungs-
formen für
Ablaufanalysen

Ablaufanalysen werden im allgemeinen in folgenden Formen dargestellt:

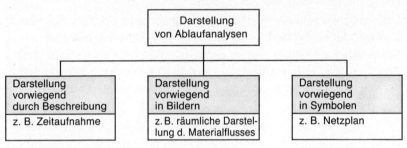

Bild 48　　　Darstellungsformen von Ablaufanalysen

Mischformen dieser Grundformen sind möglich und üblich.

4.2.1 Darstellung von Abläufen durch Beschreibung

Beschreibung

Die vorwiegend beschreibende Darstellung von Abläufen besteht in einer abschnittsweisen Beschreibung des Ablaufs und der Nennung aller
Daten wie Mengen, Einflußgrößen und Zeiten je Abschnitt, soweit sie für
den Untersuchungszweck von Bedeutung sind.

Beispiele für diese Form sind die Zeitaufnahmebogen für Ablauffolgen
mit und ohne Wiederholungen (Z1 und Z2) oder für die Ermittlung der
Verteilzeit (V2).

Beispiele von
beschreibenden
Ablaufanalysen

Vier weitere Beispiele sind nachfolgend abgebildet. In allen Fällen sind
diese Vordrucke als Ergänzungsblätter zur Vorderseite des Zeitaufnah-
mebogens Z1 zu verstehen, auf dem die Arbeitsaufgabe, soweit erforderlich die Daten des Arbeitsverfahrens, die Arbeitsbedingungen des Arbeitsablaufs und weitere Angaben allgemeiner Daten des Arbeitssystems festzuhalten sind.

Die einfachste Form einer Ablaufanalyse dieser Art ist in Bild 49 wieder- gegeben. Wichtig in dieser Ablaufanalyse ist die Spalte Bemerkungen, in der die Mängel, Störungen und Schwierigkeiten des Ablaufs gekenn- zeichnet werden können.

1. Beispiel

Nr.	Ablaufabschnitt	Menge	Einflußgröße		Ist-Zeit	Bemerkungen
			m	kg	min	
1	Blechstreifen holen	1	10		0,15	zusätzlicher Weg
2	in Schraubstock einsp., nach- messen				0,65	ungenüg. Vorber.
3	biegen				0,25	
4	ausspannen und prüfen				0,38	
5	zur Bohrmaschine		20		0,24	zu weit entfernt
6	einspannen, einschalten				0,25	
7	bohren				0,64	
8	ausschalten, ausspannen				0,24	
9	zur Schleifmaschine		10		0,12	Entfernung!
10	anstellen und einschalten				0,35	
11	schleifen				0,38	
12	ausschalten und prüfen				0,32	
13	zum Schraubstock		30		0,38	Entfernung!!
14	einspannen				0,26	
15	fertig bearbeiten				0,90	unsauberer Schnitt
16	ausspannen, ablegen				0,24	

Ausschnitt aus der Rückseite einer einfachen beschreibenden Ablaufanalyse (Arbeits- aufgabe: Anschlagwinkel bohren und biegen)

Bild 49

2. Beispiel

Das nächste Beispiel unterscheidet sich vom obigen dadurch, daß mit Hilfe von Symbolen der Durchlauf des Arbeitsgegenstandes (zum Beispiel im Bild 51 die Lieferantenrechnung) verdeutlicht wird. Die Verwendung dieser Symbole ist bei Materialflußuntersuchungen (siehe Abschnitt 6.4) üblich. Sie bedeuten (vergleiche dazu die Gliederung der Ablaufarten für den Arbeitsgegenstand im Abschnitt 1.2):

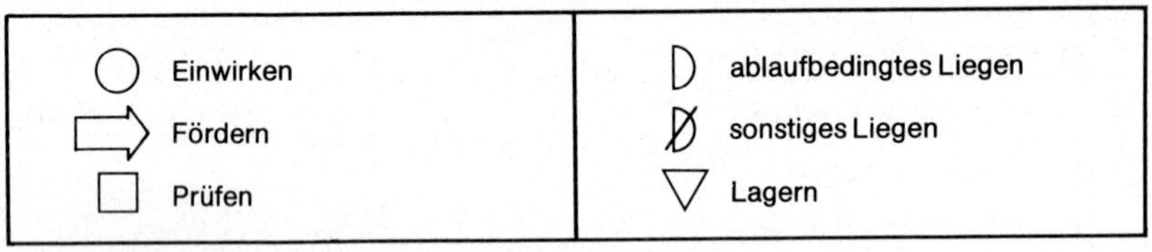

◯ Einwirken	D ablaufbedingtes Liegen
⇨ Fördern	⌀ sonstiges Liegen
▢ Prüfen	▽ Lagern

Bild 50

Symbole bei Materialflußuntersuchungen

Die im Bild 51 wiedergegebene Darstellungsform des Ablaufs verfolgt vor allem den Zweck aufzuzeigen, wie häufig bestimmte Ablaufarten, zum Beispiel ablaufbedingtes Liegen, in einem Arbeitsablauf vorkommen.

Eine Zuordnung von Zeiten in diesen Häufigkeiten ist nur möglich, wenn die Zeiten auch für jede Ablaufart ermittelt worden sind.

Nr.	Ablaufabschnitt	Ablaufarten des Arbeits-gegenstandes	Menge	Wege in m	Ist-Zeit in min	Bemerkungen
1	Eintragung in Posteingangsbuch	●⇨□D▽				
2	im Ausgangskorb	○⇨□◗▽			30	
3	zur Einkaufsabteilung	○➡□D▽		150		
4	im Eingangskorb	○⇨□◗▽			30	
5	Bestellkopie zur Rechng.	●⇨□D▽				
6	im Ausgangskorb	○⇨□◗▽			60	
7	zur Abtlg. Rechnungskontr.	○➡□D▽	60			
8	im Eingangskorb	○⇨□◗▽			120	
9	Rechnungsprüfung	○⇨■D▽				
10	Bestätigg. der Richtigkeit	●⇨□D▽				
11	im Ausgangskorb	○⇨□◗▽			60	
12	zur Direktion	○➡□D▽	100			
13	bei Sekretärin im Eingangskorb	○⇨□◗▽			30	
14	persönl. Vorlage durch Sekretärin	○➡□D▽	5			
15	Freigabe zur Zahlung	●⇨□D▽				
16	zurück ins Vorzimmer	○➡□D▽	5			
17	im Ausgangskorb	○⇨□◗▽			60	
18	zur Buchhaltung	○➡□D▽	40			
19	im Eingangskorb	○⇨□◗▽			90	
20	Verbuchung	●⇨□D▽				
21	im Ausgangskorb	○⇨□◗▽			150	
22	zur Abteilung Kasse	○➡□D▽	20			
23	im Eingangskorb	○⇨□◗▽			60	
24	Ausschreiben d. Zahlung	●⇨□D▽				
25	im Ausgangskorb	○⇨□◗▽			180	
26	zur Registratur	○➡□D▽	200			
27	im Eingangskorb	○⇨□◗▽			400	
28	Ablage	○⇨□D▼				

Ausschnitt aus der Rückseite einer beschreibenden Ablaufanalyse mit Materialflußsymbolen (Arbeitsaufgabe: Bearbeitung einer Lieferantenrechnung)　　　Bild 51

3. Beispiel

Die Ablaufanalyse mit Hilfe des Systems vorbestimmter Zeiten führt zu einem ähnlichen Bild. Wie schon im Teil 2, Kapitel 2 ausgeführt, werden hier die Bewegungen der linken und der rechten Hand getrennt analysiert: Für jedes Bewegungselement werden die Einflußgrößen und die Zeiten angegeben. Im Bild 52 ist eine MTM-Analyse für das Hinlangen über 40 cm zu einem Behälter, dem Greifen einer Hülse, ihrem Bringen zu einem Bolzen, dem Montieren und Loslassen wiedergegeben. Der Bewegungsablauf wird von der linken und rechten Hand gleichzeitig ausgeführt.

linke Hand			rechte Hand	
Nr.	Beschreibung	Analyse	Zeit in TMU	Analyse	Beschreibung
1	Hinlangen zu Behälter	R 40 C	16,8	R 40 C	wie links
2	Greifen Hülse	G 4 B	9,1	–	
3		–	9,1	G 4 B	
4	Bringen zum Bolzen	M 40 C	18,5	M 40 C	
5	Montieren	P 1 SE	5,6	P 1 SE	
6	Loslassen	RL 1	2,0	RL 1	
			61,1 TMU ≙ 0,0366 min		

Bild 52   Ausschnitt aus einer MTM-Analyse

4.2.2 Darstellung von Abläufen in Bildern

Formen von Ablaufanalysen in Bildern

Im wesentlichen sind hier zwei Formen möglich:

1) Grundrißanalysen und
2) Filme.

Grundrißanalyse

Im besonderen für Materialflußuntersuchungen ist die Darstellung des Ablaufs in Form von *Grundrissen* weit verbreitet. In Bild 53 ist im Ist- und Soll-Zustand der Ablauf in einer Wellen- und Läuferfertigung für Elektromotoren wiedergegeben.

Die am meisten in die Einzelheiten gehende Ablaufanalyse ist durch Filmanalyse Auswerten von *Filmen* und *Videoaufnahmen* möglich. Diese Methode wird in einzelnen Fällen im Bewegungsstudium angewandt, wenn es sich um sehr komplizierte Abläufe handelt und es vorteilhaft ist, sich einen Ablaufabschnitt immer wieder vor Augen führen zu können. Darüber hinaus sind Filme zur Demonstration unterschiedlicher Arbeitsmethoden geeignet und für arbeitswissenschaftliche Untersuchungen, wie sie zum Beispiel zur Entwicklung der Systeme vorbestimmter Zeiten erforderlich waren, unentbehrlich. Im folgenden (Bild 54) sind drei Bilder zu sehen, wo mit Hilfe der Zyklographie die Bewegungsbahnen für das Abreißen von Tesa-Film und das Verkleben von Faltstellen des Packpapiers an den Stirnseiten eines Kartons wiedergegeben sind. Bei der Zyklographie, die schon von Gilbreth angewandt wurde, werden an den zu beobachtenden Körperteilen kleine Glühlampen angebracht, die die Bewegungsbahnen auf die fotografische Platte aufzeichnen.

Die Verbesserung des Ablaufs ergab sich durch eine erste und zweite Verbesserung des Tischabrollgerätes für den Klebstreifen. Dabei wird bei der zweiten Verbesserung ein Fußhebel zum Auswerfen des Tesafilms verwendet.

 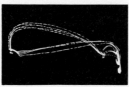 

Zyklographische Bewegungsaufnahme für drei Lösungsalternativen Bild 54

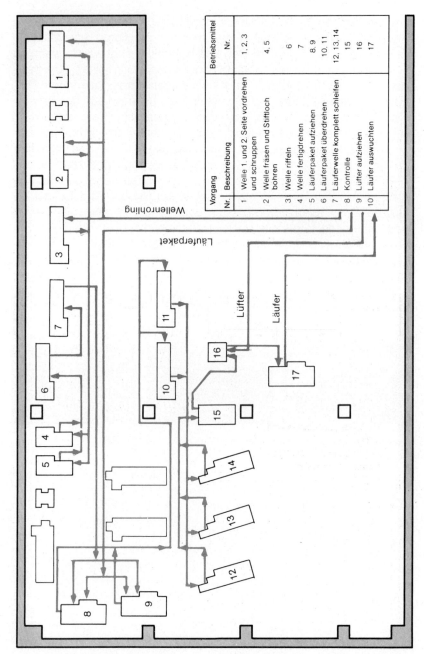

Vorgang		Betriebsmittel
Nr.	Beschreibung	Nr.
1	Welle 1. und 2. Seite vordrehen und schruppen	1, 2, 3
2	Welle fräsen und Stiftloch bohren	4, 5
3	Welle riffeln	6
4	Welle fertigdrehen	7
5	Läuferpaket aufziehen	8, 9
6	Läuferpaket überdrehen	10, 11
7	Läuferwelle komplett schleifen	12, 13, 14
8	Kontrolle	15
9	Lüfter aufziehen	16
10	Läufer auswuchten	17

Bild 53   Ist-Zustand einer Materialflußdarstellung (Arbeitsaufgabe: Wellen- und Läuferfertigung)

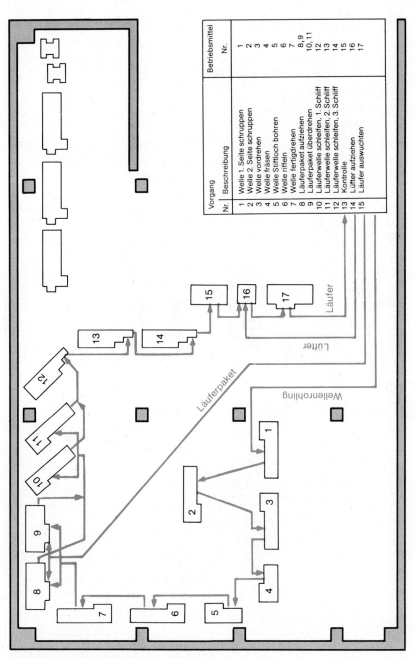

Vorgang		Betriebsmittel
Nr.	Beschreibung	Nr.
1	Welle 1. Seite schruppen	1
2	Welle 2. Seite schruppen	2
3	Welle vordrehen	3
4	Welle fräsen	4
5	Welle Stiftloch bohren	5
6	Welle riffeln	6
7	Welle fertigdrehen	7
8	Läuferpaket aufziehen	8, 9
9	Läuferpaket überdrehen	10, 11
10	Läuferwelle schleifen, 1. Schliff	12
11	Läuferwelle schleifen, 2. Schliff	13
12	Läuferwelle schleifen, 3. Schliff	14
13	Kontrolle	15
14	Lüfter aufziehen	16
15	Läufer auswuchten	17

Soll-Zustand der Wellen- und Läuferfertigung

123

4.2.3 Darstellung von Abläufen in Symbolen

Formen von
Ablaufanalysen
in Symbolen

Für die symbolische Darstellung von Abläufen gibt es ebenfalls eine große Zahl von Formen. Hier seien nur

1) das Flußdiagramm,
2) das Balkendiagramm und
3) der Netzplan

genannt. Hierbei wird auf die räumliche Darstellung der Abschnittsfol-
gen verzichtet. Statt dessen erkennt man deutlich die Reihenfolge der
Tätigkeiten und ihre gegenseitige Abhängigkeit.

Flußdiagramm
Beispiel 1

Eine einfache Form des *Flußdiagramms* ist im Bild 55 zu sehen. Dem
Bild ist zu entnehmen, daß zunächst die Spulen, die Isolation und das
Blechpaket zu einem Paket mit Wicklungen zusammengebaut werden.
Dann wird dieses mit dem Gehäuse, dem Fuß und dem Klemmenbrett
zusammengefügt usw. Die Länge der waagerechten Striche entspricht
der Ablaufabschnittszeit für die Vorgänge an den einzelnen Arbeitsplätzen.

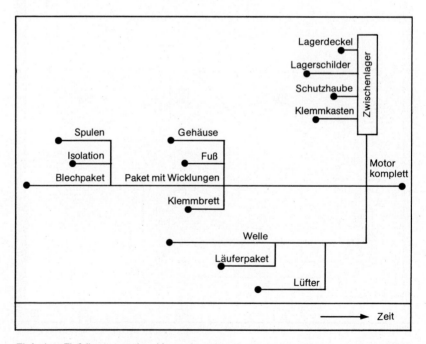

Bild 55   Einfaches Flußdiagramm ohne Verzweigungen

Wenn diese Flußdiagramme auf Abläufe angewendet werden, bei denen Entscheidungen zu treffen sind, kann man sich besonderer Symbole bedienen, die in diesem Buch schon für die Darstellung der REFA-Standardprogramme verwendet wurden. Im wesentlichen genügen dabei zwei Symbole:

Flußdiagramm
Beispiel 2

1) ein Rechteck für Tätigkeit

2) eine Raute ◇ für eine Entscheidung

Anmerkung: Um mehr Text in diese Rauten einschreiben zu können, erhalten sie im Rahmen der REFA-Standardprogramme meist folgende Form:

⬡

Diese Symbole werden durch Pfeile verbunden, die die Ablaufrichtung anzeigen. Zur Begrenzung eines Ablaufs benutzt man am Anfang ein Symbol (Start) und am Ende ein Symbol (Ende) . Im Bild 56 ist der Ablauf „Türe öffnen" in einem solchen Flußdiagramm wiedergegeben.

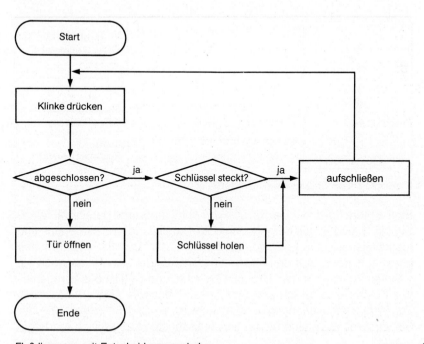

Flußdiagramm mit Entscheidungssymbolen · · · · · Bild 56

125

Flußdiagramm
Beispiel 3

Im besonderen für die Darstellung von Abläufen in der Verwaltung sind neben den Entweder-Oder-Entscheidungen auch Und-Verzweigungen erforderlich. Bild 57 gibt ein solches Flußdiagramm wieder.

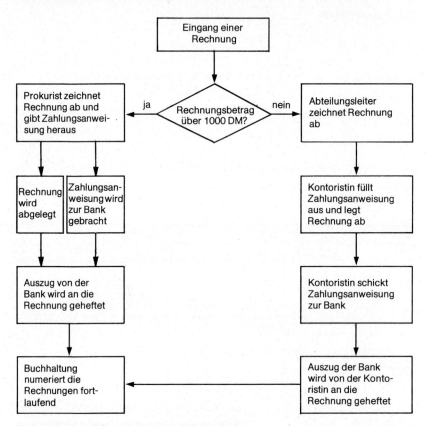

Bild 57   Flußdiagramm mit Entscheidung und Verzweigung

Zeitband-
darstellung,
Balkendiagramm

Eine weitere Form der Darstellung von Abläufen wurde bereits im Teil 2, Kapitel 1 und 9, wiedergegeben: Die Darstellung von Gruppen- und Mehrstellenarbeit in Form von *Zeitbändern*, die auch *Balkendiagramme* genannt werden. Auf den folgenden Seiten findet sich hierfür noch ein weiteres Beispiel: In dem Bild 58 (Seite 128 und 129) ist das Fertigen eines Kelchglases im Ist- und Soll-Zustand einander gegenübergestellt. Zur Veranschaulichung dieses Ablaufs ist im Bild 59 (Seite 127) der Soll-Zustand mit einigen typischen Ausschnitten fotografisch wiedergegeben.

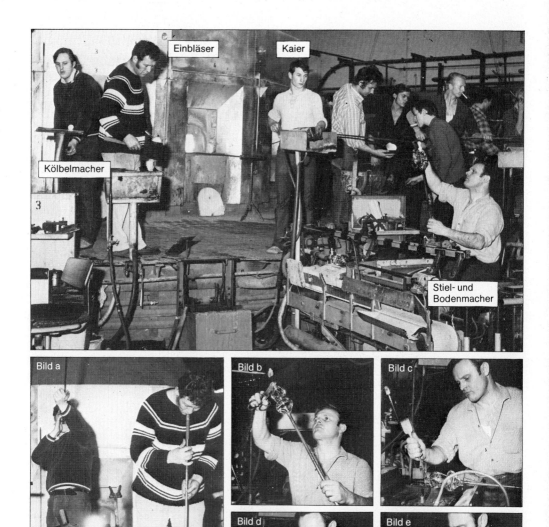

Fertigung eines Kelchglases in Gruppenarbeit (Werksfoto: Peill und Putzler) (vgl. dazu   Bild 59
Bild 58 und im besonderen die obigen Bildausschnitte mit den entsprechenden Ablaufabschnitten)

127

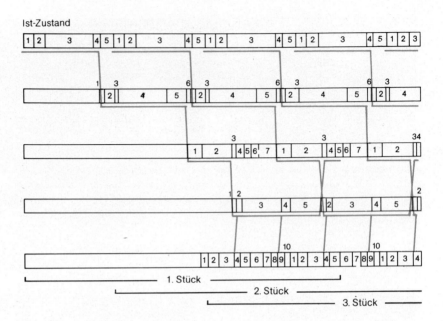

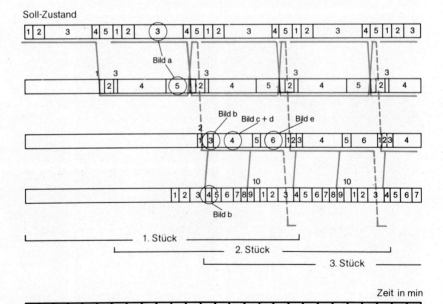

Bild 58   Zeitbanddarstellung oder Balkendiagramm (Arbeitsaufgabe: Fertigung eines Kelchglases in Gruppenarbeit (siehe auch Bild 59)

Kölbelmacher	
	1 nimmt Pfeife, geht zum Ofen
	2 sticht Pfeife in Glasmasse ein, nimmt mit Pfeife Glas auf, geht mit Pfeife zur Wälzplatte
	3 wälzt und bläst auf
	4 hängt Pfeife mit Kölbel auf
	5 ablaufbedingtes Unterbrechen

Einbläser	
	1 nimmt Pfeife mit Kölbel vom Hänger
	2 sticht Kölbel in Glasmasse ein
	3 geht mit Pfeife zum Arbeitstrog
	4 bläst Kölbel auf und formt Glas vor
	5 bläst Glas in Form ein
	6 übergibt Pfeife mit Glaskelch an Einträger

Einträger	
	1 nimmt Pfeife an und kühlt
	2 Wartezeit
	3 gibt Pfeife an Stiel- und Bodenmacher
	4 nimmt Glas an und kühlt Boden
	5 geht zum Kreisförderer und schlägt Glas von Pfeife ab
	6 hängt leere Pfeife auf
	7 ablaufbedingtes Unterbrechen

Stiel- und Bodenmacher	
	1 gibt fertiges Glas ab und nimmt Pfeife mit Glaskelch an
	2 nimmt Glas für Stiel an
	3 formt den Stiel
	4 nimmt Glas für Boden an
	5 formt den Boden

Kaier	
	1 geht mit Bindeeisen zum Ofen
	2 sticht ein, geht zum Stiel- und Bodenmacher
	3 ablaufbedingtes Unterbrechen
	4 reicht Glas für Stiel an
	5 reinigt Bindeeisen
	6 ablaufbedingtes Unterbrechen
	7 geht zum Ofen, sticht ein, geht zum Stiel- und Bodenmacher
	8 ablaufbedingtes Unterbrechen
	9 reicht Glas für Boden an
	10 reinigt Bindeeisen

Kölbelmacher	
	1 nimmt Pfeife, geht zum Ofen
	2 sticht Pfeife in Glasmasse ein, nimmt mit Pfeife Glas auf, geht mit Pfeife zur Wälzplatte
	3 wälzt und bläst auf
	4 gibt Pfeife mit Kölbel an Einbläser, nimmt Pfeife von Einbläser an
	5 kühlt Pfeife und hängt sie in Schwenkarm ein

Einbläser	
	1 gibt Pfeife mit Glaskelch an Kölbelmacher, nimmt Pfeife mit Kölbel von Kölbelmacher
	2 sticht Kölbel in Glasmasse ein
	3 geht mit Pfeife zum Arbeitstrog
	4 bläst Kölbel auf und formt Glas vor
	5 bläst Glas in Form ein

Stiel- und Bodenmacher	
	1 rollt Pfeife mit Kelchglas in Auffangvorrichtung
	2 nimmt Pfeife mit Glaskelch aus Schwenkarm
	3 nimmt Glas für Stiel an
	4 formt den Stiel
	5 nimmt Glas für Boden an
	6 formt den Boden

Kaier	
	1 geht mit Bindeeisen zum Ofen
	2 sticht ein, geht zum Stiel- und Bodenmacher
	3 ablaufbedingtes Unterbrechen
	4 reicht Glas für Stiel an
	5 reinigt Bindeeisen
	6 ablaufbedingtes Unterbrechen
	7 geht zum Ofen, sticht ein, geht zum Stiel- und Bodenmacher
	8 ablaufbedingtes Unterbrechen
	9 reicht Glas für Boden an
	10 reinigt Bindeeisen

129

Netzplantechnik

Die *Netzplantechnik* ist eine dem Flußdiagramm ähnliche Darstellung von Abläufen, die zusätzlich die Dauer der Ablaufabschnitte und die Zeitpunkte enthält, zu der die Ablaufabschnitte beginnen (Anfangsereignis) beziehungsweise enden (Endereignis) (vgl. hierzu DIN 69 900). Die in Netzplänen dargestellten Ablaufabschnitte sind im allgemeinen Vorgänge, Ablaufstufen oder Teilabläufe (siehe auch Abschnitt 3.4.1 im Teil 1).

Beispiel

Im Bild 60 ist ein Netzplan für die „Planung eines Umzugs" wiedergegeben. Die Pfeile kennzeichnen Makro-Ablaufabschnitte, deren Arbeitsaufgabe und deren Soll-Zeit (Dauer) angegeben ist (zum Beispiel Inventarliste erstellen, 2 Tage). Die Kreise (Knoten) informieren über das geplante Ende der vorhergehenden und den geplanten Anfang der nachfolgenden Ablaufabschnitte; weiter enthalten sie zu ihrer Kennzeichnung Nummern.

Der Knoten Nr. 8 liefert zum Beispiel folgende Informationen: Der Vorgang Anbringen der Standortbezeichnungen an den Maschinen kann begonnen werden, wenn die Detailpläne und das Layout bereinigt sowie die Inventarliste erstellt sind. Dieser Vorgang kann frühestens vier Tage und muß spätestens sieben Tage nach Anfang des Gesamtablaufes beginnen.

kritischer Weg

Die stark ausgezogene Pfeilfolge läßt den sogenannten kritischen Weg erkennen. Hier fallen die Zeitpunkte für das Ende der vorhergehenden und den Anfang der nachfolgenden Ablaufabschnitte zusammen. Verzögerung oder Beschleunigung der Ablaufabschnitte des kritischen Weges beeinflussen unmittelbar die Dauer des Gesamtablaufes.

CPM, PERT, MPM

Es werden verschiedene Formen der Netzplantechnik in der Praxis angewandt; neben CPM (siehe Bild 60) sind vor allem noch PERT und MPM verbreitet. Die Netzplantechnik eignet sich vor allem für die Planung größerer Abläufe, bei denen viele Teilabläufe und Ablaufstufen nebeneinander und gleichzeitig durchgeführt werden können.

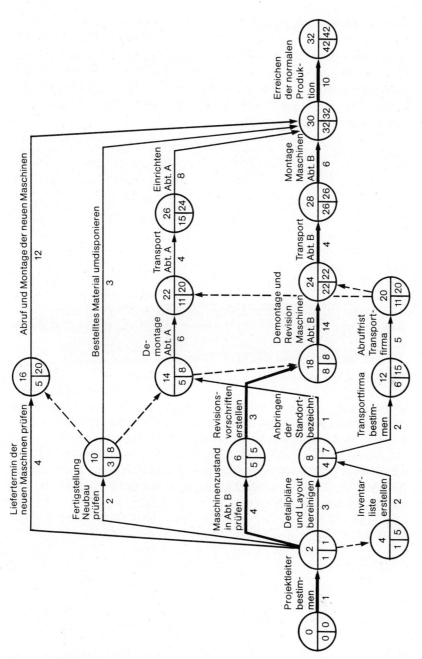

Netzplan (CPM) für die Planung eines Umzugs

Bild 60

4.3 Arbeitssituation

Ablaufanalysen sollen Zusammenhänge darstellen. Sie sollen die Ursachen von Mängeln im Ablauf erkennen lassen. Diese Ursachen müssen nicht oder können nur teilweise in dem in der Ablaufanalyse erfaßten Arbeitssystem liegen, sie können auch von benachbarten oder auch übergeordneten Systemen herrühren.

Im Kapitel 3 des Teils 1 wurde schon ausgeführt, daß nacheinander- oder parallelgeschaltete Teilsysteme zu einem Hauptsystem zusammengefaßt werden können und daß es Systemhierarchien gibt.

schwarzer Kasten (black box)

Interessiert bei einer Untersuchung lediglich die Verbindung eines Systems zu den anderen, so spricht man von *schwarzer Kasten* (black box). Bei dieser Untersuchungsform wird bewußt das Innere des Systems außer acht gelassen; es werden lediglich die Eingabe, Ausgabe und die Umwelteinflüsse analysiert.

Bild 61   Schwarzer Kasten (black box)

Arbeitssituation

Im Arbeitsstudium werden die Verbindungen zu anderen Systemen und die Bedingungen eines Systems, die durch die umliegenden oder überlagerten Systeme anstehen, auch mit Situation des Arbeitssystems oder als *Arbeitssituation* gekennzeichnet. Kurz gesagt sind darunter alle die ein System beeinflussenden Faktoren zu verstehen, die durch die Arbeitsaufgabe, den Arbeitsablauf und die Arbeitsbedingungen nicht hinreichend erfaßt werden können.

Ein Beispiel möge diese Zusammenhänge erläutern: Ein Personalleiter Beispiel
macht geltend, daß in der Abteilung K ein relativ hoher Krankenstand zu
verzeichnen sei. Alle Vergleiche mit ähnlich gelagerten Abteilungen fallen eindeutig zu Ungunsten der kritisierten Abteilung aus. Naheliegend
ist es, die Ursachen für diesen hohen Krankenstand in dem System
selbst, also bei den betroffenen Menschen zu suchen und eine entsprechende Analyse anzufertigen. Außerdem sollte man aber die Abteilung
als schwarzen Kasten betrachten und die Arbeitssituation analysieren.
Es ist zum Beispiel zu prüfen, ob Spannungen mit den der Abteilung vorgesetzten Personen zu dem hohen Krankenstand beitragen; weiter kann
der in der Firma übliche Entlohnungsgrundsatz für die Abteilung K nicht
angemessen sein; schließlich kann sich durch Vergleich mit anderen Abteilungen herausstellen, daß in dieser Abteilung mehr Pendler arbeiten.

Dieses Beispiel zeigt, daß es für den Arbeitsgestalter wichtig ist, nicht
nur den Ablauf von Arbeitssystemen zu analysieren, sondern auch deren Arbeitssituation.

Literatur

Der Bundesminister für Verteidigung (Hrsg.): Netzplantechnik, PPS-System – Ein Mittel zur Planung, Steuerung und Überwachung von Projekten. Beuth-Verlag, Berlin 1974

Gewald, K., Kasper, K., Schnelle, H.: Netzplantechnik. Methoden zur Überwachung von Projekten. Band 2: Kapazitätsoptimierung. R. Oldenbourg Verlag, München-Wien 1972

Große-Oetringhaus, W.F.: Praktische Projektgestaltung mit Netzplantechnik. Verlag Dr. Götz Schmidt, Gießen 1979

Netzplantechnik. VDI-Verlag, Düsseldorf 1982

REFA (Hrsg.): Methodenlehre der Planung und Steuerung. Band 1, Carl Hanser Verlag, München 1985

Schwarze, J.: Netzplantechnik für Praktiker – Eine Einführung für Kaufleute, Techniker und Studierende. Verlag Neue Wirtschaftsbriefe, Herne, Berlin 1979

Wille, H., Gewald, K., Weber, H.D.: Netzplantechnik. Methoden zur Planung und Überwachung von Projekten. Band 1: Zeitplanung. R. Oldenbourg Verlag, München-Wien 1972

DIN 69 900, Teil 1: Netzplantechnik; Begriffe, 1980

DIN 69 900, Teil 2: Netzplantechnik; Darstellungstechnik, 1979

Kapitel 5

Grundsätze zur Gestaltung des Arbeitsplatzes und -vorganges

5.1	Einleitung	137
5.2	Arbeitsplatztypen	139
5.3	Ergonomische Arbeitsplatzgestaltung	142
5.3.1	Anthropometrische Arbeitsplatzgestaltung	142
5.3.1.1	Körpermaße	142
5.3.1.2	Arbeitsmittelgestaltung	144
5.3.2	Physiologische Arbeitsplatzgestaltung	150
5.3.3	Psychologische Arbeitsplatzgestaltung	155
5.3.4	Informationstechnische Arbeitsplatzgestaltung	158
5.3.5	Sicherheitstechnische Arbeitsplatzgestaltung	163
5.4	Bewegungsablauf	183
5.4.1	Einführung	183
5.4.2	Bewegungsvereinfachung	185
5.4.2.1	Fügen	185
5.4.2.2	Greifen	187
5.4.2.3	Vorrichten	191
5.4.2.4	Hinlangen und Bringen	192
5.4.3	Bewegungsverdichtung	193
5.4.3.1	Beidhandarbeit	193
5.4.3.2	Beseitigung oder Verkürzung von unproduktiven Ablaufabschnitten	198
5.4.3.3	Speicherkopplung	199
5.4.4	Teilmechanisierung	200
5.4.5	Erweiterung der Arbeitsaufgabe	206
5.5	Organisatorische Arbeitsgestaltung – Arbeitsstrukturierung	207
5.5.1	Abgrenzung	207
5.5.2	Strukturierungsprinzipien	209
5.5.2.1	Aufgabenerweiterung	209
5.5.2.2	Aufgabenbereicherung	210
5.5.2.3	Arbeitswechsel	212
5.5.2.4	Gruppenarbeit	214

5.5.3	Vorgehensweise	215
5.5.3.1	Zielfindung	216
5.5.3.2	Planung alternativer Arbeitssysteme	220
5.5.3.3	Bewertung der Alternativen	221
5.6	Arbeitsverfahren	228
5.7	Nutzung von Arbeits- bzw. Betriebsmitteln	231
5.7.1	Einführung	231
5.7.2	Zeitliche Gesamtnutzung	232
5.7.3	Zeitliche Hauptnutzung	234
5.7.4	Technische Nutzung	239

5.1 Einleitung

Die Gestaltung von Arbeitsplätzen und arbeitsplatzgebundenen Vorgängen ist ein besonderer Schwerpunkt der Tätigkeit eines Arbeitsstudienmannes. Sie wird im allgemeinen kurz Arbeitsplatzgestaltung oder auch *arbeitstechnische Rationalisierung* genannt. Im Vordergrund steht hier die Gestaltung von ortsgebundenen Arbeitssystemen mit Einzelarbeit (siehe 5.2).

arbeitstechnische Rationalisierung

Nachfolgend wird geschildert, welche Rationalisierungsansätze es im einzelnen für die Gestaltung des Zusammenwirkens von Mensch und Betriebsmittel mit dem Arbeitsgegenstand am Arbeitsplatz gibt. Rationalisierungsmaßnahmen, die über den einzelnen Arbeitsplatz hinausgehen, bleiben hier zunächst außer Betracht. Über Grundsätze zur Gestaltung des Ablaufes zwischen mehreren Arbeitsplätzen wird im Kapitel 6 berichtet.

Gemäß der im Teil 1 in Abschnitt 3.2 erläuterten Gliederung des Arbeitssystems in die drei Bestandteile Arbeitsaufgabe, Arbeitsablauf und Arbeitsbedingungen können im wesentlichen folgende Schwerpunkte der Arbeitsplatzgestaltung unterschieden werden:

Schwerpunkte der Arbeitsplatzgestaltung

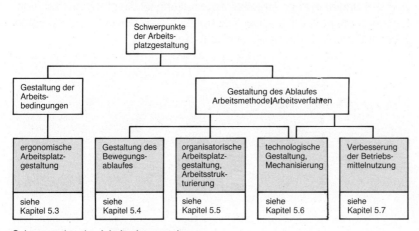

Schwerpunkte der Arbeitsplatzgestaltung   Bild 62

137

Traditionell liegt im Rahmen des Arbeitsstudiums der Schwerpunkt auf

a) der ergonomischen Arbeitsplatzgestaltung,
b) der Gestaltung des Bewegungsablaufes (siehe c). Mit fortschreitender technischer Entwicklung bis hin zur Automatisierung muß sich das Arbeitsstudium darüber hinaus aber immer mehr auch mit
c) der organisatorischen Arbeitsplatzgestaltung, der Arbeitsstrukturierung,
d) der technologischen Gestaltung und Mechanisierung und
e) der Betriebsmittelnutzung befassen.

Kriterien

Die Kriterien Wirtschaftlichkeit und Humanität sind bei der Arbeitsplatzgestaltung dann erfüllt, wenn ein Arbeitsplatz geschaffen wurde, der

a) eine hohe Mengenleistung (geringe Stückzeit),
b) eine ausreichende Qualität,
c) geringe zeitabhängige Kosten (niedrige Maschinenkosten),
d) eine erträgliche Belastung bzw. Beanspruchung des Arbeitenden und
e) die vorgeschriebene Arbeitssicherheit

gewährleistet.

Erzeugnis-
gestaltung

Eng verbunden mit der Arbeitsplatzgestaltung ist die material- und montagegerechte Konstruktion der Erzeugnisse. Darüber werden an anderer Stelle nähere Ausführungen gemacht (Kapitel 7).

5.2 Arbeitsplatztypen

Vor einer näheren Betrachtung der wichtigsten Aspekte der Arbeitsplatz-gestaltung sollen zunächst noch die in der Praxis vorkommenden Ar-beitsplatztypen genannt werden.

> **Die Arbeitsplatztypen kennzeichnen die Beweglichkeit der Sy-stemelemente von Arbeitssystemen zueinander und gegen-über ihrer Umwelt.**

Definition der
Arbeitsplatztypen

Die wesentlichen Arbeitsplatztypen sind in Bild 63 zusammengestellt und in Bild 64 durch einige Beispiele veranschaulicht.

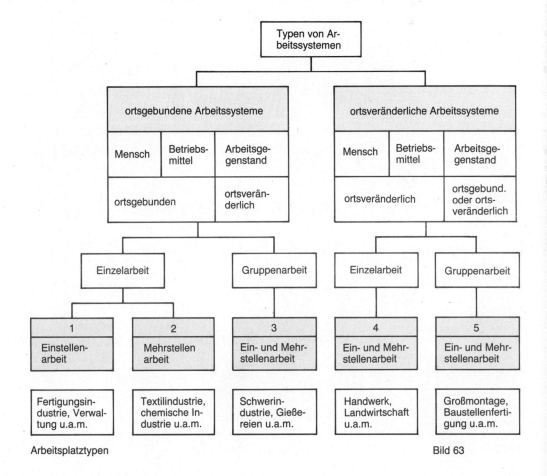

Arbeitsplatztypen   Bild 63

139

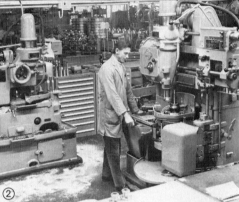

1) ortsgebundenes Arbeitssystem,
Einzel-Einstellenarbeit
automatische Revolver-Drehmaschine
(Werksfoto Pittler)

2) ortsgebundenes Arbeitssystem,
Einzel-Mehrstellenarbeit
Zahnradstoßmaschine (Werksfoto
Pittler)

3) ortsgebundenes Arbeitssystem,
Gruppenarbeit
Freihand-Ringziehen (Werksfoto BASF)

4) ortsveränderliches Arbeitssystem,
Einzelarbeit
Fußbodenreinigung

5) ortsveränderliches Arbeitssystem,
Gruppenarbeit
Betonieren einer Landebahn

Bild 64   Beispiele für die Arbeitsplatztypen

Die Einzel- und Gruppen- sowie Einstellen- und Mehrstellenarbeit wurden schon im Kapitel 3.8 im Teil 1 definiert. Weiter kann zwischen ortsfesten und ortsveränderlichen Arbeitssystemen unterschieden werden.

Einzel-, Gruppen-, Einstellen- und Mehrstellenarbeit

Ortsgebundene (stationäre) Arbeitssysteme sind dadurch gekennzeichnet, daß Mensch und Betriebsmittel an einem festen Platz ihre Arbeitsaufgabe erfüllen und die Eingabe dem Arbeitssystem zugeführt sowie die Ausgabe von ihm weggeführt werden.

ortsgebundene Arbeitssysteme

Beispiele sind die üblichen Maschinen- und Montagearbeitsplätze in Fabriken.

Ortsveränderliche Arbeitssysteme sind dadurch gekennzeichnet, daß der Mensch und das Betriebsmittel dem Arbeitsgegenstand folgen.

ortsveränderliche Arbeitssysteme

Beispiele sind die meisten Außenarbeiten im Handwerk, in der Landwirtschaft und in der Baustellenfertigung.

Zu den ortsveränderlichen Arbeitsplätzen zählen auch alle Arbeitsplätze in Fahrzeugen, bei denen sich der Arbeitsgegenstand mit dem Menschen und dem Betriebsmittel fortbewegt.

5.3 Ergonomische Arbeitsplatzgestaltung

Teilgebiete der
ergonomischen
Arbeitsplatz-
gestaltung

Die Anpassung der Arbeit an den Menschen steht im Vordergrund der Bemühungen um eine ergonomische Arbeitsplatzgestaltung. Folgende Teilgebiete werden hier erläutert (vgl. Kapitel 4 im Teil 1):

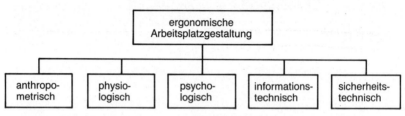

Bild 65   Teilgebiete der ergonomischen Arbeitsplatzgestaltung

5.3.1 Anthropometrische Arbeitsplatzgestaltung

5.3.1.1 Körpermaße

Körpermaße

Die Anpassung des Arbeitsplatzes an den Menschen erfordert vor allem die Beachtung der Körpermaße der Menschen bei der Dimensionierung der Arbeitsplätze (vgl. Abschnitt 4.5 im Teil 1).

Wesentliche Gesichtspunkte zur anthropometrischen Gestaltung der Arbeitsplätze und Hinweise zu technischen Hilfen sind in der nachstehenden Prüfliste zusammengefaßt worden.

Prüfliste

Prüfliste zur anthropometrischen Arbeitsplatzgestaltung:

– Kann zur Vermeidung von einseitigen Belastungen ein Wechsel zwischen Sitzen und Stehen bei der Arbeit vorgenommen werden?

– Wird bei sitzender/stehender Arbeitsausführung auf ausreichende Bewegungsfreiheit der Beine durch

  – Knieraum und

  – Fußeinrückraum

  geachtet?

– Beträgt die Bewegungsfläche am Arbeitsplatz mindestens 1,5 m^2?
Ist sie an keiner Stelle weniger als 1 m breit? (§ 24 ArbStättV)
– Wird die Arbeitshöhe in Abhängigkeit vom Arbeitsplatz (Steh-, Sitz-,
Sitz-/Steharbeitsplatz) unter Berücksichtigung von

– Abstand Auge – Arbeitsobjekt (Sehabstand),
– Raumbedarf für die Bewegungsfreiheit der Arme

festgelegt?
– Sind Außenmaße am Arbeitsplatz (z.B. der Greifraum) an den Maßen
des kleinsten Benutzers und Innenmaße (z.B. der Beineinrückraum)
an den Maßen des größten Benutzers ausgerichtet worden?
– Werden bei der Auswahl von Arbeitsstühlen folgende Kriterien berücksichtigt:

– Standfestigkeit,
– Höhenverstellbarkeit,
– Federung der Stuhlsäule,
– Verstellbarkeit, Form, Größe der Rückenlehne?

– Kann bei hoher Arbeitsgenauigkeit durch Einsatz von Armstützen
Haltungsarbeit reduziert werden?
– Ist an Sitz-, Sitz-/Steharbeitsplätzen eine verstellbare Fußstütze mit

– ausreichender Größe der Stützfläche,
– Neigung ca. 5-10° und
– rutschfester Oberfläche

erforderlich?
– Wird durch „richtige Anordnung" und Form von Greifbehältern im
physiologisch maximalen Greifraum
– Ordnung am Arbeitsplatz geschaffen?
– die verfügbare Fläche günstig ausgenutzt?
– ein Hinweis auf die chronologische Arbeitsfolge gegeben?
– Sind Zubringeeinrichtungen, zum Beispiel Bandförderer, zum Heran-
führen/Wegführen von Teilen vorgesehen?

5.3.1.2 Arbeitsmittelgestaltung

Arbeitsmittel-
gestaltung

Arbeitsmittel (bzw. Betriebsmittel) sind „Mittel zur Arbeitsausführung", die vom Anwender hauptsächlich mit der Hand oder dem Fuß betätigt werden, wie zum Beispiel Werkzeuge und Stellteile an Vorrichtungen, Maschinen sowie Anlagen (vgl. Abschnitt 3.3 in Teil 1). Die anthropometrische Gestaltung von Arbeitsmitteln kann nicht losgelöst von anderen Gestaltungsmaßnahmen am Arbeitsplatz betrachtet werden. Die we-

Handseiten der
Arbeitsmittel

sentlichen Einflußgrößen werden am Beispiel der ergonomischen Gestaltung der Handseiten der Arbeitsmittel aufgezeigt (vgl. Bild 66).

Untersuchung

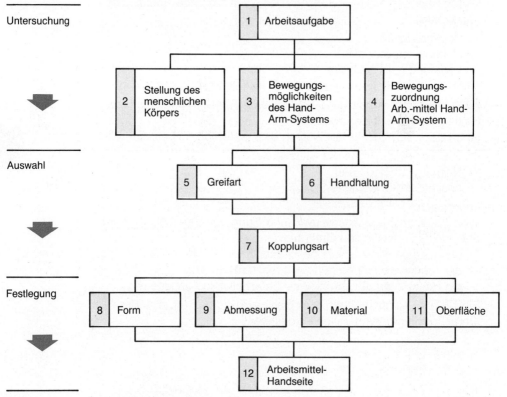

Auswahl

Festlegung

Bild 66   Gestaltungsschritte bei der ergonomischen Gestaltung der Gestaltung der Handseiten von Arbeitsmitteln (nach Bullinger/Solf)

Die Beachtung dieser Gestaltungsschritte stellt sicher, daß unnötige Belastungen des Anwenders, insbesondere einseitige Inanspruchnahme größerer Muskelgruppen, vermieden werden können. Bild 67 zeigt für frei im Raum bewegte Arbeitsmittel (z.B. Handwerkzeuge, Kleinmaschinen) und fest angeordnete (z.B. Stellteile an Maschinen), welche der Einflußgrößen aus Bild 66 bei einer vorgegebenen Aufgabenstellung besonders zu berücksichtigen sind.

Hinweise auf wesentliche Gestaltungsschritte in Abhängigkeit von Randbedingungen der Arbeitsaufgabe (die grünen Zahlen verweisen auf Gestaltungsschritte in Bild 66) Bild 67

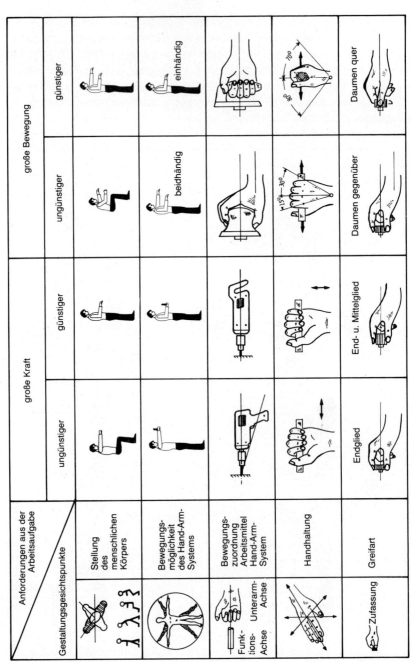

Bild 68.   Beispiele zur Erläuterung der Gestaltungsaufgaben in den einzelnen Schritten der Arbeitsmittelgestaltung

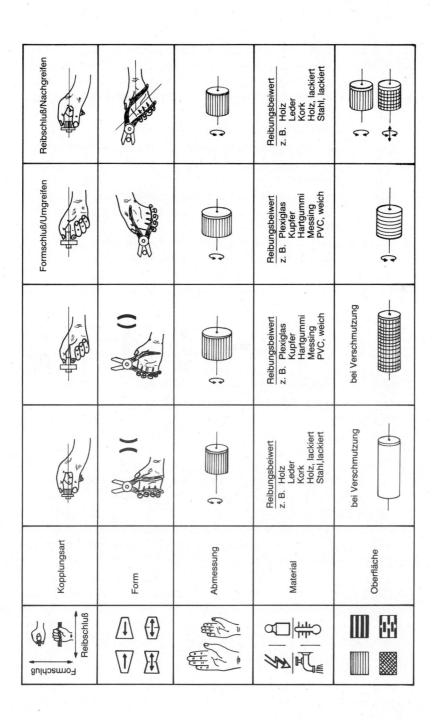

Kopplungsart	Form	Abmessung	Material	Oberfläche

Zur Erläuterung der Überlegungen, die vom Arbeitsgestalter in den einzelnen Phasen der Arbeitsmittelgestaltung anzustellen sind, sind in Bild 68 einige wichtige Prinzipien exemplarisch dargestellt, die eine Richtschnur für die ergonomische Arbeitsmittelgestaltung darstellen können.

Prüfliste für handbetätigte Arbeitsmittel

Prüfliste zur Gestaltung handbetätigter Arbeitsmittel

- Erzwingen Anordnung und/oder Gestaltung der Arbeitsmittel ungünstige Körperstellungen und -haltungen im Hinblick auf vermeidbare einseitige Belastung?
- Entsprechen Körperstellung und -haltung den Anforderungen der Arbeitsaufgabe bezüglich aufzubringender Kräfte und erforderlicher Genauigkeit?
- Sind die durch beidhändigen Zugriff am Arbeitsgegenstand eintretenden Bewegungsbegrenzungen berücksichtigt worden?
- Stimmen Funktionsachsen (der Bewegungen, Kräfte, Drehmomente) mit den anatomisch zu bevorzugenden Lagen (z.B. Kraftübertragung in Richtung der Handlängsachse) überein?
- Kann beim Zugriff am Arbeitsmittel das Handgelenk in Normallage bleiben?
- Entspricht die Greifart – auch im Hinblick auf die beteiligten Fingerglieder – dem geforderten Arbeitswiderstand?
- Ist für die Übertragung großer Arbeitswiderstände Formschluß, für das Erreichen großer Drehwinkel Reibschluß vorgesehen?
- Entspricht die Form der Handseite der Greifart?
- Sind bei der Gestaltung von Arbeitsmitteln Abgleitsicherungen und ausreichender Freiraum für die Finger vorgesehen worden?
- Hat man bei der Festlegung der Abmessungen die Streuung der Handgrößen bei den Menschen und den geforderten Arbeitswiderstand berücksichtigt?
- Wurde das Griffmaterial im Hinblick auf elektrische und Wärmeleitfähigkeit, Gewicht, Reibungskoeffizienz der menschlichen Hand und der Reinigungsmöglichkeit geprüft?

fußbetätigte Stellteile

Für die mit dem Fuß zu betätigenden Stellteile sind im Bild 69 die wesentlichsten Tretarten zusammengestellt worden. Dabei ist darauf zu achten, daß der Stellvorgang kein Abheben des ganzen Fußes vom Boden erforderlich macht. Das gilt besonders, wenn das Betätigen im Stehen nicht vermieden werden kann.

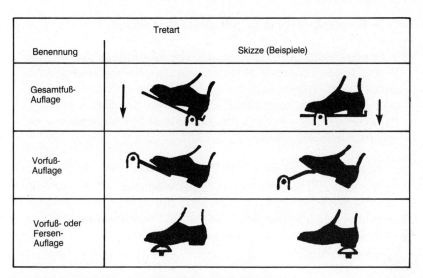

Benennung	Tretart
	Skizze (Beispiele)
Gesamtfuß-Auflage	
Vorfuß-Auflage	
Vorfuß- oder Fersen-Auflage	

Die wichtigsten Tretarten an Stellteilen (nach DIN 33 401)   Bild 69

Prüfliste zur Gestaltung fußbetätigter Stellteile

– Sind Fußpedale beim Stehen vermieden und ist ihre Anzahl beim Arbeiten im Sitzen auf zwei beschränkt worden?
– Ist der wechselweise Einsatz des linken und des rechten Beines möglich, wenn im Stehen die Betätigung eines Fußpedals als unvermeidlich anzusehen ist?
– Erlaubt der Oberschenkelfreiraum eine Betätigung des Pedals ohne Bewegungsbegrenzung durch die Tischplatte?
– Ist es möglich, während des Schaltvorganges Vorfuß oder Ferse auf dem Boden abzustützen?
– Ist der Gegendruck des Pedals in Abhängigkeit vom Arbeitswiderstand und der Körperhaltung richtig gewählt?
– Entspricht die verwendete Pedalart den Anforderungen im Hinblick auf Stellkraft, Stellweg und Stellgeschwindigkeit?
– Ist durch entsprechende Maßnahmen (z.B. Materialauswahl, Oberflächengestaltung) ein Abgleiten des Fußes vom Pedal vermieden?
– Behindert die Form der Kopplungsfläche des Pedals den Abrollvorgang zwischen Fuß (eventuell mit Sicherheitsschuhen) und Pedal?

Prüfliste für fußbetätigte Stellteile

149

5.3.2 Physiologische Arbeitsplatzgestaltung

Zur ergonomischen Gestaltung von Arbeitsplätzen ist die Kenntnis physiologischer Daten, wie zum Beispiel Körperkräfte bei Muskelarbeit sowie Dauer und Schwere der auszuführenden Arbeit, von besonderer Bedeutung. Sie bilden wichtige Kriterien zur Beurteilung der Belastung des Mitarbeiters bei der Arbeitsausführung.

Außerdem sind die vorgenannten Einflußfaktoren

- zur Bewertung der erträglichen Dauerbelastung,
- zur Wahl der richtigen Körperstellung und -haltung,
- zur räumlichen Anordnung von Stellteilen und Anzeigen,
- zur Schaffung erträglicher Umgebungseinflüsse

besonders wichtig.

Wirkungsgrad menschlicher Arbeit

Die physiologische Arbeitsplatzgestaltung hat das Ziel, die Arbeitsmethode, das Arbeitsverfahren und die Arbeitsbedingungen dem Menschen anzupassen und den Wirkungsgrad menschlicher Arbeit zu verbessern.

Die physiologische Arbeitsplatzgestaltung ist um so besser gelungen, je höher das Arbeitsergebnis eines Arbeitssystems bei geringer Belastung beziehungsweise Beanspruchung des arbeitenden Menschen ist. Diese Forderung wird vor allem durch einen wirtschaftlichen Einsatz der Muskeln, durch Verringerung der auszuübenden Kräfte, durch Einsatz besonders kräftiger Muskelgruppen, durch Vermeidung statischer Muskelarbeit, durch die Wahl einer optimalen Kraftrichtung sowie durch Arbeitswechsel und gegebenenfalls auch durch Vorgabe von erforderlichen Erholungszeiten erfüllt (siehe dazu auch Abschnitt 4.4.3 im Teil 1 und Kapitel 7 im Teil 2).

Der Wirkungsgrad menschlicher Arbeit hängt auch im besonderen davon ab, in welcher Stellung und Körperhaltung der Mensch Arbeit zu verrichten hat. Im Bild 70 ist gezeigt, um wieviel Prozent höher der Energieumsatz in kJ/Min. bei verschiedenen Körperstellungen im Vergleich zum Liegen ist.

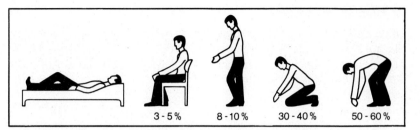

| 3 - 5 % | 8 - 10 % | 30 - 40 % | 50 - 60 % |

Prozentuale Zunahme des Energieumsatzes gegenüber dem Liegen   Bild 70

Die Vielfalt der einzelnen Gesichtspunkte geht aus folgender Prüfliste zur physiologischen Arbeitsplatzgestaltung hervor: *Prüfliste*

A) Muskelarbeit.   *Muskelarbeit*
– Wird eine erhöhte Belastung des Menschen durch das Arbeiten

    – im Bücken,
    – im Hocken,
    – im Knien,
    – über Kopf,

vermieden?
– Kann eine einseitige Muskelbelastung, zum Beispiel hervorgerufen durch

    – sich wiederholende gleichartige Bewegungen oder
    – starre Körperhaltung,

durch

    – Bewegungswechsel oder
    – Ortswechsel

usw. vermieden werden?
– Kann statische Haltearbeit/Haltungsarbeit durch entsprechende Vorrichtungen (z.B. Stützen) vermindert beziehungsweise vermieden werden?
– Wird das Heben von schweren Lasten durch Hebegeräte erleichtert?
– Werden beim Heben von Lasten arbeitserleichternde Hebe- und Tragetechniken angewendet, zum Beispiel:

    – beidhändiges Tragen,
    – Heben nahe am Körper?

Umgebungs-
einflüsse

B) Umgebungseinflüsse

Unter dem Aspekt der physiologischen Arbeitsplatzgestaltung sollte ferner auf eine erträgliche Gestaltung der Umgebungseinflüsse wie Klima, Lärm, Beleuchtung und mechanische Schwingungen (siehe Abschnitt 4.7 im Teil 1) geachtet werden.

Klima

B 1) Klima

- Liegen die klimatischen Bedingungen innerhalb der Behaglichkeitszone?
- Sind Abweichungen von den klimatischen Behaglichkeitsbedingungen insbesondere zuzuschreiben
  - der Lufttemperatur,
  - der Luftfeuchtigkeit,
  - der Windgeschwindigkeit,
  - der Wärmestrahlung?
- Wird der Arbeiter bei seiner täglichen Arbeit raschen Klimaschwankungen unterworfen?
- Sind die einschlägigen Vorschriften in Gesetzen, Verordnungen und Richtlinien beachtet worden?

Beleuchtung

B 2) Beleuchtung

- Stellt die Arbeit hohe Anforderungen an das Sehen?
- Erfordert die Arbeit eine hohe Beleuchtungsstärke?
- Ist eine künstliche Allgemeinbeleuchtung erforderlich?
- Ist eine spezielle Arbeitsplatzbeleuchtung erforderlich?
- Bringt die Anordnung der Arbeit am Arbeitsplatz verschiedene Beleuchtungsstärken mit sich?
- Sind die zu beobachtenden Arbeitsgegenstände auch bei verschiedenem Tageslicht leicht zu unterscheiden?
- Besteht ein großer, mittlerer oder vernachlässigbarer Unterschied in der Helligkeit und im Kontrast zwischen dem Sehobjekt und dessen Umgebung?
- Verursacht der Arbeitsplatz oder die Umgebung irgendwelche Blendwirkungen?
- Bestehen spezielle Anforderungen im Hinblick auf die Farbwahrnehmung?
- Sind die einschlägigen Vorschriften in Gesetzen, Verordnungen und Richtlinien beachtet worden?

B 3) Lärm

- Wird der Arbeiter durch Lärm in der Arbeitsumgebung belästigt, und wirkt sich der Lärm störend auf seine Tätigkeit aus?
- Welche Lautstärke und welche Qualität (Frequenzanteile) hat der Lärm?
- Herrscht ein Frequenzbereich vor oder ändert sich die Tonhöhe?
- Ist die Lautstärke konstant oder ändert sie sich?
- Befindet sich die Lärmquelle
  - außerhalb des Betriebes,
  - im Betrieb selbst,
  - in angrenzenden Betriebsabteilungen,
  - in der Betriebsabteilung selbst?
- Wird der Lärm durch Werkzeuge und die Materialbearbeitung oder durch die Maschine verursacht?
- Werden geeignete schallisolierte oder schalldämmende Materialien verwendet?
- Wurden die Lärmquellen in geeigneter Weise isoliert?
- Wurden geeignete technische Lärmbekämpfungsmaßnahmen an der Lärmquelle ergriffen?
- Wurden die den meisten Lärm verursachenden Maschinen soweit wie möglich von den Arbeitern entfernt aufgestellt?
- Sind die einschlägigen Vorschriften in Gesetzen, Verordnungen und Richtlinien beachtet worden?

Schwingungen

B 4) Mechanische Schwingungen

– Werden beim Auftreten mechanischer Schwingungen am Arbeitsplatz die zumutbaren Grenzwerte (K-Werte) berücksichtigt (vgl. Abschnitt 4.7.3.2 in Teil 1)?

– Wird eine Schädigung der Arbeitsperson durch Schwingungen z.B.
durch

– Entfernung der Schwingungsquelle,
– Verringerung der erzeugten Schwingungsenergien,
– Vermeidung der Schwingungsausbreitung,
– Reduktion der Schwingungsübertragung auf den Menschen (hy-
draulisch gedämpfte Sitze, spezielle Handschuhe bei Arbeiten
mit vibrierenden Handwerkzeugen),
– Änderung der Schwingungsfrequenzen in einen Bereich, für den
der Mensch unempfindlich ist,

vermieden?

B 5) Sonstige Umgebungseinflüsse

Stäube, Gase,
Dämpfe

Stäube, Gase, Dämpfe

– Werden die vorgeschriebenen MAK-Werte für Stäube, Gase und
Dämpfe am Arbeitsplatz nicht überschritten? (MAK = Maximale
Arbeitsplatz-Konzentration)

– Sind gefährdete Arbeitsplätze durch selbsttätige Warneinrichtungen
entsprechend der Vorschrift gesichert?

– Wird versucht, zu hohe Staub-, Gas- oder Dampfkonzentration am
Arbeitsplatz durch

– betriebstechnische Maßnahmen, z.B. Automatisierung,
– lüftungstechnische Maßnahmen,
– Atemschutz

zu vermindern beziehungsweise zu beseitigen?

5.3.3 Psychologische Arbeitsplatzgestaltung

Das Ziel der psychologischen Arbeitsplatzgestaltung ist es, dem Arbeitenden eine ihm angenehme Umwelt zu verschaffen, die ihn zum Beispiel bei monotoner Arbeit anregt, die Abwechslung verschafft und die ganz allgemein seine Motivation verbessert.

Monotonie und Motivation

Dadurch können die Ordnung im Betrieb, die Sicherheit und auch die Leistung des Arbeitenden verbessert werden.

Es gibt mehrere Maßnahmen der arbeitspsychologischen Gestaltung. Im Vordergrund stehen die Farbgestaltung des Arbeitsplatzes und -raumes und auch das Aufstellen von Pflanzen. In gewissen Fällen hat auch Musik eine positive Wirkung.

Farbgestaltung, Musik

Am Arbeitsplatz hat die Farbgebung zwei Grundaufgaben:

Farbgebung

1) Sie dient einer besseren Erkennbarkeit (Kontrastbildung) von Arbeitsmitteln, Arbeitsgegenständen, Maschinenteilen, Raumflächen und Mobiliar und bietet mehr Informationen (zum Beispiel durch Kennzeichnung nach Sicherheitsfarben).

2) Die Farbeindrücke des Auges führen zu psychischen und physischen Wirkungen, die für die Arbeitsstimmung des Menschen und damit für die Leistung von Bedeutung sind (Frieling).

Für eine Kontrastbildung durch Farbgebung lassen sich bei einer Gestaltung des Arbeitsplatzes und -ablaufs am besten die Komplementärfarben, zum Beispiel Blau/Orange, Rot/Grün, anwenden, damit sich Arbeitsgegenstände und Arbeitsmittel vom Untergrund abheben.

Kontrastbildung

Um der Gefahr vorzubeugen, daß Objekte oder Situationen übersehen oder nicht bewußt wahrgenommen werden, beziehungsweise ein Erkennen erst durch gesteigerte Anstrengung ermöglicht wird, ist die Anwendung der Sicherheitsfarben nach DIN 4844 Teil 1 und DIN 5381 erforderlich (Bild 71).

Sicherheitsfarben

Sicherheitsfarbe	Bedeutung	Kontrastfarbe	Anwendungs-beispiele
Rot	unmittelbare Gefahr Verbot	Weiß	Notausschalt-einrichtungen Notbremsen
Gelb	Vorsicht! Mögliche Gefahr	Schwarz	Transportbänder Verkehrswege Treppenstufen
Grün	Gefahr-losigkeit Erste Hilfe	Weiß	Türen der Not-ausgänge; Räume und Geräte zur Ersten Hilfe
Blau	Gebot	Weiß	Hinweiszeichen mit sicherheits-technischer Anweisung (z. B. Lärmbereich)

Bild 71   Sicherheitsfarben und ihre Bedeutung

Farberkennung im Gesichtskreis

Nicht alle Farben werden im gesamten Gesichtsfeld gleichmäßig gesehen. Das Gesichtsfeld des freien Auges umfaßt zwar bei horizontaler Blickrichtung einen Sicherheitswinkel von ca. 60° von der Mittelachse aus, jedoch ist das Sehvermögen darin nicht konstant, sondern in den Randzonen gemindert. Infolgedessen werden die Farben Orange, Gelb oder Blau im Umfeld mit einem Scheitelwinkel von 40-70 ° früher als solche erkannt als beispielsweise die Farben Rot oder Grün. Danach wird ein Förderfahrzeug mit einem gelbschwarzen Anstrich von einem Arbeitsausführenden früher erkannt, wenn es sich seitlich einem Arbeitsplatz nähert, als zum Beispiel ein Fahrzeug mit einem roten Anstrich.

Bild 72 faßt die Wirkungen von Farben auf das Befinden des Menschen zusammen.

Farbe	Distanzwirkung	Temperaturwirkung	psychische Stimmung
Blau	Entfernung	kalt	beruhigend
Grün	Entfernung	sehr kalt bis neutral	sehr beruhigend
Rot	Nähe	warm	sehr aufreizend und beunruhigend
Orange	sehr nahe	sehr warm	anregend
Gelb	Nähe	sehr warm	anregend
Braun	sehr nahe, einengend	neutral	anregend
Violett	sehr nahe	kalt	aggressiv, beunruhigend, entmutigend

Psychologische Farbwirkungen (nach Grandjean, 1979)   Bild 72

Bevor die Aussagen dieser Tabelle zur Grundlage der farblichen Gestaltung von Räumen und Möbeln gemacht werden, sollte man eine Arbeits- und Raumanalyse durchführen. Große Räume, in denen eine niedrige Temperatur herrscht, der Schalldruckpegel niedrig ist, in denen leichte körperliche Arbeit oder auch einförmige Tätigkeit vorherrscht, und die eventuell nach Norden ausgerichtet sind, sollten bevorzugt mit warmen anregenden Farben ausgestattet werden. Eine dunkle und warme Deckenfarbe führt zu einer optischen Verringerung der Raumhöhe, und kräftige Farben an den Stirnwänden lassen einen langen, schmalen Raum kürzer erscheinen. Die Benutzung von Farben bei der Raumgestaltung darf allerdings nie einen beunruhigenden und unübersichtlichen bunten Gesamteindruck hervorrufen. Zurückhaltung bei der Verwendung von kräftigen Farben auf große Flächen und die Beschränkung auf wenige verschiedene Farben sind immer empfehlenswert.

Farbe in Arbeitsräumen

Weiterhin sind die mit der Farbgebung von Decken und Wänden verbundenen Reflexionsgrade bei der Ermittlung von Leuchtdichteniveaus zu beachten.

5.3.4 Informationstechnische Arbeitsplatzgestaltung

Mensch-Maschine
System

Im Abschnitt 4.4 des Teiles 1 wurde das „Mensch-Maschine-System" dargestellt. Daraus geht hervor, daß einer Entscheidung und Handlung des Menschen stets die Wahrnehmung vorangehen muß. Diese Wahrnehmung besteht in der Aufnahme von Informationen. Arbeit ohne Informationsaufnahme ist nicht möglich. Deshalb ist die informationstechnische Gestaltung des Arbeitsplatzes von besonderer Bedeutung.

Informationen können

a) mit dem Auge,
b) mit dem Ohr oder
c) durch Tasten und Fühlen

aufgenommen werden.

Informations-
wahrnehmung
durch das Sehen

Für die Informationswahrnehmung durch *Sehen* sind zunächst der richtige Sehabstand und die richtige Beleuchtung wichtig (siehe Kapitel 4 im Teil 1).

Darüber hinaus ist die Gestaltung optischer Informationsträger, das sind beispielsweise Anzeigeinstrumente mit ihren Skalen, Zeigern, Ziffern und Buchstaben, von Bedeutung.

Die Form der Informationsdarbietung und der damit verbundene Einsatz verschiedener Anzeigegeräte hängt von der Art der Informationsaufgabe ab. Man unterscheidet bei optischen Anzeigegeräten zum Beispiel:

Bereichsanzeigen: zum Beispiel farbige Bereiche zur qualitativen Erfassung von Meßwerten

Analoganzeigen: zur Orientierung beziehungsweise zur groben Meßwerterfassung

Digitalanzeigen: zur genauen Erfassung von Meßwerten oder zur Sollwerteinstellung

Im Bild 73 ist das Ergebnis einer Untersuchung über die Eignung verschiedener Meßgeräte für unterschiedliche Aufgaben wiedergegeben. Es zeigt, daß sich Zählwerke (digitale Anzeigen) am besten (drei Kreuze) für eine präzise zahlenmäßige Ablesung eignen. Für Kontrollablesungen und Regelungen eignen sich am besten runde Zifferblätter mit beweglichem Zeiger (analoge Anzeigen).

Anzeigeninstrument / Aufgabe	Beweglicher Zeiger	Bewegliches Zifferblatt	Zählwerk
Quantitative Ablesung	+	+	+ + +
Kontrollablesung	+ + +	–	–
Einstellung von Werten	+ + +	+	+ + +
Regelung	+ + +	+	–

Eignung von Anzeigeinstrumenten für unterschiedliche Meßaufgaben   Bild 73

Ablesegenauigkeit und Ablesegeschwindigkeit werden zum Beispiel bestimmt durch

– Sehabstand,
– Skalenform (z.B. kreisförmig, waagerecht),
– Stufung und Bezifferung von Skalen,
– Länge der Skalenstriche in Abhängigkeit zur Entfernung,
– Gestaltung der Ziffern (z.B. arabische, römische, Segmentziffern).

Die Orientierungsaufgabe beim Überwachen von Meßinstrumenten kann auch durch Bereichsmarkierungen mit Hilfe von Farben erleichtert werden. Dies ist vor allem dann von Vorteil, wenn eine genaue Meßwertablesung nicht erforderlich ist. Als Farbzuordnung haben sich bewährt: *(Bereichsmarkierung durch Farbe)*

Rot   –   Gefahrenbereich,
Gelb   –   Achtungsmarkierung,
Grün   –   Betriebszustand.

Andere Farben sind möglich, sofern sie innerhalb eines Betriebes mit gleicher Bedeutung benutzt werden. Auch kann zum Beispiel anstelle einer Ablesung das Erreichen eines bestimmten Meßwertes durch Aufleuchten einer farbigen Lampe angezeigt werden (vgl. DIN 33 404, Teil 2).

Informations-
wahrnehmung
durch Hören

Die Informationswahrnehmung durch *Hören* spielt im allgemeinen eine untergeordnete Rolle. Warnungen werden am besten durch akustische Signale gegeben. Sie haben gegenüber den optischen Signalen den Vorteil, daß sie auch wahrgenommen werden können, ohne daß der Mensch in eine bestimmte Richtung schaut. Akustische Signale können deshalb auch entlastend wirkend, weil sie nicht ständig Aufmerksamkeit erfordern (vgl. hierzu DIN 33 404, Teil 1 und Teil 2).

Akustische Anzeigegeräte können somit am Arbeitsplatz allein oder im Zusammenwirken mit anderen Meßgeräten eingesetzt werden, sofern sie andere Mitarbeiter nicht belästigen. Eine Ausnahme hiervon bilden zum Beispiel Sirenen, die Gefahrensituationen oder Arbeitszeitregelungen für alle Mitarbeiter anzeigen.

Informations-
wahrnehmung
durch Tasten
und Fühlen

Die Informationswahrnehmung durch *Tasten und Fühlen* wird erleichtert durch

a) eine sinnfällige (kompatible) Bewegungsrichtung der Stellteile und Anzeigen (vgl. Bild 74),
b) eine formschlüssige Gestaltung der Stellteile.

Für die sinnfälligen Bewegungsrichtungen entsprechend der angestrebten Funktion eines Stellteiles gelten die im Bild 75 dargestellten Möglichkeiten.

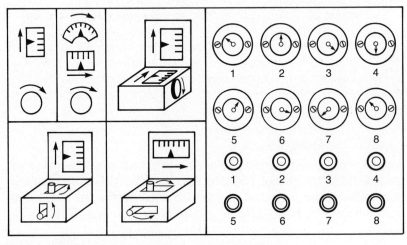

Bild 74   Sinnfällige Bewegungen von Bedienteil und Anzeige (Hoyos)

Funktion	Bewegungsrichtung
ein	nach oben, nach rechts, nach vorn, rechtsdrehend, ziehen
aus	nach unten, nach links, nach hinten, linksdrehend, drücken
nach rechts	nach rechts, rechtsdrehend
nach links	nach links, linksdrehend
heben	nach oben
senken	nach unten
einziehen	nach oben, nach hinten, ziehen
ausfahren	nach unten, nach vorn, drücken
zunehmend	nach vorn, nach oben, nach rechts, rechtsdrehend
abnehmend	nach hinten, nach unten, nach links, linksdrehend
vorwärts	nach oben, nach rechts
rückwärts	nach unten, nach links
fahren	nach oben, nach rechts, nach vorn, rechtsdrehend
bremsen	nach unten, nach links, nach hinten, linksdrehend

Sinnfällige Bewegungsrichtungen (nach Schmidtke/Rühmann)   Bild 75

Die Informationswahrnehmung durch Tasten kann zum Beispiel auch durch eine entsprechende Gestaltung der Drehknöpfe verbessert werden (siehe Bild 76).

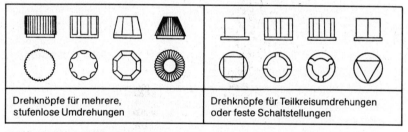

Drehknöpfe für mehrere, stufenlose Umdrehungen	Drehknöpfe für Teilkreisumdrehungen oder feste Schaltstellungen

Formschlüssig gestaltete Drehknöpfe   Bild 76

161

Prüfliste zur informationstechnischen Arbeitsplatzgestaltung

optische
Informations-
wahrnehmung

A) Optische Informationswahrnehmung
– Sind Anzeigegeräte entsprechend der Wichtigkeit im Blickfeld angeordnet, zum Beispiel

  – häufig benutzte Anzeigen im zentralen Blickfeld,
  – wenig benutzte Anzeigen im peripheren Blickfeld?

– Sind zusammenhängende Anzeigen in der Reihenfolge des Ablesens gruppiert

  – von links nach rechts,
  – von oben nach unten,
  – oder durch Farbe oder Form gekennzeichnet?

– Ist die Zeigerstellung bei gruppierten Anzeigen im „normalen Betriebszustand" gleich?
– Vermeidet die Zeigermontage Parallaxefehler bei der Ablesung?
– Werden Zeigerkombinationen (Doppelinstrumente) vermieden?
– Werden Umrechnungsfaktoren bei Zahlenwerten vermieden oder sind sie gegebenenfalls in 10er-Potenzen ausgeführt?
– Sind Anzeigegeräte im Hinblick auf

  – Größe,
  – Skalentyp,
  – Strichstärke usw.

  so gestaltet, daß die erforderliche Ablesegenauigkeit entsprechend der Sichtweite gewährleistet ist?
– Ist die Beleuchtung des Zifferblattes ausreichend?
– Wird darauf geachtet, daß bei vergleichbaren Maschinen und Anlagen die Anordnung der Anzeigen gleich ist?
– Wird beim Einsatz von Anzeigegeräten auf „Sinnfälligkeit geachtet", zum Beispiel Zeigerausschlag nach rechts → Zunahme?
– Werden Anzeigegeräte entsprechend der Anforderung eingesetzt, zum Beispiel

  – farbige Bereichsanzeigen (Analoganzeigen) für grobe und schnelle Kontrollablesungen,
  – Digitalanzeigen für genau zu erfassende Werte oder Sollwerteinstellung?

B) Akustische Informationswahrnehmung

– Sind wichtige akustische Signale mit optischen Anzeigen gekoppelt?

– Heben sich akustische Signale ausreichend gut vom vorherrschenden Schalldruckpegel ab?

– Werden durch akustische Signale andere Mitarbeiter nicht belästigt?

akustische Informationswahrnehmung

C) Informationswahrnehmung durch Tasten und Fühlen

– Sind alle Steuerorgane eines Gerätes nach gleichen Aspekten der Sinnfälligkeit (Kompatibilität) ausgelegt, zum Beispiel

  – Einschalten → nach oben, nach rechts, nach vorn usw.

  – Ausschalten → nach unten, nach links, nach hinten usw.

– Wird zur

  – Verminderung der Anlernzeit,

  – Verringerung der Unfallgefahr,

  – Leistungsverbesserung

auf kompatible Gestaltung der Bewegungsrichtung von Stellteilen am Arbeitsplatz geachtet?

– Sind die Stellteile zweckmäßig angeordnet im Hinblick auf die Reihenfolge ihrer Bedienung und die zugehörigen Informationsquellen?

– Ist die Form der Stellteile richtig im Hinblick auf ihre Funktion und Unterscheidbarkeit?

Informationswahrnehmung durch Tasten und Fühlen

5.3.5 Sicherheitstechnische Arbeitsplatzgestaltung

Die sicherheitstechnische Arbeitsplatzgestaltung umfaßt alle konstruktiv und praktisch gestaltenden technischen Maßnahmen, die der Unfallverhütung und der Verhinderung von Berufskrankheiten dienen.

Begriff „Sicherheitstechnische Maßnahmen"

Neben diesen Maßnahmen, die also eine Erhöhung der Arbeitssicherheit zum Ziel haben, gibt es noch weitere (zum Beispiel organisatorische sowie Maßnahmen der Verhaltensbeeinflussung), die den Menschen ebenfalls vor Gefahren für Leib und Leben bei der Arbeit bewahren sollen. (Vgl. dazu Abschnitt 8.6).

Ziel dieser Maßnahmen

Verpflichtung zum
Arbeitsschutz

Wenn es aufgrund des Arbeitssicherheitsgesetzes (ASiG) auch in erster Linie Sache der Fachkräfte für Arbeitssicherheit ist, für die Sicherheit des Menschen am Arbeitsplatz zu sorgen, ist der Arbeitsstudienmann gleichwohl gehalten, hieran sowohl bei der Arbeitsplatz- als auch bei der Arbeitsablaufgestaltung mitzuwirken; dazu braucht er keine Sicherheitsfachkraft zu sein, doch muß er zumindest mit einigen Grundlagen der Arbeitssicherheit vertraut sein. Zum Arbeitsschutz besteht in der Bundesrepublik Deutschland nicht nur eine moralische Verpflichtung, sondern eine Rechtspflicht, die sich aus zahlreichen Gesetzen, Verordnungen, Unfallverhütungsvorschriften und weiteren bindenden Regelungen ergibt. (Näheres dazu in den Abschnitten 8.1 und 8.2).

unmittelbare,
mittelbare und
hinweisende
Sicherheitstechnik

Nach DIN 31 000 ist zwischen unmittelbarer, mittelbarer und hinweisender Sicherheitstechnik zu unterscheiden (siehe Bild 77). Ihrer Wirkung ensprechend hat die unmittelbare Sicherheitstechnik unbedingten Vorrang. Hierbei geht es darum, sicherheitsgerechte Anlagen und Einrichtungen, Maschinen, Werkzeuge, Geräte und Vorrichtungen möglichst schon „am Reißbrett" zu konzipieren, so daß bei ihrem bestimmungsgemäßen Gebrauch keine Gefahren für Leben und Gesundheit bestehen. Gelingt das nicht, so sind andere Vorkehrungen zu treffen, um diese Gefahren auszuschalten, das heißt es sind besondere Schutzeinrichtungen an- oder einzubauen und gegebenenfalls weitere Schutzmaßnahmen vorzusehen. Das ist Gegenstand der mittelbaren Sicherheitstechnik, die also erst in zweiter Linie zum Zuge kommt. Sofern auch hiermit noch keine genügende Sicherheit erzielt werden kann, muß auf die hinweisende Sicherheitstechnik zurückgegriffen werden, die also Maßnahmen der unmittelbaren und mittelbaren Sicherheitstechnik nicht einfach ersetzen kann, sondern sie eher ergänzen soll.

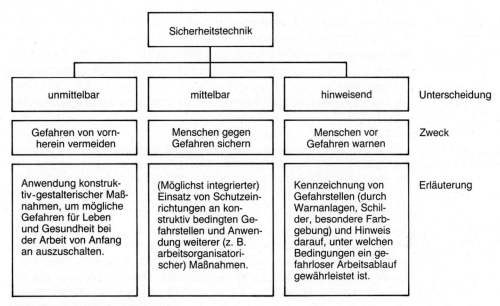

Maßnahmen der Sicherheitstechnik   Bild 77

Die Norm DIN 31 000 enthält Hinweise und Leitsätze für die sicherheits- | sicherheits-
gerechte Gestaltung „technischer Erzeugnisse". Technische Erzeugnis- | gerechte Gestal-
se im Sinne dieser Norm sind alle verwendungsfertigen technischen Ge- | tung „technischer
genstände und Einrichtungen. Hierzu gehören unter anderem: | Erzeugnisse"

- Einrichtungen der Energie-Erzeugung, -Umwandlung und -Spei-
  cherung,
- Kraft- und Arbeitsmaschinen,
- Hebezeuge und Fördermittel,
- Prüfmaschinen und -geräte,
- Fahrzeuge (Land-, Luft- und Wasserfahrzeuge einschließlich
  schwimmender Geräte und Schwimmkörper),
- Einrichtungen der Nachrichten- und Informationstechnik,
- verfahrenstechnische Einrichtungen,
- Arbeitseinrichtungen und -geräte (einschließlich Büroeinrichtungen
  und -geräte),
- Leitern, Tritte, verfahrbare Arbeitsbühnen und ähnliche gerüstartige
  Arbeitspodeste,
- Werkzeuge, Spannzeuge und Meßzeuge,
- Einrichtungen zum Beheizen, Lüften, Kühlen und Beleuchten,
- Geräte und Einrichtungen für Heim und Freizeit,

- Sport-, Spiel- und Bastelgeräte,
- Bild-, Film- und Tongeräte,
- Einrichtungen der medizinischen Technik,
- Laboreinrichtungen (einschließlich Lehr-, Lern- und Ausbildungsmittel) sowie
- elektrische Arbeits- beziehungsweise Betriebsmittel (Auszug aus DIN 31 000).

elektrische
Betriebsmittel

Zu den elektrischen Betriebsmitteln werden insbesondere gezählt: Gegenstände zum Erzeugen, Fortleiten, Verteilen, Speichern, Messen, Überwachen, Steuern, Regeln, Umsetzen und Verbrauchen elektrischer Energie – auch im Bereich der Fernmeldetechnik – und deren Zusammenfassung zu elektrischen Ausrüstungen und elektrischen Anlagen.

Geltungsbereich,
Analogie zum GSG

Man sieht also, daß die Gestaltungsleitlinien der genannten Norm – ebenso wie das Gesetz über technische Arbeitsmittel – kurz Gerätesicherheitsgesetz – GSG – (früher Maschinenschutzgesetz) – nicht nur für Betriebs- beziehungsweise Arbeitsmittel, sondern auch für die Erzeugnisse selbst sowie für alle Gerätschaften beim Sport und im häuslichen Bereich gelten.

unmittelbare
Sicherheits-
technik,
„geprüfte
Sicherheit"

Sofern der Arbeitsgestalter bestimmte Einrichtungen oder Arbeitsmittel, von denen die wichtigsten oben genannt sind, herstellen läßt oder an ihrer Herstellung selbst mitwirkt, hat er sich mit der unmittelbaren Sicherheitstechnik direkt zu befassen, d.h. die entsprechenden Gestaltungsregeln selbst zu beachten. Häufiger aber wird er geeignete Arbeitsmittel beschaffen, das heißt über den Einkauf bestellen. In diesem Fall hat er – zusammen mit dem Einkäufer – auf die sichere Beschaffenheit der Arbeitsmittel entsprechend dem vorgenannten Gerätesicherheitsgesetz zu achten, das verlangt, daß nur solche Geräte in Verkehr gebracht werden, die den Erfordernissen der Sicherheitstechnik entsprechend gestaltet sind. Das läßt sich anhand eines vorhandenen „GS"-Zeichens (für „Geprüfte Sicherheit") allerdings nicht in jedem Fall nachprüfen, da die Hersteller nicht verpflichtet sind, dieses Zeichen auf den Erzeugnissen anzubringen. Deshalb sollte man das entsprechende Prüfzeugnis verlangen, das sich – soweit erforderlich – auch auf die elektrische Sicherheit (entsprechend den VDE-Bestimmungen) erstreckt.

Weit häufiger als mit der unmittelbaren wird der Arbeitsgestalter jedoch mit Fragen der mittelbaren Sicherheitstechnik konfrontiert, da er öfter bestehende Arbeitsplätze zu verbessern als neue zu konzipieren und einzurichten hat. Hierbei sollte er sein Augenmerk darauf richten, ob an bestimmten Gefahrstellen geeignete Schutzeinrichtungen vorhanden beziehungsweise anzubringen sind. Grundsätzliche Orientierungshilfen hierfür gibt die Norm DIN 31 001 „Schutzeinrichtungen", auf die deshalb etwas näher eingegangen werden soll.

mittelbare Sicherheitstechnik, Bedeutung für die Arbeitsgestaltung

Nach DIN 31 001, Teil 1, wird definiert:

Begriffe Gefahrstelle und Schutzeinrichtung

- Eine Gefahrstelle ist eine solche „Stelle, an der aufgrund der Anordnung oder Gestaltung von ruhenden oder bewegten Teilen eines technischen Erzeugnisses die Möglichkeit einer Verletzung besteht". Die wichtigsten derartigen Gefahrstellen werden unten näher erläutert.
- Eine Schutzeinrichtung ist eine „Einrichtung (ein „besonderes sicherheitstechnisches Mittel") zur Sicherung von Gefahrstellen". Darunter sind zu verstehen: Verkleidungen, Verdeckungen und Umwehrungen. Dafür werden im folgenden einige Beispiele aufgeführt.

Bei der Gestaltung von (teil-)mechanisierten oder von Maschinen-Arbeitsplätzen hat der Arbeitsstudienmann vor allem auf die in Bild 78 genannten Gefahrstellen zu achten (vgl. dazu auch Bild 79).

wichtige Gefahrstellen

Gefahrstelle	Gefährdung durch	Beispiele
Quetschstelle	Teile, die sich so gegeneinander oder gegen feste Teile bewegen, daß ihr kleinster Abstand geringer ist als der Platzbedarf eines menschlichen Körperteils	Antriebselemente, Schubstangen, Kipphebel, Filterpressen, Rahmenpressen, Verformwerkzeuge (Teigteil- und Wirkmaschine), Bördelmaschine, Papierpressen, Tiefziehmaschinen
Scherstelle	Teile, die sich so eng aneinander oder an anderen Teilen vorbeibewegen, daß ein menschlicher Körperteil zwischen Kanten und Durchbrüchen dieser Teile fixiert und geschert wird.	Stanzwerkzeuge, Speichenräder, Rührwerkzeuge, Zerkleinerungsmaschinen, Scheren, Müllzerkleinerer
Schneid-, Stich- und Stoßstellen	bewegte oder ruhende, scharfe, spitze oder stumpfe Teile	scharfe Kanten, Schneidwerkzeuge, Sack-Nähmaschinen, Sägen, Messerwalzen
Fangstellen	bewegte, hervorstehende Teile, die geeignet sind, Personen, Körperteile oder Kleidungsstücke zu erfassen und mitzureißen	Keile, Zähne, Schrauben, scharfe Kanten, Wellenkupplungen, Förderbänder, Riemen- und Kettentriebe, Schwungscheiben, Maschinenwerkzeuge, Transmissionen, Handräder mit Griffen, Kurbeln, hervorstehende Wellenenden
Einzugstelle Auflaufstelle	zwei Teile, von denen mindestens eines bewegt sein muß und die eine Verengung bilden, in die eine Person, deren Körperteile oder Bekleidungsteile hineingezogen werden können	Riemenantriebe, Kettentriebe, Walzen- und Zahnradtriebe, Zerkleinerungswalzen, Ausrollwalzen

Bild 78   Wichtige Gefahrstellen
(Nach „Symposium" Nr. 10, Seite 12, BG Nahrungsmittel und Gaststätten, in Anlehnung an DIN 31 001, Teil 1)

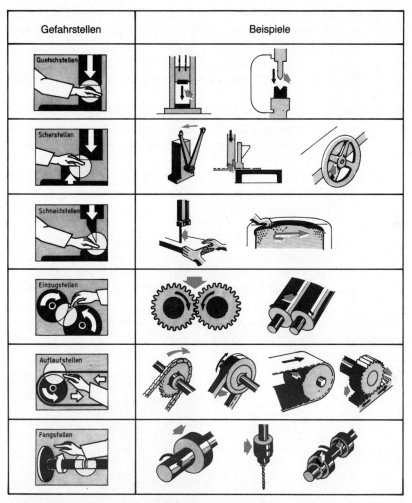

Gefahrstellen	Beispiele

Symbole der wichtigsten Gefahrstellen mit praktischen Beispielen (Quelle: „Symposium Nr. 10", Seite 13, BG Nahrungsmittel und Gaststätten)   Bild 79

Sichern der
Gefahrstelle

Zur Verhütung von Unfällen sind die genannten Gefahrstellen durch sogenannte trennende Schutzeinrichtungen zu sichern, die entsprechend
ihrer Eignung im jeweiligen Fall vorzusehen sind.

Verkleidung,
Verdeckung,
Umwehrung

Nach DIN 31 001, Teil 1, wird zwischen folgenden drei Arten unterschieden:

Verkleidung: das ist eine „Schutzeinrichtung, die unmittelbar vor der Gefahrstelle angebracht ist und – allein oder zusammen mit
anderen Teilen – das Erreichen der Gefahrstelle allseitig
verhindert";

Verdeckung: hierunter ist eine „Schutzeinrichtung" zu verstehen, „die
unmittelbar vor der Gefahrstelle angebracht ist und das Erreichen der Gefahrstelle von der zu verdeckenden Seite
verhindert";

Umwehrung: damit ist eine „Schutzeinrichtung" gemeint, „die in Form eines Schutzzaunes, Geländers oder dergleichen von der
Gefahrstelle den erforderlichen Sicherheitsabstand hat, so
daß diese nicht erreicht werden kann". (Zitiert aus DIN
31 001, Teil 1.)

Im folgenden wird jeweils ein praktisches Beispiel für Verkleidungen,
Verdeckungen und Umwehrungen gezeigt.

Bild 80

Verkleidung
An Keilriemen- oder Zahnradantrieben
sind Einzugstellen unvermeidbar. An
dieser Bohrmaschine wird die Gefahrstelle durch ein abklappbares Gehäuse
vollständig abgekapselt. Ungeschützt ist
hier jedoch die Bohrspindel.

Verdeckung   Bild 81

Die Spindel dieser Säulenbohrmaschine samt Werkzeug stellt eine gefährliche Fangstelle dar, die hier durch einen beweglichen Plexiglasschirm verdeckt ist. Dadurch wird nicht nur ein Hineingreifen in den Arbeitsbereich verhindert, sondern zugleich ein genügender Schutz gegen wegfliegende Späne geboten.

Umwehrung   Bild 82
(Umzäunung)

Diese Antriebsmaschine mit Transmissionstrieb wurde mit einem in entsprechendem Sicherheitsabstand angebrachten Schutzzaun versehen, der verhindert, daß Personen in den Gefahrenbereich geraten.

(Quelle der Bilder 80 bis 82: „Blickpunkt Arbeitssicherheit", Nr. 1/1982, Seite 9; herausgegeben vom Hauptverband der gewerblichen Berufsgenossenschaften, ZefU, Bonn).

häufig
weitergehender
Schutz nötig

Allerdings läßt sich eine Gefahr nicht in jedem Falle auf so einfache Weise ausschalten, daß der Mensch lediglich von der Gefahr „getrennt" wird. Schließlich müssen an Maschinen häufig Werkstücke oder Rohmaterial von Hand zugeführt oder bearbeitete Teile entnommen werden, müssen die Maschinen selbst außerdem inspiziert, gewartet und gelegentlich auch instandgesetzt werden, wobei der Mensch die Schutzeinrichtungen entfernen (lösen oder wegklappen) muß. In solchen Fällen, oder auch bei vorsätzlichem oder fahrlässigem „sicherheitswidrigen" Tun oder Unterlassen (vergleiche dazu Abschnitt 8.5.2 von Teil 3), muß der Mensch trotzdem − soweit es irgend möglich ist (denn „hundertprozentige Sicherheit" läßt sich praktisch nicht ereichen) − vor Gefahren für Leben und Gesundheit geschützt sein.

Kopplung und
Verriegelung

In solchen und ähnlichen Fällen müssen die Schutzeinrichtungen selbst zusätzlich gesichert, das heißt zu Schutzsystemen erweitert werden. Dies läßt sich im Regelfall nach dem Kopplungs- oder Verriegelungs-Prinzip bewerkstelligen.

Kopplung liegt beispielsweise an einer Exzenterpresse dann vor, wenn beim Auslösen des Stempels ein Schutzgitter niedergeht; wird das Gitter beim Niedergehen berührt, oder trifft es auf einen Widerstand (zum Beispiel darunterliegende Hand), so wird der Pressenhub schlagartig gestoppt.

Von *Verriegelung* wird dann gesprochen, wenn die Schutzeinrichtung, die eine Annäherung an die Gefahrstelle verhindern soll, sich zum Beispiel beim Lauf einer Maschine nicht lösen oder öffnen läßt, ohne daß die Maschine stillgesetzt wird.

Schutz-
„Systeme"

Schutzsysteme nach dem Kopplungs- oder Verriegelungsprinzip werden in drei verschiedenen Arten ausgeführt (vgl. Bild 83):

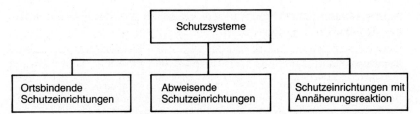

Schutzeinrichtungen mit doppelter (bzw. mehrfacher) Schutzfunktion in Anlehnung an   Bild 83
BG Nahrungsmittel und Gaststätten, „Symposium" Nr. 10

1) „Ortsbindende" Schutzeinrichtungen

Ihre Schutzwirkung ist dadurch gegeben, daß sie den Menschen beziehungsweise seine Körperteile während der gefahrbringenden Bewegung der Maschine an eine bestimmte Stelle außerhalb des Gefahrenbereiches „binden". Dazu gehören zum Beispiel

– Zweihandschaltungen,
– Schalteinrichtungen ohne Selbsthaltung,
– sogenannte „Zustimmungsschalteinrichtungen" bei Mehrpersonenbedienung,
– Schalteinrichtungen mit Nullstellungsrückführung.

2) „Abweisende" Schutzeinrichtungen

Hierbei werden die gefährdeten Körperteile des Menschen (unter Umständen auch der Mensch selbst) von der Gefahrstelle entfernt oder „abgewiesen". Dazu zählen insbesondere gesteuerte Hand- und Fußabweiser.

3) Schutzeinrichtungen mit „Annäherungsreaktion"

Sie treten bei der Annäherung des Menschen oder einzelner seiner Körperteile an den Gefahrenbereich in Funktion und setzen die Maschine durch Abschalten still oder lenken die gefahrbringende Bewegung um. Hierbei unterscheidet man zwei Funktionsprinzipien:

a) Berührungslos wirkende Schutzeinrichtungen, wozu zum Beispiel Lichtschranken, Lichtgitter oder -vorhänge und Sensorsteuerungen zählen.

b) Bei Berührung wirkende Schutzeinrichtungen, wie beispielsweise druckempfindliche Trittplatten oder -leisten, Druckschläuche oder -matten.

weitere Gefahren

Daneben treten jedoch noch andere Gefahren auf, die von Betriebs-, bzw. Arbeitsmitteln ausgehen:

Gefahrenursache	Beispiele
Bewegungen des (Betriebs- bzw.) Arbeitsmittels, durch die — Teile des Arbeitsmittels, — Werkzeuge des Arbeitsmittels oder deren Teile, — Werkstücke bzw. deren Teile oder — Abfälle unkontrolliert herabfallen, herumschlagen oder wegfliegen und dabei Personen erreichen und verletzen können.	Bei Zerspanvorgängen: Mitreißen von Werkstücken durch das Werkzeug; beim Zerkleinern: Losbrechen von Teilen des Arbeitsgegenstandes; wegfliegende Flaschenscherben, z. B. an Abfüllanlagen; Bruch schnell umlaufender Werkzeuge: Schleifscheiben, Fräser in der Holzbearbeitung; Ausströmen von Medien unter Druck und/oder hoher Temperatur: Dampf, Ammoniak, Hydraulikflüssigkeit.

Bild 84

Weitere Gefahren, die von Betriebs- bzw. Arbeitsmitteln ausgehen

fangende Schutzeinrichtungen

Hiergegen kann man sich durch sogenannte fangende Schutzeinrichtungen schützen, wie zum Beispiel

- Schutzhauben,
- Fangbleche oder -gitter oder
- Unterfangungen (Fangnetze oder Fanggitter unter hochliegenden Transporteinrichtungen, die darunterliegende Arbeitsplätze und Verkehrswege gegen herabfallendes Fördergut schützen).

einige Probleme bei der Gestaltung von Schutzeinrichtungen

Entsprechend den Erfordernissen im Einzelfall müssen mitunter zwei oder mehrere der genannten Schutzeinrichtungen miteinander kombiniert werden, was die Gestaltung nicht selten erschwert. Gelegentlich werden mehrere Gefahrstellen an einer Maschine gemeinsam mit einer Schutzeinrichtung gesichert. Muß dann bei Arbeiten an der laufenden Maschine die Schutzeinrichtung entfernt werden, so muß trotzdem gewährleistet sein, daß die einzelnen Gefahrstellen gesichert sind. Da hierfür zusätzliche – und nicht selten teure – Sicherheitsvorkehrungen erforderlich sind, ist eine solche „gemeinsame Lösung" durchaus nicht immer günstig.

Das generelle Problem bei Schutzeinrichtungen an Maschinen besteht darin, daß sie so angeordnet und gestaltet sein müssen, daß die Gefahrstellen vom Menschen nicht erreicht werden dürfen, bevor die gefährliche Bewegung stillgesetzt ist; das bedeutet also, daß die Maschine stehen oder vom Antrieb losgekuppelt sein muß, wenn im Gefahrenbereich hantiert wird. Bei Maschinen mit Nachlauf erfordert dies besondere Maßnahmen.

Gefährliche Restbewegungen nach Unterbrechung der Energiezufuhr müssen durch besondere Bremssysteme, zum Beispiel Bremsmotoren, oder durch Drucklosmachen von pneumatischen oder hydraulischen Systemen in möglichst kurzer Zeit abgebremst werden, oder aber die Schutzvorrichtung muß durch Zwangsverriegelung so lange in ihrer Schutzstellung blockiert werden, bis die gefahrbringende Bewegung zum Stillstand gekommen ist.

zwangsläufig wirkende Schutzeinrichtungen

Für die Gestaltung und Anordnung von Schutzeinrichtungen sind einige anthropometrische Kenndaten von besonderer Bedeutung. Da der Zweck vieler Schutzeinrichtungen darin besteht, das Erreichen von Gefahrstellen ohne zusätzliche Hilfen unmöglich zu machen, sind diese Kenndaten die Grundlage der erforderlichen Sicherheitsabstände. Ein Sicherheitsabstand ist derjenige Mindestabstand, der notwendig ist, um Gefahrstellen unzugänglich zu machen. Er setzt sich aus der Reichweite oder bestimmten Körpermaßen des Menschen und einem Sicherheitszuschlag zusammen. Der jeweilige Sicherheitsabstand wird von solchen Stellen aus gemessen, an denen sich die Arbeits- oder sonstigen Personen üblicherweise aufhalten oder aufhalten können; das sind Verkehrswege oder Standorte, die während der Arbeit (an der Maschine) oder bei der Instandhaltung, Reinigung oder dergleichen eingenommen werden.

anthropometrische Kenndaten für Schutzeinrichtungen

Der Mensch hat verschiedene Möglichkeiten, durch Körperbewegungen Gefahrstellen zu erreichen, durch

Sicherheitsabstände für verschiedene Fälle

- Hinaufreichen (Sicherheitsabstand $\geqq$ 2500 mm)
- Hinüberreichen – über ein Hindernis hinweg,
- Hinunterreichen (Sicherheitsabstände sind fallweise aus einer besonderen Tabelle in DIN 31 001, Teil 1, zu ermitteln),
- Herumreichen – seitlich um ein Hindernis herum – (Sicherheitsabstände aus der folgenden Übersicht),
- Hineinreichen – in einen Behälter oder ähnliches – (vgl. die Sicherheitsabstände für Körperteile in der folgenden Übersicht) und
- Hindurchreichen – durch Öffnungen – (vgl. die Sicherheitsabstände für Schutzgitter in der Übersicht von Bild 85)

Die in der Norm genannten Sicherheitsabstände sind arbeitswissenschaftlich gesichert, gelten aber nur für die zugehörigen Reichbewegungen. Wichtig ist bei der Festlegung der entsprechenden Sicherheitsmaße, daß alle im jeweiligen Fall infrage kommenden Personen, nämlich Männer, Frauen und Kinder, gleichermaßen ausreichend geschützt sind. In der Praxis ist somit in Zweifelsfällen ein etwas größerer Sicherheitszuschlag, beim Hindurchreichen ein entsprechender Abschlag zu wählen.

Sicherheitsabstände für Körperteile

Körperteil	Körper	Bein	Fuß	Arm	Hand, Faust, Handgelenk	Finger
Sicherheits-abstand	500 mm	180 mm	120 mm		100 mm	25 mm
für Quetsch-stellen			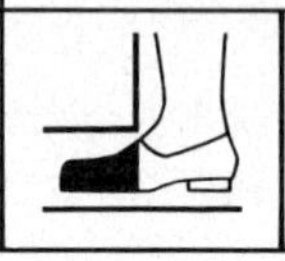		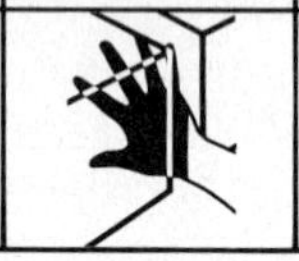	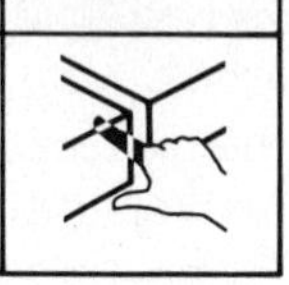

Sicherheitsabstände für Schutzgitter

Körperteil	Fingerspitze	Finger		Hand	Arm
quadratische oder kreis-förmige Öffnungen		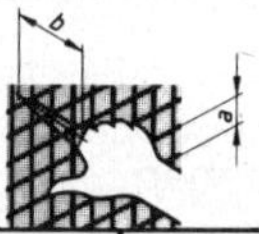		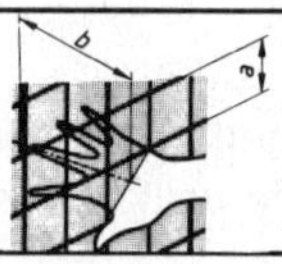	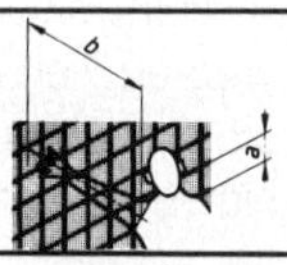
Seitenlänge a (mm)	$>4; \leqq 8$	$>8; \leqq 12$	$>12; \leqq 25$	$>25; \leqq 40$	$>40; \leqq 250$
Sicherheits-abstand zur Gefahren-stelle b (mm)	$\geqq 15$	$\geqq 80$	$\geqq 120$	$\geqq 200$	$\geqq 850$

Sicherheitsabstand beim Herumreichen

Körperteil	Sicherheits-abstand r		Körperteil	Sicherheits-abstand r	
Hand von Fingerwurzel bis Fingerspitze	$\geqq 120$	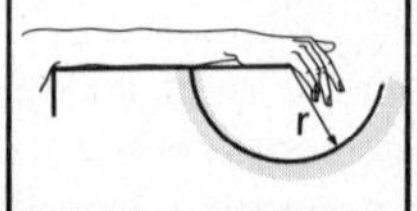	Arm von Ellenbogen bis Fingerspitze	$\geqq 550$	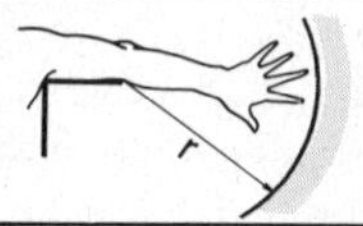
Hand von Handwurzel bis Fingerspitze	$\geqq 230$	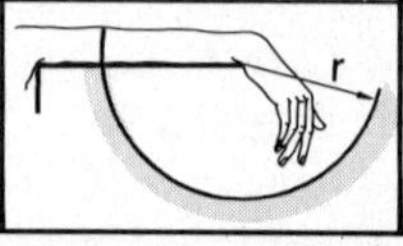	Arm von Fingerspitze bis Achsel	$\geqq 850$	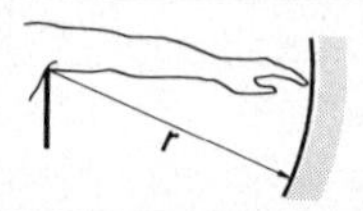

Bild 85   Sicherheitsabstände nach DIN 31 001, Teil 1 (Quelle – „Der Sicherheitsbeauftragte", Januar 1982, hrsg. vom BG-Hauptverband, ZefU, Bonn)

Die Wirksamkeit von Schutzeinrichtungen hängt auch wesentlich von den Eigenschaften der dafür verwendeten Werkstoffe ab. Blatt 2 der Norm DIN 31 001 („Schutzeinrichtungen, Werkstoffe; Anforderungen, Anwendung") benennt geeignete Werkstoffe und enthält die Anforderungen, denen sie genügen müssen. Um den zu erwartenden Belastungen standhalten zu können, werden von den Werkstoffen ausreichende

Werkstoffe für Schutzeinrichtungen

– Festigkeit,
– Formstabilität,
– Korrosionsbeständigkeit,
– Widerstandsfähigkeit gegen aggressive Stoffe,
– Temperaturbeständigkeit und generell
– Dauerhaftigkeit

gefordert.

Bei der Gestaltung von zweckentsprechenden Schutzeinrichtungen ist dafür Sorge zu tragen, daß

allgemeine Anforderungen an Schutzeinrichtungen

– sie dauerhaft und fest angebracht sind – eine Befestigung an bewegten Teilen ist zulässig –,
– sie ihre Schutzfunktion erfüllen,
– sie Gefahrbereiche vollkommen umgeben,
– ihr Abstand zur Gefahrstelle so groß ist, daß nach Betätigung der Schutzeinrichtung die gefahrbringende Bewegung vor Erreichen der Gefahrstelle zum Stillstand kommt,
– sie nicht leicht umgangen oder unwirksam gemacht werden können,
– sie nur mit Werkzeug zu lösen sind,
– bewegliche oder leicht abnehmbare Schutzeinrichtungen mit dem Antrieb oder der Funktion der Maschine so gekoppelt sind, daß ihre Benutzung erzwungen wird (sie also verriegelt sind),
– bewegliche Schutzeinrichtungen ihre Schutzstellung jederzeit wieder selbsttätig einnehmen, zum Beispiel durch Eigengewicht oder Federkraft,
– sie den auftretenden physikalischen und chemischen Betriebsbedingungen standhalten,
– bei nicht vollkommen vor dem Zugriff gesicherten Gefahrstellen durchsichtige oder farblich besonders gekennzeichnete Schutzeinrichtungen gewählt werden,
– ihre Verwendung den Arbeitsablauf nicht mehr als nötig hemmt, verlängert oder erschwert,

– sie nicht nur die Arbeitsperson schützen, sondern auch universellen Schutz gewährleisten,
– durch sie nicht weitere Gefahrstellen geschaffen werden,
– sie dem technologischen Ablauf angepaßt sind.

Da praktisch jede Schutzeinrichtung mutwillig außer Kraft gesetzt werden kann, sind die Mitarbeiter über den Zweck und den ordnungsgemäßen Gebrauch der Schutzeinrichtungen sowie über die möglichen Folgen einer Nichtverwendung zu informieren.

hinweisende
Sicherheits-
technik

Da sich jedoch Gefahrstellen am Arbeitsplatz – wie schon eingangs angedeutet – in manchen Fällen weder konstruktiv völlig vermeiden noch durch Schutzeinrichtungen ausreichend sichern lassen, ist es mitunter erforderlich, zusätzlich auf Bedingungen hinzuweisen, unter denen ein gefahrloser Umgang mit den Arbeitsmitteln möglich ist, und unerläßlich, die Gefahrstellen deutlich zu kennzeichnen. Mitunter kann es darüber hinaus notwendig sein, akustische und/oder optische Warnanlagen im Arbeitsbereich anzubringen, die im Falle akuter Gefahr ausgelöst werden.

Die sogenannte hinweisende Sicherheitstechnik sollte also nicht nur im engeren Sinne verstanden werden.

Sicherheits-
hinweise

Hinweise zum gefahrlosen Umgang mit den Arbeitsmitteln erhalten die Mitarbeiter durch

– Bedienungsanleitungen,
– Fabrikschilder,
– (möglichst integrierte) Arbeits- und Sicherheitsunterweisungen (vgl. dazu Teil 6 dieser Methodenlehre) sowie bestimmte
– Sicherheitszeichen.

Sicherheits-
zeichen

Bei den Sicherheitszeichen werden unterschieden:

Verbotsschilder: rund; Untergrund weiß, Symbol (und gegebenenfalls Beschriftung) schwarz, Rand und Diagonalstrich rot.

Gebotsschilder: rund; Untergrund blau, Symbol (und Beschriftung) weiß.

Warnschilder: dreieckig; Untergrund gelb, Symbol (und Beschriftung) sowie Kontrastrand schwarz.

Hinweisschilder: rechteckig oder quadratisch; Untergrund grün, Symbol (und Beschriftung) weiß.

Nachfolgend sind im Bild 86 einige Beispiele wiedergegeben.

Verbote	Gebote	Warnungen	Hinweise
Durchgang verboten	Schutzhelm tragen	Schwebende Lasten	Erste Hilfe, Rettungsraum
Feuer, offenes Licht und Rauchen verboten	Gehörschutz tragen	Ätzende Stoffe	Fluchttür

Beispiele für Sicherheitszeichen (nach UVV 105 und DIN 4819)   Bild 86

Die Kennzeichnung ständiger Gefahrstellen, wie

ständige Gefahrstellen

– Stolperstellen,
– Anstoßstellen,
– Absturzstellen,
– Kanten und Vorsprünge,
– Treppenstufen,
– Kranhaken und andere,

erfolgt üblicherweise durch gelb-schwarz diagonal-gestreifte Farbbänder.

179

notfalls zusätzliche
Schutz-
ausrüstungen

Trotz aller Gestaltungsmaßnahmen der unmittelbaren, mittelbaren und hinweisenden Sicherheitstechnik kann den Mitarbeitern und anderen betriebsfremden Personen bei der Arbeit und allgemein beim Aufenthalt in den Betriebsstätten beziehungsweise auf dem Betriebsgelände mitunter kein ausreichender Schutz vor Unfällen und berufsbedingten Erkrankungen garantiert werden. Für derartige Fälle sind zusätzliche Schutzausrüstungen, insbesondere Körperschutzmittel vorzusehen, die im Bedarfsfalle grundsätzlich der Unternehmer auf seine Kosten zu beschaffen und zur Verfügung zu stellen hat. Bis auf einige besondere Fälle, in denen aufgrund bestimmter Rechtsvorschriften zum Arbeitsschutz (zum Beispiel einiger Unfallverhütungsvorschriften) eine Trage-Verpflichtung besteht, kann die Benutzung persönlicher Schutzausrüstung lediglich empfohlen werden. Da sie in einigen Fällen bei der Arbeit hinderlich sind und das körperliche Wohlbefinden manchmal beeinträchtigen, ist die Bereitschaft der Mitarbeiter, Körperschutzmittel anzulegen und zu tragen, mitunter recht gering. Es ist deshalb auch in diesem Falle erforderlich, die Mitarbeiter entsprechend zu informieren und sie vom Sinn und der Notwendigkeit des Gebrauchs zu überzeugen.

In Bild 87 sind einige der gebräuchlichsten Schutzausrüstungen beziehungsweise Körperschutzmittel zusammengestellt.

Schutzausrüstungen bzw. Körperschutzmittel	Zweck: Schützen
Schutzhelme	— gegen Anstoßen des Kopfes bzw. herabfallende Gegenstände
Schutzhauben (Haarschutznetz)	— lose hängende Haare in der Nähe bewegter Maschinen oder Triebwerkteile
Augenschutzgeräte (Schutzbrillen, Schutzschilde, Schutzhauben und Schutzschirme)	— gegen mechanische, optische, chemische Schädigungen der Augen, wie auch bei extremen Temperaturen
Gehörschutzmittel (Gehörstöpsel, Gehörschutzkapseln, Schallschutzhelme, Schallschutzanzüge)	— gegen gesundheitsschädigende Einwirkung des Schalldruckes
Atemschutzgeräte (Filtergeräte, Schlauchgeräte, Regenerationsgeräte, Behältergeräte)	— gegen schädliche und belästigende Luftverunreinigungen durch Gase, Dämpfe, Nebel, Stäube, Rauch
Rumpfschutz (Anzüge, Jacken, Hosen, Schürzen, Mäntel)	— gegen rotierende Maschinenteile, Funken- und Metallspritzer, Flammen, brennbare Flüssigkeiten, Wärmestrahlung, Säuren, Laugen, Chemikalien, Berührungsspannung, Regen, Nässe, Kälte, Gefährdung im Straßenverkehr (Warnschutzkleidung)
Arm- und Handschutz (Handsäcke, Fausthandschuhe, Sicherheitshandleder, Fingerhandschuhe, Fingerlinge)	— gegen a) mechanische Beanspruchung durch Abrieb, Einschneiden, Einreißen, Weiterreißen; b) physikalische Beanspruchung durch Wärme, Kälte, Elektrizität und Strahlung; c) chemische Beanspruchung durch Säure, Laugen, Lösemittel, Öle, Fette, Gase und andere feste, staubförmige oder flüssige Chemikalien
Fuß- und Beinschutz (Sicherheitsschuhe, Gummistiefel, Holzzweischnaller, Holzgaloschen, Schutzgamaschen, Knieschützer)	— gegen mechanische, physikalische Beanspruchung sowie bei kniender Tätigkeit. Besonderes Augenmerk ist dabei auf Art, Material und Beschaffenheit der Sohlen zu legen

Gebräuchliche Schutzausrüstungen beziehungsweise Körperschutzmittel   Bild 87

zu beachtende
Rechtsnormen

Nicht nur für das Tragen von Körperschutzmitteln, sondern auch für Maßnahmen sicherheitstechnischer Gestaltung gibt es bestimmte Rechtsnormen. Neben den zuvor genannten DIN-Normen und dem Gerätesicherheitsgesetz sind insbesondere die Arbeitsstättenverordnung mit den zugehörigen Arbeitsstätten-Richtlinien, das Chemikaliengesetz und die Verordnung über gefährliche Arbeitsstoffe (Arbeitsstoffverordnung) sowie die einschlägigen Unfallverhütungsvorschriften, speziell die VBG 1 „Allgemeine Vorschriften" und die Unfallverhütungsvorschrift „Kraftbetriebene Arbeitsmittel" sowie bestimmte technische Regeln und Richtlinien (zum Beispiel das sogenannte ZH 1-Werk der Berufsgenossenschaften und andere Regelungen), zu beachten.

Zusammenarbeit:
Arbeitsstudien-
mann –
Sicherheits-
fachkraft

Da es für den Arbeitsstudienmann oftmals schwierig ist festzustellen, welche Rechtsvorschriften im jeweiligen Fall zutreffen, sollte er sich hiermit an die Fachkraft für Arbeitssicherheit wenden (sofern in seinem Betrieb ein Sicherheitsingenieur, -techniker oder -meister bestellt ist). Eine Zusammenarbeit beider ist in jedem Falle von Vorteil, da sich beide in ihren Kenntnissen und Erfahrungen ergänzen und so am ehesten zu optimalen Lösungen gelangen. Sind im Betrieb keine Fachkräfte für Arbeitssicherheit vorhanden, so kann sich der Arbeitsstudienmann auch an die Sicherheitsbeauftragten wenden; in allen Zweifelsfällen aber sollte er die zuständige Berufsgenossenschaft hinzuziehen.

Nur bei genügender Berücksichtigung aller im Abschnitt 5.3 behandelten Teilgebiete der ergonomischen Arbeitsplatzgestaltung können hier wirklich menschengerechte Lösungen gefunden werden.

5.4 Bewegungsablauf

5.4.1 Einführung

Unter Bewegungsablauf wird ein Arbeitsablauf verstanden, der vorwiegend manuell (von Hand) ausgeführt wird. Die Gestaltung von Bewegungsabläufen wird häufig kurz *Bewegungsstudium* genannt. Nach den im Kapitel 3 im Teil 1 definierten Begriffen ist das Bewegungsstudium ein Bestandteil der Arbeitsmethoden-Gestaltung. Trotz fortschreitender Mechanisierung spielt das Bewegungsstudium noch immer eine große Rolle. Überall dort, wo relativ kleine Produkte aus mehreren Einzelteilen in größeren Serien montiert werden, wird das Bewegungsstudium mit besonderem Erfolg angewandt. Diese Voraussetzung trifft vor allem für die feinmechanische und elektrotechnische Industrie, aber auch für viele andere Industriezweige zu. Zu der starken Verbreitung eines intensiven Bewegungsstudiums haben im besonderen auch die Systeme vorbestimmter Zeiten (zum Beispiel WF und MTM, siehe Kapitel 2 im Teil 2) beigetragen.

Bewegungs-
studium

Das Bewegungsstudium bezieht sich auf die in den folgenden Abschnitten dargestellten vier Teilbereiche:

Kennzeichen der
Gestaltung
des Bewegungs-
ablaufes

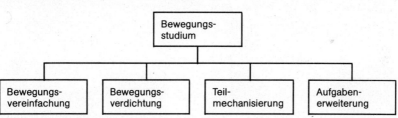

Teilbereiche des Bewegungsstudiums

Bild 88

Beispiel

Im Bild 89 ist ein typischer Arbeitsplatz abgebildet, der nach den Grundsätzen des Bewegungsstudiums gestaltet wurde.

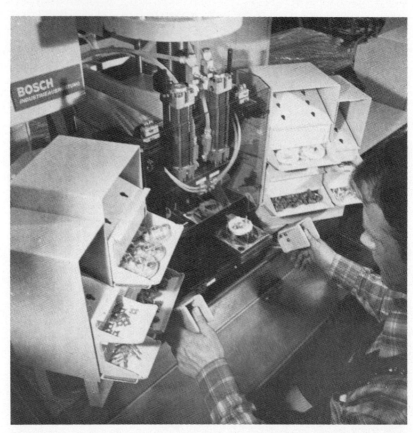

Bild 89

Nach den Grundsätzen des Bewegungsstudiums gestalteter Arbeitsplatz für die Montage:
1) Bewegungsvereinfachung durch zweckmäßige Greifbehälter und eine entsprechend gestaltete Vorrichtung
2) Bewegungsverdichtung durch Beidhandarbeit und Schiebewerkzeug mit Endschalter
3) Teilmechanisierung in Form einer mechanischen Presse

5.4.2 Bewegungsvereinfachung

Die Bewegungsvereinfachung geht von den einzelnen Bewegungselementen aus. Ihr Ziel ist, durch entsprechende Gestaltung des Bewegungsablaufes die Ausführung des Bewegungselementes durch den Menschen so zu vereinfachen, daß die Zeit und die Belastung ein Minimum werden.

Bewegungselemente

Diese Betrachtungsweise ist die am weitesten in die Einzelheiten gehende Rationalisierung von Abläufen innerhalb des Arbeitsstudiums und hängt unmittelbar mit der Anwendung der Systeme vorbestimmter Zeiten in der Arbeitsgestaltung zusammen. In ihrer Sprache heißt Bewegungsvereinfachung Veränderung der Einflußgrößen der Bewegungselemente derart, daß sich ein niedrigerer Zeitwert aus der Bewegungszeittabelle ergibt. Wird diese Regel auf die Bilder 19 und 20 im Kapitel 2 des Teiles 2 angewandt, so lassen sich folgende Beispiele ableiten: Der Fall A des Hinlangens erfordert weniger Zeit als die Fälle B oder C; oder: die Zeit für das Fügen kann durch Vergrößerung der Lochabmessung und durch Verringerung des Durchmesserverhältnisses von maximal 1,3 HM auf 0,2 HM gekürzt werden.

Systeme vorbestimmter Zeiten

Im folgenden sind einige Prinzipien der Bewegungsvereinfachung für die wichtigsten Bewegungselemente genannt und an Beispielen verdeutlicht.

Prinzipien der Bewegungsvereinfachung

5.4.2.1 Fügen

1) Vergrößerung des Spiels beziehungsweise des Durchmesserverhältnisses zwischen Bohrung und Stift, Anbringen von Fasen am Stift und an der Bohrung (Bild 90):

Fasen

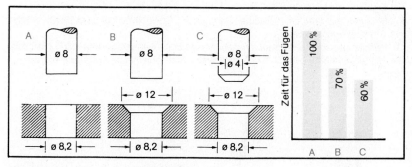

Einfluß von Fasen auf die Zeit des Fügens   Bild 90

Montagehilfen,
Anschläge

2) Erleichterung des Fügens durch Montagehilfen und Anschläge an den Betriebsmitteln (Bild 91 und 92)

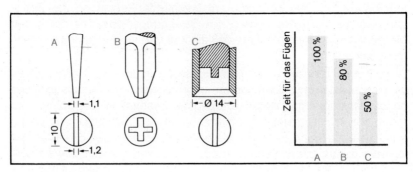

Bild 91

Drei Formen für die konstruktive Gestaltung von Schraubendreherklingen:
A) übliche ungeführte Klinge
B) Kreuzklinge
C) Klinge mit Führungshülsen

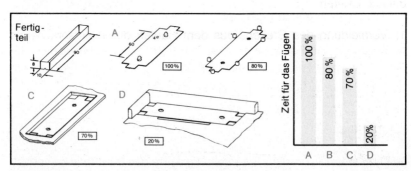

Bild 92

Montage eines 0,8 mm starken Messingsbleches in ein Biegewerkzeug zur Herstellung eines wannenförmigen Fertigteiles (nach Sander):
A) Aufnahme über zwei verrundete Stifte
B) Einlegen mit Hilfe einer Stiftumgrenzung
C) Einlegen mit Hilfe einer Rahmenumgrenzung (gegebenenfalls sind hier Suchstifte am Stempel erforderlich)
D) Bringen gegen Anschlag auf einer ebenen glatten Vorführung (diese letzte Lösung ist die ideale Lösung für das Fügen, die allerdings auch hohe Werkzeugkosten verursachen kann)

3) Vermeidung anderer Erschwernisse, wie zum Beispiel zu großer Ab- Greifabstand
stand zwischen den Fügestellen, zu großer Greifabstand, blinde oder
teilweise blinde Montagen (Bild 93):

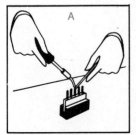 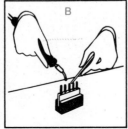 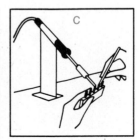

Vereinfachung des Lötens (GA heißt Greifabstand): Bild 93
A) Löten mit zu langem Lötkolben (GA groß)
B) Löten mit fügegerechtem Lötkolben (GA klein)
C) Löten mit eingespanntem Lötkolben

5.4.2.2 Greifen

1) Vermeidung des Greifens aus dem Haufen durch entsprechende einfaches
Greifbehälter (Bilder 94 und 95): Greifen

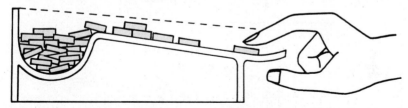

Querschnitt eines Greifbehälters: Bild 94
Das Greifen aus dem Haufen wird hier durch einen sogenannten Schiebegriff ersetzt (vor
allem für kleine Teile geeignet)

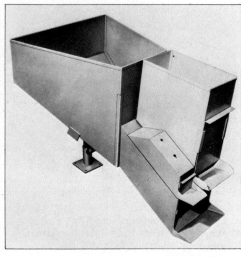

Bild 95   Normierte Greifbehälter mit Vorsteckschieber (Werksfoto Bosch):
Infolge der dosierten Zufuhr von Einzelteilen auf die Greiflippe kann jedes Teil durch einen Schiebegriff gegriffen werden. Die Greifbehälter können aufeinandergesteckt werden.

flache Teile   2) Erleichterungen des Greifens von flachen Teilen durch spezielle Unterlagen mit besonderen Hilfsmitteln (Bild 96):

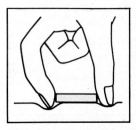

Bild 96   Greifen kleiner flacher Teile:
A) Greifen dünner Unterlegscheiben von Schaumgummi
B) Greifen mit Pinzetten von gerippter Kunststoffunterlage (im Bild ist eine sogenannte Kreuz-Pinzette dargestellt, die in geschlossenem Zustand nicht gedrückt werden muß; dadurch kann einseitige statische Muskelarbeit verringert werden)
C) Aufnehmen kleiner Kontaktblättchen mit Vakuumheber; dabei wird beim Aufnehmen mit dem Zeigefinger die Öffnung des Vakuumhebers geschlossen.

u. Werkzenge

3) Greifgünstiges Anordnen der Greifbehälter (siehe Bild 81 im Kapitel 4, Ergonomie des Teiles 1, und das folgende Bild 97):

Anordnung der
Greifbehälter

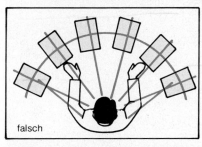 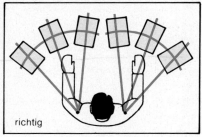

Greifgünstige Anordnung der Greifbehälter:
Die linke Anordnung ist falsch, weil die Hand beim Greifen aus den seitlich stehenden Behältern nach außen verdreht werden muß; besser ist es, die Greifbehälter auf Kreisbögen um die Schultergelenke herum aufzubauen und auf die Längsachse des leicht angewinkelten Unterarms auszurichten.

Bild 97

Reihenfolge
des Greifens

4) Vermeiden des Greifens von Teilen in falscher Reihenfolge (Bild 98)

Bild 98

Mechanische Zufuhr der Greifbehälter zur Arbeitsstelle, um das Greifen falscher Teile zu
vermeiden und die Bewegungslängen zu den Greifbehältern zu verringern:

A) Bestücken von Leiterplatten mit Bauelementen; die Greifbehälter sind in einem Pa-
    ternoster gelagert, der mit einem Hebel (links) betätigt werden kann (Werksfoto:
    Fernseh GmbH)

B) Montage von Telefonrelais; der Drehteller kann mit Hilfe eines Fußschalters von der
    Arbeitsperson Segment für Segment weitergeschaltet werden; die Reihenfolge der
    zu greifenden Bauelemente ist damit programmiert (Werksfoto: Siemens)

5.4.2.3 Vorrichten

1) Vermeiden des Vorrichtens (Bild 99 und 100)

Vermeiden des
Vorrichtens

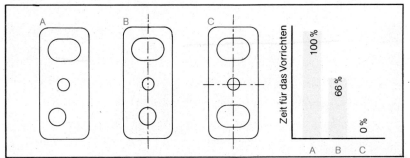

Vermeiden des Vorrichtens durch entsprechende Gestaltung der Arbeitsgegenstände: Bild 99
A) Ungünstige Gestaltung der Isolierscheibe eines Elektromotors
B) Günstigere Gestaltung
C) Ideale Lösung: Vorrichten entfällt

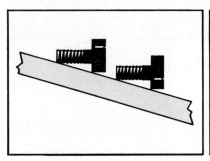 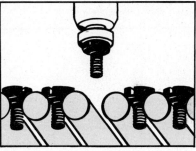

Vermeiden des Vorrichtens: Bild 100
A) Bei Verwendung von geneigten Greiffeldern können Schrauben und ähnlich geformte Drehteile einbaugerecht gegriffen werden, wenn das Greiffeld eine einstellbare
Neigung von etwa 5 bis 10 – 12 – 12 erhält und die Greiffläche mit Schaumgummi
beklebt wird, damit die Teile nicht rutschen.
B) Bei Verwendung von Schraubenrosten hängen sich Schrauben so zwischen die Git-
terstäbe, daß sie zum Beispiel mit einem Schraubendreher mit Klemmhülse oder
Dauermagnet, der über eine biegsame Welle angetrieben wird, aufgenommen werden können.

Weitere wirksame Möglichkeiten zur Vermeidung des Vorrichtens und
gleichzeitig zur Vereinfachung des Greifens können zum Beispiel durch
den Einsatz von Vibrationsförderern sowie auch mit Magazinschrauben-
drehern erreicht werden.

5.4.2.4 Hinlangen und Bringen

Verkürzung der
Bewegungslängen

1) Verkürzung der Bewegungslängen (siehe die Bilder 98, 99 und das folgende Bild 101):

Bild 101

Zusammenbau von Kassetten für Farbfernseh-Studioeinrichtungen mit Hilfe einer Adapter-Vorrichtung (Werksfoto: Fernseh GmbH):
Durch die günstige Anordnung der Einzelteile und der Ablage sowie im besonderen durch den Drehteller werden größere Bewegungslängen vermieden; der Drehteller ermöglicht die Drehung der verhältnismäßig großen Vorrichtung in die jeweils günstigste Montagelage; die dabei notwendigen Kleinteile sind nahebei in kleinen Schalen untergebracht.

Kraft- bzw.
Gewichts-
verminderung

2) Bewegungsvereinfachung durch Kraft- beziehungsweise Gewichtsverminderung, Verminderung der Zielgenauigkeit sowie Verminderung der Sorgfalt.

5.4.3 Bewegungsverdichtung

Wie aus den Beispielen zur Bewegungsvereinfachung zu erkennen war, läuft die Bewegungsvereinfachung im Schwerpunkt auf eine zweckmäßige Gestaltung und Anordnung von Betriebsmitteln hinaus, indem durch konstruktive Maßnahmen entsprechende Arbeitserleichterungen geschaffen werden. Diese Bewegungsvereinfachung ist stets in Verbindung mit Maßnahmen zu sehen, die auf den gesamten Ablauf bezogen sind; hierzu gehört vor allem auch die *Bewegungsverdichtung.*

Bewegungsvereinfachung und Bewegungsverdichtung

Die Bewegungsverdichtung kann durch folgende Maßnahmen erreicht werden:

1) durch Beidhandarbeit,
2) durch die Beseitigung oder Verminderung unproduktiver Ablaufabschnitte und
3) durch Speicherkopplung.

5.4.3.1 Beidhandarbeit

Vom Bewegungsablauf her gesehen sind grundsätzlich drei Arbeitsmethoden möglich (siehe Bild 102):

einhändig, beidhändig

a) *einhändig:* die eine (meist die linke) Hand hält, während die andere greift und montiert;
b) *beidhändig symmetrisch:* die linke und die rechte Hand vollziehen zum gleichen Zeitpunkt die gleichen Bewegungselemente;
c) *beidhändig-nicht-symmetrisch:* beide Hände arbeiten gleichzeitig, führen aber zur gleichen Zeit unterschiedliche Bewegungselemente aus.

Zeitlich besteht zwischen der einhändigen und den beidhändigen Arbeitsformen ein erheblicher Unterschied, wie die Zeitstrahldarstellung im Bild 103 zeigt.

Arbeitsmethoden:

einhändig (rechts)

beidhändig symmetrisch (unten links)

beidhändig-nicht-symmetrisch
(unten rechts)

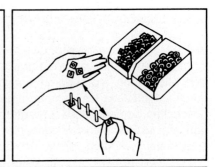

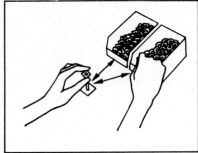

Bild 102   Einhändige (oben) und beidhändige (unten) Arbeitsmethoden

Arbeits-methode	links										Zeit in % pro Stck
einhändig	Halten										100 %
	HI	Gr	Vr	Tp		Mt			L		
	rechts										
beidhändig symmetrisch	links										
	HI	Gr		Vr	Tp		Mt			L	61 %
	HI	Gr		Vr	Tp		Mt			L	
	rechts										
beidhändig nicht symmetrisch	links										
	Gr	Vr	Tp		Mt		L	HI	Wn	Gr	54 %
	HI	Gr	Vr	Tp	Wn	Mt			L		
	rechts										

0   50   100   150   200   250   300   Zeit in 1/10000 min

HI – Hinlangen, Gr – Greifen, Vr – Vorrichten, Tp – Transportieren Mt – Montieren, L – Loslassen,
Wn – Warten

Bild 103   Darstellung der Folge von Bewegungselementen über einem Zeitstrahl für einhändige,
beidhändig-symmetrische und beidhändig-nicht-symmetrische Arbeitsmethoden (Analyse mit Hilfe des WF-Grundverfahrens).

Arbeitsplatz mit Fügevorrichtung für Kugelhähne   Bild 104

Beispiel

Im Bild 105 ist für das Biegen von Kleinteilen der Übergang von einhändiger auf beidhändige Arbeit in mehreren Stufen verdeutlicht.

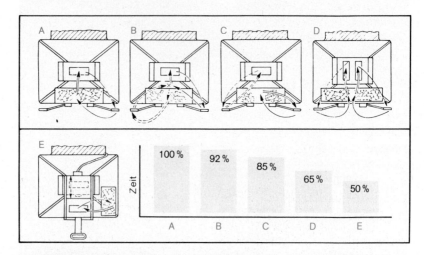

(A) linke Hand	rechte Hand	(B) linke Hand	rechte Hand
Auslösen der Maschine	Auslösen der Maschine	Auslösen	Auslösen
Warten	Nehmen eines Kleinteiles	Übergeben von links nach rechts	
Warten	Einlegen in Maschine	Nehmen eines 2. Kleinteiles	Einlegen des 1. Kleinteiles

(C) linke Hand	rechte Hand	(D) linke Hand	rechte Hand
Auslösen	Auslösen	Auslösen	Auslösen
Einlegen 1. Teil	Nehmen 2.Teil	Nehmen 1. Teil	Nehmen 1. Teil
Auslösen	Auslösen	Einlegen 1.Teil	Einlegen 1. Teil
Nehmen 3. Teil	Einlegen 2. Teil		

(E) linke Hand	rechte Hand
Betätigen des Schiebers	Nehmen
(Maschine wird durch Einschubbewegung des Schiebers gelöst)	Einlegen in Schieber

Während bei (A), (B) und (C) lediglich die Arbeitsmethode verändert wurde, sind bei (D) (Werkzeug mit zwei Aufnahmen) und vor allem bei (E) (Schieberwerkzeug mit elektrisch gekoppelter Maschinenauslösung) Veränderungen am Betriebsmittel erforderlich.

Bild 105   Biegen von Kleinteilen (nach Sander)

Die Bewegungsverdichtung durch Beidhandarbeit ist ein verhältnismäßig eindeutiges Kennzeichen für den Rationalisierungsgrad eines Bewegungsablaufes. Die Verwirklichung der Beidhandarbeit führt im allgemeinen zu Mehrfach-Vorrichtungen mit dem weiteren Vorteil, daß sich
die ablaufbedingten Unterbrechungszeiten des Menschen während der
Hauptnutzung des Betriebsmittels halbieren.

Mehrfach-
Vorrichtungen

Ein typisches Beispiel für die Veränderung eines Arbeitsplatzes durch
Beidhandarbeit zeigt ebenfalls das Bild 106. Hier wurde bei der Arbeitsgestaltung erkannt, daß die teueren und sperrigen Schachteln durch bil-
ligere Plastik-Tüten ersetzt werden können (siehe auch Kapitel 7, Erzeugnisgestaltung).

Beispiel

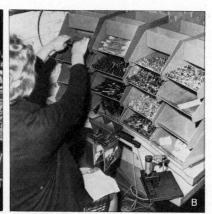

(A) Ist-Zustand: rechte Hand hält einige
Teile, linke Hand legt in die Schachteln ein
(B) Soll-Zustand: beidhändiges Füllen der
Plastik-Tüten
(C) Soll-Zustand: Verschließen der Tüten

Füllen von Zubehörschachteln (Werksfoto: Pfaff)

Bild 106

197

5.4.3.2 Beseitigung oder Verkürzung von unproduktiven Ablaufabschnitten

Hier wird bei jedem Bewegungselement und bei jeder Vorgangsstufe die
Frage gestellt, ob diese für die Erfüllung der Arbeitsaufgabe erforderlich
sind oder ob die Arbeitsaufgabe nicht ebensogut mit einer veränderten
Abschnittsfolge erfüllt wird. Ablaufabschnitte, die dieser Frage nicht
standhalten, sind unproduktiv. In den Bildern 107 bis 109 sind Anwen-
dungsbeispiele für dieses Prinzip wiedergegeben.

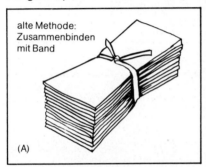 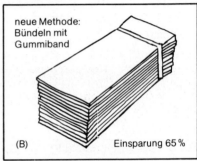

Bild 107   Bündeln von Teilen in der Einrichterei eines Bekleidungsbetriebes
A) Alte Methode: Zusammenbinden mit Band
B) Neue Methode: Bündeln mit Gummiband; das Schlagen eines Knotens entfällt

Bild 108   Mehrzweckwerkzeug zur Vermeidung unproduktiver Ablaufabschnitte
A) Bohrkopf mit 5 Spindeln zum gleichzeitigen Bohren von 5 Bohrungen (Sonderwerk-
zeug für Massenfertigung auf Mehrspindel-Drehautomat)
B) Stufenbohrer zum Bohren des Durchgangslochs *und* zum Senken der Bohrung für
den Innensechskant-Schraubenkopf
C) Bohr-Gewindebohrer zum Bohren und anschließenden Schneiden von Innengewin-
de in einem Durchgang (z.B. für Blechbearbeitung geeignet)

alte Methode:

neue Methode:

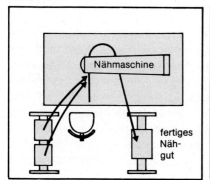
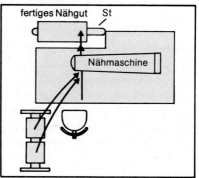

Arbeitsplatzgestaltung eines Nähtisches
Bild 109
Im Soll-Zustand wird die mit Schaumstoff belegte Stapelstange (St) so plaziert, daß beim Nähen das Nähgut zwischen Tischkante und Stange rutscht. Nach dem Fadenabschneiden wirft die Näherin das noch auf dem Tisch befindliche Ende des Nähguts über die Stange (Zeiteinsparung: 70 %)

5.4.3.3 Speicherkopplung

Die Bewegungsenergie einer als notwendig erkannten Bewegung kann direkt benutzt werden, um eine nachfolgende Arbeit zu verrichten, oder kann zum Beispiel in einer Feder und dann weiter verwendet werden (siehe zum Beispiel Fall E im Bild 105). Weitere Beispiele sind Rückstellfedern an Hand- und Fußhebeln sowie mechanische Auswerfer an Vorrichtungen.

5.4.4 Teilmechanisierung

Bereich maximaler Bewegungsverdichtung

Die Rationalisierung mit Hilfe des Bewegungsstudiums zeichnet sich dadurch aus, daß durch Bewegungsvereinfachung und Bewegungsverdichtung eine verhältnismäßig große Ersparnis an Stückzeit beziehungsweise eine Steigerung der Mengenleistung bei nur geringen Investitionskosten für Betriebsmittel erreicht wird. Erfahrungen zeigen, daß man etwa 75 % Stückzeitersparnis mit nur etwa 25 % der für die Vollmechanisierung nötigen Investitionen erzielen kann. Darüber hinausgehende Ersparnisse verlangen dann meist deutlich größere Investitionen. Ziel des Bewegungsstudiums ist es, den Bereich maximaler Bewegungsverdichtung zu erreichen (siehe Bild 110).

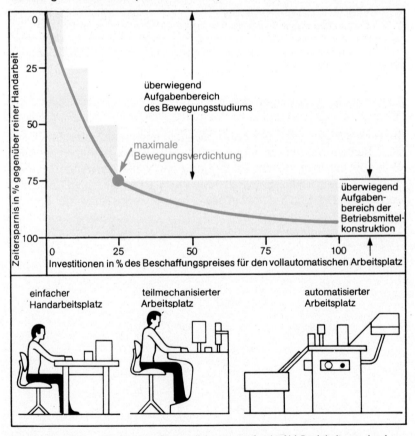

Bild 110

Zeitersparnis bei verschiedenen Rationalisierungsstufen in Abhängigkeit von den Investitionen. Ausgangspunkte sind der einfache Handarbeitsplatz ohne wesentliche Betriebsmittel (0 %) und der automatisierte Arbeitsplatz (100 %). Der Einsatz des Bewegungsstudiums führt zu dem Bereich maximaler Bewegungsverdichtung.

Überträgt man den in Bild 110 dargestellten Zusammenhang auf Bild 39 in Abschnitt 3.4, so wären die Schenkel dieses Dreiecks nach innen zu beugen: Richtig angewandtes Bewegungsstudium kann schon auf verhältnismäßig niederer Ebene zu guten Lösungen führen.

Im Bild 111 sind für die Verdeutlichung der Kurve von Bild 110 sieben Lösungen für die Aufgabe *Kontaktniet* in ein Kontaktteil *nieten* dargestellt. Die monatliche Stückzahl beträgt 340 000. Bei diesen sieben Lösungen wurde eine Veränderung des Kontaktes nicht in Erwägung gezogen. Überlegungen zur Erweiterung der betrachteten Systemgröße führen zu folgenden weiteren Lösungsalternativen:

Lösung 8):
Ausschneiden und Biegen des Kontaktteiles sowie Nieten an einem Arbeitsplatz mit Hilfe eines Folgenietwerkzeuges (Nietzuführung mit einem Vibrator). Die Stückzeit für das Herstellen des Kontaktteiles einschließlich des Nietens beansprucht nur ca. 1,25 min/100 Stück bei einer Investition von 8 000 DM.

Lösung 9):
Ausschneiden und Biegen des Kontaktteiles; statt des Nietes wird ein Silberdraht zugeführt und in ein Niet umgeformt. Der dazu erforderliche vollautomatische Stanzautomat kostet ca. 30 000 DM. Die Stückzeit beträgt 1 min/100 Stück. Wird unterstellt, daß der Niet aus Silber bestehen muß, können bei dieser Lösung gegenüber den anderen etwa 6 DM/1000 Stück Silberumarbeitungskosten eingespart werden.

Lösung 10):
Ausschneiden und Biegen des Kontaktteiles wie bei den Lösungen 1 bis 7. Dann Punktschweißen eines Kontaktplättchens ohne Nietschaft. Der Vorteil dieser Lösung liegt in der Senkung der Materialkosten; diese betragen etwa 2 DM/100 Stück; hinzukommen die Umarbeitungskosten des Silbers. Die Punktschweißmaschine kostet etwa 40 000 DM.

Marginalien:
Lösungsebenen

Beispiel: Kontakt einnieten

Arbeitsaufgabe: Kontakt einnieten	Arbeitsgegenstand: Kontaktniet Kontaktteil	Stückzahl: 340000 Stück pro Monat
Lösung 1: Niet und Kontaktteil in Schiebe- werkzeug einlegen; mit Schiebewerkzeug zentrieren; Niet mit Handspindel vernieten; Fertigteil aus Vorrichtung nehmen, abwerfen.	Lösung 2: Niet und Kontaktteil in Schiebe- werkzeug einlegen; mit Schiebewerkzeug zen- trieren und über Endkontakt Tischexenterpresse elektro- magnetisch auslösen; Fertigteil aus Vorrichtung nehmen, abwerfen.	Lösung 3: Niet wird mechanisch mittels Vibrator zugeführt; Kontaktteil in Vorrichtung einlegen; mit Knie Magnetschlagpresse auslösen; Fertigteil aus Vorrichtung nehmen, abwerfen.
Lösung 4: Kontaktteil in Vorrichtung mit Schutzschild einlegen; Magnetschlagpresse elektrisch über Fußschalter auslösen; Fertigteil fällt selbsttätig aus Vorrichtung auf Rutsche.	Lösung 5: wie bei Lösung 4; Niet wird mittels eines Flachrüttlers zugeführt; aber beidhändig- symmetrisches Einlegen von 2 Kontaktteilen in Doppel- nietkopf.	Lösung 6: Niet wird mechanisch mittels Vibrator auf Schaltteller zuge- führt; Kontaktteile werden beidhändig-symmetrisch auf Teller gelegt; Auslösung der halbautomatischen Teller- maschine über Lichtschranken; selbsttätiges Auswerfen.

Lösung 7:
automatische Tellermaschine
mit Schaltteller;
Zufuhr von Kontaktteil und
Niet über Vibratoren;
selbsttätiges Nieten und Ab-
werfen. Arbeitsperson muß
lediglich Magazine der Vibratoren nachfüllen.

Zeitersparnis in %	
1	0 % ≙ 14,8 min/100 Stück
2	13 %
3	55 %
4	60 %
5	65 %
6	68 %
7	71 %

Investition in %	
1	6 %
2	7 %
3	25 %
4	25 %
5	18 %
6	88 %
7	100 % ≙ 8000 DM

Bild 111   Kontakt einnieten

Ein ähnliches Beispiel ist im Bild 112 wiedergegeben. Hier besteht die Arbeitsaufgabe im Ansenken der Abstechseite verschiedener hülsen-ähnlicher Teile. Die vier Lösungen unterscheiden sich in der Mechanisierung des Spannens der Hülse und des Vorschubs des Bohrers.

Beispiel: Ansenken

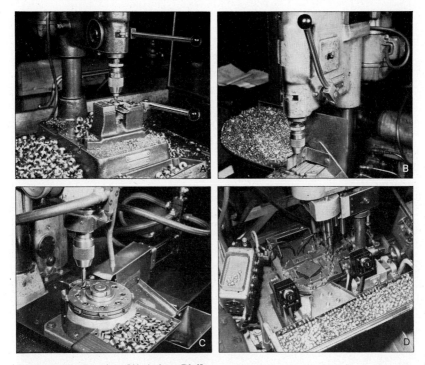

Abstechseite ansenken (Werksfoto: Pfaff)   Bild 112

A) Einsetzen des Teiles in Spannvorrichtung mit linker Hand; rechte Hand spannt und betätigt Bohrmaschine; linke Hand legt Fertigteil ab (Zeitbedarf: 100 %);

B) pneumatische Betätigung der Spannvorrichtung mit Fußschalter, sonst wie bei A (Zeitbedarf von A: 80 %);

C) Einsetzen der Hülse in Drehteller mit linker Hand; rechte Hand betätigt Bohrmaschine, dabei wird Hülse automatisch gespannt und Drehteller weitergeschaltet; selbsttätiges Ausspannen der Hülse (Zeitbedarf von A: 70 %);

D) Hülsen werden beidhändig-symmetrisch eingesetzt; nach Auslösen der Sondermaschine (Preis ca. 10 000 DM) wird der schräg nach hinten geneigte Drehteller um 90° weitergeschaltet, die Hülsen werden angesenkt, und die Fertigteile fallen selbsttätig aus dem Drehteller (Zeitbedarf von A: 8 %).

203

Rundtisch

Ein weiterentwickeltes Ergebnis der Mechanisierung derjenigen Teilvorgänge oder Vorgangsstufen, die kostengünstiger mechanisch als manuell ausgeführt werden können, ist der Rundtisch (Bild 113). Hier wechseln automatische Stationen mit manuellen Arbeitsplätzen; letztere bestehen meist im Einlegen von Einzelteilen in Vorrichtungen, die im Takt rundlaufen.

Bild 113

Montage von Steckdosen an einem Rundtisch mit anschließendem Fließband. An dem Rundtisch sind 4 manuelle und 2 maschinelle Stationen. Die manuellen Stationen sind für stehende und sitzende Tätigkeit eingerichtet.

Kostenvergleichsrechnung

Unentbehrliches Hilfsmittel für das Bewegungsstudium, wie es aus diesen Beispielen ersichtlich ist, ist die Kostenvergleichsrechnung (siehe Abschnitt 1.6).

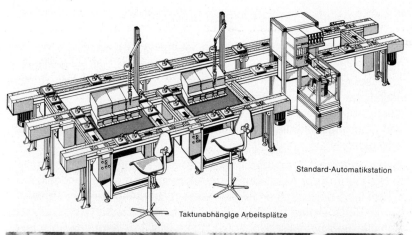

Standard-Automatikstation

Taktunabhängige Arbeitsplätze

Flexible Montageanlage in Karreebauweise mit Umlaufspeicher und taktunabhängigen   Bild 114
Arbeitsplätzen aufgebaut aus FMS-Modulen (oben: Schemaskizze; unten: Ausführungs-
beispiel)

5.4.5 Erweiterung der Arbeitsaufgabe

Die Bewegungsvereinfachung, die Bewegungsverdichtung und die Teilmechanisierung führen in den meisten Fällen dazu, daß an gestalteten Arbeitsplätzen die Anzahl der montierten Einzelteile größer als an nicht gestalteten Plätzen ist. Dadurch sinken der Platzbedarf und die Platzkosten; dadurch werden aber auch eine zu weit gehende Arbeitsteilung und eine gegebenenfalls auftretende einseitige Muskelbeanspruchung vermieden.

Im besonderen unterstützt die durch das Bewegungsstudium verursachte Normierung der Ausstattung von Arbeitsplätzen diese Tendenz, möglichst viel Arbeitsinhalt an einem Arbeitsplatz unterzubringen, ohne dabei die Vorteile einer festen und der Arbeitsperson nahen Anordnung der Behälter und Betriebsmittel aufzugeben. Bild 115 zeigt das Beispiel einer genormten Arbeitsplatz-Ausstattung für abwechselnd stehende oder sitzende Arbeitsweise. (Diese Ausstattung wurde auch schon im Bild 89 verwendet.)

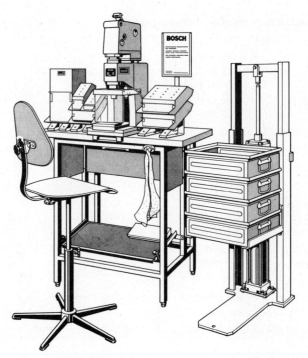

Bild 115　　　　Beispiel eines zweckmäßig gestalteten Arbeitsplatzes (Werksbild: Bosch)

5.5 Organisatorische Arbeitsgestaltung –
Arbeitsstrukturierung

5.5.1 Abgrenzung

Im Zusammenhang mit Maßnahmen zur Humanisierung des Arbeitslebens, wie sie insbesondere durch das gleichnamige Forschungsprogramm des Bundesministeriums für Forschung und Technologie seit über einem Jahrzehnt bekanntgeworden sind, ist der Begriff der Arbeitsstrukturierung immer mehr in das Interesse der Öffentlichkeit gerückt.

Humanisierung des Arbeitslebens

In der betrieblichen Praxis gibt es eine enge und eine weite Auslegung dieses Begriffes Arbeitsstrukturierung. Die weite Auslegung kann gleichgesetzt werden mit dem Begriff der Arbeitsgestaltung, wie er im Abschnitt 2.1 definiert wurde; er umfaßt alle Maßnahmen, die sich mit der Gestaltung von Arbeitsplatz, Arbeitsmittel, Arbeitsgegenstand und Arbeitsablauf befassen. Hier wird der engeren Auslegung der Vorzug gegeben, die sich auf die organisatorische Arbeitsgestaltung beschränkt.

Arbeitsstrukturierung im weiteren Sinne

Die organisatorische Arbeitsgestaltung – Arbeitsstrukturierung – umfaßt vorwiegend die Gestaltung des Arbeitsinhalts und die Gestaltung der zeitlichen Bindung des Menschen an den Arbeitsablauf mit dem Ziel, die Wirtschaftlichkeit des Betriebes zu steigern und gleichzeitig die Attraktivität der Arbeitsplätze und die Arbeitszufriedenheit zu erhöhen.

Arbeitsstrukturierung im engeren Sinne

Hierduch können sich auch die Entfaltungsmöglichkeiten der Mitarbeiter sowie ihre Handlungs- und Entscheidungsspielräume verändern.

Die Arbeitsstrukturierung stützt sich auf verhaltenspsychologische und gruppendynamische Erkenntnisse. Grundgedanke hierbei ist, daß das Arbeitsverhalten eines Menschen weitgehend davon bestimmt wird, ob es ihm gelingt, möglichst viele für ihn bedeutsame Bedürfnisse zu befriedigen (siehe auch Teil 1, Abschnitt 5.1.1). Das wird um so eher möglich sein, je mehr Antriebe (Motive) des Menschen durch eine entsprechende Gestaltung des Arbeitsinhalts aktiviert werden.

Unter Arbeitsinhalt wird die Benennung von Teilaufgaben und die Beschreibung der Abläufe von Teilvorgängen verstanden (diese Teilaufgaben werden auch als „Funktionen" bezeichnet).

Arbeitsinhalt

Einfluß auf den
Arbeitsinhalt

Der *Arbeitsinhalt* wird von folgenden innerbetrieblichen Größen maßgeblich beeinflußt:

– Produkt,
– Betriebs- bzw. Arbeitsmittel,
– Technologie,
– Betriebsorganisation,
– Mitarbeiterqualifikation.

Je nach Ausprägung dieser Faktoren und der sach- und personenbezogenen Ziele, wie sie im Bild 116 genannt werden, muß die Planung zu Arbeitsstrukturen führen, bei denen die Teilaufgaben mehr oder weniger unterteilt beziehungsweise unterschiedlich zusammengefaßt erfolgen.

Ziele der Arbeitsstrukturierung	
Sachbezogene Ziele	Personenbezogene Ziele

– Ausreichende Wirtschaftlichkeit
 	
– Höhere Flexibilität bezüglich
  – Stückzahlschwankung,
  – Typenvielfalt,
  – Varianten,
  – Mitarbeitereinsatz,
  – technischer Änderung
 	
– Produktivitätssteigerung durch
  – hohe Auslastung der
    Betriebsmittel,
  – Erhöhung der Fertigungsqualität
  – Senkung der Fehlzeiten,
  – Senkung der Fluktuation
	– Schaffung von Möglichkeiten zur
	  individuellen Leistungsentfaltung
	
	– Erweiterung des Handlungs- und
	  Entscheidungsspielraumes durch
	  – größere Arbeitsinhalte,
	  – geringere Fremdkontrolle,
	  – Möglichkeit zur Höherquali-
	    fizierung
	
	– Identifizierung mit dem Arbeits-
	  ergebnis

Bild 116   Sachbezogene und personenbezogene Ziele der Arbeitsstrukturierung

„richtiger"
Arbeitsinhalt

Arbeitswissenschaftlich fundierte Aussagen für eine „richtige" Unterteilung des Arbeitsinhalts gibt es nicht. So kann in einer Serienfertigung, bei der sehr viele Einzelteile einen straffen Materialfluß erfordern, eine *Fließfertigung mit weitgehender Arbeitsteilung* die optimale Arbeitsstruktur darstellen.

Im Gegensatz hierzu haben einige Betriebe im Bereich der Einzel- und Kleinserienfertigung eine Komplettmontage an Einzelarbeitsplätzen oder in Gruppen eingeführt.

5.5.2 Strukturierungsprinzipien

Im Rahmen der Arbeitsstrukturierung haben sich folgende Möglichkeiten zur Gestaltung des Arbeitsinhaltes bewährt:

- Aufgabenerweiterung (*job enlargement*),
- Aufgabenbereicherung (*job enrichment*),
- Arbeitswechsel (*job rotation*),
- Gruppenarbeit.

5.5.2.1 Aufgabenerweiterung

Bei der Aufgabenerweiterung (Bild 117) werden mehrere strukturell gleichartige, miteinander in Beziehung stehende Teilaufgaben zu einer größeren Gesamtaufgabe zusammengefaßt; dadurch erfolgt für die Arbeitsperson eine quantitative Erweiterung des Tätigkeitsspielraumes.   Abgrenzung

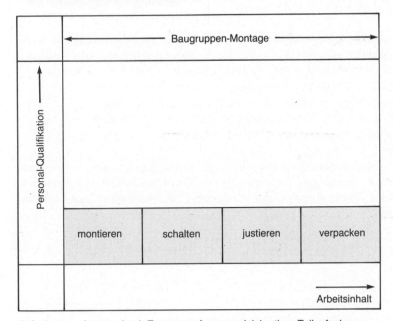

Aufgabenerweiterung durch Zusammenfassung gleichartiger Teilaufgaben   Bild 117

Vorteile

- Die Flexibilität des Mitarbeitereinsatzes und damit auch die Flexibilität des Arbeitssystems wird erhöht. Hierdurch kann sich eventuell die Kostensituation des Unternehmens verändern.
- Das Interesse an der Arbeit kann erhöht werden.
- Durch die Zusammenfassung von Teilaufgaben, die zur Erstellung eines Produktes dienen, wird dem Mitarbeiter die Identifikation mit dem Ergebnis seiner Arbeit erleichtert.
- Sofern die Aufgabenerweiterung Teilaufgaben mit unterschiedlichen Belastungen erfaßt, wird ein Belastungswechsel (physisch und psychisch) möglich.
- Durch größere Arbeitsmotivation kann die Produktqualität verbessert werden.

Nachteile

- Durch längere Anlernzeit entstehen neben erhöhten Kosten wachsende Anforderungen an die Mitarbeiter.
- Es werden in der Regel mehr Produktionsmittel benötigt als bei unterteilter Fertigung.

5.5.2.2 Aufgabenbereicherung

Abgrenzung

Unter Aufgabenbereicherung (Bild 118) versteht man die Zusammenfassung von strukturell verschiedenen, vor-, nach- und nebengelagerten Teilaufgaben zu einer neuen Aufgabe. Mit der qualitativen Bereicherung des Arbeitsinhalts wird der Handlungsspielraum der Arbeitsperson vergrößert, das heißt sie hat mehr Entscheidungs-, Kontroll-, Durchführungs- und Verantwortungskompetenzen als vorher.

Für Aufgabenbereicherung ist die Einbeziehung von Planungs-, Kontroll-, Wartungs-, Instandhaltungs- und Entscheidungsaufgaben in die alte Arbeitsaufgabe, die vorwiegend ausführenden Charakter hat, typisch.

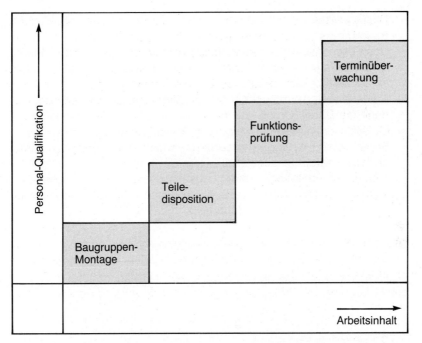

Aufgabenbereicherung durch Einbeziehung prüfender und dispositiver Tätigkeiten   Bild 118

Zu den Vorteilen, die sich bei der *Aufgabenerweiterung* ergeben, kom-   Vorteile
men bei der *Aufgabenbereicherung* unter anderem folgende Vorteile
hinzu:

– Vergrößerung der Handlungsspielräume für die Mitarbeiter
– Möglichkeit zur Höherqualifizierung
– Abbau von Informations- und Reibungsverlusten auf der unteren
  Ebene der Betriebsorganisation
– Schaffung attraktiver Arbeitsplätze.

Diese Veränderungen können Auswirkungen auf die Kostenstruktur des
Unternehmens haben.

Nachteile
— Die Qualifizierung der Mitarbeiter kann nur durch einen langfristigen Ausbildungs- und Schulungsprozeß erfolgen.
— Das Führungspersonal muß intensiv auf die Veränderungen, insbesondere die größeren Verantwortungs- und Entscheidungsbefugnisse der Mitarbeiter, vorbereitet werden.
— Aufgabenbereicherung muß als Lernprozeß konzipiert werden, das heißt die Bereicherung der Arbeitsaufgabe wird dem gesteigerten Qualifikationsniveau der Mitarbeiter kontinuierlich angepaßt.
— Bevor die erwarteten Verbesserungen wirksam werden, fallen häufig erhöhte Kosten für zusätzliche Betriebs- beziehungsweise Arbeitsmittel, Weiterbildung, Umgebungsgestaltung u.a. an. Außerdem kann es immer wieder Rückschläge geben. Ein „Durchstehvermögen" aller Beteiligten ist erforderlich.

Durch Aufgabenbereicherung kann eine Veränderung der Organisationsstruktur des Betriebes erforderlich werden, da innerhalb der Organisation eine Umverteilung von Funktionen stattgefunden hat (zum Beispiel Übergang der Prüfaufgaben auf die Fertigungsabteilungen).

5.5.2.3 Arbeitswechsel

Abgrenzung
Eine Anreicherung des Arbeitsinhaltes für die Mitarbeiter kann auch dadurch erzielt werden, daß unterschiedliche Tätigkeiten im zeitlichen Wechsel an verschiedenen Arbeitsplätzen durchgeführt werden. Man bezeichnet dieses Strukturierungsprinzip mit Arbeitswechsel (Job-Rotation).

Der Wechsel kann geplant oder ungeplant, selbstbestimmt oder fremdbestimmt sein. Für die Dauer eines Wechselintervalls gibt es keine genau definierte Größe. Sie kann zwischen wenigen Stunden und Tagen/Wochen betragen.

Der Arbeitswechsel kann an Einzelarbeitsplätzen oder innerhalb einer Gruppe erfolgen und erweiternde oder bereichernde Elemente enthalten.

In der Praxis hat sich gezeigt, daß Arbeitswechsel nur dann langfristig   Vorteile
durchgeführt wird, wenn sich daraus sowohl für den Betrieb als auch für
die Mitarbeiter *erkennbare Vorteile* ergeben. Das können sein:

Für den Mitarbeiter:
- Belastungswechsel
  (im körperlichen Bereich: Wechsel zwischen stehender und sitzen-
  der Tätigkeit
  im psychischen Bereich: Vermeidung von Monotonie bei gleichförmi-
  gen Arbeiten),
- Möglichkeit zur Höherqualifizierung,
- interessantere Arbeit.

Für den Betrieb:
- Geringere Störanfälligkeit des Arbeitssystems,
- größere Mitarbeiterqualifikation (flexiblerer Mitarbeitereinsatz möglich),
- größere Integration von Arbeitsgruppen,
- bessere Fertigungsqualität.

Es ist allerdings darauf hinzuweisen, daß ein häufiger Arbeitswechsel
bei sehr unterschiedlichen Arbeitsinhalten auch zu einer grundsätzlichen Belastung führen kann und für den Mitarbeiter die Schwierigkeit
mit sich bringen kann, sich häufig an andere Tätigkeiten zu gewöhnen.
Erhöhte Anforderungen an den Mitarbeiter können sich durch die unterschiedlichen Tätigkeiten, durch das größere Fehlerrisiko bei wechselnden Tätigkeiten und eventuell auch durch den sinkenden Anteil von
Routinearbeit ergeben. Je nach Eignung können diese Tatbestände zu
unterschiedlichen Auswirkungen bei den Mitarbeitern führen.

5.5.2.4 Gruppenarbeit

Abgrenzung

Die bisher beschriebenen Organisationsformen bezogen sich in erster Linie auf Einzelarbeitsplätze. Eine derartige Organisation der Arbeit hat eine Reihe möglicher Vorteile:

– Die Mitarbeiter haben mehr Spielraum.
– Konflikte zwischen einzelnen Mitarbeitern, wie sie in Gruppen vorkommen können, treten nur selten auf.

Es wird aber nicht in allen Fällen möglich sein, Arbeitsaufgaben so zu organisieren, daß sie an Einzelarbeitsplätzen ausgeführt werden können. In diesen Fällen kann die *Gruppe* die optimale Arbeitsstruktur darstellen. Diese Gruppen sollten in der Regel aus ca. 3-10 Personen bestehen, die ein komplettes (Teil-) Produkt erstellen. Sie können in Abhängigkeit von den betrieblichen Gegebenheiten unterschiedlich große Entscheidungs- und Verantwortungsspielräume bekommen. So kann es zweckmäßig sein, die Qualitätsverantwortung in diese Gruppe hineinzugeben, Material- und Termindisposition im Rahmen der Werkstattsteuerung zu übertragen, die Wahl der Lage der Erholungszeiten der Gruppe zu überlassen und die Aufteilung der Arbeit auf die einzelnen Gruppenmitglieder ebenfalls von der Gruppe selbstverantwortlich vornehmen zu lassen. Der Grad dieser Selbststeuerung ist von internen und externen Einflüssen abhängig und wird von Betrieb zu Betrieb und Gruppe zu Gruppe unterschiedlich sein.

Vorteile

– Die Mitglieder der Gruppe sind bei gutem Zusammenspiel in der Lage, sich größere Handlungs- und Freiheitsspielräume zu schaffen. Dies setzt allerdings voraus, daß sozial funktionierende Gruppen auch über längere Zeit zusammenbleiben können.
– Die Bildung sozialer Kontakte wird gefördert, und die Mitarbeiter haben die Möglichkeit, sich innerhalb eines überschaubaren und zusammengehörenden Kollektivs höher zu qualifizieren.
– Der Grad der Fremdsteuerung und Fremdkontrolle wird abgebaut und diejenigen, die sich für eine derartige Tätigkeit innerhalb einer Gruppe eignen, können eine größere Arbeitszufriedenheit erreichen.
– Die Vorteile des Betriebes bestehen unter anderem darin, daß gut funktionierende Gruppen eine größere Flexibilität bei Produktionsumstellungen aufweisen und durch den Zusammenhalt der Gruppenmitglieder Fluktuations- und Abwesenheitsraten meist niedriger sind. Durch den Abbau von Reibungsverlusten und Wartezeiten ist eine höhere Produktivität zu erwarten.

– Nicht alle Mitarbeiter sind bereit und in der Lage, in Gruppen selbst- Nachteile
verantwortlich zu arbeiten.
– Zwischen einzelnen Gruppenmitgliedern und der Restgruppe können Konflikte entstehen, die durch die Gruppe nur schwer zu lösen
sind.
– Die Integration von leistungsschwächeren Mitgliedern ist häufig nicht
möglich.
– Das Führungspersonal hat nicht gelernt, derartige selbststeuernde
Gruppen zu führen.

Funktionsfähig und zufriedenstellend für Mitarbeiter und Betrieb sind Voraussetzungen
Gruppen nur, wenn   für Gruppenarbeit

– die Arbeit in Gruppen sinnvoll und erforderlich ist,
– die Planung und die Einführung im Sinne der Arbeitsstrukturierung
erfolgt,
die bestehenden Vorteile von Mitarbeitern und Betrieb (insbesondere
dem Werkstattführungspersonal) erkannt und wahrgenommen
werden,
– durch systematische Auswahl, Information und Motivation der Gruppenmitglieder Konflikte vermieden und bei Auftreten rechtzeitig erkannt und gelöst werden,
– die „Teilautonomie" sich auf die Wahrnehmung der bereicherten
Handlungsspielräume bezieht und die betriebsverfassungsrechtli-
chen Mitwirkungsrechte des Betriebsrates unangetastet bleiben.

5.5.3 Vorgehensweise

Ein Gleichgewicht zwischen den technischen, ökonomischen und hu- 6-Stufen-Methode
manen Zielen, so wie es die Arbeitsstrukturierung fordert, läßt sich nur
dann erreichen, wenn die Planung so durchgeführt wird, daß bereits in
einer frühen Planungsphase alle angesprochenen Fachdisziplinen die
Möglichkeit haben, ihre Zielvorstellungen einzubringen. Außerdem ist eine systematische und schrittweise Vorgehensweise zur Koordinierung
der unterschiedlichen Fachdisziplinen unbedingt erforderlich. Die
REFA-6-Stufen-Methode bietet dazu einen geeigneten Leitfaden.

Die einzelnen Schritte dieses Vorgehens sind in Abschnitt 3.1 ausführlich erläutert worden; sie werden hier nicht wiederholt.

Nur soweit im Rahmen der Arbeitsstrukturierung Besonderheiten auftreten, die bei der allgemeinen Darstellung der 6-Stufen-Methode nicht
oder nur kurz angesprochen wurden, wird im folgenden darauf eingegangen.

5.5.3.1 Zielfindung

Stufe 1
der 6-Stufen-
Methode

Im Rahmen der Stufe 1 der 6-Stufen-Methode muß zunächst ein *Zielfin-dungsprozeß* erfolgen, denn normalerweise setzt der Auftraggeber nur Globalziele (zum Beispiel Verbesserung der Wirtschaftlichkeit, Verkür-zung der Durchlaufzeiten, Senkung der Bestände). Der Planer benötigt jedoch zur Entwicklung alternativer Arbeitsstrukturen detaillierte Ziele, die außerdem so weit wie möglich quantifiziert sein sollten.

Zur Bestimmung dieser Ziele kann eine systematische Gliederung in Teilziele verschiedener Ebenen dienen. Diese sogenannte *Zielpyramide* (Bild 119) ist für die ähnlichen Strukturierungsprozesse immer die gleiche.

Schwachstellen
analysieren

Nach Festlegung der Teilziele sollten mit Hilfe einer Schwachstellenana-lyse *die* Gesichtspunkte herausgearbeitet und quantifiziert werden, die sich im bestehenden Arbeitssystem als verbesserungsbedürftig erwie-sen haben.

Das Auffinden von Schwachstellen kann dem Planer durch die Verwen-dung von Checklisten erleichtert werden.

Die analysierten Schwachstellen geben dem Planer Hinweise darauf, welche Ziele *vordringlich* bei der Planung erreicht werden müssen. Da-bei ist in *monetär quantifizierbare* Ziele und *monetär nicht quantifizierbare* Ziele zu unterscheiden. Berücksichtigt werden hierbei nicht nur wirt-schaftliche, sondern auch technische, psychologische, ergonomische und soziale Kriterien.

Bild 120 zeigt diese beiden unterschiedlichen Zielgruppen anhand eines Beispiels aus der Bauelementevorbereitung.

Ziele:

Oberziel
1. Ebene

Teilziele
2. Ebene

Teilziele
3. Ebene

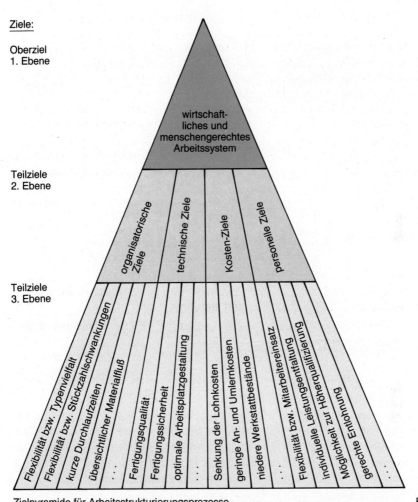

Zielpyramide für Arbeitsstrukturierungsprozesse Bild 119

217

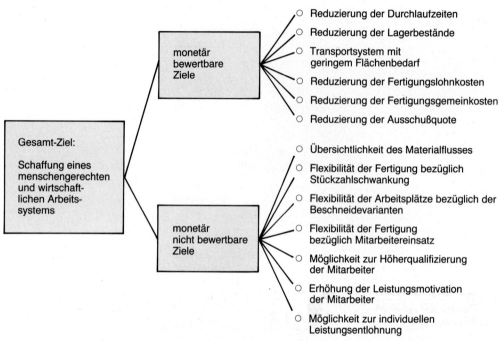

Bild 120   Monetär bewertbare und nichtbewertbare Ziele

Gewichtung   Diesen Kriterien kann je nach Situation eine verschieden große Bedeutung beigemessen werden; sie müssen deshalb gewichtet werden.

Dazu werden die Kriterien in eine Matrix (Bild 121) eingetragen und mit Prioritäten versehen. Man vergleicht paarweise ein Kriterium mit jedem anderen und fragt zum Beispiel: „Ist für das zu planende Arbeitssystem Kriterium 1 (Flexibilität bezüglich Stückzahlschwankungen) wichtiger als Kriterium 2 (Flexibilität bezüglich Beschneidevarianten)?"

Je nach Antwort werden folgende Punkte vergeben:

4 : 0 = Kriterium 1 sehr viel wichtiger als Kriterium 2
3 : 1 = Kriterium 1 wichtiger als Kriterium 2
2 : 2 = Kriterium 1 gleich wichtig wie Kriterium 2
1 : 3 = Kriterium 1 weniger wichtig als Kriterium 2
0 : 4 = Kriterium 1 sehr viel weniger wichtig als Kriterium 2.

	Bereich	Blatt / Ablage-Nr.
REFA-Nutzwertanalysebogen 1		Datum
Projekt		Bearbeiter

Bewertungskriterien

Zeile	Bewertungskriterien	c	d	e	f	g	h	i	k	l	m	n	o	p	r	Summe der Bewertungspunkte je Bewertungskriterium (s)	Gewichtungsfaktor (t)
1	Flexibilität bezüglich Stückzahlschwankungen	■	1	2	1	2	1	1								8	0,10
2	Flexibilität bezüglich Beschneidevarianten	3	■	3	2	2	1	1								12	0,14
3	Übersichtlichkeit des Materialflusses	2	1	■	1	2	1	1								8	0,10
4	Flexibilität bezüglich Mitarbeitereinsatzes	3	2	3	■	3	3	2								16	0,19
5	Möglichkeit zur Höherqualifizierung	2	2	2	1	■	1	1								9	0,11
6	Erhöhung der Leistungsmotivation der Mitarbeiter	3	3	3	1	3	■	2								15	0,17
7	Möglichkeit zur individuellen Leistungsentlohnung	3	3	3	2	3	2	■								16	0,19
8																	
14														■			
15															Summen	84	1,00

Bewertungsmatrix zur Gewichtung monetär nicht bewertbarer Kriterien   Bild 121

In der Summe müssen bei jedem Vergleich vier Punkte* vergeben werden. Das Ergebnis der Punkteverteilung führt in der Quersumme für jedes Kriterium zu einem Gewichtungsfaktor (G).

Die Gewichtung wird in der Praxis häufig nicht nur von einer Person vorgenommen, sondern von einem Ausschuß, dem Mitarbeiter aus allen betroffenen Abteilungen angehören.

*) Die Gewichtung läßt sich ebenso mit der Vergabe von 2 oder 3 Punkten durchführen. Die Vorgehensweise ist in diesen Fällen die gleiche.

5.5.3.2 Planung alternativer Arbeitssysteme

Stufe 4
der 6-Stufen-
Methode

Im Rahmen der Stufe 4 der 6-Stufen-Methode obliegt es dem Planungsteam, technisch durchführbare und wirtschaftliche Lösungsalternativen zu entwickeln.

Beispiel

Am Beispiel der Bauelemente-Vorbereitung soll gezeigt werden, wie die gefundenen Alternativen in übersichtlicher Form dargestellt werden können:

Die Arbeitsaufgabe besteht darin, die Anschlußdrähte elektrischer Bauelemente auf vorgeschriebene Rastermaße zu biegen, zu prägen und auf Länge zu schneiden.

Alle Arbeitsplätze werden durch einen Einrichter gerüstet. Die Prüfung der Rastermaße und Schneidlängen erfolgt mit Lehren und wird von einem Wanderrevisor ausgeführt. Sämtliche Mitarbeiter des Arbeitssystems sind im Zeitlohn beschäftigt und erledigen streng unterteilte Arbeitsvorgänge.

Aufbauend auf den unterschiedlichen Tätigkeiten in der Bauelemente-Vorbereitung und der dazu notwendigen Mitarbeiterkapazität wurden alternative Arbeitsstrukturen entwickelt. Diese unterscheiden sich durch unterschiedliche Verdichtungsgrade des Arbeitsinhaltes (Bild 122).

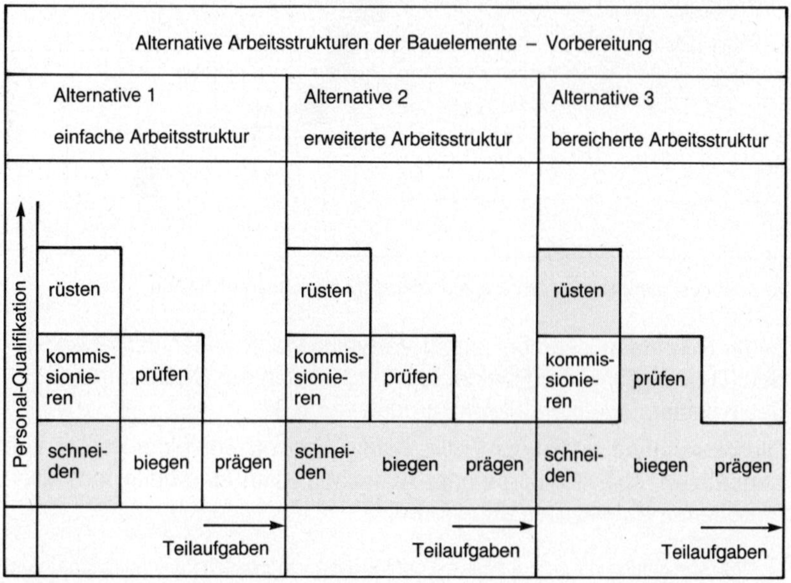

Bild 122   Unterschiedliche Verdichtungsgrade des Arbeitsinhalts (Bauelemente-Vorbereitung)

Den unterschiedlichen Arbeitsablauf der drei Alternativen zeigt Bild 123:

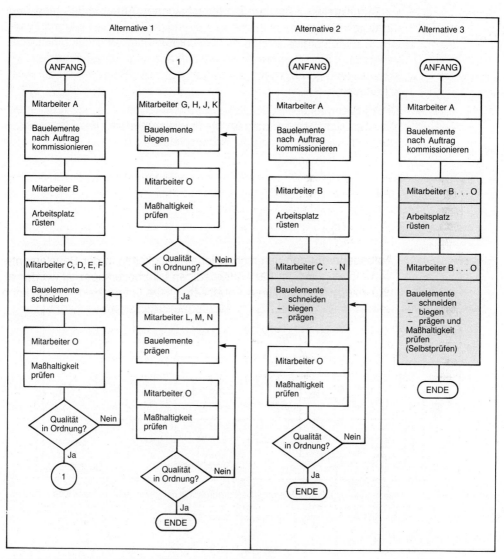

Alternative Arbeitsorganisationen (Bauelemente-Vorbereitung)   Bild 123

Bei der Betrachtung dieser Arbeitsabläufe kann man feststellen, daß die zunehmende Verdichtung der Arbeitsinhalte zur Reduzierung personeller Schnittstellen zwischen den verschiedenen Arbeitsstufen führt und die Qualitätsregelkreise in die ausführenden Tätigkeiten integriert wurden. Dadurch ergab sich ein beschleunigter Materialfluß (Durchlaufzeitverkürzung) für die einzelnen Arbeitsaufträge, eine Beseitigung der Zwischenzeiten und eine höhere Fertigungsqualität (Reduzierung der Ausschußquote).

Die dazugehörigen Werkstatt-Layouts (vgl. Bilder 124 bis 126) unterscheiden sich insbesondere im Mechanisierungsgrad der Transportsysteme und der Anordnung der Arbeitsplätze.

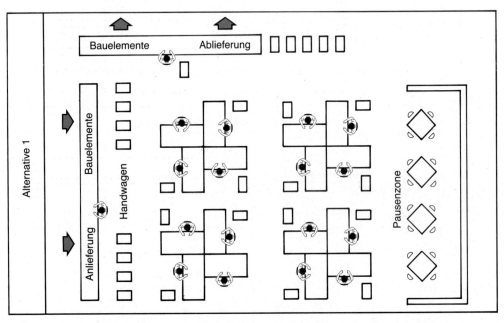

Bild 124   Werkstatt-Layout der Bauelemente-Vorbereitung mit *einfacher* Arbeitsstruktur

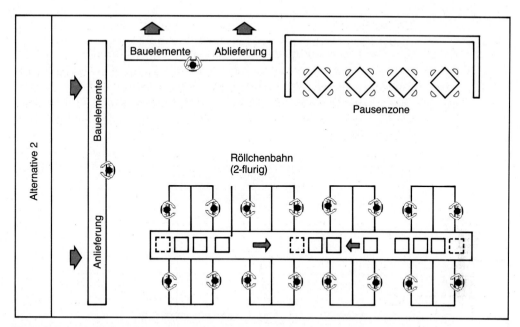

Werkstatt-Layout der Bauelemente-Vorbereitung mit *erweiterter* Arbeitsstruktur   Bild 125

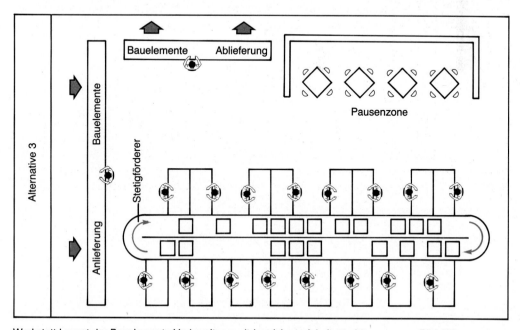

Werkstatt-Layout der Bauelemente-Vorbereitung mit *bereicherter*Arbeitsstruktur   Bild 126

Stufe 5
der 6-Stufen-
Methode

Die Bewertung der quantitativen Daten (monetär bewertbare Ziele) erfolgt mit Hilfe der Wirtschaftlichkeitsrechnung (vgl. Abschnitt 1.6 bzw.
Kapitel 14 im Teil 4 der MLPS). Bild 127 zeigt die Ergebnisse. Unter Beachtung der Wirtschaftlichkeit allein stellt die Alternative 2 mit einer Wie-
derbeschaffungszeit (Amortisationszeit) von 1,6 Jahren die günstigste
Lösung dar.

Wirtschaftlichkeitsbetrachtung			
Alternativen Kostenarten	A1	A2	A3
Investition in DM (einmalige Kosten)	56 000	70 000	95 000
Einsparungen in DM pro Jahr (jährliche mengenabhängige Kostenersparnis)	20 000	43 000	52 000
Amortisation in Jahren	2,8	1,6	1,8

Bild 127   Ergebnisse der Wirtschaftlichkeitsbetrachtung für die Alternativen 1 bis 3 (Bauelemente-
               Vorbereitung)

Die monetär nicht bewertbaren Ziele werden mit Hilfe der Nutzwertanalyse einer Bewertung zugeführt. In dieser Phase muß untersucht werden, wie gut die drei Alternativen die in Bild 121 genannten Kriterien erfüllen. Für die Bestimmung dieser Zielerreichungsfaktoren steht eine Werteskala von 0 bis 10 Punkten zur Verfügung: 0 Punkte werden vergeben, wenn ein Kriterium von einer Alternative nicht erfüllt wird, 10 Punkte, wenn es voll erfüllt wird. Auch diese Punktevergabe wird im allgemeinen im Team durchgeführt. Das Ergebnis zeigt Bild 128.

REFA-Nutzwertanalysebogen 3

Bereich | Blatt
Ablage-Nr.
Projekt | Datum | Bearbeiter

Zeile	Bewertungskriterien	Gewichtungs-faktoren	Alternative 1		Alternative 2		Alternative 3	
			Zieler-reichungs-faktoren	Teilnutz-werte	Zieler-reichungs-faktoren	Teilnutz-werte	Zieler-reichungs-faktoren	Teilnutz-werte
a	b	c	d	e	f	g	h	i
1	Flexibilität bezüglich Stückzahlschwankungen	0,10	3	0,30	6	0,60	9	0,90
2	Flexibilität bezüglich Beschneidevarianten	0,14	5	0,70	8	1,12	8	1,12
3	Übersichtlichkeit des Materialflusses	0,10	3	0,30	5	0,50	9	0,90
4	Flexibilität bezüglich Mitarbeitereinsatzes	0,19	1	0,19	5	0,95	8	1,52
5	Möglichkeit zur Höherqualifizierung	0,11	1	0,11	5	0,55	9	0,99
6	Erhöhung der Leistungs-motivation der Mitarbeiter	0,17	3	0,51	4	0,68	7	1,19
7	Möglichkeit zur individuellen Leistungsentlohnung	0,19	7	1,33	8	1,52	10	1,90
8								
15	Gesamtnutzwerte			3,44		5,92		8,52
16	Rangfolge			3		2		1

Bemerkungen

```
0   1   2   3   4   5   6   7   8   9   10      Skala für
|---|---|---|---|---|---|---|---|---|---|       Zielerfüllungs-
                                                faktor E
nicht              befriedigend        voll
erfüllt            erfüllt             erfüllt
```

Bewertungsmatrix zur qualitativen Bewertung der Alternativen 1 bis 3 (Bauelemente-Vorbereitung)   Bild 128

Aus den Gewichtungsfaktoren G und den Zielerreichungsfaktoren E wird das Produkt gebildet, welches als Teilnutzwert N bezeichnet wird. Ein Teilnutzwert zeigt die relative Vorzugswürdigkeit einer Alternative bei einem Bewertungskriterium.

Die Gesamtnutzwerte der Alternativen ergeben sich durch Addition der Teilnutzwerte. Als Ergebnis entsteht eine Rangfolge der Alternativen: Mit einem Nutzwert von 8,52 Punkten (= 248 %) steht Alternative 3 an erster Stelle, dann folgt Alternative 2 mit 172 % und Alternative 1 mit 100 %.

Zur vollständigen Beurteilung aller drei Alternativen werden jetzt die Ergebnisse der Wirtschaftlichkeitsbetrachtung aus Bild 127 und die Nutzwerte aus Bild 128 einander gegenübergestellt (siehe Bild 129).

Damit kann bei der unternehmerischen Entscheidung eine Trennung zwischen der reinen Wirtschaftlichkeitsbetrachtung und der Beurteilung monetär nicht bewertbarer Kriterien vorgenommen werden.

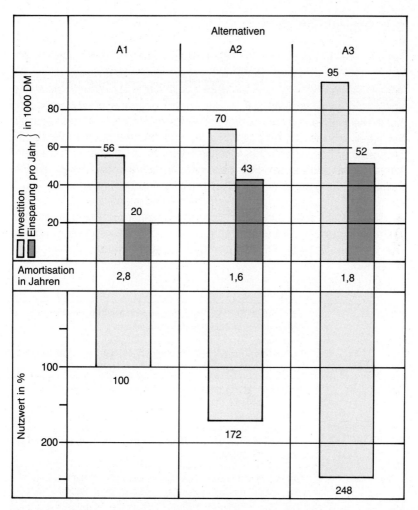

Zusammenfassung quantitativer und qualitativer Bewertungsergebnisse der Alternati-   Bild 129
ven 1 bis 3 (Bauelemente-Vorbereitung)

5.6 Arbeitsverfahren

Bedeutung der
technologischen
Arbeitsgestaltung

Neben der ergonomischen Arbeitsplatzgestaltung und dem Bewegungsstudium liegt auch in der richtigen Auswahl und Anwendung des Arbeitsverfahrens eine umfassende Möglichkeit, die Wirtschaftlichkeit von Abläufen zu verbessern. Vor allem in kleineren Betrieben hat sich der Arbeitsstudienmann in vielen Fällen ebenso intensiv mit den Arbeitsverfahren wie mit den Arbeitsmethoden und -bedingungen zu befassen. Dieses über das eigentliche Arbeitsstudium hinausgehende Aufgabengebiet wird stärker im Rahmen der branchengebundenen REFA-Fachausbildung als in der REFA-Grundausbildung behandelt.

Hauptgruppen
von Arbeits-
verfahren

An dieser Stelle soll deshalb nur ein kurzer Überblick über die große Vielfalt technologischer Arbeitsverfahren aus der Metallverarbeitung gegeben werden. Nach DIN 8580 kann man folgende Hauptgruppen unterscheiden:

Urformen	Urformen ist Fertigen eines festen Körpers aus formlosem Stoff durch Schaffen des Zusammenhaltes. Beispiele: Gießen, elektrolytisches Abscheiden, Pressen von Pulvern aus Metall, Kunstharz und anderen Stoffen, Sintern
Umformen	Umformen ist Fertigen durch bildsames (plastisches) Ändern der Form eines festen Körpers. Beispiele: Stauchen, Fließpressen, Formpressen, Tiefziehen, Drahtziehen, Reckziehen, Reckrichten, Abkanten, Walzen von Blechprofilen, Verwinden
Trennen	Trennen ist Fertigen durch Ändern der Form eines festen Körpers, wobei der Zusammenhalt örtlich aufgehoben, das heißt im ganzen vermindert wird. Beispiele: Näheres Seite 229
Fügen	Fügen ist das Zusammenbringen von zwei oder mehr Werkstücken geometrisch bestimmter fester Form oder von ebensolchen Werkstücken mit formlosem Stoff. Beispiele: Auf- oder Einlegen, Ineinanderschieben, Einhängen, Füllen, An- und Einpressen, Verschrauben, Ausgießen, Falzen, Verlappen, Vernieten, Schweißen, Löten, Kleben, Nähen, Binden.

Bild 130   Hauptgruppen technologischer Arbeitsverfahren nach DIN 8580

Beschichten	Beschichten ist das Aufbringen einer fest haftenden Schicht aus formlosem Stoff auf ein Werkstück. Maßgebend ist der unmittelbar vor dem Beschichten herrschende Zustand des Beschichtungsstoffes. Beispiele: Aufdampfen, Anstreichen, Spritzlackieren, Tauchemaillieren, Auftragsschweißen, Galvanisieren, Hammerplattieren, Pulveraufspritzen
Stoffeigen-schaftändern	Stoffeigenschaftändern ist Fertigen eines festen Körpers durch Umlagern, Aussondern oder Einbringen von Stoffteilchen, wobei eine etwaige unwillkürliche Formänderung nicht zum Wesen der Verfahren gehört. Beispiele: Härten, Anlassen, Festwalzen, Magnetisieren, Entkohlen, Aufkohlen, Nitrieren

Fortsetzung   Bild 130

Nach VDI-Richtlinie 3220 kann das Trennen folgendermaßen weiter untergliedert werden: Trennen

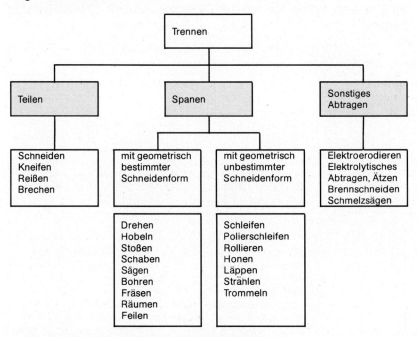

Untergliederung des Trennens nach VDI-Richtlinie 3220   Bild 131

229

Nach DIN 8580 zählt außerdem zum Trennen das Zerlegen, zum Beispiel Abschrauben, Auspressen, das Reinigen und das Evakuieren.

Auswahl des richtigen Arbeitsverfahrens

Für die Aufstellung von Möglichkeitslisten und Lösungsschemata sind solche Zusammenstellungen von hohem Wert. Die Auswahl des jeweils geeigneten Arbeitsverfahrens und entsprechenden Betriebsmittels wird bestimmt durch

a) die Hauptgeometrie des Werkstückes, seine Form und Maße,
b) die Qualitätsanforderungen, die zulässigen Toleranzen,
c) die geforderte Mengenleistung,
d) die Anpassung des Arbeits- bzw. Betriebsmittels an den Menschen und
e) die Berücksichtigung der vorhandenen Arbeits- bzw. Betriebsmittel.

Auswahl und Nutzung des Betriebsmittels

Der Arbeitsstudienmann soll aber nicht nur die verschiedenen Arbeitsverfahren seines Tätigkeitsbereiches genau kennen, um die richtige Auswahl zu treffen; er muß darüber hinaus auch beachten, daß die jeweiligen Betriebsmittel ihrem Zweck entsprechend eingesetzt und sowohl in technischer als auch in zeitlicher Hinsicht optimal genutzt werden.

5.7 Nutzung von Arbeits- bzw. Betriebsmitteln

5.7.1 Einführung

Mit fortschreitender Mechanisierung gewinnen die zeitliche und die technische Nutzung der in einem Unternehmen installierten Arbeits- beziehungsweise Betriebsmittel immer mehr an Bedeutung. Je teurer sie sind, um so wichtiger ist es, daß sie mit möglichst wenig Unterbrechungen ständig zeitlich genutzt werden. Von ebenso großer wirtschaftlicher Bedeutung ist es, die technische Kapazität durch entsprechende Aufträge zu belegen.

zeitliche und technische Nutzung

Eine ständige Überwachung der Nutzung ist Voraussetzung für den wirtschaftlichen Einsatz hochwertiger Fertigungsanlagen; hierzu können die Fertigungssteuerung und verschiedene Prämiensysteme beitragen.

Überwachung der Nutzung

Im folgenden ist eine Übersicht über die möglichen Richtungen zur Verbesserung der Arbeits- beziehungsweise Betriebsmittelnutzung, die entsprechenden Kennzahlen sowie die sie beeinflussenden betrieblichen Instanzen wiedergegeben:

Übersicht

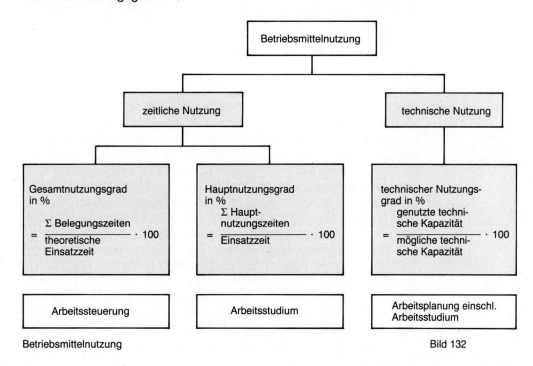

Betriebsmittelnutzung   Bild 132

5.7.2 Zeitliche Gesamtnutzung

Ermittlung des
Gesamtnutzungs-
grades

Der in nebenstehendem Schema und auch schon in Abschnitt 10.2 des Teiles 2 angegebene zeitliche Gesamtnutzungsgrad kann als Istwert (Nachrechnung) oder als Sollwert (Vorrechnung) ermittelt werden:

1) Nachrechnung: Erfassung der Hauptnutzungs-, Nebennutzungs- und Unterbrechungszeiten mit Hilfe selbsttätig registrierender Meßgeräte in der im Kapitel 6 des Teiles 2 dargestellten Weise.

2) Vorrechnung: Bestimmung der Summe der Belegungszeiten, mit denen das Betriebsmittel während der betrachteten Periode belegt wird. In diesem Fall ist:

$$\text{Gesamtnutzungsgrad in \%} = \frac{\Sigma \, \text{Belegungszeiten}}{\text{theoretische Einsatzzeit}} \cdot 100$$

Zeiten für außer
Einsatz

Die Differenz zwischen theoretischer Einsatzzeit und der Summe der Belegungszeiten ergibt sich in erster Linie aus dem Umfang der Zeiten für außer Einsatz (vergleiche die im Kapitel 1 des Teiles 2 definierten Ablaufarten für das Betriebsmittel), die durch

1) fehlende Aufträge,
2) Planungsfehler,
3) Mensch außerplanmäßig nicht anwesend sowie
4) längerdauernde Störungen am Arbeits- bzw. Betriebsmittel

zustandekommen können.

Optimierung der
Gesamtnutzung
und der
Durchlaufzeit
des Materials

Spürbaren Einfluß auf die Gesamtnutzung von Arbeits- beziehungsweise Betriebsmitteln haben weiterhin eine entsprechende Personalplanung und -bemessung, die planmäßig vorbeugende Instandhaltung und eine gute Zusammenarbeit zwischen Einkauf, Verkauf und Arbeitsvorbereitung. Häufig steht der Forderung einer hohen Betriebsmittelbelegung die Forderung der Verringerung der Durchlaufzeit des Materials gegenüber. Kurze Durchlaufzeiten sind vor allem bei teurem Material wichtig. Sie setzen freie Kapazitäten, das heißt einen gewissen Überhang an Betriebsmitteln, voraus. Bei teuren Maschinen hat dagegen die gute Gesamtnutzung dieser Betriebsmittel Vorrang. Sie wird im allgemeinen durch eine Puffer- beziehungsweise Schlangenbildung vor den Maschinen erreicht, die ihrerseits allerdings die Durchlaufzeit des Materials erhöht. Aus dieser Überlegung geht hervor, daß in der Praxis ein Kompromiß zwischen diesen beiden Prinzipien gemacht werden muß. Es muß ein betriebswirtschaftliches Optimum zwischen hoher Gesamtnutzung der Betriebsmittel und kurzer Durchlaufzeit des Materials gefunden werden.

110

In der Industrie verwendet man als Bezugszeit zumeist die betriebsübliche Bereitschaftszeit, die bei Ein-Schicht-Betrieb häufig mit ca. 2000 h/Jahr und bei Zwei-Schicht-Betrieb mit ca. 4000 h/Jahr angesetzt wird. Somit kann der durchschnittliche Gesamtnutzungsgrad bei Zwei-Schicht-Betrieb als etwa doppelt so hoch angenommen werden.

Erfahrungswerte für den Gesamtnutzungsgrad

Von wie großer wirtschaftlicher Bedeutung neben der Verkürzung der Zeiten für außer Einsatz die Nutzung der Betriebsmittel im Zwei- oder Drei-Schicht-Betrieb ist, verdeutlicht das folgende Beispiel:

Abhängigkeit von der Schichtzahl

Für eine Maschine wurde bei Ein-Schicht-Betrieb ein Maschinenstundensatz von 11,80 DM/h ermittelt. Bei der Annahme, daß die Maschinenkosten ausschließlich zeitabhängig sind, ergibt sich der in Bild 133 dargestellte Zusammenhang.

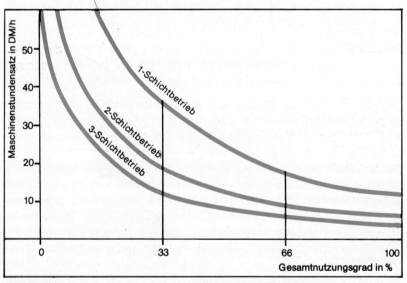

Anzahl der Schichten/Tag	Maschinenstundensatz in DM/h bei einem Gesamtnutzungsgrad in %		
	33	66	100
1	35,76	17,88	11,80
2	17,88	8,94	5,90
3	11,92	5,96	3,93

Zusammenhang zwischen Maschinenstundensatz und Gesamtnutzungsgrad beziehungsweise Summe der Belegungsstunden je Jahr beziehungsweise Schichtzahl je Tag   Bild 133

5.7.3 Zeitliche Hauptnutzung

Ermittlung des
Hauptnutzungs-
grades

Bei der Ermittlung des zeitlichen Hauptnutzungsgrades ist wieder zwischen Nach- und Vorrechnung zu unterscheiden:

1) Nachrechnung: Erfassung aller Hauptnutzungszeiten und der Ist-Einsatzzeiten mit Hilfe selbsttätig registrierender Meßgeräte:

$$\text{Ist-Hauptnutzungsgrad in \%} = \frac{\sum t_{BH}}{\text{Ist-Einsatzzeit}} \cdot 100$$

2) Vorrechnung: Bestimmung der Hauptnutzungszeiten durch Addition aller t_h der Belegungszeiten einer Periode und Bestimmung der Soll-Einsatzzeit durch die Addition der Belegungszeiten einer Periode und Bestimmung der Soll-Einsatzzeit durch die Addition der Belegungszeiten T_{bB} in dieser Periode:

$$\text{Soll-Hauptnutzungsgrad in \%} = \frac{\sum t_h}{\sum T_{bB}} \cdot 100 = \frac{\sum t_{hu} + \sum t\, hb}{\sum T_{bB}}$$

Varianten des
Hauptnutzungs-
grades

Der Hauptnutzungsgrad kann nicht nur für eine Periode, sondern auch für einzelne Aufträge ermittelt werden. Es kann auch sinnvoll sein, in den Zähler der Kennzahl die Nebennutzungszeiten mit aufzunehmen.

Bedeutung der
Verbesserung des
Hauptnutzungs-
grades

Da der Arbeitsgegenstand nur bei der Hauptnutzung eine Veränderung im Sinne der Arbeitsaufgabe erfährt, muß versucht werden, alle übrigen Ablaufabschnitte durch arbeitsgestalterische Maßnahmen, soweit wie technologisch möglich und wirtschaftlich sowie menschlich vertretbar, in ihrer Dauer zu verringern oder ganz entfallen zu lassen. Die Verbesserung des Hauptnutzungsgrades ist um so wichtiger, je wertvoller das Betriebsmittel ist.

Ausgangsdaten

Die Ablaufanalyse mittels Zeitaufnahmen oder die Aufzeichnungen selbsttätig registrierender Zeitmeßgeräte bilden als Datensammlung die Ausgangsbasis der Gestaltungsarbeit. Da hierbei jeder Ablaufabschnitt nach seiner Ablaufart bestimmt wird, ergibt sich die Zielsetzung, alle Ablaufarten, die nicht der Hauptnutzung des Betriebsmittels dienen, auf ihre Notwendigkeit hin zu untersuchen. Die Ursachen für das Vorkommen dieser Ablaufarten sind entweder im Arbeitsablauf, also im Zusammenwirken von Mensch und Betriebsmittel, oder in den Arbeitsbedingungen des betrachteten Arbeitssystems zu suchen.

Im folgenden werden arbeitsgestalterische Hinweise für die Reduzierung des zeitlichen Anteils für Nebennutzung, zusätzliche Nutzung und Unterbrechung der Nutzung gegeben (auf die Wirkung von Nutzungsprämien auf den Hauptnutzungsgrad wird hier nicht näher eingegangen):

Maßnahmen zur Verbesserung des Hauptnutzungsgrades

a) Nebennutzung des Betriebsmittels

Die Nebennutzung dürfte im wesentlichen mit Hilfe geeigneter Vorrichtungen und mit Hilfe organisatorischer Maßnahmen in ihrem Zeitaufwand zu verringern sein:

Nebennutzung

1) Verringerung der Rüstzeiten am Betriebsmittel zum Beispiel durch:
   - Einstell-Lehren für Schneidwerkzeuge
   - Ausführung der Rüstarbeiten durch Spezialisten
   - Verwendung von Schnellwechseleinrichtungen
   - Durchführen von Rüstarbeiten außerhalb der Arbeitszeit (im besonderen bei Ein-Schicht-Betrieb)

Rüstzeiten

2) Verringerung der Zeiten für Beschicken oder Entleeren des Betriebsmittels zum Beispiel durch:
   - Zuführungseinrichtungen und Magazine
   - Vorrichtungen zum Positionieren und Festhalten der Arbeitsgegenstände, wie zum Beispiel Zentriereinrichtungen, elektromagnetische, pneumatische oder mechanische Spannvorrichtungen
   - Einrichtungen zum Wegführen der Arbeitsgegenstände wie Rutschen, Stapeleinrichtungen, Bandförderer
   - Abspannen und Aufspannen von großen Arbeitsgegenständen auf einem zweiten Spanntisch zum Beispiel eines Portalfräswerkes während der Zeit der Hauptnutzung (bei Wechsel des Arbeitsgegenstandes wird mittels Kran Tisch 1 mit dem bearbeiteten Werkstück vom Maschinenschlitten abgehoben und Tisch 2 mit dem nächsten Werkstück aufgesetzt)

Beschicken und Entleeren

3) Prüfen von Arbeitsgegenständen am Betriebsmittel zum Beispiel durch:
   - Einsatz von speziellen Werkzeugen, wie Grenz- und Rachenlehren sowie Lehrdornen
   - Einsatz von automatischen Meßeinrichtungen

Prüfen

zusätzliche
Nutzung

b) zusätzliche Nutzung des Betriebsmittels

Verringerung der Zeiten für Nacharbeit beispielsweise durch:
– Verbesserung der zu bearbeitenden Werkstoffqualität
– bessere Qualität der Zerspanungswerkzeuge
– planmäßige Instandhaltung des Betriebsmittels, um die erforderliche Arbeitsgenauigkeit zu gewährleisten.

ablaufbedingtes
Unterbrechen

c) ablaufbedingtes Unterbrechen der Betriebsmittelnutzung

Diese Ablaufart bietet in der Regel die meisten Möglichkeiten, das Verhältnis zwischen der Zeit für Hauptnutzung eines Betriebsmittels zu den Zeiten der übrigen Ablaufarten zu verbessern. Das ablaufbedingte Unterbrechen kann
– durch den Ablauf innerhalb des betrachteten Arbeitssystems oder
– durch Ursachen (Umwelteinflüsse), die außerhalb des betrachteten Arbeitssystems liegen,
entstehen.

Zur Verringerung von Ablaufabschnitten dieser Ablaufart lassen sich im einzelnen folgende Fragen stellen:

1) Läßt sich ein Ablaufabschnitt, der später zur Unterbrechung der Nutzung führen würde, schon während der Hauptnutzung ausführen?
   Das ist häufig möglich für beispielsweise
   – das Heranholen oder Wegbringen von Arbeitsgegenständen, Zähl- und Kontrollaufgaben, das Beschaffen von Informationen, aus Arbeitsunterlagen und von Vorgesetzten,
   – das Erstellen und Abgeben von Informationen wie Ausfüllen von Begleitkarten und Lohnunterlagen.

2) Lassen sich bestimmte Teilaufgaben außerhalb des betrachteten Arbeitssystems vorbereiten?
   Das ist beispielsweise möglich durch
   – übersichtliche Lagerung und Kontrolle von Schneidwerkzeugen und Voreinstellen von Werkzeugen (Bild 134),
   – das Herrichten von Schneidwerkzeugen in einer dafür eingerichteten Werkzeugschleiferei,
   – das Vorbereiten von Arbeitsgegenständen an anderen Arbeitsplätzen, sofern dies nicht
   – während der Hauptnutzung am Betriebsmittel erfolgen kann.

Werkzeugbretter für Lagerung und Kontrolle (Werksfoto von General Motors, Straßburg)   Bild 134

3) Lassen sich bestimmte Ablaufabschnitte durch andere Arbeitspersonen ausführen?

Das ist beispielsweise möglich für
- den An- und Abtransport von Werkstoffen und Arbeitsgegenständen,
- das Beschaffen und Wegbringen von Arbeitsaufträgen, Informationen, Werkzeugen,
- Reinigungsarbeiten im Bereich des Betriebsmittels,
- den Abtransport von Spänen und anderem Abfall oder Reststoffen.

4) Läßt sich ein Ablaufabschnitt durch zusätzliche technische Einrichtungen im Zeitaufwand verringern oder ganz vermeiden?

Das ist beispielsweise möglich
- durch Einsatz eines schwenkbaren Hebewerkzeuges zum Auf- und Absetzen schwerer Arbeitsgegenstände, wodurch die Wartezeit für den Hallenkran entfallen kann,
- durch Einsatz von hydraulischen Hebebühnen an Pendelsägen für den Holzzuschnitt,
- durch Verwendung von Ladeeinheiten wie Paletten, Behältern, Containern zur Verkürzung der Be- und Entladung von Transportfahrzeugen,
- durch Vorrichtungen zur gleichzeitigen Bearbeitung mehrerer Arbeitsgegenstände.

5) Läßt sich ein Ablaufabschnitt zu einem anderen Zeitpunkt am Betriebsmittel ausführen?

Das ist beispielsweise möglich bei Reinigungs- und Wartungsarbeiten am Betriebsmittel außerhalb der normalen Arbeitszeit.

störungsbedingtes
Unterbrechen

d) Störungsbedingtes Unterbrechen der Betriebsmittelnutzung

Diese Ablaufart ist nicht vorherbestimmbar, so daß sich nur in geringem Maße Möglichkeiten ergeben, um solche Ereignisse auszuschalten.

Durch eine planmäßige vorbeugende Instandhaltung ist es möglich, einen hohen Grad der Zuverlässigkeit im Einsatz des Betriebsmittels zu erzielen. Die Art und der Umfang dieser Instandhaltung richtet sich nach der Art und Dauer der Beanspruchung der möglichen Verschleiß-Maschinenteile. Der Zeitpunkt der Inspektionen wird aufgrund von Erfahrungen nach Stunden, Tagen oder Wochen der Hauptnutzung festgelegt. Außerdem lassen sich durch eine abgewogene Lagerhaltung von Ersatzteilen, die vorzeitig ausgetauscht werden, Reparaturzeiten erheblich verkürzen. Auch die Versetzung eines spezialisierten Mechanikers aus der Schlosserei in den unmittelbaren Arbeitsbereich einer gleichartigen Gruppe von Betriebsmitteln (zum Beispiel Verpackungsautomaten) kann zu beträchtlichen Zeiteinsparungen führen, zumal dieser dann meist auch die Rüstarbeiten übernehmen kann.

erholungs-
bedingtes
Unterbrechen

e) Erholungsbedingtes Unterbrechen der Betriebsmittelnutzung

Damit das Betriebsmittel nicht stillgesetzt werden muß, solange der Mensch sich erholt, bieten sich beispielsweise folgende Möglichkeiten:

1) zeitweise Ablösung durch einen Mitarbeiter,
2) zeitlich festgelegter Wechsel zweier Arbeitspersonen,
3) job rotation bei Gruppenarbeit, das heißt die Mitarbeiter wechseln in bestimmten Zeitabständen ihre Arbeitsplätze in der Reihenfolge des Ablaufs, so daß jeder an jedem Platz eine Zeitlang tätig ist (systematischer Arbeitsplatzwechsel).

persönlich
bedingtes
Unterbrechen

f) Persönlich bedingtes Unterbrechen der Betriebsmittelnutzung

Bei dieser Ablaufart sind verhältnismäßig wenig Möglichkeiten der Einflußnahme gegeben, da ein gewisser Zeitaufwand für das persönliche Wohlbefinden und die Bedürfnisse des Menschen immer erforderlich sein wird. Eine Verringerung des Zeitaufwandes läßt sich gegebenenfalls erreichen zum Beispiel durch

– eine räumlich günstige Zuordnung der Toiletten und anderer Sozialräume zu den betrachteten Arbeitssystemen,
– eine zentrale Regelung der klimatischen und beleuchtungsmäßigen Bedingungen,
– die Aufstellung von Verpflegungsautomaten in den Betriebsräumen oder den Einsatz von Kantinenwagen sowie
– den Einsatz von Springern.

5.7.4 Technische Nutzung

Die Verfolgung des Gesamtnutzungsgrades zielt in erster Linie auf eine Verkürzung der Zeiten für außer Einsatz durch Maßnahmen der Arbeitssteuerung. Der Hauptnutzungsgrad wird überwacht, um die Zeiten für Nebennutzung und zusätzliche Nutzung sowie die Zeiten für Unterbrechung der Nutzung durch Verbesserung des Arbeitsablaufes zu reduzieren. Beim *technischen Nutzungsgrad* schließlich wird die Betrachtung auf die Hauptnutzungszeit selbst gerichtet, indem gefragt wird, ob während der Hauptnutzung die technische Kapazität möglichst gut genutzt wird. Dabei können die folgenden vier Gesichtspunkte unterschieden werden:

Vergleich von Gesamt-, Haupt- und technischer Nutzung

1) Nutzung der Abmessungen und der technischen Leistungen

Die durch die Auftragszusammensetzung gegebene erforderliche Leistung des Betriebsmittels muß in einem wirtschaftlich vertretbaren Maß zu seinem technischen Leistungsvermögen stehen. So ist es zum Beispiel unwirtschaftlich, Motorwellen von 25 mm Durchmesser und einer Länge von 350 mm auf einer großen Spitzendrehmaschine mit einem Anschlußwert von 25 kW zu bearbeiten oder einen Auftrag von 20 000 Kleindrehteilen auf einer kleinen Revolver-Drehmaschine zu fertigen, wenn die Kapazität eines dafür geeigneten Drehautomaten zur Verfügung steht. Weiter gehört zur technischen Nutzung der Betriebsmittel die Wahl optimaler Arbeitsgeschwindigkeiten (siehe auch Kapitel 5 in Teil 2).

Nutzung der Abmessungen und technischen Leistungen

2) Nutzung der Zusatzeinrichtungen

Da jede zusätzliche Einrichtung eines Betriebsmittels den Beschaffungspreis und damit die entstehenden Kosten erhöht, muß auch ihre Verwendung im Arbeitslablauf gewährleistet werden. So ist es zum Beispiel unwirtschaftlich, wenn ein Verpackungsautomat zwar eine automatische Zuführung besitzt, die Arbeitsgegenstände jedoch von Hand eingelegt werden.

Nutzung der Zusatzeinrichtungen

Nutzung der
Genauigkeit

3) Nutzung der Genauigkeit

Je höher die Anforderungen an die Genauigkeit der durch das Betriebsmittel zu bearbeitenden Arbeitsgegenstände sind, um so größer muß die
Präzision der Maschine sein. Dies erfordert wiederum erhöhte Kosten,
so daß es sinnvoll ist, solche Betriebsmittel nur mit solchen Arbeitsaufträgen zu belegen, bei denen diese Präzision erforderlich ist. Es ist zum
Beispiel unzweckmäßig, eine Präzisions-Drehmaschine für eine Grobbe-
arbeitung einzusetzen, zumal dadurch unter Umständen die Präzision
des Betriebsmittels in Mitleidenschaft gezogen werden könnte.

Folgerungen für
die
Arbeitsplanung

Diese drei Kriterien geben Auskunft über den Grad der Nutzung der
technischen Kapazität eines Betriebsmittels während der Hauptnutzung. Es gehört somit zur Aufgabe der Arbeitsplanung eines Betriebes,
für eine richtige Zuordnung der Arbeitsaufträge zu den vorhandenen Betriebsmitteln zu sorgen und den Maschinenpark entsprechend der Auftragszusammensetzung zu erweitern oder zu begrenzen. Die hierzu erforderlichen Daten werden den Arbeitsplänen und anderen Informa-
tionsmitteln, wie Zeichnungen, Mustern, Stücklisten usw., sowie der
Kostenrechnung entnommen. Hohe zeitabhängige Kosten erfordern eine Belegung der Betriebsmittel mit Aufträgen, deren Deckungsbeitrag
hoch ist.

Literatur

Bartenwerfer, H.: Psychische Beanspruchung und Ermüdung, in: Mayer, A., Herwig, B. (Hrsg.): Handbuch der Psychologie, Bd.9, Göttingen 1970

Baum, E.: Motografie II. Bewegungsaufzeichnung mit Spuren. Infrarot-Platten-Technik, Farb-, Sofort- und Raumbild.
Wirtschaftsverlag NW. Verlag für neue Wissenschaft, Bremerhaven. Reihe: BAU Forschungsbericht Nr. 324

Benz, C.; Leibig, J.; Roll, K.-F.: Gestalten der Sehbedingungen am Arbeitsplatz, Verlag TÜV Rheinland, Köln 1983

Birkwald, R.; Pornschlegel, H.: Handlungsanleitung zur menschengerechten Arbeitsgestaltung nach dem Betriebsverfassungsgesetz. Frankfurt: Union-Druckerei- und Verlagsanstalt, 1976

Bullinger, H.J., und J.J. Solf: Ergonomische Arbeitsmittelgestaltung. Band I: Systematik. Band II: Handgeführte Werkzeuge – Fallstudien. Band III: Stellteile an Werkzeugmaschinen – Fallstudien. Wirtschaftsverlag NW, Bremerhaven 1979
DGB (Hrsg.): Menschengerechte Arbeitsgestaltung, Bund-Verlag, Köln 1978

DIN 5031 Strahlungsphysik im optischen Bereich und Lichttechnik

DIN 5032 Lichtmessung
Teil 1: Photometrische Verfahren
Teil 2: Meßbedingungen für elektrische Lampen
Teil 3: Meßbedingungen für Gasleuchten
Teil 4: Messungen an Leuchten

DIN 5034 Beleuchtung; Leitsätze
Beiblatt 1, Berechnung und Messung

DIN 5035 Beleuchtung
Teil 1: Begriffe und allgemeine Anforderungen
Teil 2: Richtwerte für Arbeitsstätten

DIN 5040 Lichttechnik
Teil 1: Leuchten für Beleuchtungszwecke; Lichttechnische Merkmale und Einteilung
Teil 2: Leuchten für Beleuchtungszwecke; Innenleuchten, Begriffe, Einteilung
Teil 3: Leuchten für Beleuchtungszwecke; Außenleuchten, Begriffe, Einteilung

DIN 33 400 Vornorm; Gestalten für Arbeitssysteme nach arbeitswissenschaftlichen Erkenntnissen; Begriffe und allgemeine Leitsätze
Beiblatt 1; Beispiel für höhenverstellbare Arbeitsplattformen

DIN 33 401 Stellteile

DIN 33 402 Körpermaße des Menschen
Teil 1: Begriffe, Meßverfahren
Teil 2: Werte

DIN 33 407: Arbeitsanalyse

DIN 45 630
Teil 1: Grundlagen der Schallmessung: Physikalische und subjektive Größen von Schall
Teil 2: Grundlagen der Schallmessung; Normalkurven gleicher Lautstärkepegel

DIN 45 633
Teil 1: Präzisionsschallpegelmesser; Allgemeine Anforderungen
Teil 2: Präzisionsschallpegelmesser; Sonderanforderungen für die Anwendung auf kurzdauernde und impulshaltige Vorgänge

DIN 45 634: Schallpegelmesser und Impulsschallpegelmesser; Anforderungen

DIN 45 635:
Teil 19: Geräuschmessung an Maschinen; Luftschallmessung, Hüllflächenverfahren, Büromaschinen

DIN 45 641: Mittelungspegel und Beurteilungspegel zeitlich schwankender Schallvorgänge

DIN 45 645:
Teil 1: Einheitliche Ermittlung des Beurteilungspegels für Geräuschimmissionen; April 1977
Teil 2: Einheitliche Ermittlung des Beurteilungspegels für Geräuschimmissionen; Geräuschimmissionen am Arbeitsplatz; August 1980

DIN 66 233: Kennwerte für die Anpassung von Bildschirmarbeitsplätzen an den Menschen, Begriffe

DIN 66 234
Teil 1: Kennwerte für die Anpassung von Bildschirmarbeitsplätzen an den Menschen; Geometrische Gestaltung der Schriftzeichen
Teil 3 (Entwurf): Bildschirmarbeitsplätze; Gruppierung und Formatierung von Daten
Teil 5 (Entwurf): Bildschirmarbeitsplätze; Codierung von Information

Emig, A.: Planung der Innenbeleuchtung, in: Institut für angewandte Arbeitswissenschaft e.V. (Hrsg.): Taschenbuch der Arbeitsgestaltung, Köln, Verlag J.P. Bachem, 1977

Fischer, L.; Lück, H.E.: Entwicklung einer Skala zur Messung von Arbeitszufriedenheit (SAZ), Psychologie und Praxis 16, 1972, S. 62-76

Förster, G.; Hach, K.-F.; Winter, F.: Messen von Umgebungseinflüssen am Arbeitsplatz, Verlag TÜV Rheinland, Köln 1981

Gesellschaft für Arbeitswissenschaft (GfA): Denkschrift „Arbeitswissenschaft in der Gesetzgebung", Hrsg. vom Rationalisierungs-Kuratorium der Deutschen Wirtschaft, RKW e.V., 1978

Graf, P.: Arbeitspsychologie, Wiesbaden, Betriebswirtschaftlicher Verlag Dr. Th. Gabler, 1960

Grandjean, E.: Physiologische Gestaltung der Büroarbeit, Wissenschaftliche Verlagsgesellschaft, Stuttgart 1969

Grandjean, E.: Physiologische Arbeitsgestaltung, Ott, Thun 1979

Grandjean, E., Hünting: Sitzen Sie richtig? Sitzhaltung und Sitzgestaltung am Arbeitsplatz, Hrsg. Bayerisches Staatsministerium für Arbeit und Sozialordnung, München 1978

Gubser, A.: Monotonie im Industriebetrieb, Huber Verlag, Bern 1968

Hacker, W.: Psychische Regulation von Arbeitstätigkeiten: Innere Modelle, Strategien in Mensch-Maschine-Systemen, Belastungswirkungen, VEB Verlag der Wissenschaften, Berlin 1976

Hacker, W.: Allgemeine Arbeits- und Ingenieurpsychologie, Verlag Hans Huber, Bern 1978

Haider, M.: Ermüdung, Beanspruchung und Leistung, Verlag Denticke, Wien 1962

Handbuch der Arbeitsgestaltung und Arbeitsorganisation. Hrsg. Verein Deutscher VDI-Gesellschaft Produktionstechnik (ADB). VDI-Verlag, Düsseldorf 1980

Hartmann, E.: Beleuchtung und Sehen am Arbeitsplatz, Wilhelm Goldmann Verlag, München 1970

Hettinger, Th.; Kaminsky, G.; Schmale, H.: Ergonomie am Arbeitsplatz, Kichl Verlag, Ludwigshafen 2. Aufl. 1980

Hoffmann, H.; von Lüpke, A.: 0 Dezibel + 0 Dezibel = 3 Dezibel, Einführung in die Grundbegriffe und die quantitative Erfassung des Lärms. 2. Auflage, Berlin 1976

Hoyos, C. Graf: Problematik der Stressoren in der Arbeitswelt, in: IfaA (Hrsg.): Streß in der Arbeitswelt, Köln 1978

IfaA (Hrsg.): Taschenbuch der Arbeitsgestaltung, Verlag Bachem, Köln 1977

IfaA (Hrsg.): Schall und Schwingungen am Arbeitsplatz, Verlag Bachem, Köln 1981

Jacob, E.: Scholz, H.: Beleuchtung im Betrieb, Beuth-Vertrieb, Berlin 1962

Jenik, P.: Maschinen menschlich konstruiert, MM-Industrie Journal, 78, 1972, 5

Jürgens, H.; Helbig; Kopka: Körpermaße deutscher und ausländischer Arbeitnehmerinnen in der Bundesrepublik Deutschland, in: Zeitschrift für Morphologie und Anthropologie, Stuttgart 1975

Kaminsky, G.: Praktikum der Arbeitswissenschaft, München 1971

Karrasch, K.; Müller, E.A.: Das Verhalten der Pulsfrequenz in der Erholungsperiode nach körperlicher Arbeit, in: Arbeitsphysiologie, 1951, S. 369 ff.

Kirchner, J.-H., Rohmert, W.: Problemanalyse zur Erarbeitung eines arbeitswissenschaftlichen Instrumentariums für Tätigkeitsanalyse, in: Bundesinstitut für Berufsbildungsforschung (Hrsg.): Arbeitswissenschaftliche Studien zur Berufsbildungsforschung, Gebr. Jänecke Verlag, Hannover 1973, S. 7-48

Knauth, P.; Rohmert, W.; Rutenfranz, J.: Arbeitsphysiologische Kriterien zur Schichtplangestaltung bei kontinuierlicher Arbeitsweise, in: Zeitschrift für Arbeitswissenschaft, 1976, Heft 4, S. 240 ff.

Koch, H.: Lüftung des Arbeitsraumes,, Beuth-Vertrieb, Berlin 1963

Landau, K.: Auswirkungen der Mikroelektronik aus arbeitswissenschaftlicher Sicht, in: REFA-Nachrichten, 1980, S. 213 ff.

Lange, W.; Kirchner, J.H.; Lazarus, H.; Schnauber, H.: Kleine ergonomische Datensammlung, 3. erweiterte Auflage, Verlag TÜV Rheinland, Köln 1981

Laurig, W.: Ergonomische Probleme standardisierter Verfahren zur Ermittlung von Erholungszeiten, dargestellt am Beispiel einseitig dynamischer Muskelarbeit, in: Fortschrittliche Betriebsführung 1976, S. 365-373

Laurig, W.: Grundzüge der Ergonomie, Einführung, Berlin und Köln, 2. Auflage 1982

Laurig, W.: Der Arbeitsinhalt als ergonomische Fragestellung, Dortmund, Vortrag gehalten auf der Internationalen Tagung der Sozialakademie vom 20. bis 23.6.1977

Lehmann, G.: Praktische Arbeitsphysiologie, Verlag Thieme, Stuttgart 1962

Luczak, H.: Untersuchungen informatorischer Belastung und Beanspruchung des Menschen, Düsseldorf. Fortschritt-Berichte der VDI-Zeitschriften, Reihe 10, Bd. 2, VDI-Verlag GmbH, 1975

Luczak, H.: Arbeitswissenschaftliche Untersuchungen von maximaler Arbeitsdauer und Erholungszeiten bei informatorisch-mentaler Arbeit nach dem Kanal- und Regler-Mensch-Modell sowie superponierten Belastungen am Beispiel Hitzearbeit, VDI-Verlag, Düsseldorf 1979

Martin, E.; Ackermann, U.; Udris, J.; Oegerli, K.: Monotonie in der Industrie, Verlag Huber, Bern 1980

Munker, H.: Umgebungseinflüsse am Büroarbeitsplatz, Verlag TÜV Rheinland, Köln 1979

Müller, E.A.; Vetter, K.: Die Abhängigkeit der Handgeschicklichkeit von anatomischen und physiologischen Faktoren; Arbeitsphysiologie, 15, 1954, S. 255-263

Neuberger, O.: Der Arbeits-Beschreibungs-Bogen, in: Probleme und Entscheidung, 15, 1975, S. 1 - 129

Nitsch,J.: Die Eigenzustandsskala (EZ-Skala), in: Nitsch, J.; Udris, I.: Beanspruchung im Sport, Verlag Limpert, Bad Homburg 1976

Preuschen, G.: Einführung in die Arbeitswissenschaft, Verlag Rombach, Freiburg 1973

Rohmert, W.; Rutenfranz, J.; Ulich, E. – Das Anlernen sensumotorischer Fertigkeiten, Frankfurt: Schriftenreihe „Wirtschaft und soziale Aspekte des technischen Wandels in der Bundesrepublik", Bd. 7, 1971

Rohmert, W.: Aufgaben und Inhalt der Arbeitswissenschaft, Die berufsbildende Schule, 24, 1972, Heft 1, S. 3-14

Rohmert, W., u.a.: Psychophysische Belastung und Beanspruchung von Fluglotsen, Beuth-Vertrieb GmbH, Berlin 1973, Schriftenreihe Arbeitswissenschaft und Praxis, Bd. 30

Rohmert, W.; Laurig, W.; Jenik, P.: Ergonomie und Arbeitsgestaltung – dargestellt am Beispiel des Bahnpostbegleitdienstes, Beuth-Vertrieb GmbH, Berlin 1974

Rohmert, W.: Umdruck zur Vorlesung Arbeitswissenschaft I, 1. berichtigte Auflage, Darmstadt 1979a

Rohmert, W.: Die Auffächerung der Anforderungsarten zur psychischen Belastung für eine gerechte Entlohnung, Vortrag gehalten auf der Analytik 1979, Symposium über den Stand der analytischen Arbeitsbewertung in der Bundesrepublik Deutschland (1979b)

Rohmert, W.; Landau, K.: Das Arbeitswissenschaftliche Erhebungsverfahren zur Tätigkeitsanalyse (AET), Bd. I: Handbuch, Bd. II: Merkmalheft, Verlag Hans Huber, Bern 1979

Rohmert, W.: Grundlagen der technischen Arbeitsgestaltung, in: Schmidtke, 1981

Rohmert, W.; Rutenfranz, J. (Hrsg.): Praktische Arbeitsphysiologie, Georg Thieme Verlag, Stuttgart, New York 1983

Rutenfranz, J.; Knauth, P.: Schichtarbeit und Nachtarbeit, Probleme – Formen – Empfehlungen, Bayerisches Staatsministerium für Arbeit und Sozialordnung, München 1982

Sämann, W.: Charakteristische Merkmale und Auswirkungen ungünstiger Arbeitshaltungen, Beuth Vertrieb, Berlin 1970

Spitzer, H.; Hettinger, Th.; Kaminsky, G.: Tafeln für den Energieumsatz bei körperlicher Arbeit, 6. Auflage, Beuth Verlag GmbH, Berlin 1982

Schmale, H.: Beleuchtung und Sehen, in: IfaA 1977

Schmidtke, H.: Kontroll- und Steuerungstätigkeiten, Beuth Vertrieb GmbH, Berlin 1966

Schmidtke, H.: Wachsamkeitsprobleme, in: Schmidtke, H. (Hrsg.): Ergonomie 1, Carl Hanser Verlag, München 1973

Schmidtke, H.: Ermüdung und Erholung, in: IfaA (Hrsg.): Taschenbuch der Arbeitsgestaltung, Verlag Bachem, Köln 1977

Schmidtke, H. (Hrsg.): Lehrbuch der Ergonomie, 2. Auflage, Hanser Verlag, München, Wien 1981

Schnauber, H.: Arbeitswissenschaft, Verlag Vieweg & Sohn, Braunschweig, Wiesbaden 1979

Schulte, B.: Wesen menschlicher Leistung, in: IfaA (Hrsg.): Taschenbuch der Arbeitsgestaltung, Verlag Bachem, Köln 1977

Schultetus, W.: Montagegestaltung, Verlag TÜV Rheinland, Köln 1980

Ulich, E.; Baitsch, C.: Schicht- und Nachtarbeit im Betrieb, gdi-Verlag, Zürich 1979

Verordnung über Gaststätten vom 20. 3. 1975, BGBL, IS. 729

VDI 2058
Blatt 1: Beurteilung von Arbeitslärm in der Nachbarschaft
Blatt 2: Beurteilung von Arbeitslärm am Arbeitsplatz
Blatt 3: Beurteilung von Lärm unter Berücksichtigung von Anforderungen des Arbeitsplatzes

Wenzel, H.G.: Klima, in: Ergonomie 2, Hrsg.: H. Schmidtke, München/Wien, 1974

Wenzel, H.G.; Piekarski, C.: Klima und Arbeit, Bayerisches Staatsministerium für Arbeit und Sozialordnung, München, 2. Aufl. 1982

Wifi, Wirtschaftsförderungsinstitut der Bundeskammer (Hrsg.): Lärm − Technik und Praxis der Bekämpfung, Schriftenreihe Rationalisieren, Folge 70, Wien 1973

Kapitel 6
Grundsätze zur Gestaltung des Arbeitsablaufes zwischen mehreren Arbeitsplätzen

6.1	Einleitung	248
6.2	Ablaufprinzipien	250
6.2.1	Übersicht	250
6.2.2	Werkbankfertigung	254
6.2.3	Fertigung nach dem Verrichtungsprinzip (Werkstättenfertigung)	254
6.2.4	Fertigung nach dem Flußprinzip	256
6.2.5	Automatische Fertigung	261
6.2.6	Verfahrenstechnische Fließfertigung	265
6.2.7	Fertigung nach dem Platzprinzip	266
6.2.8	Fertigung nach dem Wanderprinzip	266
6.2.9	Förderarbeiten	267
6.3	Besonderheiten des Verrichtungs- und des Flußprinzips	268
6.3.1	Vor- und Nachteile der Artteilung	268
6.3.2	Vor- und Nachteile des Verrichtungsprinzips	270
6.3.3	Vor- und Nachteile der Fließarbeit	272
6.3.4	Räumliche Gliederungsgrundsätze beim Flußprinzip	275
6.3.5	Beispiele	281
6.3.6	Taktabstimmung bei Fließarbeit	282
6.3.6.1	Grundbegriffe	282
6.3.6.2	Beispiel	283
6.4	Gestaltung des Materialflusses	291
6.4.1	Begriffsbestimmung	291
6.4.2	Voraussetzungen der Materialflußgestaltung	296
6.4.2.1	Räumliche Faktoren	296
6.4.2.2	Fertigungstechnische Faktoren	299
6.4.2.3	Fördertechnische Faktoren	301
6.4.2.4	Lagertechnische Faktoren	309
6.4.3	Methodisches Vorgehen bei der Materialflußgestaltung	313
6.4.3.1	Untersuchungsmethode	313
6.4.3.2	Darstellung des Material- und Informationsflusses	314
6.4.3.3	Prüflisten für die Gestaltung des Materialflusses	318
6.4.4	Beispiel einer Materialflußgestaltung	324
	Literatur	329

6.1 Einleitung

Gestaltung von
abgegrenzten
Arbeitssystemen

Im vorigen Kapitel ging es um die Gesichtspunkte bei der Gestaltung von einzelnen Arbeitsplätzen. Die Betrachtung bezog sich hier vorwiegend auf abgegrenzte Arbeitssysteme (Bild 136).

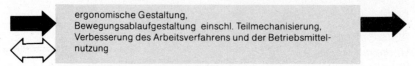

ergonomische Gestaltung,
Bewegungsablaufgestaltung einschl. Teilmechanisierung,
Verbesserung des Arbeitsverfahrens und der Betriebsmittelnutzung

Bild 136   Schwerpunkte der Arbeitsplatzgestaltung

Gestaltung der
Verbindung
zwischen
Arbeitssystemen

In diesem Kapitel wird der einzelne Arbeitsplatz als schwarzer Kasten betrachtet und vorwiegend die Zuordnung der einzelnen Arbeitsplätze zueinander behandelt (Bild 137). Dieser Teil der Arbeitsgestaltung wird *Arbeitsablaufgestaltung* oder auch *Ablauforganisation* genannt.

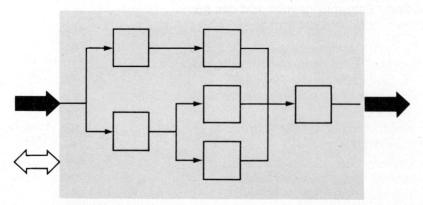

Bild 137   Ablaufgestaltung

Kriterien der
Ablaufgestaltung

Bei der Gestaltung des Arbeitsablaufes zwischen mehreren Arbeitsplätzen kommt es vor allem darauf an,

1) den *Durchlauf* der Arbeitsgegenstände zu beschleunigen, um damit den Umlauf an Material und an geleisteter Arbeit klein zu halten,
2) die *Betriebsmittel* gut zu *nutzen* in dem schon im Abschnitt 5.5 kurz angesprochenen Sinne und
3) die *Arbeitsteilung* optimal anzuwenden.

Der allgemein am meisten bekannte Weg zur Verbesserung des Ablaufes zwischen mehreren Plätzen ist die *Fließarbeit.* Henry Ford baute 1913 das erste Fließband für die Montage von Personenwagen und senkte damit durch die Verringerung der Durchlaufzeit die Montagezeit für einen Pkw von 14 Stunden auf 1 Stunde 33 Minuten. Die Fließarbeit ist nur eines der möglichen Prinzipien zur Anordnung und Verbindung von Arbeitsplätzen. Es setzt zum Beispiel voraus, daß die pro Periode zu fertigende Menge eine Mindeststückzahl überschreitet.

Fließarbeit

Im folgenden werden zunächst die möglichen Ablaufprinzipien erläutert. Sie bilden eine wichtige Grundlage der Ablaufgestaltung.

Ablaufprinzipien

Die Ablaufprinzipien sind Grundsätze zur räumlichen Anordnung und Verbindung mehrerer Arbeitsplätze.

Im weiteren Verlauf dieses Kapitels wird eine spezielle, aber in vielen Betrieben besonders erfolgversprechende Betrachtungsweise des Arbeitsablaufes hervorgehoben: die *Materialflußgestaltung und das Förderwesen.* Bei dieser Betrachtungsweise wird das Augenmerk in erster Linie auf einen reibungslosen Durchlauf des Arbeitsgegenstandes durch den Betrieb gerichtet.

Materialflußgestaltung

Nach der VDI-Richtlinie 2411 ist der *Materialfluß die Verkettung aller Vorgänge beim Gewinnen, Be- und Verarbeiten sowie beim Lagern und Verteilen von Stoffen innerhalb festgelegter Bereiche (Arbeitssysteme).*

Zwangsläufig muß bei einer schriftlichen Darstellung der Arbeitsgestaltung im einzelnen und nacheinander geschildert werden, was gemeinsam angewendet gerade den größten Erfolg bringt. Arbeitsplatz- und Arbeitsablaufgestaltung einschließlich der Gestaltung des Materialflusses sind in Theorie und Praxis eng ineinander verzahnte, sich überschneidende Rationalisierungsmaßnahmen. Je komplexer die zu gestaltenden Systeme sind, um so mehr Wissen, Methoden und Gesichtspunkte sind gleichzeitig anzuwenden. Fast immer ist eine arbeitsgestalterische Maßnahme nur dann geglückt, wenn zwischen vielen Gegebenheiten ein Optimum gefunden wurde. Deshalb soll an dieser Stelle wieder einmal darauf hingewiesen werden, daß die Ausführungen der Kapitel 4, 5, 6 und 7 nichts weiter als Grundlagen und geordnete Erfahrungen der Arbeitsgestaltung sind, die bei der Lösung einer Gestaltungsaufgabe nach der 6-Stufen-Methode der Systemgestaltung (Kapitel 3) als Daten und Informationen zu verwerten sind.

Verknüpfung von Platz-, Ablauf- und Materialflußgestaltung

Einflußgrößen
der Ablauf-
gestaltung

Die Auswahl des richtigen Ablaufprinzips, des richtigen Fördermittels und auch des richtigen Arbeitsplatztyps hat sich unter anderem nach folgenden sehr unterschiedlichen Gegebenheiten zu richten:

1) Beweglichkeit, Größe und Gewicht der Arbeitsgegenstände
2) Auftrags- oder Losgröße und Fertigungsart, wie Einzel-, Serien- oder Massenfertigung
3) Anzahl der Varianten im Fertigungsprogramm
4) vorhandene Räumlichkeiten
5) Art, Anzahl und Leistung der zur Verfügung stehenden Betriebsmittel
6) Anzahl, Eignung und Motivation der einsetzbaren Mitarbeiter
7) Art der anwendbaren Arbeitsverfahren
8) Qualitätsforderungen
9) Art, Anzahl und Leistung der vorhandenen Fördermittel.

Bekanntlich soll sich der Arbeitsstudienmann nicht in jedem Fall mit diesen Gegebenheiten abfinden, sondern sie in Frage stellen, um sie so zu verändern, daß die Anwendung eines wirtschaftlichen und menschengerechten Arbeitsplatztyps, Ablaufprinzips und Fördermittels möglich ist.

6.2 Ablaufprinzipien

6.2.1 Übersicht

Zusammen-
stellung der
verschiedenen
Ablaufprinzipen

Die verschiedenen Ablaufprinzipien sind gekennzeichnet durch die Art und Weise der Aufteilung eines ganzheitlichen Arbeitsablaufes auf ein oder mehrere Arbeitssysteme. Im Bild 138 sind ausgehend von der Vielzahl der möglichen die häufigsten Ablaufprinzipien in Abhängigkeit von den Arbeitsplatztypen dargestellt. Von besonderer Bedeutung für das Arbeitsstudium sind hierbei das Verrichtungs- und das Flußprinzip. In der Gegenwart gewinnen daneben die Baustellenfertigung und das Förderwesen zunehmend an Gewicht. Im Bild 139 sind zur Veranschaulichung einige typische Beispiele für diese Ablaufprinzipien abgebildet. Die Unterschiedlichkeit dieser Bilder kennzeichnet die Vielfalt betrieblicher Arbeitsgestaltung.

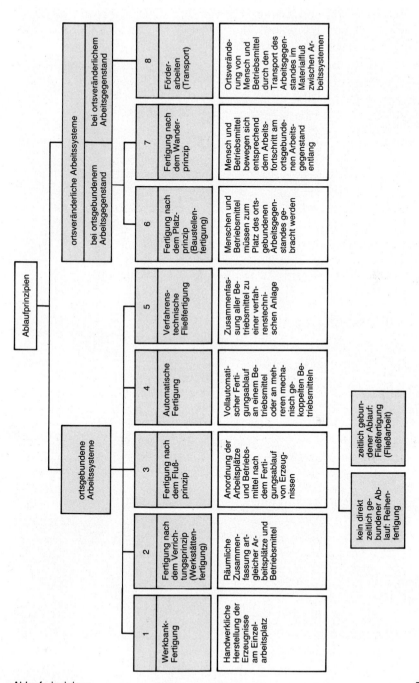

Ablaufprinzipien　　　　　　　　　　　　　　　　　　　Bild 138

Bild 139   Beispiele für die 8 Ablaufprinzipien

1) Werkbankfertigung: Abzughaube komplett herstellen (Anreißen, Zuschneiden, Biegen, Schweißen, Bohren) (Werksfoto BASF)

2) Fertigung nach dem Verrichtungsprinzip: Werkzeugbau mit Drehmaschinen, Fräsmaschinen und Tiefziehpressen (Werksfoto Opel)

3) Fertigung nach dem Flußprinzip: Wandlergehäuse der Opel-Automatic werden in einem vollklimatisierten Raum mit dem Getriebegehäuse zusammengeschraubt (Werksfoto Opel)

4) Automatische Fertigung: Transferstraße zum Bohren, Senken und Gewindestrählen von Getriebegehäusen (Werksfoto Ludwigsburger Maschinenbau)

5) Verfahrenstechnische Fließfertigung Schaltwarte mit symbolischer Darstellung des Ablaufes einer petrochemischen Anlage (BASF)

6) Baustellenfertigung Montage von Fertigteilen (Werksfoto Hochtief)

7) Wanderprinzip: Antransport der bituminösen Tragschicht mit LKW, Verteilung mit Fertiger und Verdichtung mit Walzen

8) Förderarbeiten: Ein- bzw. Ausstapeln der gefüllten Lagergestelle mit Hubwagen (Werksfoto Opel)

6.2.2 Werkbankfertigung

Erläuterung

Unter einer Werkbankfertigung ist ein Systemtyp mit einer ein- oder mehrstelligen Einzelarbeit zu verstehen, bei dem keinerlei zwangsläufiger Übergang zu anderen Arbeitssystemen besteht. Es handelt sich somit um einen ortsgebundenen Arbeitsplatz, an dem Erzeugnisse einzeln oder in kleinen Auftragsmengen vom Beginn der Bearbeitung bis zur Fertigstellung hergestellt werden. Hierbei kann allenfalls das Prinzip der Mengenteilung verwendet werden.

Beispiele

Die Werkbankfertigung ist überwiegend noch im Handwerk, aber in Einzelfällen auch innerhalb von Industriebetrieben anzutreffen, wie die nachfolgenden Beispiele zeigen:

a) Beispiele aus dem Handwerk:
Herstellen eines Herrenanzuges durch einen Schneidermeister, Schuhreparatur, Malerarbeiten

b) Beispiele aus dem Industriebetrieb:
Herstellen von Geschirrmuster durch den keramischen Modelleur
Herstellen eines Werkzeuges durch den Werkzeugmacher
Herstellen eines Modells durch den Modell-Mechaniker
Durchführen von Reparaturen an Werkzeugen und Betriebsmitteln.

Kennzeichen

Kennzeichnend für dieses einfachste Ablaufprinzip sind einerseits der meist relativ niedrige Mechanisierungsgrad und auch die niedrigen Platzkosten sowie andererseits die in vielen Fällen qualifizierten Facharbeiter, die zur Arbeitsausführung erforderlich sind. Eine Beibehaltung dieses Ablaufprinzips läßt sich nur dann wirtschaftlich rechtfertigen, wenn keinerlei Möglichkeit besteht, es durch ein anderes zu ersetzen.

6.2.3 Fertigung nach dem Verrichtungsprinzip (Werkstättenfertigung)

Verrichtungs-
prinzip

Beim Verrichtungsprinzip sind die Arbeitssysteme eines Betriebes mit gleicher oder ähnlicher Arbeitsaufgabe räumlich zusammenhängend angeordnet.

Das Verrichtungsprinzip stellt eine verfahrensgebundene Ordnung der Arbeitsplätze im Betrieb dar. Durch seine Verwirklichung entstehen Gruppen von Arbeitssystemen mit gleichem Verrichtungszweck (Werkstätten).

Im Bild 140 sind ausschnittsweise zwei Werkstätten einer mechanischen Fertigung nach dem Verrichtungsprinzip dargestellt.   Beispiel

Der eingezeichnete Ablauf zeigt sehr deutlich, welche Wegstrecken bei der Bearbeitung eines Gußstückes zurückzulegen sind. Diesem Nachteil des Verrichtungsprinzips stehen Vorteile gegenüber (siehe Abschnitt 6.3).

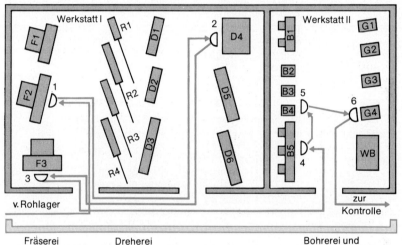

| Fräserei | Dreherei | Bohrerei und Gewindeschneiden |

F1 – F3 Fräsmaschinen   B1 – B5 Bohrmaschinen
R1 – R4 Revolverdrehmaschinen G1 – G4 Gewindeschneidmaschinen
D1 – D6 Spitzendrehmaschinen   WB   Werkbank

Nr.	Vorgang	Art und Nr. des Betriebsmittels
1	fräsen	Fräsmaschine F2
2	drehen	Spitzendrehmaschine D4
3	fräsen	Fräsmaschine F3
4	bohren, senken	Bohrmaschine B5
5	reiben	Bohrmaschine B4
6	gewindeschneiden	Gewindeschneidemaschine G4
7	messen	Platz im Kontrollraum

Beispiel für die Aufstellung von Maschinen nach dem Verrichtungsprinzip (nach Adam-   Bild 140
czyk [1969])

255

6.2.4 Fertigung nach dem Flußprinzip

Im Flußprinzip sind die Arbeitssysteme entsprechend dem Ablauf zur Herstellung bestimmter Arbeitsgegenstände (Erzeugnisse oder Teilerzeugnisse) angeordnet.

Beispiel

Das Flußprinzip stellt eine erzeugnisgebundene Ordnung der Arbeitsplätze dar. Im Bild 141 wird das Herstellen des Gußstückes nach dem Flußprinzip gezeigt. Die Maschinen sind in der Folge der Bearbeitungsvorgänge an dem Gußstück in dem gleichen Werkstattraum I, wie in Bild 140, aufgestellt. Die Verkürzung der Wegstrecken ist erheblich. Näheres zu den Vor- und Nachteilen des Flußprinzips folgt im Abschnitt 6.3.

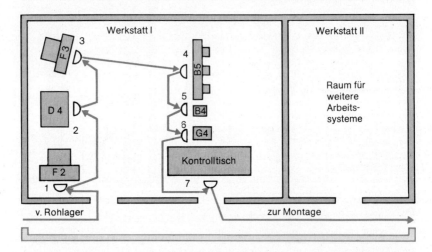

Bild 141

Beispiel für das Aufstellen von Maschinen nach dem Flußprinzip (siehe auch die Erläuterungen bei Bild 140)

Reihen- und Fließfertigung

Die Fertigung nach dem Flußprinzip läßt sich weiter unterteilen in
1) Reihenfertigung (auch Fließreihenfertigung genannt) und
2) Fließfertigung (auch Fließarbeit genannt).

1) *Reihenfertigung*

Bei der Reihenfertigung besteht *keine direkte zeitliche Bindung* zwischen   Erläuterung
den einzelnen Arbeitsplätzen. Die Weitergabe der Arbeitsgegenstände
zum nachfolgenden Arbeitsplatz erfolgt nicht in einem bestimmten
Rhythmus. Zwischen den einzelnen Arbeitsplätzen sind unregelmäßig
große Vorratspuffer eingerichtet, die je nach Teilgröße und -gewicht er-
lauben, eine gewisse Stückzahl, die bei Kleinteilen sehr groß sein kann,
zu speichern.

Trotz der geringen zeitlichen Bindung der Arbeitspersonen ist eine gewisse Abhängigkeit gegeben, indem zum Beispiel täglich oder wöchent-
lich annähernd die gleiche Mengenleistung an den einzelnen Arbeitsplätzen erreicht werden muß.

Bild 142 zeigt eine Reihenfertigung mit großen Zwischenpuffern. Im Bild
143 bestehen die Zwischenpuffer in einer Anhäufung von Teilen auf dem
Arbeitstisch.

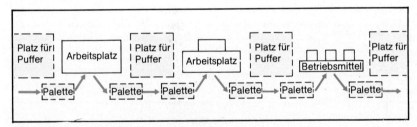

Reihenfertigung mit großen Zwischenpuffern   Bild 142

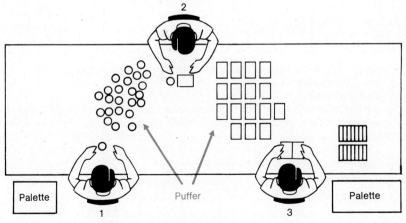

Reihenfertigung mit begrenzten Zwischenpuffern   Bild 143

257

2) *Fließfertigung*

Erläuterung

Bei der Fließfertigung ist der Ablauf *zeitlich gebunden*. Der Durchlauf der Arbeitsgegenstände durch die einzelnen Arbeitsplätze ist so aufeinander abgestimmt, daß zwischen den Arbeitsplätzen kein ablaufbedingtes Liegen der Arbeitsgegenstände entsteht (Bild 144). (Zu den Abkürzungen vgl. MLA Teil 2, Abschnitt 1.2).

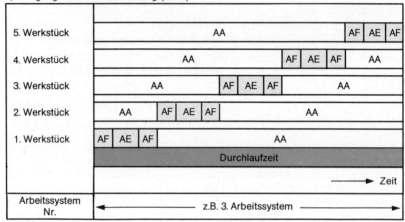

a) Fertigung nach dem Verrichtungsprinzip

b) Fließfertigung

Bild 144

Durchlaufzeit *eines* Werkstückes durch *ein* Arbeitssystem nach
a) dem Verrichtungsprinzip und
b) der Fließfertigung.
Die Durchlaufzeit hängt beim Verrichtungsprinzip von der Größe der Auftragsmenge ab (sie beträgt hier beim Verrichtungsprinzip 5 Stück); bei der Fließfertigung ist sie davon unabhängig.

Fließtransport

Ein wesentlicher Bestandteil der Fließarbeit ist der Fließtransport, der häufig mit einem Fließband (andere Fördermittel siehe Kapitel 6.4) vorgenommen wird.

Im folgenden Bild 145 sind für das schon weiter oben gebrachte Beispiel   Beispiel
Herstellen eines Gußstückes die Arbeitsplätze entlang einem Fließband
angeordnet. Die Zahlen in diesem Bild kennzeichnen wieder die in der
Bildunterschrift von Bild 140 erläuterten Vorgänge.

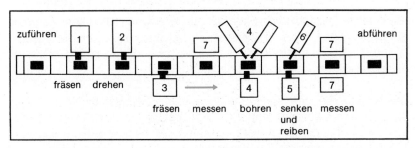

Beispiel für Fließarbeit   Bild 145

Der weiten Verbreitung und Bedeutung der Fließfertigung entspricht die Vielzahl der Be-   Definitionen der
griffbestimmungen, die es in der Literatur gibt. Am bekanntesten ist die Definition des   Fließarbeit
AWF von Mäckbach und Kienzle: „Fließarbeit ist eine örtlich fortschreitende, zeitlich bestimmte, lückenlose Folge von Arbeitsvorgängen." Diese knappe, allgemeingültige Formulierung wird in dem 1926 erschienenen Buch wie folgt näher erläutert:

„Fließarbeit ist
> ,eine Folge' im Sinne der Abgrenzung, da es vorkommen kann, daß an einem Er-
> zeugnis mehrere Fließarbeiten, dazwischen aber auch gewöhnliche Arbeiten, auf-
> treten;

eine örtlich fortschreitende
> diese weite Fassung soll den Fließzwang andeuten, ohne die Anwendung mechani-
> scher Fortbewegungsmittel zu bedingen;

zeitlich bestimmte
> die Dauer der einzelnen Arbeitsgänge ist, wenn auch mit Toleranzen, festgelegt;

lückenlose
> bezieht sich sowohl auf das örtliche Fortschreiten als auch auf die ununterbrochene
> Aneinanderreihung der einzelnen Arbeitszeiten;

Folge
> Reihenfolge, Aufeinanderfolge, das heißt ohne Unterbrechung, aber auch in be-
> stimmter Hintereinanderordnung;

von Arbeitsgängen
> Arbeitsgang (Teilverrichtung, Operation) ist der einer Arbeitsstelle zugewiesene An-
> teil an der Gesamtarbeit."

Als Ergänzung seien zwei neuzeitlichere Definitionen des Begriffes Fließarbeit gegeben:

Fließarbeit ist ein Verfahren zur Herstellung größerer Mengen gleichartiger Erzeugnisse,
bei dem Arbeitsplätze und Maschinen entsprechend der Arbeitsfolge angeordnet sind
und eine etwaige Liegezeit der Werkstücke zwischen den Arbeitsplätzen durch die Art
der Förderung (zum Beispiel Fließband) auf ein Mindestmaß beschränkt wird. (Gesellschaft für Arbeitswissenschaft [1961]).

> **Fließarbeit ist eine lückenlose Folge von Vorgängen, die ein Werkstück durchläuft und die von mehreren Menschen ausgeführt wird, deren Arbeitssysteme räumlich und zeitlich aufeinander abgestimmt sind.**

Diese letzte Definition von Faensen und Hofmann (1962) kennzeichnet am besten das für das Arbeitsstudium wichtigste Kriterium der Fließarbeit, daß nämlich mehrere Menschen, voneinander abhängig, nacheinander verschiedene Ablaufabschnitte ausführen.

Puffer

Die zeitliche Bindung aufeinanderfolgender Arbeitsplätze, die auch Stationen genannt werden, kann auch bei Fließarbeit in begrenztem Umfange durch Puffer gemildert werden. Hierbei gibt es eine größere Zahl von Möglichkeiten, die unter den Begriffen

a) Durchlaufpuffer (Bild 146) und
b) Stapelpuffer (Bild 147)

zusammengefaßt werden können.

Durchlaufpuffer

Beim *Durchlaufpuffer* werden die Arbeitsgegenstände auf der Fließeinrichtung zeitweise aufgehalten; bei Fließbändern kann dies mit einfachen Schiebern ermöglicht werden. Bei dieser einfachen und betriebssicheren Art zur Bildung eines Zwischenvorrates durchlaufen alle Arbeitsgegenstände den Puffer in der gesamten Länge.

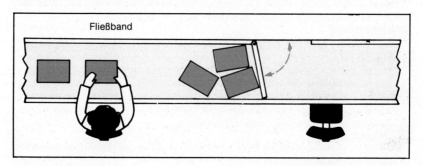

Bild 146   Durchlaufpuffer

Der *Stapelpuffer* dient zum zeitweisen Auffangen der auf der Förderein-   Stapelpuffer
richtung fließenden Arbeitsgegenstände; mit Hilfe einer Weiche werden
zum Beispiel alle auf dem Fließband von der Station A kommenden Teile abgeleitet, bis bei der nachfolgenden Station B die Störung behoben
ist. Tritt später einmal bei der Station A eine Störung auf, so kann die
Station B mit den Teilen aus dem Stapelpuffer weiterarbeiten. Im Nor-
malfall fließen die Teile an dem Stapelpuffer vorbei. – Stapelpuffer er-
lauben darüber hinaus einen periodischen Arbeitsplatzwechsel (Näheres siehe Abschnitt 6.3.6.2).

Stapelpuffer   Bild 147

Durch Puffer dieser Art wird die Fließarbeit elastisch, was im besonderen   Vorteile von
für die im Abschnitt 6.3.5 erörterte Leistungsabstimmung von Bedeu-   Puffern
tung ist; kurzzeitige Störungen können aufgefangen werden, ohne daß
alle Plätze eines Fließsystems stillgesetzt werden müssen.

6.2.5 Automatische Fertigung

Die automatische Fertigung ist im überwiegenden Maß ein rein techni-   Einzelautomat
sches Verfahren, wobei der Einfluß des Menschen sich je nach dem
Grad der Mechanisierung auf das Einrichten (Rüsten), Beschicken und
Entleeren, Instandhalten und Überwachen beschränkt. Dieses Ablaufprinzip beginnt beim *Einzelautomaten* wie Drehautomat, Verpackungsautomat, Abfüllautomat u.a.m.

Werden mehrere solcher Einzelautomaten durch selbsttätige Förderein-   Verbundautomat
richtungen miteinander gekoppelt, so spricht man von *Verbundautoma-
ten*, zum Beispiel Pressenstraße in der Karosserieherstellung.

Transferstraße

Bei zusätzlicher Verwendung von selbsttätigen Kontroll- und Steuereinrichtungen kann ein solcher Verbundautomat zur vollautomatischen Fertigungsstraße *(Transferstraße)* ausgebaut werden. In der Bearbeitung von Einzelteilen, zum Beispiel in der Automobilindustrie, sind hochautomatische Transferstraßen schon seit einigen Jahren durchaus üblich. Hier ist auch die wichtige Voraussetzung der großen Stückzahlen gegeben. Dagegen ist im Zusammenbau (der Montage) von Teilerzeugnissen aus Einzelteilen und Erzeugnissen aus Teilerzeugnissen auch heute noch die Fließarbeit vorherrschend.

Mikroelektronik

Führten diese Transferstraßen anfänglich zu einer starren Verkettung des Arbeitsablaufes, so war es durch die Weiterentwicklung der Mikroelektronik möglich, Maschinen mit Rechnersteuerung zu bauen, die eine Automatisierung mit hoher Flexibilität durch eine variable Festlegung des Arbeitsablaufes ermöglichten, wie das bei flexiblen Fertigungssystemen der Fall ist.

flexible
Fertigungssysteme

Unter einem flexiblen Fertigungssystem versteht man eine Reihe von Fertigungseinrichtungen, die über ein gemeinsames Steuer- und Transportsystem so miteinander verknüpft sind, daß einerseits eine automatische Fertigung stattfinden kann, andererseits innerhalb eines gegebenen Bereichs unterschiedliche Fertigungsaufgaben an unterschiedlichen Werkstücken durchgeführt werden können (Dolecalek). Durch diese Flexibilität des Systems entfiel auch die Voraussetzung des gleichbleibenden Produktionsprogramms mit hohen Stückzahlen.

Dem Menschen werden in immer stärkerem Umfang physische Funktionen abgenommen, wohingegen überwachende und kontrollierende Funktionen zunehmen.

Nach Spur waren im Jahr 1984 weltweit 140 flexible Fertigungssysteme im Einsatz, davon allein fast 75 Anlagen in Japan und in den USA.

Einen wesentlichen Schritt zur automatischen Fertigung haben numeri-   NC-Technik
sche Steuerungen (NC = Numerical Control) gebracht. Hier sind alle erforderlichen Weg- und Schaltinformationen in kodierter Form in einem
sogenannten Teileprogramm erfaßt, welches automatisch gelesen wird.
Bei konventionellen NC-Steuerungen werden die auszuführenden Steu-
erungsaufgaben von festverdrahteten Funktionen übernommen, bei
CNC-Steuerungen (Computer Numerical Control) von einem freipro-   CNC-Steuerung
grammierbaren Rechner. Damit ist es möglich, die Programmerstellung
nicht nur in der Arbeitsvorbereitung durchzuführen, sondern auch direkt
an der Maschine (= Werkstattprogrammierung). Bei DNC-Systemen   DNC-Steuerung
(Direct Numerical Control) werden mehrere Werkzeugmaschinen direkt
von einem Rechner gesteuert. Hierbei hat der DNC-Rechner die Aufgabe, die Steuerdaten zeitgerecht zu verteilen und die Steuerprogramme
zu verwalten.

Standen für Förder- und Handhabungsfunktionen bisher schon ver-   Industrie-Roboter
schiedenste Geräte, wie Schwingförderer, Einlegegeräte und Förderbänder, zur Verfügung, so waren diese doch wenig flexibel und konnten
nur mit großem Aufwand neuen Aufgabenstellungen angepaßt werden.
Hierzu sind erst Industrieroboter in der Lage, die in mehreren Bewe-
gungsachsen frei programmierbar sind. Ihre Haupteinsatzgebiete liegen
heute (Bild 148) in der
- Werkzeughandhabung und in
- der Werkstückhandhabung.

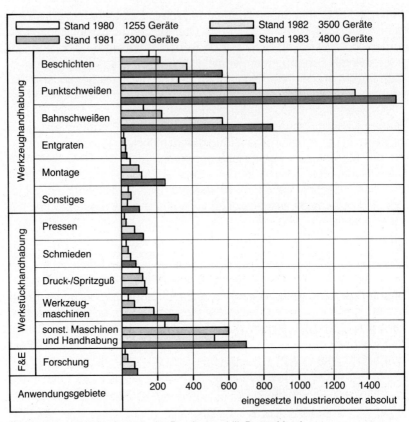

	Stand 1980	1255 Geräte		Stand 1982	3500 Geräte
	Stand 1981	2300 Geräte		Stand 1983	4800 Geräte

Bild 148 Eingesetzte Industrieroboter in der Bundesrepublik Deutschland

CAD/CAM

Zu einer Verbindung der automatischen Fertigung mit der Automatisierung der Informationsverarbeitung im technischen Bereich haben CAD- und CAM-Systeme geführt.

Mit CAD (Computer Aided Design) bezeichnet man die rechnerunterstützte Bearbeitung der im Bereich der Konstruktion und Planung anfallenden Aufgaben, wie das Erstellen von Zeichnungen, Stücklisten, Arbeitsplänen und NC-Steuerinformationen.

Mit CAM (Computer Aided Manufacturing) bezeichnet man die rechnerunterstützte Fertigung und Montage, also die Bereitstellung von Steuerungsinformationen zur Automatisierung des Fertigungsflusses.

Der Einsatz derartiger Systeme bedingt nicht nur die Beschaffung einer entsprechenden Hard- und Software, sondern wird auch erhebliche Einflüsse auf verschiedene Bereiche des Unternehmens haben, angefangen bei den Aufgaben der Konstruktions- und Planungsabteilung bis hin zur Aufbau- und Ablauforganisation des Betriebes (siehe Bild 149).

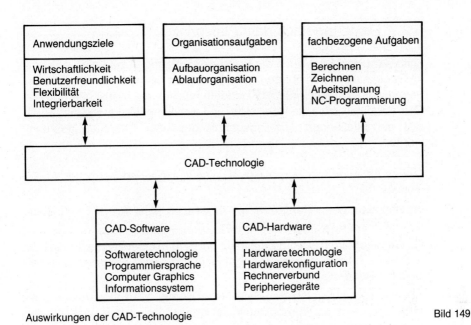

Auswirkungen der CAD-Technologie   Bild 149

6.2.6 Verfahrenstechnische Fließfertigung

Bei der verfahrenstechnischen Fließfertigung handelt es sich um eine   Beispiele
besondere Art des zeitlich gebundenen Flußprinzips, das jedoch ausschließlich durch eine dem Ablauf zugrundeliegende Verfahrenstechnik
bestimmt wird. In kontinuierlich arbeitenden Großanlagen werden hierbei homogene Massengüter, wie zum Beispiel Zement, Kalkstickstoff,
chemische und pharmazeutische Präparate, Kunststoffe, Zellstoff, Pa-
pier u.a.m. gefertigt. Daneben können auch verfahrenstechnische Prozesse, wie das Galvanisieren oder Lackieren und andere Veredlungs-
vorgänge für Massenerzeugnisse (zum Beispiel Raffinerie für Erdöl), diesem Ablaufprinzip zugeordnet werden.

Der Mensch hat hierbei − wie auch bei der automatischen Fertigung −
hauptsächlich nur überwachende Funktionen.

6.2.7 Fertigung nach dem Platzprinzip

Erläuterung

Das Platzprinzip, oft auch als Baustellenfertigung bezeichnet, entsteht im Gegensatz zu den übrigen Ablaufprinzipien dadurch, daß der Arbeitsgegenstand ortsgebunden ist. Dadurch müssen die Menschen und die Betriebsmittel sowie die Roh-, Hilfs- und sonstigen Werkstoffe zum Platz des herzustellenden Arbeitsgegenstandes oder Projektes gebracht werden.

Beispiele

Dieses Ablaufprinzip wird beispielsweise in folgenden Bereichen angewendet:

im Hochbau, beim Herstellen von Gebäuden jeder Art und von Staudämmen sowie bei Abbrucharbeiten,

bei Großmontagen, wie im Schiffbau, bei Einbau einer Wasserturbine im Kraftwerk, beim Errichten von Stahlbauhallen oder chemischen Anlagen, bei Demontagen,

bei Instandhaltungsarbeiten, wie Reparaturen, Wartungsarbeiten, Inspektionen, Generalüberholungen an ortsgebundenen Betriebsmitteln oder Anlagen u.a.m.

6.2.8 Fertigung nach dem Wanderprinzip

Erläuterung

Beim Wanderprinzip liegt zwar auch ein ortsgebundener Arbeitsgegenstand vor; Menschen und Betriebsmittel bewegen sich jedoch entsprechend dem Arbeitsfortschritt an diesem entlang.

Beispiele

Dieses Ablaufprinzip wird beispielsweise in folgenden Bereichen der Herstellung oder Bearbeitung angewendet:

im Tiefbau, beim Herstellen von Straßen, Abwässerkanälen, Kabelgräben, Pipelines,

im Untertagebau beim Abbau von Kohle und Erz,

bei Außenmontagen, im besonderen bei Gleisbauarbeiten, Errichtung von Hochspannungs-Überlandleitungen, Kabelverlegungen,

in der Land- und Forstwirtschaft beim Bearbeiten eines Ackers durch Pflügen, Eggen, Säen, Pflanzen, Pflegen, Ernten.

6.2.9 Förderarbeiten

Das Fördern als Ablaufprinzip wird dadurch gekennzeichnet, daß es ein   Erläuterung
ortsveränderliches Arbeitssystem mit ortsveränderlichen Arbeitsgegenständen darstellt. Es ist im Rahmen des Materialflusses dann als eige-
nes Ablaufprinzip anzusehen, wenn Menschen und Betriebsmittel zusammenwirken, um die Arbeitsaufgabe zu erfüllen.

Beispiele: Be- und Entladen einschließlich Last- und Leerfahrten von   Beispiele
gleislosen oder gleisgebundenen Fördermitteln, Kränen und Aufzügen.

Die Besonderheiten dieses Ablaufprinzips werden im Kapitel 6.4 einge-
hend behandelt.

6.3   Besonderheiten des Verrichtungs- und des Flußprinzips

6.3.1 Vor- und Nachteile der Artteilung

Bedeutung der
Artteilung

Die Besonderheit des Verrichtungs- und des Flußprinzips gegenüber der Werkbankfertigung liegt in erster Linie darin, daß die an einem Auftrag auszuführende Arbeit auf mehrere Personen aufgeteilt wird. Dabei wird sowohl beim Verrichtungs- wie auch beim Flußprinzip durch Anwendung der Artteilung der größte Rationalisierungseffekt erreicht (zur Definition der Mengen- und Artteilung siehe Kapitel 3 im Teil 1).

Artteilung bedeutet ganz allgemein Spezialisierung mit dem Ziel der Verbesserung des Wirkungsgrades der einzelnen Arbeitssysteme. Sie ist Voraussetzung und Kennzeichen der Entwicklung unserer Volks- und Betriebswirtschaft schlechthin. Die Kenntnis der zahlreichen Vor- und Nachteile der Artteilung sind für jeden Arbeitsstudienmann von Wichtigkeit, weil bei nahezu jeder Ablaufgestaltung das Optimum zwischen diesen Vor- und Nachteilen gefunden werden muß.

Vorteile der Artteilung (nach Böhrs [1951])

Vorteile der
Artteilung

1) Durch die Artteilung wird die Arbeitsaufgabe des einzelnen Mitarbeiters enger begrenzt; die einzelnen Ablaufabschnitte wiederholen sich in kurzen Zeitabständen. Dadurch wird der Grad der Übung und Gewöhnung erheblich gesteigert; die an der Arbeit beteiligten Muskeln passen sich nach einiger Zeit dem erforderlichen Kraftbedarf an; die einzelnen Bewegungen der Finger, Hände, Arme oder des ganzen Körpers werden immer geläufiger und fließen schließlich zu einem fast automatischen Bewegungsverlauf zusammen, so daß ohne wesentliche Zunahme der Beanspruchung die Mengenleistung größer wird.
2) Der Arbeitende braucht sich nicht gedanklich auf häufig wechselnde Arbeitsaufgaben umzustellen; auch hierdurch kann die Leistung ohne höhere Beanspruchung gesteigert werden.
3) Bei kurzen Zyklen können Arbeitsplatz und Betriebsmittel besser den speziellen Bedürfnissen angepaßt werden. Es können oft wirkungsvolle Einzweck-Arbeitsplätze geschaffen werden.
4) Jedem Mitarbeiter kann die Arbeitsaufgabe übertragen werden, für die er am besten geeignet ist, während er bei ganzheitlicher Arbeitsausführung häufig Verrichtungen ausführen muß, die seinen Anlagen und seiner Ausbildung nicht besonders entsprechen.

5) Die Artteilung ermöglicht den Einsatz von Mitarbeitern, die über keine besondere Berufsausbildung verfügen.
6) Die Dauer für Anlernung und Einarbeitung neu eingestellter Arbeiter wird wesentlich verkürzt.
7) Die Qualität der Arbeit wird infolge der ständigen und damit auch gleichmäßigeren Ausführung begrenzter Teilaufgaben verbessert.

Nachteile der Artteilung

1) Mit jeder weiteren Aufteilung einer Arbeit wächst die Zahl der Ablaufabschnitte für den Transport von Arbeitsgegenständen und für die Übermittlung von Informationen zwischen den einzelnen Arbeitssystemen. Es können also – im besonderen bei einer zu weit getriebenen Artteilung – die zusätzlichen Ablaufabschnittszeiten die Vorteile der Arbeitsteilung wieder ganz oder teilweise aufheben.

2) Zu stark begrenzte Arbeitsaufgaben können zu einseitiger Beanspruchung einzelner Muskeln, Gelenke usw. und damit zu stärkerer Ermüdung führen, so daß der Arbeitende bei nicht rechtzeitiger und nicht ausreichender Erholung zum Ausgleich der Ermüdung gesundheitlichen Schaden erleiden kann. Ferner wird durch den größeren Erholungsbedarf bei einseitiger Beanspruchung die Mehrleistung unter Umständen wieder aufgehoben.

3) Eine Arbeit mit sehr kurzen Zykluszeiten kann unter Umständen bei dem Arbeitenden ein Gefühl der Eintönigkeit (Monotonie) und des Überdrusses (Langeweile) hervorrufen. Dadurch verringen sich die inneren Antriebe (Motivation). Allerdings trifft dies nicht auf alle Arbeitenden im gleichen Maße zu; vielmehr empfinden viele Menschen, darunter erfahrungsgemäß Frauen, einförmige Arbeit als nicht so unangenehm, weil sie keine besondere Konzentration erfordert, sondern mit geläufigen Bewegungen fast „automatisch" abläuft. In manchen Fällen läßt sich durch Arbeitsgestaltung das Aufkommen von Eintönigkeit vermeiden, zum Beispiel durch geregelten Austausch der Arbeitsplätze zwischen den Beteiligten während der Schichtzeit, durch zeitweilige Musik, durch Unterhaltung bei der Arbeit.

Nachteile der Artteilung

Grenzen der
Artteilung

Zusammengefaßt wird die Artteilung vor allem in vierfacher Hinsicht begrenzt durch
1) die Zahl der für die Gesamtarbeit zur Verfügung stehenden Personen,
2) die Unteilbarkeit von Vorgangsstufen (eine Vorgangsstufe wurde im Kapitel 3 im Teil 1 als eine Folge von Vorgangselementen definiert, die nicht mehr weiter unterteilt ausgeführt werden kann),
3) die nachteiligen Wirkungen allzu einseitiger oder einförmiger Arbeitsaufgaben für die menschliche Leistungsfähigkeit und Motivation und
4) die zusätzlich entstehenden Förderkosten.

6.3.2 Vor- und Nachteile des Verrichtungsprinzips (nach Böhrs [1951])

Anwendung des
Verrichtungs-
prinzips

Die Anwendung des Verrichtungsprinzips ist zweckmäßig,
1) wenn sehr verschiedene Gegenstände mit verschiedenem Arbeitsablauf herzustellen oder zu bearbeiten sind, so daß eine zeitlich bestimmte lückenlose Folge von Arbeitsvorgängen nicht entstehen kann, wie zum Beispiel bei Einzelfertigung, Herstellung kleiner Mengen und Reparaturarbeiten;
2) um wertvolle Betriebsmittel, die für ein Erzeugnis nicht voll genutzt und für eine Vielzahl verschiedener Erzeugnisse verwendet werden können, wirtschaftlicher zu nutzen;
3) um zur Ersparung hoher Kosten für die Vorbereitung der Betriebsmittel (Einrichtung, Umstellung, Umbau) in einem Auftrag gleich eine größere Menge von Gegenständen oder Teilen herstellen oder bearbeiten zu können, die in einem Vorratslager für den Absatz oder zur weiteren Be- oder Verarbeitung (Zwischenlager) bereitgehalten werden;
4) um solche Arbeitssysteme räumlich abzusondern, die Hitze, Gase, Dämpfe, Rauch, Lärm oder Erschütterungen verursachen oder die besonderer Umgebungseinflüsse bedürfen;
5) um solche gleichen oder gleichartigen Arbeitssysteme räumlich zusammenzufassen, die infolge ihrer Schwierigkeit einer besonders sorgfältigen Aufsicht und Kontrolle bedürfen.

Daraus ergeben sich für die Anordnung der Arbeitsplätze nach dem Verrichtungsprinzip gegenüber einer Anordnung nach dem Flußprinzip folgende *Vorteile:*

1) Das Verrichtungsprinzip ist weniger empfindlich gegenüber Schwan-
   kungen der Beschäftigung in der Herstellung einzelner Erzeugnisse,
   da die Stillsetzung einzelner Arbeitsplätze oder die Hinzunahme weiterer Arbeitsplätze leichter möglich ist als bei Fließarbeit, die meist
   auf eine ganz bestimmte Mengenleistung gleicher Erzeugnisse eingerichtet ist.
2) Bei Personenausfall durch Krankheit, Urlaub usw. können eilige Aufträge leichter auf andere Mitarbeiter verteilt werden, während nicht
   so dringende Arbeiten zurückgestellt werden können.
3) Wartezeiten der Arbeitenden als Folge mangelhafter Zufuhr der
   Werkstoffe oder Werkstücke können weniger leicht als bei Fließarbeit
   entstehen, da jeder Arbeitsplatz weitgehend unabhängig von voraus-
   gegangenen Arbeitssystemen ist und mit ausreichendem Vorrat an
   Werkstoffen versehen werden kann.
4) Der einzelne Arbeiter kann gemäß seiner Leistungsfähigkeit, Disposi-
   tion und Motivation das Arbeitstempo verändern.
5) Umstellungen des Fertigungsprogrammes und Aufnahme neuer Produkte sind ohne allzu große Planungen und Vorbereitungen möglich;
   mit dem Verrichtungsprinzip kann man besser improvisieren.

Nachteilig wirkt sich das Verrichtungsprinzip durch folgende Erscheinungen aus:

1) In den meisten Fällen wird der Materialfluß durch längere Wegstrecken gekennzeichnet.
2) Damit ist ein verstärkter Fördermitteleinsatz verbunden.
3) Der Materialfluß bestimmter Erzeugnisse ist schwieriger zu über-
   blicken.
4) Infolgedessen sind die Kosten gegenüber dem Flußprinzip höher; es
   entsteht infolge der längeren Durchlaufzeiten eine größere Kapitalbindung.

6.3.3 Vor- und Nachteile der Fließarbeit

Im großen und ganzen sind die Vorteile des Verrichtungsprinzips die Nachteile des Flußprinzips und umgekehrt. Die Reihenfertigung stellt in vieler Hinsicht eine Zwischenstufe zwischen der Fließfertigung und einer Fertigung nach dem Verrichtungsprinzip dar. Am deutlichsten treten deshalb Vor- und Nachteile des Flußprinzips bei der Fließarbeit zutage.

Vorteile

Die *Vorteile* der Fließarbeit sind (nach Böhrs [1951], Adamczyk [1969]):

1) Geringstmögliche Durchlaufzeit der Erzeugnisse
Mit Hilfe der zeitlichen Taktabstimmung an den einzelnen Arbeitsplätzen (siehe auch Abschnitt 6.3.5) wird die unmittelbare Weiterleitung des einzelnen Arbeitsgegenstandes von Arbeitsplatz zu Arbeitsplatz bei kürzesten Förderwegen erreicht. Dies ermöglicht kurze Durchlaufzeiten der Arbeitsgegenstände, was wiederum folgende wirtschaftlich günstige Auswirkungen haben kann:

a) Geringere Kapitalkosten durch höhere Umschlaggeschwindigkeit des Materials: es werden weniger Lagerräume, Werkstoffe und Halbfabrikate im Betrieb benötigt, was zu einer geringeren Kapitalbindung bei sinkender Zinslast führen kann;

b) Senkung der Förderkosten: die unmittelbare Aufeinanderfolge in der räumlichen Anordnung der Arbeitsplätze ermöglicht kürzeste Transportwege, weniger Handhabungen und den Einsatz von Stetigfördermitteln; damit kann der Aufwand für das Fördern erheblich gesenkt werden.

c) Verringerung von Personalkosten: durch Personaleinschränkung im Materialtransport und in Zwischenlagern sowie das Entfallen von Fördervorgängen der Fertigungsarbeiter, wie zum Beispiel Arbeitsgegenstände holen oder wegbringen, werden beträchtliche Einsparungen an Fertigungslohnkosten erzielt;

d) bessere Raumausnutzung: durch das enge Zusammenrücken der aufeinander folgenden Fließarbeitsplätze und den Fortfall von Zwischenlagerungs- und Bereitstellungsflächen nimmt der Flächenbedarf einen günstigen Wert an.

2) Übersichtlichkeit der Fließfertigung
Eine sorgfältig geplante und auf engstem Raum aufgebaute Fließfertigung ergibt ein für alle Mitarbeiter übersichtliches und geordnetes Bild der Fertigung. Der gute Überblick erleichtert auch den Führungskräften die Überwachung. Störungen und andere Abweichungen vom geplanten Ablauf werden sofort sichtbar und können schnell behoben werden.

3) *Die Vorteile der Artteilung* kommen besonders bei Fließarbeit zur vollen Auswirkung.

4) *Die Auswirkungen der Fließarbeit auf den arbeitenden Menschen*
Neben den bereits bei den Nachteilen der Artteilung aufgeführten arbeitsphysiologischen und -psychologischen Erscheinungen, wie einseitige Beanspruchungen gleicher Muskelgruppen und Beanspruchung durch Monotonie, ersetzt eine gewisse „Sog- und Druckwirkung" infolge der vorgegebenen Taktzeit wenigstens teilweise die eventuell geringen inneren Antriebe. Die stetige Wiederholung kurzzyklischer Abläufe begünstigt in einem hohen Grad die Routinebildung, so daß sich die Handlungen des Arbeiters häufig mehr im Unterbewußtsein vollziehen und damit erheblich zur Konzentrationsentlastung beitragen. Fließarbeit führt zur Zusammenarbeit, denn die täglich erbrachte Menge ist das für den einzelnen überschaubare Arbeitsergebnis aller beteiligten Personen. Dieses „gruppenbezogene Denken" erhöht das Verantwortungsbewußtsein dem anderen und der Arbeit gegenüber und hilft zugleich die Arbeitsdisziplin verbessern.

5) *Größere Unfallsicherheit*
Durch sorgfältige Planung des geordneten Aufbaues einer Fließformation mit sicherem Materialfluß wird auch ein Beitrag zur Unfallsicherheit geleistet.

6) *Senkung des Verwaltungsaufwandes*
Bei Fließarbeit können der Aufwand für die Arbeitsplanung und -steuerung sowie die Betriebsabrechnung beträchtlich vereinfacht werden.

Die Material- und Lohnverrechnung wird durch Sammelbezug größerer Mengen und Einführen von Gruppenleistungslöhnen einfacher und übersichtlicher;
der Arbeitskräftebedarf kann schneller ermittelt und übersehen werden;
das gesamte Belegwesen wird durch weniger Vordrucke vereinfacht;
die terminliche Steuerung und Überwachung können teilweise entfallen, zumindest aber erheblich vereinfacht werden;
die Betriebsabrechnung sowie Durchführung von Inventuren werden erleichtert;
die Aufstellung eines Produktionsprogrammes ist einfach, wobei die Erfüllung der Soll-Mengenleistung nur dann gefährdet ist, wenn unvorhergesehene längere Störungen auftreten.

Nachteile

Den vorstehend genannten Vorteilen der Fließarbeit stehen eine Reihe von *Nachteilen* gegenüber:

1) Größere Krisenempfindlichkeit
Die Fließfertigung setzt in der Regel konstante Abnahme der Erzeugnisse über eine längere Zeit voraus. Erhebliche Änderungen der Mengenleistung lassen sich meist nur durch einen beträchtlichen Aufwand ausgleichen.

2) Empfindlichkeit gegen Änderungen oder Umstellungen
Je starrer eine Fließfertigung auf den Ablauf eines Erzeugnisses abgestimmt ist, desto schwieriger sind Änderungen seiner Konstruktion, aber auch der Arbeitsverfahren und -methoden zu verwirklichen.

3) Schwierigkeiten bei der zeitlichen Taktabstimmung
Eine ideale oder 100 %ige Taktabstimmung einer Fließarbeit liegt dann vor, wenn es gelingt, alle Arbeitsplätze mit dem zeitlich gleichen Arbeitsanteil zu belegen, das heißt, wenn unter Zugrundelegung der gleichen Bezugsleistung für jeden Arbeitsplatz die gleiche Vorgabezeit ermittelt worden ist. In der Praxis jedoch weichen die tatsächlich erforderlichen Zeiten je Arbeitsplatz mehr oder weniger von der theoretisch errechneten Taktzeit ab. Die möglichen Maßnahmen zur Erzielung der Anpassung der erforderlichen Zeit eines Arbeitsplatzes werden im Abschnitt 6.3.6 behandelt.

4) Störanfälligkeit
Infolge der starren Verkettung und zeitlichen Bindung der einzelnen Arbeitsplätze an den durch die Taktzeit gebundenen Arbeitsablauf muß zwangsläufig jede Störung zur Unterbrechung des Ablaufes im Gesamtsytem führen; es sei denn, es sind ausreichende Puffer vorhanden.

5) Mindernutzung von Betriebsmitteln
Der Nutzungsgrad eines innerhalb einer Fließfertigung eingesetzten Betriebsmittels kann niedriger sein als in der Reihenfertigung oder im Verrichtungsprinzip. Es ist häufig notwendig, daß zur Einhaltung der Taktzeit noch andere Teilvorgänge mit ausgeführt werden müssen.

6) Planungsabhängigkeit
Fließarbeit erfordert eine sorgfältige Planung sowohl für Ein- und Ausgabe des Fließsystems als auch für die eingesetzten Menschen und Betriebsmittel sowie für unvorhergesehene Ereignisse.

7) Hoher Investitionsaufwand
Die aufzuwendenden Kosten für eine Fließfertigung einschließlich der Fördereinrichtungen, der entstehenden Planungs- und Organisationsarbeiten sowie für die Anlaufzeit sind mitunter sehr hoch.

Eine gut funktionierende, mit den Besonderheiten der Fließarbeit vertraute Arbeitsvorbereitung wird mit Hilfe geeigneter Maßnahmen die nachteiligen Auswirkungen so niedrig wie möglich halten können. Eingehende Wirtschaftlichkeitsvergleiche und Kenntnisse der organisatorischen und technologischen Möglichkeiten tragen zur Vorbereitung der Entscheidung bei, ob Fließarbeit mit ihren Vor- und Nachteilen für eine bestimmte Fertigung zweckmäßig ist.

6.3.4 Räumliche Gliederungsgrundsätze beim Flußprinzip

Die Arbeitsplätze einer Fließfertigung sind Untersysteme eines Hauptsystems, das auch Fließformation oder Fließsystem genannt wird. Die Anordnung der Untersysteme geschieht entlang von Hauptlinien und Nebenlinien. Die vielseitige Anwendung des Flußprinzips, besonders bei Fließarbeit, erfordert neben den Hauptlinien Nebenlinien verschiedener Graduierung sowie Parallellinien in diesen beiden Gruppen. Damit läßt sich bei mehrteiligen Erzeugnissen ein gleichzeitiges Nebeneinander in der Bearbeitung verschiedener Erzeugnisse, Teilerzeugnisse und Einzelteile erreichen, um damit die Gesamtdurchlaufzeit erheblich abzukürzen. Bei Fließarbeit muß in der Regel die Taktzeit der Nebenlinien mit der der Hauptlinie übereinstimmen.

Aufbau von Fließsystemen

Parallelhaupt- und -nebenlinien werden angewendet, wenn aufgrund der Dauer der Taktzeit die gewünschte Mengenleistung ohne Mengenteilung nicht erreicht werden kann oder verschiedene Teilerzeugnisse zum gleichen Zeitpunkt hergestellt werden sollen.

Bild 150 zeigt in 20 Prinzipskizzen die unterschiedlichen Möglichkeiten zur Anordnung und Verkettung von Arbeitsplätzen beim Fließprinzip. Dabei gehören die Beispiele Nr. 3, 4, 7, 8 u.a.m. zu den offenen Fließsystemen und die Beispiele Nr. 5, 6, 10, 12 u.a.m. zu den geschlossenen Fließsystemen, bei denen Ein- und Ausgabestationen im allgemeinen zusammenfallen.

offene und geschlossene Fließsysteme

Da nicht alle diese prinzipiellen Möglichkeiten der Arbeitsplatzanordnung die Zielkriterien der Arbeitsgestaltung (insbesondere bei Arbeitsstrukturierung, vgl. Abschnitt 5.5) gleich gut erfüllen, wird im Bild 151 eine Bewertung der 20 Beispiele vorgenommen.

Bewertung der Arbeitsplatzanordnungen

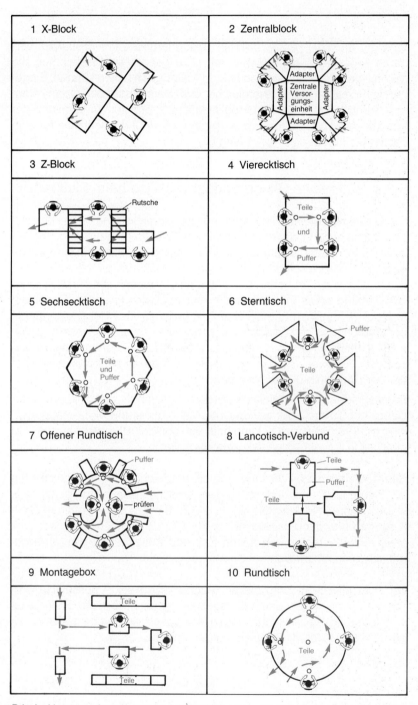

Bild 150   Prinzipskizzen zur Anordnung von Arbeitsplätzen beim Flußprinzip (Grob, Haffner 1982)

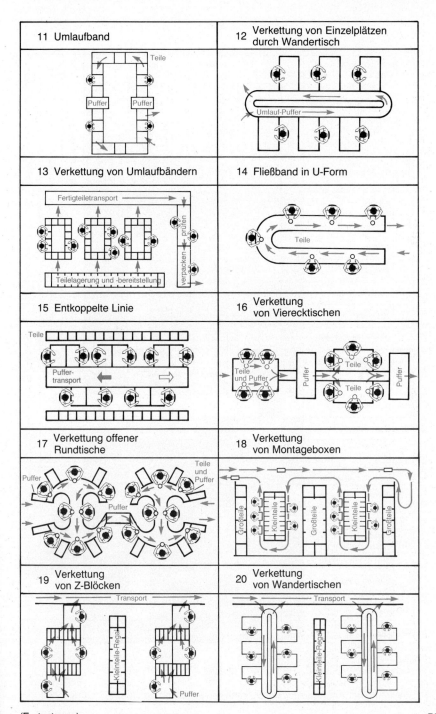

11 Umlaufband

12 Verkettung von Einzelplätzen durch Wandertisch

13 Verkettung von Umlaufbändern

14 Fließband in U-Form

15 Entkoppelte Linie

16 Verkettung von Vierecktischen

17 Verkettung offener Rundtische

18 Verkettung von Montageboxen

19 Verkettung von Z-Blöcken

20 Verkettung von Wandertischen

(Fortsetzung)   Bild 150

Anordnung von Arbeitsplätzen		Zielkriterien											Teile-transport		
Lfd. Nr.	Bezeichnung	Pufferbildung möglich	Kommunikations-möglichkeiten	Wahl des Arbeitstempos	Arbeitsergebnis sichtbar für alle Gruppenmitglieder	Arbeitsplatzwechsel möglich	Arbeitsbereicherung möglich	Arbeitserweiterung möglich	Komplettmontage möglich	Flexibilität bei Typenvielfalt	Flexibilität bei Stückzahlschwankungen	durch Schwerkraft	manuell	mechanisch
1	X-Block												X	
2	Zentralblock												X	
3	Z-Block											X	X	
4	Vierecktisch												X	
5	Sechsecktisch												X	
6	Sterntisch												X	
7	Offener Rundtisch													X
8	Lancotisch-Verbund													X
9	Montagebox													X
10	Rundtisch													X
11	Umlaufband													X
12	Verkettung v. Einzelplätzen d. Wandertisch													X
13	Verkettung von Umlaufbändern													X
14	Fließband in U-Form													X
15	Entkoppelte Linie													X
16	Verkettung von Vierecktischen												X	X
17	Verkettung offener Rundtische												X	X
18	Verkettung von Montageboxen													X
19	Verkettung von Z-Blöcken											X	X	X
20	Verkettung von Wandertischen													X

☐ Nicht erfüllt   Befriedigend   Gut bis sehr gut erfüllt

Bild 151   Bewertung der Anordnungsmöglichkeiten von Arbeitsplätzen (Grob, Haffner 1982)

6.3.5 Beispiele

Im Bild 152 ist der Ablauf einer feinmechanischen Fertigung dargestellt, wie er häufig anzutreffen ist. Dabei geschieht die maschinelle Fertigung (Stanzerei und Dreherei) im Verrichtungsprinzip, während in der Montage das Flußprinzip gewählt wurde.

1. Beispiel

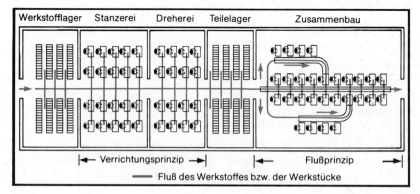

Beispiel einer Mischform aus Verrichtungs- und Flußprinzip (mit einer Haupt- und zwei Nebenlinien)

Bild 152

Arbeitsaufgabe: Zusammenbau von chirurgischen Instrumenten
Ist-Zustand (Bild 153): Verrichtungsprinzip

2. Beispiel

An jedem Arbeitsplatz stehen die auftragsweise zusammengestellten Transportkästen mit Teilerzeugnissen und Einzelteilen. Als wesentliche Nachteile sind festzustellen:

– Unübersichtlichkeit des Arbeitsablaufs
– großer Raumbedarf
– erheblicher Zeitaufwand für Handhabungen und Transport
– lange Durchlaufzeit der Werkstücke
– stehende Arbeitsweise.

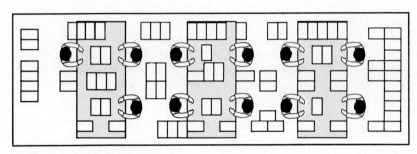

Bild 153   Ist-Zustand: Verrichtungsprinzip

Soll-Zustand (Bild 154): Flußprinzip
Bei der Umstellung der Arbeitsplätze nach dem Flußprinzip wurden die Arbeitstische für sitzende Arbeitsweise links und rechts von einer gestuften Röllchenbahn angeordnet. Die Förderung der Materialkisten von Arbeitsplatz zu Arbeitsplatz erfolgt unter Ausnutzung der Schwerkraft.

Da infolge des häufigen Wechsels der zu montierenden Arbeitsgegenstände ein unterschiedlicher Zeitbedarf besteht, mußte die Form des ungebundenen Flußprinzips (Reihenfertigung) gewählt werden. Die einzelnen Stufen der Röllchenbahn ermöglichen eine gewisse Pufferbildung zum Ausgleich der unterschiedlichen Bearbeitungszeiten.

Bild 154   Soll-Zustand: Flußprinzip (Reihenfertigung)

3. Beispiel   Arbeitsaufgabe: Verpacken von Tabletten in einer pharmazeutischen Fabrik mit folgenden Teilaufgaben:

1) Röhrchen am Abfüllapparat füllen
2) Verschluß aufsetzen
3) Röhrchen in Etikettiermaschine einlegen
4) Etikettierung prüfen
5) Schachtelzuschnitte falten
6) Röhrchen und Gebrauchsanweisung in Faltschachtel stecken und diese schließen
7) Je 10 Faltschachteln mit Banderole bündeln.

Ist-Zustand (Bild　155): Verrichtungsprinzip
Die Teilaufgaben sind zu unterschiedlichen Arbeitsaufgaben für eine
Person zusammengefaßt (siehe die Nummern in Bild　155), so daß kein
einheitlicher Materialfluß entsteht; die Transportwege sind erheblich.

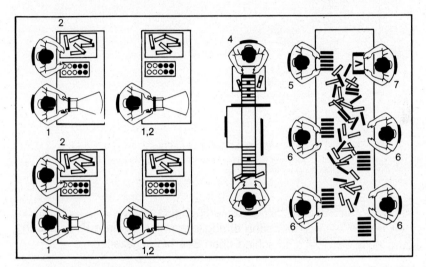

Ist-Zustand: Verrichtungsprinzip　　　　　　　　　　　　　Bild 155

Soll-Zustand (Bild　156): Flußprinzip
Für die Teilaufgaben　1 bis　3 wurde ein Rundtisch eingesetzt, während
die Teilaufgaben　4 bis　7 auf einem Bandförderer ausgeführt werden.
Zum Zecke der Erholung wird die Anlage stündlich stillgesetzt. Die Steigerung der Mengenleistung dieses Fließsystems beträgt 70 % gegenüber dem Ist-Zustand.

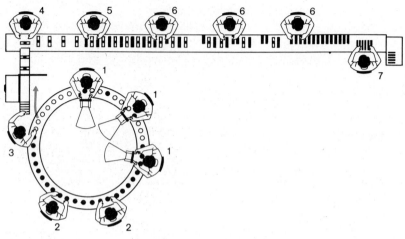

Bild 156   Soll-Zustand: Flußprinzip (Fließfertigung)

6.3.6 Taktabstimmung bei Fließarbeit

6.3.6.1 Grundbegriffe

Taktabstimmung

Die Taktabstimmung – häufig auch mit Leistungsabstimmung bezeichnet – besteht im Ermitteln der Taktzeit eines Fließsystems und der optimalen Anpassung der Arbeitsvorgänge der einzelnen Arbeitsplätze an die Taktzeit und an das Leistungsangebot der Arbeitsperson.

Taktzeit

Taktzeit – auch Arbeitstakt oder Takt genannt – ist die Zeit, in der jeweils eine Mengeneinheit fertiggestellt wird, damit das Fließsystem die Soll-Mengenleistung erbringt.

Ermittlung der
Taktzeit

Bei der Ermittlung der Taktzeit in min je Mengeneinheit wird von der nach dem Produktionsprogramm geforderten Soll-Mengenleistung in Stück je Schicht und der Arbeitszeit in min je Schicht ausgegangen:

$$\text{Soll-Taktzeit} = \frac{\text{Arbeitszeit}}{\text{Soll-Mengenleistung}} \cdot \text{Bandwirkungsfaktor.}$$

*Grundsätliche Formel für die
Erredung d. Taktzeit*

Der Bandwirkungsfaktor f ist kleiner als 1,0 und berücksichtigt Störungen, die zu kurzfristigen Unterbrechungen des Ablaufes am gesamten Fließsystem führen. Andere platzbezogene Störungen sind Bestandteil der Verteilzeit.

Leistungsanpassung ist die Zuteilung, Abstimmung und Gestaltung des Arbeitsablaufes an den einzelenen Arbeitsplätzen eines Fließsystems derart, daß die dort gebrauchte Zeit der Soll-Taktzeit und dem Leistungsangebot der arbeitenden Menschen weitgehend entspricht.

Mathematisch ausgedrückt ist es das Ziel der Taktabstimmung, die ablaufbedingten Unterbrechungszeiten an den einzelnen Arbeitsplätzen zu minimieren. Zum Erreichen dieses Zieles gibt es

a) einfache rechnerische Probierverfahren, die für wenig verzweigte Fließsysteme mit sich kaum änderndem Produktionsprogramm ausreichen,

b) heuristische Verfahren, bei denen schrittweise mit mathematischen Hilfsmitteln und unter Verwendung der EDV gute Näherungslösungen für komplexe Fließsysteme erreicht werden können, und

c) Verfahren des Operations Research, die in einer streng mathematischen Durchrechnung des Fließsystems bestehen.

Das Folgende beschränkt sich auf einige Hinweise zum rechnerischen Probier-Verfahren, das an einem einfachen Beispiel verdeutlicht wird.

6.3.6.2 Beispiel

Laut Arbeitsplan besteht die Montage eines Gerätes aus 12 Vorgängen, deren Zeiten je Einheit t_e in Bild 157 wiedergegeben sind. Bei der Taktabstimmung wird von folgenden Daten ausgegangen:

1) $\sum t_e$ = 61,1 min/Stück (siehe Bild 157 beziehungsweise den Arbeitsplan)

2) Arbeitszeit = 480 min/Schicht

3) Soll-Mengenleistung = 130 Stück/Schicht (gemäß gegebenem Fertigungsprogramm)

4) Bandwirkungsfaktor f = 0,94 (betrieblicher Erfahrungswert)

5) zeitlicher Auslastunggrad a = 120 % (betrieblicher Erfahrungswert).

Bandwirkungsfaktor

Leistungsanpassung

Ziel und Verfahren der Taktabstimmung

Probierverfahren

Ausgangsdaten

zeitliche
Auslastung

Den in Bild 157 wiedergegebenen Zeiten je Einheit liegt im vorliegenden Beispiel als Bezugsleistung die REFA-Normalleistung zugrunde. Im allgemeinen kann bei der Taktabstimmung aber von einer höheren zeitlichen Auslastung der Arbeitspersonen ausgegangen werden. Ihre Höhe hängt von mehreren Einflußgrößen ab, die auf Seite 289/290 noch näher erläutert werden:

a) der Leistungsfähigkeit und Leistungsbereitschaft der Arbeitspersonen

b) dem Einsatz von Springern

c) dem Umfang der Bandpausen

d) der Anlaufzeit des Bandes

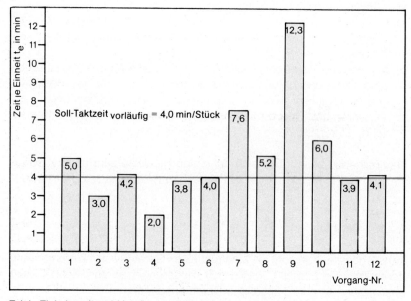

Bild 157   Zeit je Einheit t_e der 12 Vorgänge vor der Leistungsanpassung

Mit Hilfe der Ausgangsdaten wird zunächst nach folgender Gleichung die Anzahl der erforderlichen Arbeitspersonen berechnet:

Anzahl der erforderlichen Arbeitspersonen

Anzahl Arbeitspersonen

$$= \frac{\Sigma\, t_e \cdot \text{Soll-Mengenleistung}}{\text{Arbeitszeit} \cdot \text{Bandwirkungsfaktor} \cdot \text{zeitlicher Auslastungsgrad}} \cdot 100\,\%$$

$$= \frac{61,1 \cdot 130}{480 \cdot 0,94 \cdot 120} \cdot 100 = 14,7 \approx 15 \text{ Personen}$$

Damit kann eine vorläufige Soll-Taktzeit berechnet werden, von der bei der Leistungsanpassung auszugehen ist:

vorläufige Soll-Taktzeit

$$\text{Soll-Taktzeit}_{vorl.} = \frac{\Sigma\, t_e}{\text{Anzahl Personen}}$$

$$= \frac{61,1}{15} = 4,07 \approx 4,0 \text{ min/Stück und Arbeitsplatz}$$

Der errechnete Wert von 4,07 wird auf 4,0 abgerundet, weil im allgemeinen davon ausgegangen werden kann, daß im Laufe der Leistungsanpassung einzelne Vorgänge durch Arbeitsgestaltung vereinfacht werden können.

Bei Betrachtung von Bild 157 ist zu erkennen, daß die Zeiten der Vorgänge 3, 5, 6, 11 und 12 bereits annähernd der Ist-Taktzeit entsprechen. Die Zeiten der übrigen Vorgänge müssen nun an diese Taktzeit angepaßt werden. Diese Anpassung besteht im Zuteilen, Abstimmen und Gestalten von denjenigen Vorgängen, deren t_e nicht in der Nähe der vorläufigen Taktzeit liegt.

Leistungsanpassung

Arbeitszuteilung

Bei der Arbeitszuteilung muß darauf geachtet werden, daß

a) der Arbeitsvorgang je Arbeitsplatz eine sinnvoll geschlossene Ablauf-folge darstellt und

b) die Zeit je Einheit t_e für diesen Vorgang möglichst nahe an die vor-läufige Soll-Taktzeit herankommt. Voraussetzung für die Leistungs-anpassung ist eine Ablaufanalyse der Vorgänge in Vorgangsstufen, wobei deren Zeiten mit Hilfe der Systeme vorbestimmter Zeiten, mit Hilfe von Planzeiten sowie durch Schätzen und Vergleichen zu ermit-teln sind.

Beispiel

Im Beispiel wird folgendermaßen vorgegangen (vgl. dazu Bild 158):

Verlegen von
Vorgangsstufen

a) Verlegen einzelner Vorgangsstufen auf vorhergehende oder nachfol-gende Arbeitsvorgänge.

Im Beispiel zeigte sich, daß – ohne Störung der geschlossenen Ab-lauffolge – zwei Vorgangsstufen mit einer Dauer von zusammen 1,1 min von dem Vorgang Nr. 1 zum Vorgang Nr. 2 übertragen werden können.

Arbeitsgestaltung

b) Verbesserung der Arbeitsmethode, des Arbeitsverfahrens und gege-benenfalls auch der Erzeugniskonstruktion, um eine kürzere Zeit für die Ausführung einzelner Vorgangsstufen zu erzielen.

Es gelang, die Zeit des Vorgangs 8 durch Einsatz einer zweckmäßi-gen Vorrichtung von 5,2 auf 3,8 min zu verringern.

Mengenteilung

c) Mengenteilung durch Einrichtung gleicher, paralleler Arbeitsplätze für einen Arbeitsvorgang.

Diese Möglichkeit bietet sich besonders für die Vorgänge 7 und 9 an, weil hier die Zeit je Einheit etwa ein ganzzahliges Vielfaches der Taktzeit ist.

d) Einrichtung von Stapelpuffern und periodischem Arbeitsplatz-   Puffer
wechsel.

Bei den Vorgängen 4 und 10 können die bisher genannten Möglichkeiten der Leistungsanpassung nicht angewendet werden. Deshalb
wird folgende Lösung gewählt (vergleiche wieder Bild 158): Vor und
nach Vorgang 4 sowie vor und nach Vorgang 10 wird je ein Stapelpuffer eingerichtet. Solange die Arbeitsperson Nr. 4 am Arbeitsplatz
4 arbeitet, nimmt sie Teile aus dem Puffer I und legt sie in Puffer II
ab; infolge der kurzen Vorgabezeit an diesem Platz (t_e = 2 min) verarbeitet sie doppelt so viele Teile wie die anderen Arbeitspersonen.
Wenn der Puffer I leer ist, geht sie zum Arbeitsplatz 13, wo sie in
Mengenteilung mit der Person 13 den Vorgang 10 mit t_e = 6 min
so lange ausführt, wie Teile im Puffer III vorhanden sind; dabei legt
sie die Teile in Puffer IV ab. Weil für den Vorgang Nr. 10 zwei Arbeitsplätze, Nr. 13 und 14, eingerichtet werden, ergibt sich ein Arbeitsplatz mehr als zuvor berechnet. Die Anzahl der notwendigen Arbeitspersonen erhöht sich jedoch nicht, weil der Mitarbeiter Nr. 4
vom Arbeitsplatz 4 zum Arbeitsplatz 13 springt.

Das in Bild 158 dargestellte Ergebnis der Leistungsanpassung kann wie   Ergebnis der
folgt zusammengefaßt werden: Leistungs-
anpassung
1) Die Fließreihe besteht aus 12 verschiedenen Vorgängen,
   16 Arbeitsplätzen und 15 Arbeitspersonen; davon sind zweimal
   2 Plätze und einmal 3 Plätze gleich (Mengenteilung); eine Arbeitsperson arbeitet an zwei verschiedenen Plätzen (Platz Nr. 4 und 13).
2) Der Engpaß ist der Platz Nr. 3 mit einer Zeit je Einheit von 4,2 min.

Nach erfolgter Leistungsanpassung haben alle weiteren Berechnungen   Engpaßplatz
vom Engpaßplatz Nr. 3 auszugehen.

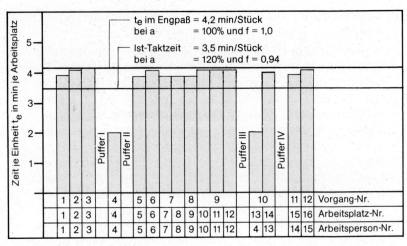

Bild 158

Ergebnis der Leistungsanpassung
(Es bedeuten: a – zeitliche Auslastung und f – Bandwirkungsfaktor)

Vorgabe-Taktzeit

Ausgehend von der Zeit je Einheit t_e des Engpasses und einer Auslastung der Arbeitspersonen von 100 % sowie unter Berücksichtigung des Bandwirkungsfaktors kann nun eine Vorgabe-Taktzeit berechnet werden:

$$\text{Soll-Taktzeit}_{\text{Vorgabe}} = \frac{t_e \text{ im Engpaß}}{\text{Bandwirkungsfaktor}}$$

$$= \frac{4,2}{0,94} = 4,47 \text{ min/Stück und Arbeitsplatz}$$

Vorgabezeit

Die Vorgabezeit für die Fließarbeitsgruppe von 15 Personen ergibt sich unter Verwendung dieser Vorgabe-Taktzeit wie folgt:

$$\text{Vorgabezeit} = \text{Anzahl Arbeitspersonen} \cdot \text{Soll-Taktzeit}_{\text{Vorgabe}}$$

$$= 15 \cdot 4,47 = 67,05 \text{ min/Stück}.$$

Bei der Bestimmung der Ist-Taktzeit, mit der das Fließsystem tatsächlich arbeiten muß, ist von der Auslastung a = 120 % und der Zeit je Einheit t_e im Engpaß auszugehen; es ist:

Ist-Taktzeit

$$\text{Ist-Taktzeit} = \frac{t_e \text{ im Engpaß}}{\text{Auslastungsgrad}} \cdot 100$$

$$= \frac{4,2}{120} \cdot 100 = 3,5 \text{ min/Stück und Arbeitsplatz}$$

Wenn das Fließsystem mit einer Taktzeit von 3,5 min arbeitet und der Bandwirkungsfaktor von f = 0,94 berücksichtigt wird, ergibt sich damit folgende Mengenleistung:

Kontroll-
rechnungen

$$\text{Ist-Mengenleistung} = \frac{\text{Arbeitszeit}}{\text{Ist-Taktzeit}} \cdot \text{Bandwirkungsfaktor}$$

$$= \frac{480}{3,5} \cdot 0,94 \approx 129 \text{ Stück/Schicht}$$

Die Ist-Mengenleistung entspricht damit recht gut der gewünschten Soll-Mengenleistung von 130 Stück/Schicht. Gleiches gilt für die Ist-Taktzeit; auch sie entspricht nahezu der Soll-Taktzeit, wie sie mit der eingangs zu diesem Kapitel genannten Gleichung errechnet werden kann:

$$\text{Soll-Taktzeit} = \frac{\text{Arbeitszeit}}{\text{Soll-Mengenleistung}} \cdot \text{Bandwirkungsfaktor}$$

$$= \frac{480}{130} \cdot 0,94 = 3,47 \text{ min/Stück}$$

Bei Fließarbeit ist die Arbeitsperson gezwungen, ständig am Fließband anwesend zu sein und die erwartete Leistung tatsächlich zu erbringen. Um die Wirkung dieses Zwanges zu mildern, wird man darauf achten, daß man die Personen mit höherer *Leistungsfähigkeit und Leistungsbereitschaft* (a) an die Arbeitsplätze mit geringer Taktausgleichszeit (zum Beispiel die Plätze 2, 3, 10, 11, 12 und 16) setzt. Gegebenenfalls ist ein periodischer Wechsel mit den Plätzen höherer Taktausgleichszeit möglich, was allerdings in dem Beispiel wegen des verhältnismäßig guten Taktausgleichs nicht sinnvoll erscheint.

Zuteilung der
Arbeitspersonen

Springer,
Bandpause,
Anlaufzeit

Außerdem kann der zeitliche Zwang des Fließbandes durch einen *Springer* (b) gemildert werden, der als Ersatzmann einspringt, wenn die einzelne Arbeitsperson ihre Tätigkeit persönlich bedingt unterbricht. Weiter können *Bandpausen* (c) die Beanspruchung des Arbeitenden verringern; unter Bandpausen versteht man Kurzpausen, bei denen zur Erholung planmäßig das Band (zum Beispiel 5 min je h) stillgesetzt wird. Schließlich hängt die mögliche zeitliche Auslastung bei Fließbandarbeit von der *Anlaufzeit* (d) ab, während der sich die Arbeitspersonen üben sowie an die Arbeit gewöhnen und erste Störungen des Ablaufes beseitigt werden können. Um die Bandgeschwindigkeit an den Übungsgrad und gegebenenfalls auch an die Tagesrhythmik anpassen zu können, werden – falls technisch möglich – auch Bänder mit stufenlos verstellbarer Geschwindigkeit verwendet.

Bandpausen

Werden Bandpausen eingerichtet, so ist zu beachten, daß sich die zur Verfügung stehende Arbeitszeit je Schicht entsprechend verringert, was sich auf die Mengenleistung des Fließsystems auswirken kann.

6.4 Gestaltung des Materialflusses im Betrieb

6.4.1 Begriffsbestimmung

Nach der in Abschnitt 6.1 genannten Definition nach VDI 2411 versteht   Definition
man unter Materialfluß die „Verkettung aller Vorgänge innerhalb festgelegter Bereiche". Diese Definition schließt als Inhalt des Materialflusses
eigentlich das gesamte Kapitel 6 „Grundsätze zur Gestaltung des
Arbeitsablaufes zwischen mehreren Arbeitsplätzen" ein. Auch das Verrichtungsprinzip und das Flußprinzip sind Mittel der Materialflußgestaltung.

Die Materialflußgestaltung ist im Kern eine organisatorische   Begrenzung und
Tätigkeit, die sich mit der Aufgabe befaßt, die in einem festge-   Bereiche der
legten Bereich zu bearbeitenden Arbeitsgegenstände und den   Materialfluß-
Ablauf ihrer Veränderungen zu planen und zu gestalten.   gestaltung

Der Bereich, in dem der Materialfluß untersucht und gestaltet wird, kann
beliebig groß festgelegt werden. Er kann als Material- und Warenfluß von
der Gewinnungsstätte des Arbeitsgegenstandes (Betrachtungsobjektes)
bis zur Verbrauchsstelle reichen, zum Beispiel bei Früchten von der
Plantage bis zum Abfallbehälter beim Verbraucher. Als innerbetriebli-
cher Materialfluß werden die Gesamtabläufe der Arbeitsgegenstände
zwischen den „Rampen" der betrieblichen Wareneingangs- und Ver-
sandstellen bezeichnet. Richtlinie VDI 3 300 unterscheidet die Bereiche

- Bestimmung des Standortes der Betriebsstätte,
- Lage der Betriebsstellen innerhalb einer Betriebsstätte zueinander,
- Abläufe der Arbeitsgegenstände innerhalb der Betriebsstellen (Werk-
  halle, Werkstatt, Abteilung, Gebäude usw.),
- Abläufe der Arbeitsgegenstände am Arbeitsplatz selbst.

In der systemtechnischen Betrachtungsweise werden die Bereiche als
„Systeme" bezeichnet, deren Grenzen genau festzulegen sind. Sie bilden eine stufenartige Ordnung der Materialfluß-Systeme (Bild 159), die
für die Materialflußgestaltung von Bedeutung ist, weil oft die Lösung eines Materialflußproblems erst durch Einbeziehung der höheren Sy-
stemebenen gefunden wird.

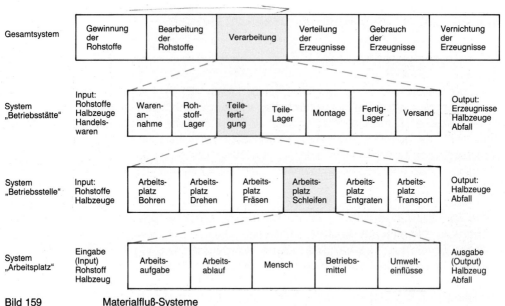

Bild 159 Materialfluß-Systeme

Grundlagen der
Materialfluß-
gestaltung

Wesentliche Grundlagen zur Bearbeitung von Fragen der Materialflußgestaltung enthalten folgende Abschnitte der REFA-Methodenlehre des Arbeitsstudiums:

Teil 1 Abschnitt 3.3   Grundbegriffe Mensch, Betriebsmittel, Arbeitsgegenstand

Abschnitt 3.4   Arbeitsablauf

Abschnitt 3.6   Soll-Ist

Abschnitt 3.7   Arbeitsteilung

Teil 2 Abschnitt 1.2.7 Ablaufarten, bezogen auf den Arbeitsgegenstand.

Zum Materialfluß gehören alle Vorgänge beim Gewinnen, Be- und Verarbeiten bei der Verteilung von stofflichen Gütern innerhalb festgelegter Bereiche (vgl. VDI 3300). Dazu gehören im einzelnen die Ablaufarten bezogen auf den Arbeitsgegenstand, wie sie in Bild 160 erläutert werden.

292

		Arbeitsgegenstände			
		Material und Waren		Informationen	
Verändern	Objektveränderung				
	Form Beschaffenheit Aussehen Eigenschaften	Einwirken *A E*	Bearbeiten Verarbeiten Umwandeln	Verarbeiten *A E*	Schreiben Lesen Rechnen Kontieren Umformen
	Ortsveränderung				
	zwischen Arbeitsplätzen, Werkstätten, Betriebsstätten und Lägern	Transportieren *A F T*	Transportieren Schieben Ziehen Tragen	Übermitteln *A F T*	Weitergeben Telefonieren Fernschreiben Fernkopieren
	Lageveränderung				
	im Arbeitsplatzbereich	Handhaben *A F H*	Beladen Entladen Eingeben Ausgeben Drehen Wenden Schwenken	Handhaben *A F H*	Eingeben Ausgeben Entnehmen Ablegen Aufnehmen Abgeben
Prüfen	Prüfung				
	Form Beschaffenheit Aussehen Eigenschaften Ort Lage	Prüfen *A P*	Messen Wiegen Zählen Analysieren Ordnen Sortieren Positionieren	Prüfen *A P*	Vergleichen Zählen Übernehmen Sortieren
Liegen	Zeitüberbrückung				
	Liegen ohne Veränderung	Liegen (ablaufbedingt) *A A*	ablaufbedingt geplant: Lagern Bunkern Speichern Puffern	Speichern *A A*	ablaufbedingt geplant: Dokumentieren
		zusätzliches Liegen *A S*	ablaufbedingt ungeplant	Aufenthalt *A S*	ablaufbedingt unplanmäßig
			störungsbedingt		störungsbedingt
Lagern	Zeitüberbrückung				
	Liegen in Lagerbereichen	Lagern *A L*	Wareneingangslager Verkaufslager Fertiglager	Lagern *A L*	Archiv

(Randbeschriftung vertikal: Fördern)

Erläuterung der Ablaufarten, bezogen auf den Arbeitsgegenstand   Bild 160

In Bild 160 wird zwischen Material beziehungsweise Waren und Informationen unterschieden. Beide Arten von Arbeitsgegenständen können in die gleichen Ablaufarten gegliedert werden.

Abhängigkeiten
Materialfluß
und
Informationsfluß

Für die Materialflußgestaltung ist es weiterhin wichtig, die mehrfachen Abhängigkeiten des Materialflusses vom begleitenden Informationsfluß zu erkennen und zu beachten. Der Informationsfluß löst die Vorgänge des Materialflusses in Form der Anweisung (Programminformation) aus. Die Information eilt deshalb dem Materialfluß voraus und gibt an, was, wie, wann und wo mit dem Arbeitsgegenstand geschehen soll. Fehlt diese Information, geschieht gar nichts: Der Arbeitsgegenstand ruht.

Eine besondere Art der Abhängigkeit zwischen Materialfluß und Informationsfluß besteht in der zeitlichen Aufeinanderfolge beziehungsweise Verknüpfung beider Flüsse. Meistens „fließen" die Informationen, wenn die Arbeitsgegenstände ruhen oder umgekehrt. Dieses Wechselspiel kostet Zeit und Geld. Bei der Materialflußgestaltung wird man sich deshalb bemühen, möglichst die Vorgänge der Objektveränderungen aneinander anschließen zu lassen und die Programminformationen für den Ablauf bereits bei der Konstruktion der technischen Einrichtungen mit Hilfe mechanischer, elektrischer oder elektronischer Bauteile zu berücksichtigen. So werden beispielsweise bei Einsatz von angetriebenen Rollenbahnen die Transporteinrichtungen, die Aufgabe- und Abgabeorte und die Geschwindigkeit vorgegeben, ebenso für die beförderten Arbeitsgegenstände die Höchstgewichte, die größtmöglichen Abmessungen und die Anforderungen an die Beschaffenheit zum Beispiel der Bodenfläche. Von einem Automaten spricht man, wenn alle Ablaufvorgänge und Programminformationen fest vorgegeben sind. In einem Automaten sind dann die logischen Folgen aller Abläufe enthalten, wie beim Zigarettenautomaten die Abläufe für das eingeworfene Geldstück mit der abschließenden Information für die Freigabe zur Entnahme der gewünschten Zigarettenschachtel sowie die Nachfüllung des Ausgabebehälters nach der Entnahme.

Ein Beispiel für die Gestaltung des Materialflusses in einem Preßwerk für Karosserieteile zeigt Bild 161.

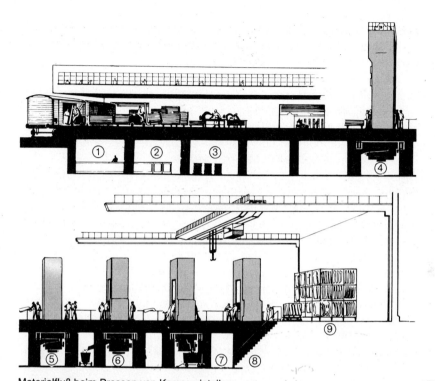

Materialfluß beim Pressen von Karosserieteilen

Bild 161

Ziele der Materialflußgestaltung sind:

a) Beschleunigung des Durchlaufs der Arbeitsgegenstände durch weitgehende Reduzierung der Vorgänge des Handhabens, Prüfens und Liegens der Arbeitsgegenstände.

b) Verbesserung der Produktivität unter Berücksichtigung humaner Arbeitsbedingungen.

c) Bestmögliche Nutzung der vorhandenen Betriebsmittelkapazitäten.

d) Senkung der Selbstkosten für die Leistungserstellung und die Arbeitsgegenstände.

e.) Verringerung der Mittelbindung (Kapital in angearbeitete Material gebunden)

Ziele der Materialflußgestaltung

Das entscheidende Kriterium, an dem alle Maßnahmen der Materialflußgestaltung letztlich gemessen werden, ist das Sinken der Selbstkosten.
Das Ergebnis muß also entweder

- die Herstellung des Arbeitsgegenstandes verbilligen oder
- bei gleichen Kosten die Arbeitsbedingungen für die eingesetzten Mitarbeiter verbessern oder
- die Qualität des Arbeitsgegenstandes steigern oder
- die Kapitalbindung in den Material- und Warenbeständen und/oder
  benötigten Betriebseinrichtungen senken.

Um das zu erreichen, müssen unter Umständen in einzelnen Ablaufabschnitten des Herstellungsprozesses erhebliche Kostensteigerungen
hingenommen werden. Wichtig ist, daß insgesamt die Selbstkosten des
hergestellten Arbeitsgegenstandes sinken oder bei qualitativen Vorteilen anderer Art zumindest gleichbleiben.

6.4.2 Voraussetzungen der Materialflußgestaltung

6.4.2.1 Räumliche Faktoren

Die Gestaltung des Materialflusses in einem Betrieb geht von den räumlichen Gegebenheiten aus:

a) dem Standort der Betriebsstätte,
b) den Bauwerken auf dem Betriebsgelände,
c) den Verkehrs- und Förderwegen.

Die Behandlung dieser Faktoren ist Gegenstand der Betriebsstättenpla-
nung, die hier nur kurz dargestellt wird.

Standort

a) Standort

Die Wahl des Standortes eines Betriebes hängt unter anderem von dem
Angebot an günstigem Industriegelände, regionalen und überregionalen
Steuervergünstigungen, Umweltschutzauflagen, dem vorhandenen Ar-
beitsmarkt, der vorhandenen Energieversorgung, der Nähe der Zulieferer und Abnehmer sowie den vorhandenen Verkehrsanschlüssen (Wasser, Straße, Schiene, Luft) ab.

b) Bauwerke   Bauwerke

Bauweise:

Bevorzugt werden reine Zweckbauten entsprechend den Produktions-, Arbeits-, Transport- und Lagerbedingungen, einfache Baukonstruktionen und kostensparende Baumethoden mit guter Flächen- und Raumausnutzung, möglichst großer Flexibilität und vielfacher Verwendungsfähigkeit.

Raum:

Es gelten folgende Kriterien:

– Bemessung nach einfacher Behandlung, Bearbeitung und Lagerung der Arbeitsgegenstände und ausreichender Bewegungsfreiheit für Personen und Fördermittel.

– Einsparung von Transport- und Lagerflächen durch Stapeln, Einbau von Deckenkränen u.ä.

– Einplanen angemessener Flächen für Erweiterungen und von Sozialräumen für die Belegschaft.

Ausführung der Bauwerke:

Die Beachtung des Flußprinzips führt in der Regel zu langgestreckten Bauformen (Bild 162).

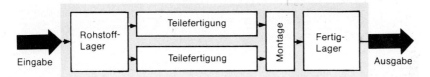

Eingabe — Rohstoff-Lager — Teilefertigung / Teilefertigung — Montage — Fertig-Lager — Ausgabe

Beispiel eines längsorientierten Materialflusses   Bild 162

297

Bei einem mehrstufigen und stark wechselnden Produktionsprogramm und einer Zuordnung der Fertigungsbereiche nach dem Verrichtungsprinzip werden eine gute Anpassung an den längs- und querorientierten Materialfluß und kurze Transportentfernungen zwischen den Arbeitsplätzen durch die Verbreiterung des Bauwerkes erreicht (Bild 163).

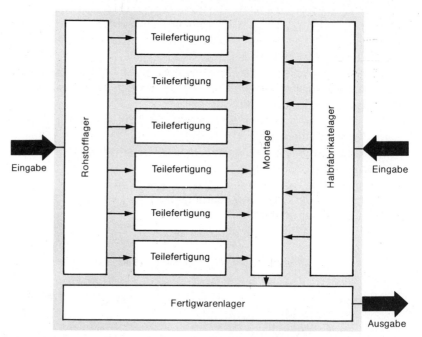

Bild 163   Beispiel eines kombinierten quer- und längsorientierten Materialflusses

Verkehrs- und Förderwege

c) Verkehrs- und Förderwege

Grundsätzlich plant man gerade Verkehrs- und Förderwege. Ihre Breite hängt vom Verkehrs- beziehungsweise Fördermittel und Fördergut, dem Einbahn- oder Gegenverkehr und der Frage ab, ob der Weg zur Durchfahrt, zum Einschwenken oder als Stichstraße dient. Die Förderwege in den Werkstätten sollen so angeordnet werden, daß beidseitig Fördergut verteilt werden kann (möglichst kein Weg an einer Wand entlang).

Der Förderweg kann horizontal, vertikal oder schräg geführt sein. Die Neigung bestimmt weitgehend das Fördermittel. Grundsätzlich gibt es für jeden Neigungsgrad geeignete Fördermittel. So verwendet man bei schrägen Wegeebenen für das Hinauffördern zum Beispiel Schrägaufzüge, während für das Hinunterfördern Schwerkraftförderer günstiger sind.

Die Beschaffenheit des Förderweges hat einen wesentlichen Einfluß auf die Einsatzmöglichkeiten von Flurfördermitteln. Da diese sehr beweglich sein sollen, haben sie häufig kleine Räder, die einen verhältnismäßig starken Druck auf den Boden ausüben (daher keine weichen Fahrbahnen!) und für unebene Fahrbahnen nicht geeignet sind.

Durchfahrten müssen oft mit Toren versehen werden, um Zugluft, Geruch, Staub oder Geräusche fernzuhalten oder ein Raumklima zu erhalten. Eine geringstmögliche Behinderung des Transportierens wird in vielen Fällen durch Pendeltore aus durchsichtigem Kunststoff, Schiebe-, Falt- oder Rolltore, die sich durch Überfahren von Impulsgebern automatisch öffnen und schließen lassen, erreicht. Empfehlungen für die zweckmäßige Gestaltung der Verkehrs- und Förderwege geben die Richtlinien VDI 2199 und 2360.

6.4.2.2 Fertigungstechnische Faktoren

Ausgangspunkte der Materialflußgestaltung sind im Fertigungsbereich die Schrittfolgen der Objektveränderungen, die dafür benötigten Arbeitssysteme und deren Standorte.

Eine abstands- und pausenlose Verkettung der Vorgänge zur Veränderung der Arbeitsgegenstände ist nur bei einer ständigen Wiederkehr ein und derselben Schrittfolgen und entsprechenden Stückzahlen der Massen- oder Großserienfertigung wirtschaftlich. Im allgemeinen muß man sich bei der Materialflußgestaltung darauf beschränken, einen möglichst schnellen und reibungslosen Übergang der notwendigen Vorgänge der Objektveränderung (Einwirken) mit den Vorgängen des Prüfens und des Transports von Arbeitssystem zu Arbeitssystem zu sichern und dabei Ablaufvorgänge des Handhabens und Liegens auszuschalten. Wie schwierig diese Aufgabe der organisatorischen Verknüpfung der Arbeitssysteme ist, bestätigen Untersuchungen, die einen Zeitanteil der Vorgänge der Objektänderung am Gesamtablauf von 10 % und weniger feststellten.

Verkettung der Arbeitssysteme

Eine sachgerechte Materialflußgestaltung verlangt auch eine kritische Auseinandersetzung mit den Vorgängen der Objektveränderung. Unter Umständen liegt die optimale Lösung des Materialflusses in einem geänderten Ablauf oder einem anderen Arbeitsverfahren. Zum Beispiel könnten mehrere einzeln angefertigte Vormontageteile durch ein Präzisionsgußstück ersetzt werden oder das Zerkleinern von Zellstoff durch Zerschlagen in Hammermühlen durch das Aufweichen in einer Form.

Durchlauffaktor

Eine Kennzahl für den Gütegrad der Materialflußgestaltung ist der Durchlauffaktor. Der Durchlauffaktor ist das Verhältnis der Gesamtdurchlaufzeit eines Arbeitsgegenstandes (zum Beispiel von der Entnahme des Materials im Rohstofflager bis zur Übergabe des fertigbehandelten Arbeitsgegenstandes beziehungsweise des Loses an das Teilelager) zu der Zeit, die für die Vorgänge der Objektveränderung und gegebenenfalls des Prüfens (Fertigungszeit) benötigt wird.

$$\text{Durchlauffaktor} = \frac{\text{Gesamtdurchlaufzeit}}{\text{Fertigungszeit}} = \frac{T_D}{\Sigma T}$$

Beide Zeiten sind ohne große Schwierigkeiten aus den Laufkarten der Aufträge, aus den Arbeitsplänen oder den Vorkalkulationen zu ermitteln. Die Anwendung des Durchlauffaktors ist sehr sinnvoll, weil der Faktor bei Verbesserungen des Materialflusses und der Beschleunigung des Durchlaufes der Arbeitsgegenstände kleiner wird. Bei überlappter Fertigung eines Loses kann er sogar Werte unter 1 erreichen, wenn eine Reihenfertigung mit loser zeitlicher Abstimmung entsteht.

Auswahl der Prioritäten

Bei einem breiten Produktionsprogramm und einer großen Teilevielfalt muß für das Vorgehen bei der Ablaufgestaltung eine Auswahl mit Hilfe der ABC-Analyse (vgl. Abschnitt 7.4) getroffen werden. Als A-Teile, deren Durchlauf in jeder Weise zu fördern ist, gelten Arbeitsgegenstände, deren Materialwert und Wertschöpfung (lange Bearbeitungszeiten) hoch sind, die sperrig und schwer sind. Für A-Teile lohnt es sich, Konstruktion und Arbeitspläne zu überprüfen, Betriebsmittel umzusetzen oder auszutauschen, kostenintensive Vorrichtungen, Werkzeuge und Transporthilfen zu beschaffen, um Rüst- und Einstellzeiten zu sparen, zeitraubende Handhabungs-, Prüf- und Liegezeiten zu vermeiden und kürzeste Durchlaufwerte sicherzustellen. Der Durchlauffaktor von A-Teilen sollte im Bereich von 0,8 bis 1,7 liegen.

Bei den B-Teilen wird man versuchen, mit Hilfe von Konstruktion und Arbeitsvorbereitung Teilegruppen nach Gestalt, Form und Abmessungen zu schaffen, deren Materialfluß aufgrund vorhandener Ähnlichkeiten (zum Beispiel Teilefamilien, Fertigungsfamilien) in gleicher Weise gestaltet werden kann. Hierfür ist bedeutsam, nach Möglichkeit auch eine gleiche Folge der Arbeitssysteme (Ablauffamilien) einzuhalten, um Fertigungslinien mit stetigen Fördereinrichtungen aufbauen zu können. Der Durchlauffaktor von B-Teilen sollte Mittelwerte von 3,0 erreichen.

C-Teile
(Schüttgut-Schaufelteile) nur begleitender Aufwa

Im Fertigungsbereich geht der allgemeine Trend bei der Materialflußgestaltung dahin, den Ablauf der Arbeitsgegenstände auf die Vorgänge zur Objektveränderung zu konzentrieren und alle anderen notwendigen Tätigkeiten und Zuarbeiten, wie Vorbereitung der Betriebsmittel und Informationsbereitstellung, durch technische und organisatorische Maßnahmen aus dem Materialfluß auszugliedern oder auf im Ablauf vernachlässigbare Zeitanteile zu reduzieren. Das bedeutet eine Wende von bisher angestrebten großen Losgrößen zu kleinen Stückzahlen, zu größerer Flexibilität der Produktionseinrichtungen durch kürzere Belegungszeiten und insgesamt zu schnellerer Lieferbereitschaft.

6.4.2.3 Fördertechnische Faktoren

Die Ablaufart Fördern ist der Teil des Materialflusses, der durch die Orts- oder Lageveränderung der Arbeitsgegenstände die Verbindung zwischen den anderen Teilabläufen des Materialflusses herstellt. Die Bedeutung der Ablaufart Fördern ist außerordentlich groß, weil keine Tätigkeit ohne Bewegung, ohne Transportieren oder Handhaben möglich ist.

Aufgaben des Förderns sind: Aufgaben
a) Übernahme beziehungsweise Aufnehmen der nach Art und Menge   des Förderns
   bestimmten Fördergüter (Arbeitsgegenstände) an einem bestimmten
   Ort (Quelle).
b) Transport beziehungsweise Bewegen der Fördergüter (Arbeitsgegenstände) mit einem geeigneten Fördermittel.
c) Übergabe beziehungsweise Ablegen der Fördergüter (Arbeitsgegenstände) am Zielort.

Einflußfaktoren

Die Gestaltung des Fördervorganges und die Auswahl der Fördermittel werden von folgenden Faktoren beeinflußt (Bild 164):

Einflußfaktor	Elemente
Förderort	Übernahme (Anschluß an vorausgehende Vorgänge) Übergabe (Anschluß an nachfolgende Vorgänge) Umwelteinflüsse (Staub, Hitze, Beleuchtung u. ä.) verfügbare Energie Häufigkeit
Förderweg	Breite Fahrbahnbeschaffenheit Belastbarkeit Höhenunterschiede (Steigungen, Gefälle, Stockwerke) Lademaßbegrenzungen (Durchfahrten) Weglänge Umwelteinflüsse (Staub, Hitze, Beleuchtung, Nässe, Kälte)
Fördergut	Materialart, Werkstoff (Stückgut, Schüttgut, Flüssigkeit) Abmessungen Gewicht Eigenschaften (druckempfindlich, gefährlich, giftig, Geruch) Form (Sperrigkeit, Auflageflaschen) Schwerpunktslage Menge Ladeeinheiten (Paletten, Behälter)
Förderleistung	Geschwindigkeit Tragfähigkeit Verfügbarkeit Transporthäufigkeit zeitliche Bedingungen (Termine)
rechtliche Bestimmungen	Unfallverhütungsvorschriften der Berufsgenossenschaften Vorschriften der Gewerbeaufsicht Gesetze (BGB, Maschinenschutzgesetz, Aufzugsverordnung) DIN-Empfehlungen, VDI-Richtlinien
Kosten	Investitionskosten Betriebskosten Wirtschaftlichkeit

Bild 164   Einflußfaktoren für Fördervorgänge

Ladeeinheiten, Förderhilfsmittel

Das Umschlagen, Transportieren und auch Lagern der Fördergüter wird vereinfacht durch Zusammenfassen der Einzelgüter zu Ladeeinheiten, die möglichst direkt von den Fördermitteln aufgenommen werden können.

Idealzustand wäre: Fertigungseinheit = innerbetriebliche Transporteinheit = Lagereinheit = Versandeinheit = Verrechnungseinheit

Förderhilfsmittel (Transporthilfsmittel, Fördergerät)		
für Flüssigkeiten staubförmige Güter Gase Schüttgüter	für Schütt- oder Stückgüter	zur Bildung von Ladeeinheiten
Fässer Flaschen Dosen Kanister Tank	Säcke Netze Schachteln Kästen Sichtkästen Kisten Körbe Gebinde Steigen	Flachpaletten Boxpaletten Rungenpaletten Ladepritschen Rollpritschen Rollbehälter Bahnbehälter Kleincontainer Großcontainer
Gesamte Abmessungen:		
Flächengrundmodul 400 mm × 600 mm	800 mm × 1200 mm 1000 mm × 1200 mm	

Förderhilfsmittel   Bild 165

Die Fördermittel lassen sich in zwei große Gruppen zusammenfassen: Fördermittel

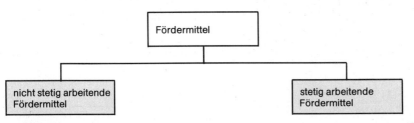

Fördermittel   Bild 166

1) Nicht stetig arbeitende Fördermittel

Die Gruppe der nicht stetig arbeitenden Fördermittel ist für einen häufigen Wechsel der Förderaufgaben und den universellen Einsatz in unterschiedlichen Betriebsbereichen besonders geeignet. Diese intermittierenden Fördermittel benötigen eine gut organisierte Einsatzsteuerung und -überwachung sowie eine funktionierende Informationsbereitstellung. Für die nahtlose Verkettung der Arbeitsabläufe nach dem Flußprinzip (Fließfertigung) ist die rechtzeitige Anforderung der Fördermittel und Bekanntgabe der nachfolgenden Vorgänge erforderlich (Einsatz von Funk-, Sprechfunk- und DV-Geräten).

nicht stetig
arbeitende
Fördermittel

303

Eine Übersicht gibt Bild 167. Die in den Betrieben am meisten verbreiteten, nicht stetig arbeitenden gleislosen Flurfördermittel sind Elektro- und Dieselfahrzeuge sowie Kräne.

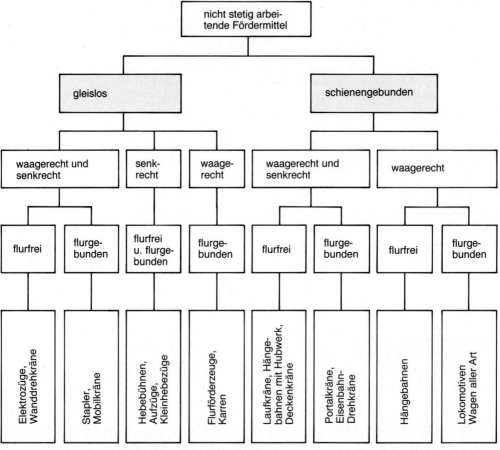

Bild 167   Nicht stetig arbeitende Fördermittel

Besteht ein Ringverkehr mit gleislosen Flurfördermitteln und Transporten in unregelmäßigen Abständen, ist zu prüfen, ob das Fahrzeug mit einem Steuerungssystem ausgerüstet werden kann. Die Steuerung erfolgt dann über einen Leitdraht, der im Förderweg verlegt wird und über ein Magnetfeld und einen Abfragekopf den Lenkmotor auf Kurs hält.

Die Möglichkeit einer nachträglichen Installation von Laufkränen ist abhängig von der Raumhöhe, der Stützenfreiheit des Raumes und der Belastbarkeit der Stützen beziehungsweise Wände. Sollen die Kräne oder Förderanlagen an der Decke aufgehängt oder Flurfördermittel in Geschoßbauten eingesetzt werden, sind die Deckentragfähigkeiten zu prüfen.

2) Stetig arbeitende Fördermittel

Bei stetig arbeitenden Fördermitteln bilden die tragenden Konstruktionsteile wie Rollen, Bänder, Platten, Becher, Eimer usw. zugleich den Förderweg. Die Bewegung der Arbeitsgegenstände kann von Hand, durch Schwerkraft oder durch motorischen Antrieb auch taktgesteuert oder kontinuierlich erfolgen. Durch mechanische, elektrische oder elektronische Steuerorgane ist eine gezielte Zu- und Abführung der Arbeitsgegenstände an jeden beliebigen Arbeitsplatz möglich, der an das Fördersystem angeschlossen ist. Damit ist auch eine begrenzte Anpassung an wechselnde Förderaufgaben gegeben. Spezielle Bauarten der Stetigförderer überwinden mühelos Höhenunterschiede bei geringstem Raumbedarf.

Eine Übersicht über die Stetigförderer gibt Bild 168.

stetig arbeitende Fördermittel

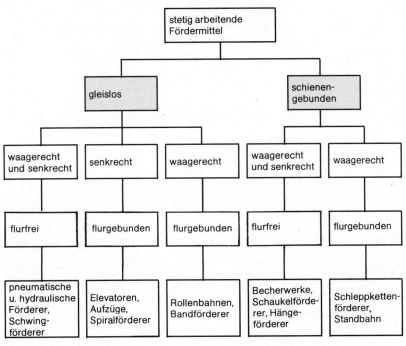

Stetig arbeitende Fördermittel

Bild 169 enthält einige Beispiele für stetig arbeitende Fördermittel.

Hängeförderer (Werksfoto Pfaff)   Hängeförderer mit Hubwerk   Elevator (Werksfoto Stöhr)

Schleppkettenfahrzeuge (Werksfoto Opel)   Bandförderer (Werksfoto Stöhr)

Schleppkettenfahrzeug (Werksfoto Fromme)   Röllchenbahnen (Werksfoto Stöhr)

Bild 169   Beispiele für stetig arbeitende Fördermittel

Im Bild 170 ist eine Weiterentwicklung des normalen Bandförderers ab-gebildet: ein Doppelgurtförderer. Trotz des kontinuierlichen Laufes des Bandes kann der Werkstückträger mit den zu montierenden Werk-stücken am jeweiligen Platz angebracht und nach der Arbeitsausfüh-rung wieder freigegeben werden. Alle Arbeiten – auch Maschinenarbei-ten – können direkt auf dem Band ausgeführt werden. Die Werkstücke müssen nicht abgehoben und wieder aufgesetzt werden. Auch eine Be-arbeitung von unten ist möglich.

Doppelgurtförderer (Werksfoto: Bosch)   Bild 170

Handhaben

Unter Handhaben werden Ablaufvorgänge zur Lageveränderung der Arbeitsgegenstände verstanden, die vornehmlich beim Einleiten oder Beenden anderer Vorgänge des Materialflusses anfallen. Ziel jeder Materialflußgestaltung, besonders an den Maschinenarbeitsplätzen im Fertigungsbereich, wird es deshalb sein, unnötige Handhabungen zu vermeiden und die Funktionen des Zubringens beziehungsweise des Abführens der Arbeitsgegenstände zu mechanisieren oder zu automatisieren.

Die Werkstückhandhabung setzt sich aus drei verschiedenen Gruppen zusammen:

a) Weitergeben der Arbeitsgegenstände an das Arbeitssystem einzeln oder in Losen, ungeordnet in Speichern als Puffer oder geordnet in Magazinen. Verwendete Fördermittel sind Kleinförderbänder, Magaziniereinrichtungen, Tischkreisförderer, Hebezeuge wie Säulendrehkräne mit Ausleger.

b) Ordnen der Arbeitsgegenstände aus einer beliebigen in eine bestimmte Lage und gesteuertes Zuteilen einer bestimmten Anzahl von Arbeitsgegenständen. Schwing- und Schrägförderer sind dafür geeignete Fördermittel.

c) Gesteuertes und positioniertes Ein- und Ausgeben der Arbeitsgegenstände mit Hilfe von Ein- und Ausgabesystemen vom einfachen Einschiebegerät bis zur programmierten Übergabeeinrichtung (punkt- oder bahngesteuerte Handhabungsautomaten mit definierter Ausgangslage der Arbeitsgegenstände mit meist engen Toleranzen und deshalb kostenaufwendig).

Vorzugsweise Einsatzgebiete von Handhabungsgeräten: Schutz der Mitarbeiter vor Belastungen (Hitze, Gewichte, Dämpfe) und Gefahren (Schweißen, Lackieren, Stanzen) und in der Verpackungstechnik. Erweiterte Einsatzgebiete im Fertigungsbereich durch Anwendung der Mikroelektronik bei Handhabungsautomaten (Industrierobotern) und Integration in die Werkzeugmaschinen.

Zusammenwirken verschiedener Fördermittel

Die Wirtschaftlichkeit der Vorgänge zur Orts- und Lageveränderung ergibt sich oft durch das Zusammenspiel verschiedener Fördermittel, wenn für jeden Materialflußabschnitt das geeignetste Betriebsmittel eingesetzt werden soll. So werden beispielsweise die auf einem Band befindlichen Ladeeinheiten mit den Erzeugnissen am Ende der Fertigungsstraße von einem Gabelstapler auf Anhänger gesetzt (Handhabungsvorgang). Die Anhänger zieht ein Schlepper zum Lager (Transportvorgang), wo die Ladeeinheiten mit Hilfe eines Laufkranes gestapelt werden (Handhabungsvorgang).

Bei der Beschaffung der Fördermittel sind neben der Eignung auch Fragen der rationellen Instandhaltung, Austauschbarkeit bei Ausfällen und Wiederverwendbarkeit bei Materialflußänderungen zu berücksichtigen. Diese Kriterien sprechen gegen eine allzu große Typenvielfalt der Fördermittel im Betrieb.

6.4.2.4 Lagertechnische Faktoren

Lagern und Liegen dienen der Zeitüberbrückung. Jede Zeitüberbrückung ohne Veränderung der Arbeitsgegenstände bedeutet Stillstand und Unterbrechung des Materialflusses, erhöht die Durchlaufzeit und bindet Kapital beziehungsweise Liquidität. Lagern und Liegen sind erforderlich als Ausgleichs- und Umschichtungsfunktion zwischen den verschiedenen Teilabläufen des Materialflusses und den für die Teilabläufe gegebenen optimalen Bedingungen. Im Rahmen der Materialflußgestaltung sind deshalb alle Vorgänge der Zeitüberbrückung sehr genau und sorgfältig auf ihre Notwendigkeit zu prüfen.

Aufgaben der Lagerung sind:

Aufgaben der Lagerung

a) Der Ausgleich von Bedarfsschwankungen,
b) die begrenzte Bevorratung zur Sicherung der Lieferfähigkeit,
c) die Zusammenstellung der gelagerten Arbeitsgegenstände (Kommissionierung) für nachfolgende Abläufe,
d) Überwachung der Bestände und des Umschlags zur Sicherung der geringstmöglichen Kapitalbindung mit Hilfe der ABC-Analyse.

Die Erscheinungsformen der Lager sind vielfältig. Für den innerbetrieblichen Materialfluß lassen sich folgende Lagerarten unterscheiden (vgl. MLA Teil 2, Abschnitt 1.2):

Lagerarten

1) Wareneingangslager (auch Roh-, Beschaffungs-, Versorgungslager) zur Versorgung des Betriebes mit Rohstoffen, Halbzeugen, Zuliefer- und Ersatzteilen.
2) Zwischenlager (auch Produktions-, Teile-, Pufferlager) innerhalb des Betriebes zur Aufnahme und Bereitstellung von Zwischenprodukten, Vorrichtungen, Werkzeugen, Förderhilfsmitteln u.ä.
3) Verkaufslager (auch Fertig-, Vertriebslager) für Vertriebserzeugnisse.
4) Handelslager (Umschlagslager im Großhandel, Verteilungslager im Einzelhandel).

Die Lagerarten werden in der Praxis häufig nach der Art der eingelagerten Arbeitsgegenstände weiter untergliedert, zum Beispiel im Bereich des Wareneingangslagers in Stangenlager, Gußteilelager, Blechlager usw.

zentrale und
dezentrale Lager

Lager können zentral oder dezentral geführt werden. Bei zentraler Lagerung gibt es keine Mehrfachlagerung, dadurch ist weniger Kapital gebunden. Die gute Übersichtlichkeit ermöglicht eine bessere Bestandsüberwachung und einen geringeren Dispositionsaufwand. Zentrale Lager erreichen einen höheren Nutzungsgrad der Fläche und des Raumes sowie der Fördermittel im Lager. Sie eignen sich für eine Mechanisierung und Automatisierung des Lagers.

Dezentrale Lager sind vorteilhaft, wenn aus einem Produktionsprogramm spezielle Sortimente zusammenzustellen sind oder eine zusätzliche Sicherung der Lager gegen Gefahren (feuergefährlich, explosiv usw.) gefordert wird. Die praktische Lösung ist häufig eine Kombination beider Lagerarten: Ein zentrales Vorlager mit dezentralen Nachlagern als Handlager mit kleinen Vorräten in den Werkstätten und Abteilungen.

Lagerungssysteme

Systeme der Lagerung sind:

Blocklager

a) Blocklagerung für den Umschlag von Massengütern und Großmengen in palettierten und stapelfähigen Lageeinheiten. Ungeeignet für kleine Lagermengen mit kurzen Umschlagzeiten und für Güter, die nach dem first-in-first-out-Prinzip umgeschlagen werden müssen. Fördermittel: Stapler, Mobilkräne, in Freilagern auch Portalkräne.

Regallager

b) Fachregal-Lagerung für verpackte und unverpackte Güter in kleinen Mengen; bei größeren Höhen mit Zwischenetagen (Laufstege).

c) Regallagerung von Ladeeinheiten mit Regalhöhen bis 7 m (mit Sondergeräten bis 12 m) und Bedienung durch Stapler, Hochhubwagen oder Regalförderzeugen; mit Höhen von 8 bis 40 m (Hochregalanlagen) Bedienung nur durch mit der Regalkonstruktion verbundene Regalförderzeuge mit kurzen Fahrzeiten und hohen Umschlagleistungen, geringem Flächenbedarf und hohem Automatisierunggrad.

d) Verschieberegal-Lagerung für Güter mit geringem Umschlag (Ersatzteile, Dokumente) oder großem Raumbedarf (Langgut). Auf Schienen verfahrbare Doppelregalzeilen mit Öffnung des Regalganges an der jeweils benötigten Zeile, geringer Raumbedarf. Regalbedienung von Hand, durch Stapler oder Hebezeuge.

e) Umlauf- und Umsatzregallagerung für Kommissionierung und Zwischenlagerung. Kombination von Regalen und Kettenförderern, ein- oder mehrstöckige Regalzeilen entweder horizontal hintereinander (Karussel) oder vertikal übereinander (Paternoster) umlaufend. Beschickung und Entnahme an den Stirnseiten (Einzelstücke, Kästen, Paletteneinheiten) von Hand oder mit Staplern, auch automatisch.

f) Durchlauflagerung für großen Umschlag und kurze Zugriffszeiten mit   Durchlauflager
Regalfächern aus über- und nebeneinander angeodneten Rollebe-
nen oder Hängeschienen. Bedienung mit Staplern oder speziellen
Beschickungs- und Entnahmeeinrichtungen, bei Kleinanlagen auch
von Hand.

g) Schranklagerung für Werkzeuge, Vorrichtungen usw. mit kugelgela-
gerten Auszügen. Übersichtliche Anordnung der Lagergegenstände,
gute Kennzeichnung, Schutz vor Verschmutzung, Feuchtigkeit, un-
erlaubtem Zugriff. Beträchtliche Raumersparnisse gegenüber Fach-
regallagerung. Bedienung von Hand, bei Schwergut mit Hubwagen
oder Hebezeugen.

h) Kurzzeit- und Pufferlagerung als Zwischenlager in Werkstätten und   Pufferlager
Abteilungen zur Speicherung von Arbeitsgegenständen zwischen Arbeitssystemen. Flachlager als Freiflächen für stapelbare Ladeeinheiten oder Regallager für Kästen u.ä. zur Bereitstellung der Arbeitsgegenstände für die Bearbeitung oder den Abtransport zum folgenden
Arbeitsplatz. Bedienung von Hand oder durch Stapler, Hubwagen
und Laufkräne. Bei Stetigförderern: Einbau von Pufferstrecken durch
Verlängerung oder Ausschleusung in Wartebahnen.

Bild 171 bringt einige typische Beispiele der Lagertechnik und der zugehörigen Förderhilfsmittel.

Stapelkasten

Pool-Flachpaletten nach DIN 15146

Gitterboxpalette nach DIN 15155

Kästen für Verwendung im Lager und am Arbeitsplatz

auf Flachpaletten aufsetzbare Stapelkästen

Lagerung von Flachpaletten im Regal

Bild 171   Beispiele zur Lagertechnik

Das Lager und seine Organisation bestehen ablaufmäßig aus folgenden Systemgruppen
Gruppen:

- Zufördersystem zum Entladen,
- Wareneingangssystem mit Konturenkontrolle usw.,
- Einlagerungssystem in das Lagersystem,
- Lagersystem (Regalanlage, Lagerfläche),
- Auslagerungssystem,
- Kommissionierungssystem für Zusammenstellung der Lagergüter gemäß Auftrag,
- Versand- und Warenausgangssystem mit Sendungskontrolle und Verpacken,
- Abfördersystem zur Verladung der Sendung beziehungsweise Weitertransport zur Empfangsstelle.

Das Kommissionierungssystem kann in das Auslagerungssystem integriert sein. Der Gruppenaufteilung kommt besonders bei automatischen Lagern (Hochregalanlagen) große Bedeutung zu.

6.4.3 Methodisches Vorgehen bei der Materialflußgestaltung

6.4.3.1 Untersuchungsmethode

Die Gestaltung des Materialflusses ist eine sehr vielseitige Aufgabe. Da- 6-Stufen-Methode
bei kommt es nicht nur darauf an, einen vorhandenen Istzustand fortzuentwickeln, sondern auch neue Ideen und technische Entwicklungen oder anderen Orts bewährte Methoden und Betriebseinrichtungen auf die Verhältnisse des eigenen Betriebes zu übertragen und einzuführen. Von den bekannten Untersuchungsmethoden ist dafür die 6-Stufen-Methode der Systemgestaltung (REFA-Standardprogramm Arbeitsgestaltung; MLA Teil 3, Abschnitt 3.1) am geeignetsten, weil sie die Möglichkeit gibt, von den idealen Lösungen ausgehend realistische Näherungslösungen auszuarbeiten.

Leitsätze

Für das Vorgehen gelten allgemein folgende Leitsätze:

1) Organisatorische Maßnahmen und Veränderungen im Dispositions-
   und Informationsbereich führen oft zu wirksameren Verbesserungen
   des Materialflusses als spezialisierte technische Einrichtungen und
   Fördermittel.
2) Gliederung der Abläufe im Materialfluß in
   – Vorgänge, die vermieden werden müssen,
   – Vorgänge, die vermeidbar sind,
   – Vorgänge, die beeinflußbar sind,
   – Vorgänge, die unter gegebenen Voraussetzungen nicht beein-
     flußt werden können,
   – Vorgänge, die nicht beeinflußt werden dürfen.
3) Ermittlung
   – der Minimalforderungen an eine neue Materialflußgestaltung,
   – der Wünsche, die berücksichtigt werden sollen,
   – der Einflußgrößen im Ablauf, ihre Bedeutung und Auswirkungen.
4) Information
   – der von den Änderungsmaßnahmen betroffenen Mitarbeiter und
     Dienststellen.

Simulation

Die Simulation als weitere Methode zur Materialflußgestaltung setzt
meist EDV-Einsatz voraus. Sie besteht im wesentlichen aus der Nachbil-
dung des Istzustandes in einem Modell. Die wirklichkeitsgetreue Wie-
dergabe aller Einflußgrößen im Modell muß nachgewiesen werden.
Durch Veränderung der Einflußgrößen und ihres Zusammenwirkens
kann dann ein optimaler Sollvorschlag ermittelt werden.

6.4.3.2 Darstellung des Material- und Informationsflusses

Funktionspläne

Eine Methode, die in einer Darstellung sowohl den Materialfluß als auch
den Informationsfluß übersichtlich wiedergeben kann, ist der Funktionsplan. Er bedient sich der Symboltechnik zur Beschreibung der Abläufe, wie sie sich bei elektrischen Schaltplänen und in der Verfahrenstechnik bereits bewährt hat.

Die Grundsymbole für die Ablaufarten zeigt Bild 172.

Ablaufarten	Grundsymbole	
	Material- und Warenfluß	Informationsfluß
Einwirken, Verarbeiten		
Transportieren		
Handhaben		
Prüfen		
Lagern, Speichern, Liegen		
Arbeitsgegenstand		
Hilfs- und Arbeitsmittel		
Hauptfluß		
Nebenfluß		

Grundsymbole für Abläufe in Funktionsplänen · Bild 172

315

Beispiel eines
Funktionsplanes

In die Grundsymbole können Zeichen oder Symbole zur Bezeichnung der Arbeitsgegenstände, Personen oder Betriebsmittel eingetragen werden. Die Abläufe werden in abstrakter Form durch Aneinanderreihen der Grundsymbole für die Vorgänge von links nach rechts als „Hauptflußlinie" gebildet. Die Vorgänge des begleitenden Informationsflusses werden über dem Materialfluß von den Verknüpfungsstellen ausgehend aufgezeichnet. In Kennlinien können zusätzlich Angaben über Fortschrittszeiten, Weglängen, Personal- und Mengenkapazitäten sowie Kosten eingebracht werden. In Bild 173 wird der Funktionsplan für den Materialfluß und den zugehörigen Informationsfluß beim Verladen und Versenden von Betonsteinen gezeigt. Die Vorgänge des Materialflusses bilden die Hauptflußlinie A bis E. Darüber befinden sich die Vorgänge des begleitenden und steuernden Informationsflusses für Verladeanweisung und Warenbegleitpapiere. Aus der beigefügten wörtlichen Beschreibung gehen deutlich die Wechsel zwischen Materialfluß und Informationsfluß hervor und die daraus resultierenden Aufenthalte für das Material und die eingesetzten Transportfahrzeuge.

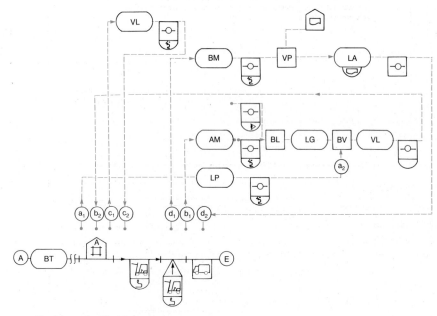

Bild 173 Funktionsplan für Verladung und Versand von Betonteilen

Alle Symbole für Funktionspläne der Materialflußgestaltung sind in einem Katalog gesammelt. Sie sind EDV-gerecht konzipiert und können auf Disketten gespeichert werden. Damit werden Entwurf und Korrektur eines Materialflusses im Dialog auf EDV-Anlagen möglich und erleichtert. Standardabläufe und Teilabläufe können abrufbereit gespeichert werden. Mit Hilfe der Angaben in den Kennlinien können quantitative und qualitative Kennwerte für alternative Gestaltungen des Materialflusses gewonnen werden.

Materialfluß	Info-Fluß	Arbeitsgegenstand		Vorgang	
		Kürzel	Text	Bezeichnung	Text
		Hauptflußlinie A – E			
		BT	Verkaufsfähige Betonteile	Lagern (A)	Warten der Betonteile bis zum Verkauf im Ausgangslager
		Flußlinie $a_1 - a_2$			
		LP	Meldung über Lagerplatz und Stückzahl der verkaufsfähigen Betonteile	Transportieren Bearbeiten (BV)	Mündliches persönliches Übermitteln Registrieren der Meldung im Büro
		Flußlinie $b_1 - b_2$			
		AM	Meldung über Ankunft eines Liefer-LKW	Transportieren Bearbeiten (BL)	Mündliches persönliches Übermitteln der Ankunft eines LKW oder durch Nachschauen Registrieren der Meldung Bestimmen des Ladegutes für Liefer-LKW im Büro
		LG	Ausgabe des Ladegutes	Bearbeiten (BV)	Erstellen der Verladeanweisung (Angabe des Ladegutes, Lager)
		VL	Verladeanweisung	Transportieren	Mündliches persönliches Übermitteln an das Ausgangslager
		Flußlinie $c_1 - c_2$			
		VL	Verladeanweisung	Transportieren	Mündliches persönliches Übermitteln an den Staplerfahrer
		Hauptflußlinie A – E			
		BT	Betonteile	Transportieren Handhaben	Fahren zum Verladeplatz mit Gabelstapler Beladen des LKW mit Gabelstapler
		Flußlinie $d_1 - d_2$			
		BM	Meldung über verladene Betonteile	Transportieren Bearbeiten (VP)	Mündliches persönliches Übermitteln der verladenen Stückzahl Registrieren der Beladungsmeldung im Büro Erstellen der Versandpapiere Ablage Kopie Versandpapiere in Kartei
		LA	Versand für Sendung	Transportieren	persönliches Überbringen Übergeben an LKW-Fahrer
		Hauptflußlinie A – E			
		BT LA	Betonteile Versandpapiere	Transportieren	Fahren zum Empfänger mit LKW

Wörtliche Beschreibung aller Informationen im Funktionsplan

317

6.4.3.3 Prüflisten für die Gestaltung des Materialflusses

Bei einem rationellen Materialfluß sind viele Erfordernisse zu beachten. Die folgenden Prüflisten sollen helfen, die oft unterschiedlichen Gesichtspunkte und Maßnahmen zu erkennen und zu berücksichtigen.

A) Räumliche Faktoren

Bauwerke

1) Werden Grundstückspläne (M 1 : 1 000), Gebäude- und Stockwerkspläne (M 1 : 100, M 1 : 50) benötigt?

2) Stimmen die Pläne mit den tatsächlichen Gegebenheiten überein?

3) Wie groß sind die nutzbaren Raumflächen und Raumhöhen?

4) Wo stehen Bauwerksträger (Stützen, Säulen, tragende Wände, Träger) und unveränderbare Einbauten (Festpunktanlagen wie Treppenhäuser, Aufzugsanlagen, Sanitärräume)?

5) Wie groß sind die zulässigen Tragfähigkeiten der Böden, Wände und Decken? Welche Anhängelasten an Decken sind zulässig?

6) Wo bestehen Höhenunterschiede zwischen Raumflächen in Bauwerken, zwischen Bauwerken und dem Betriebsgelände und zwischen Flächen im Betriebsgelände?

7) Welche Breiten und Höhen haben Rampen? Wie werden bestehende Höhenunterschiede zum Be- und Entladen von Straßen- und Schienenfahrzeugen ausgeglichen?

8) Welche Tragfähigkeiten, Abmessungen und Fahrgeschwindigkeiten haben vorhandene Aufzuganlagen in Bauwerken?

Verkehrs- und Förderwege

9) Sind die Verkehrs- und Förderwege gekennzeichnet?

10) Sind die Wege gerade? Gibt es Sackgassen; sind Wendeplätze vorhanden?

11) Werden andere Wege gekreuzt? Sind Gefahrenstellen und Hindernisse ausreichend markiert?

12) Sind Anlagen und Einrichtungen zum Schutz des Personenverkehrs notwendig?

13) Wie breit und hoch sind Türen, Tore und Durchfahrten?

14) Sind Breite, freie Durchfahrthöhen, Beschaffenheit und Tragfähigkeiten der Fahrbahnen für die Verkehrslasten und Geschwindigkeiten der Fahrzeuge ausreichend? Welche dynamischen Belastungen der Verkehrs- und Förderwege sind zulässig?

15) Wie groß und wie lang sind Steigungen der Fahrbahnen zur Überwindung von Niveauunterschieden?

B) Fertigungstechnische Faktoren

1)   Welche Stelle im Betrieb legt die Abläufe des Arbeitsgegenstan-   Fertigungspläne
     des fest? (Fertigungsplanung)

2)   Welche betrieblichen Unterlagen machen Aussagen über Losgrö-
     ßen, Häufigkeiten, Zeitbedarf, Störungen u.ä.?

3)   Sind Arbeitspläne für die Fertigung vorhanden? Stimmen die Ar-
     beitspläne mit den tatsächlichen Abläufen überein?

4)   Entsprechen die vorhandenen Abläufe neuzeitlichen Erkenntnis-
     sen der Herstellungsverfahren? Welche zukünftigen Entwicklun-
     gen bei Maschinen und Einrichtungen zeichnen sich ab? Welche
     Technologien verwendet die Konkurrenz?

5)   Können unterschiedliche Arbeitsgegenstände konstruktiv verei-
     nigt oder ablaufmäßig zusammengefaßt werden?

6)   Welche Daten der Arbeitssysteme werden für die Materialflußge-
     staltung benötigt?

7)   Welche Maschinen und Einrichtungen stehen zur Verfügung?   Betriebsmittel
     Was können sie leisten, wie sind sie ausgelastet?

8)   Entsprechen Werkstoffwahl, Maße, Formen und Toleranzen der
     Arbeitsgegenstände dem Leistungsvermögen der vorhandenen
     Maschinen und Einrichtungen?

9)   Welche Anforderungen stellen Maschinen und Einrichtungen an
     Energieversorgung, Entsorgung, Brand- und Unfallschutz? Wer-
     den die Bearbeitungsrückstände (Abfall) rationell gesammelt, ab-
     transportiert und verwertet?

10) Wie erfolgt die Zuteilung der Arbeitsaufträge? (Fertigungssteue-   Auftragssteuerung
     rung)

11) Werden die Arbeitsgegenstände rechtzeitig, in geeigneter Menge
     und verarbeitungsgerecht am Arbeitsplatz bereitgestellt? Können
     die Arbeitsgegenstände nach der Bearbeitung (Behandlung)
     möglichst zu einer Ladeeinheit zusammengestellt werden?

12) Können räumlich getrennte Arbeitsplätze zusammengefaßt oder
     näher zusammengerückt werden, wenn eine andere Art der För-
     derung gewählt wird?

13) Sind Verbesserungen an den benutzten Vorrichtungen und Werk-
     zeugen möglich? Können Wechselvorrichtungen eingesetzt
     werden?

14) Können mehrere gleiche Arbeitsgegenstände in einer Aufspan-
     nung bearbeitet werden? Können mehrere einander folgende Ab-
     laufabschnitte in einer Aufspannung ausgeführt werden?

15) Wieviel Arbeitskräfte mit welcher Qualifikation sind einsetzbar?

Prüfen	16)	An welchen Stellen im Ablauf werden die Arbeitsgegenstände geprüft?
	17)	Welche Prüfungen werden durchgeführt, welche Methoden angewendet, welche Prüfmittel eingesetzt?
Nebenarbeiten	18)	Führen Facharbeiter an den Maschinen und im Prüfwesen noch andere Teilvorgänge aus? Welche Arbeiten sind das, und wie groß ist ihr Anteil?

C) Fördertechnische Faktoren

Förder-organisation	1)	Welche Stelle steuert die Fördervorgänge zwischen den Arbeitsplätzen in den Abteilungen und Werkstätten sowie zwischen Abteilungen beziehungsweise Werkstätten?
	2)	Ist die Zuständigkeit für alle Förderfragen geregelt?
	3)	Bestehen Transport- und Förderpläne? Kann der Fördermitteleinsatz nach Fahrplänen geregelt werden?
	4)	Wie erfolgt die Informationsübermittlung? Sind technische Hilfsmittel zur schnellen Verständigung im Fördermitteleinsatz vorhanden?
	5)	Von welchen Orten müssen welche Arbeitsgegenstände zu welchen Zielen wie oft gefördert werden? Ist es möglich, größere Ladeeinheiten zu bilden? Können Leerfahrten reduziert werden? Können Fördervorgänge eingespart werden?
Fördergut	6)	Welche Arbeitsgegenstände mit welchen Abmessungen, Formen, Mengen, Gewichten, Eigenschaften sind zu fördern? Welche Abfälle?
	7)	Liegen die Arbeitsgegenstände am Boden?
Förderhilfsmittel	8)	Welche Förderhilfsmittel werden eingesetzt? Wieviel Arbeitsgegenstände nehmen sie auf?
	9)	Sind die eingesetzten Förderhilfsmittel (Paletten, Behälter usw.) zweckentsprechend? Welche Tragfähigkeiten haben sie? Wieviel von welchen Förderhilfsmitteln sind vorhanden?
	10)	Wo und wann werden welche Förderhilfsmittel benötigt?
Fördermittel	11)	Welche Fördermittel werden eingesetzt? Welche Abmessungen, Tragfähigkeiten, Fahrgeschwindigkeiten haben sie?
	12)	Wie werden die Fördermittel angetrieben? Sind sie in geschlossenen Räumen, brand- und explosionsgefährdeten Räumen einsetzbar?

13) Haben die Fördermittel Hubeinrichtungen? Wie hoch und wieviel können sie heben?

14) Welche Durchfahrtshöhen und -breiten sind für die Fördermittel erforderlich?

15) Wie werden die Fördermittel be- und entladen?

16) Muß das Fördermittel stets einen bestimmten Weg zurücklegen? Ist es möglich, einen Stetigförderer einzusetzen? Gibt es Fördermittel, die automatisch arbeiten und nur gelegentlich eingestellt oder überprüft werden müssen?

17) Ist es aus Gründen der Raumersparnis sinnvoll, Fördermittel einzusetzen, die das Fördergut von oben aufnehmen und hängend bewegen?

18) Welche Qualifikation ist für die Bedienung des Fördermittels erforderlich?

19) Welche Stelle ist für die Betriebsbereitschaft und Instandhaltung der Fördermittel zuständig?

20) An welchen Stellen der Abläufe werden Arbeitsgegenstände von Hand bewegt?   Handhabungen

21) Welche Förderarbeiten und Handhabungen werden von Fachkräften an den Maschinen oder im Prüfwesen mit welchem Aufwand durchgeführt? Können Fördervorgänge und Handhabungen an den Arbeitsplätzen durch Installation von platzgebundenen Fördermitteln (Hebezeuge, Kleinstapler, Roboter) verbessert werden?

22) Können Vorgänge des Be- und Entladens, des Beschickens und Entnehmens durch Einsatz von Förderhilfsmitteln und geeigneten Lastaufnahmemitteln vereinfacht werden?

23) Können durch Spezialeinrichtungen geschlossene Ladeeinheiten an die Betriebsmittel geführt werden?

24) Ist es möglich, die Arbeitsgegenstände nach dem letzten Arbeitsvorgang zu verpacken, um Transportbeschädigungen zu vermeiden und eventuell größere Ladeeinheiten zu bilden?

D) Lagertechnische Faktoren

1) Ist die Materialwirtschaft organisiert? Gibt es Beschaffungs-, Bestands- und Abgangsnachweise? Sind die Möglichkeiten einer Sortenbeschränkung geprüft? Werden die Möglichkeiten der Lieferantenlager ausgeschöpft?   Lagerorganisation

2) Bringt zentrale oder dezentrale Lagerung oder ein Mischsystem Vorteile?

Lagerort

3) Wo liegen die Lager? Wie groß sind ihre Flächen und Raumhöhen? Wie werden die Flächen und Raumhöhen genutzt?

Lagerungssystem

4) Welches Lagerungssystem wird angewendet? Welche Tragfähigkeit zum Beispiel des Bodens und Arbeitsgangbreiten werden benötigt? Wie groß ist der Umschlag? Wie oft werden Ein- und Auslagerungen vorgenommen? Welche Förder- und Förderhilfsmittel gibt es? Wieviel Stellplätze sind vorhanden? Können Lagergüter hintereinander gestapelt werden?

5) Werden Regale eingesetzt? Welcher Art und wie hoch ist die Regalkonstruktion? Wie breit und wie tief sind die Regalfächer?

6) Wird im Lager für nachfolgende Arbeitsgänge (Montage, Kundenauslieferung usw.) kommissioniert? Sind Kommissionslager in den Handelsstufen wirtschaftlicher? Ist es vorteilhafter, die Ware zum Kommissionierer zu bringen (dynamische Bereitstellung) oder den Kommissionierer zur Ware zu schicken (statische Bereitstellung)? Wird auftragsorientiert kommissioniert oder seriell mehrere Aufträge gleichzeitig? Können Einwegverpackungen verwendet werden? Können Abnehmer mit Einheitspackungen beliefert werden?

7) Ist es sinnvoll, Lagereingang und Lagerausgang räumlich zu trennen?

Lagergüter

8) Welche Lagergüter werden in welchen (Durchschnitts-)Mengen wie lange mit welchem Raumbedarf gelagert? Nach welchen Ordnungsgesichtspunkten werden sie gelagert? Ist die Trennung von Rohstoffen, Halbfabrikaten, Fertigerzeugnissen, Ausschuß, Minderqualitäten und Abfall gewährleistet? Bis zu welcher Höhe können sie zweckmäßig gestapelt werden?

9) Werden die Lagergüter lager- und fördergünstig angeliefert? Sind sie geprüft? Werden sie als Ladeeinheit (= Liefereinheit = Lagereinheit) auf oder in Förderhilfsmitteln angeliefert? Welche Abmessungen und Gewichte haben die Lagergüter beziehungsweise -einheiten?

10) Sind für Lagergüter besondere Schutzmaßnahmen erforderlich?

11) Liegen Lagergüter am Boden? Können Förderhilfsmittel (unter Umständen in Spezialkonstruktion) Abhilfe schaffen?

12) Welche Lagergüter gehen schlecht? Wie groß ist ihr Mengen- und Kostenanteil? Wieviel Lagerraum beanspruchen sie? Was geschieht mit „Ladenhütern", wer ist für sie verantwortlich?

13) Wieviel Mitarbeiter sind im jeweiligen Lagerbereich beschäftigt? Werden sie gezielt eingesetzt? Welche Arbeiten führen sie aus? Wie groß sind die Zeitanteile für Einzelarbeiten, zum Beispiel Prüfen, Zuschneiden, Zurichten, Kommissionieren? *Lagerpersonal*

14) Warum wird das Puffer-(Zwischen-)Lager benötigt? Welche Arbeitsgegenstände werden in welchen Mengen wie lange gelagert? Wie groß ist der Lagerbestand? *Pufferlager*

15) Wer lagert mit welchen Fördermitteln ein und aus? Wer überwacht das Pufferlager und die Bestände? Wer ist verantwortlich?

16) Gibt es unkontrollierte Lager, zum Beispiel persönliche Dispositionsreserven? Ist das Pufferlager durch Einsatz von Betriebseinrichtungen mit höheren Mengenleistungen, zum Beispiel Halbautomaten, entstanden? Ist eine Zusammenfassung kleiner verstreuter Zwischenlager möglich? Können Fördermittel (zum Beispiel Kreisförderer) als Lager mitbenutzt werden?

17) Welche Maßnahmen müßten getroffen werden, um das Pufferlager zu beseitigen?

18) Wieviel Vorrichtungen und Werkzeuge und welche Arten sind vorhanden? Welche Abmessungen und Gewichte haben sie? Wie oft werden sie benutzt? Nach welchen Systemen werden sie geordnet und gelagert? *Werkzeug und Vorrichtungslager*

19) Welche Lagereinrichtungen sind vorhanden? Welche Transport- und Lagerhilfen gibt es? Bringen Schranklager Vorteile?

20) Wer überprüft wann die Einsatzbereitschaft der Vorrichtungen und Werkzeuge? Wer veranlaßt Instandsetzungen und Aussonderungen?

21) Wer transportiert wie die Vorrichtungen und Werkzeuge zu den Arbeitsplätzen und zurück? Wer gibt wann die erforderlichen Informationen?

6.4.4 Beispiel einer Materialflußgestaltung

Arbeitsaufgabe

In einem chemischen Betrieb wird an einer Abfüllmaschine eine Emulsion in Dosen abgefüllt; die Dosen werden anschließend auf Vakuum geprüft, verpackt und auf LKW verladen.

Zielsetzung

Durch eine Materialflußuntersuchung soll festgestellt werden, ob eine Erhöhung des Ausstoßes (Mengenleistung) um etwa 100 % ohne ortsfeste Zwischenlagerung bei möglichst „fließendem Ablauf" und minimalen Kosten möglich ist.

Ist-Zustands-
Analyse

Im Rahmen einer umfassenden Analyse des Ist-Zustandes (der Übersichtlichkeit wegen werden aus dem umfangreichen Untersuchungsmaterial nur Abschnitte wiedergegeben) wurden folgende Einzelheiten festgestellt (siehe Bilder Seite 325 und 326):

1) Die gesamte Arbeitsaufgabe wird von 8 Personen ausgeführt
   Abfüllmaschine: 1 Maschinenführer und 2 Helfer (Platz 1)
   Vakuumkontrolle mit Verpacken in Schachtel: 3 Helfer (Platz 2)
   Gabelstapler: 1 Fahrer
   LKW laden: 1 LKW-Fahrer

2) Die Analyse des Materialflusses ergibt folgende Vorgänge (siehe Bild 174):
   a) leere Gitterboxpalette mit Gabelstapler vom Flachpalettenlager holen und an Abfüllmaschine abstellen (Nr. 27, 28, 29)
   b) leere Dosen der Abfüllmaschine über eine Magaziniereinrichtung aus dem oberen Stockwerk zuführen
   c) Dosen abfüllen an Abfüllmaschine (Platz 1) durch Maschinenführer (Nr. 1)
   d) gefüllte Dosen in Gitterboxpalette durch 2 Helfer absetzen (Nr. 2,3)
   e) gefüllte Gitterboxpalette mit Gabelstapler in Zwischenlager I bringen (Nr. 4, 5, 6, 7)
   f) volle Gitterboxpalette mit Gabelstapler aus Zwischenlager I holen und an Packtisch (Platz 2) bringen (Nr. 8, 9, 10, 11)
   g) Dosen auf Vakuum kontrollieren und in Wellpappeschachtel (150 Stück/Schachtel) verpacken, Schachtel verschließen und auf Flachpalette abstellen (Nr. 12, 13, 14, 15)
   h) Palette (mit 96 Schachteln) mit Gabelstapler in Zwischenlager II fahren und dort absetzen (Nr. 16, 17, 18, 19)
   i) Palette aus Zwischenlager II zum LKW fahren und dort absetzen (Nr. 20, 21, 22)
   k) Schachteln durch LKW-Fahrer von Palette abnehmen und im LKW-Laderaum abstellen (Nr. 23)
   l) Leerpaletten mit Gabelstapler aus LKW in Leerpalettenlager fahren und absetzen (Nr. 24, 25, 26).

Firma	**Materialflußbogen**						Ablage-Nr. *11/13-41*			
							Blatt *1* von *1* Blättern			
Untersuchungsbereich *Abfüllmaschine, Verpacken, Versand*							Bearbeiter *Bohm*			
							Datum *18.1.71*			

Nr.	Ablaufabschnitt	○	⇨	□	D	▽	Zahl	Einh.	↔	↕	Förderzeit in min
1	in Abfüllmaschine abfüllen	●	⇨	□	D	▽					
2	im Auslage abnehmen	○	⇨	■	D	▽					
3	auf Palette lagern	○	⇨	□	◗	▽	1	Pal.			
4	Palette mit Gabelstapler heben	○	➡	□	D	▽	1	Pal.		0,2	0,1
5	„ „ „ transp.	○	➡	□	D	▽	1	Pal.	7		0,4
6	„ „ „ senken	○	➡	□	D	▽	1	Pal.		0,2	0,1
7	Palette im Zwischenlager	○	⇨	□	D	▼	1	Pal.			
8	Palette mit Gabelstapler heben	○	➡	□	D	▽	1	Pal.		0,2	0,1
9	„ „ „ transp.	○	➡	□	D	▽	1	Pal.	4		0,3
10	„ „ „ senken	○	➡	□	D	▽	1	Pal.		0,2	0,1
11	Palette auf Bereitstellplatz	○	⇨	□	◗	▽	1	Pal.			
12	Dosen auf Prüftisch stellen	○	➡	□	D	▽	150	Dosen			4,5
13	Dosen prüfen, verpacken	○	➡	■	D	▽	1	PE			7
14	Schachtel auf Palette absetzen	○	➡	□	D	▽	96	PE			4
15	„ „ „ lagern	○	⇨	□	◗	▽	96	PE			
16	Palette mit Gabelstapler heben	○	➡	□	D	▽	1	Pal.		0,2	0,1
17	„ „ „ transp.	○	➡	□	D	▽	1	Pal.	7		0,4
18	„ „ „ senken	○	➡	□	D	▽	1	Pal.		0,2	0,1
19	Palette im Versandlager	○	⇨	□	D	▼	1	Pal.			
20	Palette mit Gabelstapler heben	○	➡	□	D	▽	1	Pal.		0,2	0,1
21	„ „ „ transp.	○	➡	□	D	▽	1	Pal.	6		0,4
22	„ „ „ senken	○	➡	□	D	▽	1	Pal.		0,21	0,1
23	Schachtel von Palette abbauen	○	➡	□	D	▽	96	PE	0,7		4
24	leere Palette auf Gabelstapler	○	➡	□	D	▽	1	Pal.			0,4
25	mit leerer Pal. ins Palettenlager	○	➡	□	D	▽	1	Pal.	7		0,2
26	im Palettenlager absetzen	○	⇨	□	D	▼	1	Pal.			
27	leere Palette im Pal.lager nehmen	○	➡	□	D	▽	1	Pal.		0,5	0,1
28	leere Palette zur Abfüllmaschine	○	➡	□	D	▽	1	Pal.	4		0,2
29	leere Palette absetzen	○	➡	□	D	▽	1	Pal.		0,5	0,1
30	Schachtel im LKW bewegen	○	➡	□	D	▽	96	PE	1,5		5
31	„ „ „ absetzen	○	➡	□	D	▽	96	PE		0,6	3

Materialflußbogen (Analyse des Ist-Zustandes)   Bild 174

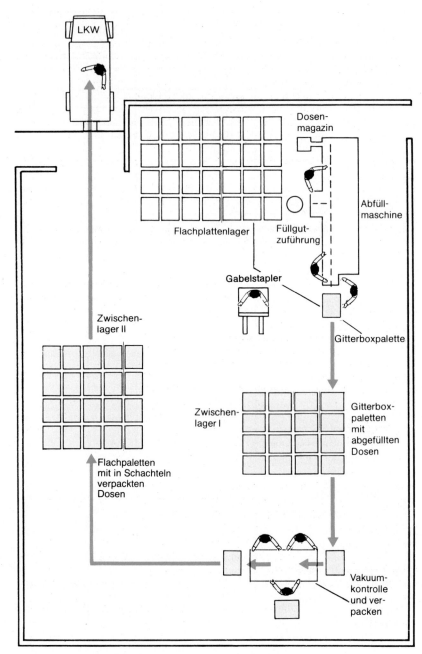

Bild 175   Ist-Zustand: Dosen abfüllen und verpacken

Aus einer zusammenfassenden Schau dieser Ist-Zustands-Analysen und mit Hilfe weiterer Daten und Informationen, die hier nicht im Detail beschrieben werden sollen, ergeben sich folgende Ansatzpunkte für die Verwirklichung der Zielsetzung:

Suchen nach Lösungen

1) Das Abfüllen der Dosen muß in zwei Schichten erfolgen, damit zum Prüfen und Verpacken genügend Dosen vorrätig sind (nicht abgestimmte Kapazität zwischen Abfüllmaschine und Verpacken).
2) Die Schachteln sind zu groß und haben eigentlich zur Aufgabe, die Dosen zusammenzuhalten, nicht aber sie zu schützen.
3) Im Materialfluß sind zu viele Handhabungen beim Aufnehmen und Absetzen der Dosen durch die Mitarbeiter und im Palettenverkehr des Gabelstaplers nötig.
4) Es liegt kein „fließender" Durchlauf vor.
5) Bei Verdoppelung des Ausstoßes ist der Lagerraum zwischen Platz 1 und 2 (Zwischenlager I) zu klein.
6) Der Transport der Versandpaletten mit Gabelstapler bis in den LKW muß der Beschädigungsmöglichkeiten wegen sehr vorsichtig über die Ladebrücke geschehen.

Nach Berücksichtigung aller Informationen sowie verfügbaren Wirtschaftlichkeitsrechnungen wird folgender Vorschlag entwickelt und verwirklicht (siehe Bild 176, Seite 328):

Soll-Zustand

1) Investitionen
a) Abfüllen der Emulsion
Eine zweite Abfüllmaschine wird angeschafft. Die Beschickungseinrichtungen für Emulsion und Dosen werden so eingerichtet, daß beide Maschinen damit versorgt werden können.
b) Prüfen und Verpacken der Dosen
1 automatische Vakuumprüfeinrichtung;
1 automatische Schrumpffolienmaschine;
1 Stapelgerät zum Stapeln der verpackten Dosen auf Flachpaletten.
c) Fördern der Dosen
2 Förderbänder zwischen Abfüllmaschinen und Durchlaufpuffer;
1 Spezial-Gurtförderer als Durchlaufpuffer;
1 Förderband zwischen Durchlaufpuffer und automatischer Vakuumprüfeinrichtung;
2 Rollenbahnen als Durchlaufpuffer für volle Paletten;
1 Rollenbahn als Durchlaufpuffer für Leerpaletten;
1 Teleskopröllchenband für LKW-Beladung.

2) Änderung der Emballagen
Anstelle von Wellpapp-Schachteln wird eine Schrumpffolienverpackung vorgesehen, weil damit die Verpackung der Dosen maschinell erfolgen kann und die Funktion des Zusammenhaltens der Dosen mit geringeren Kosten erzielt wird.

3) Personalbedarf
1 Maschinenführer und 1 Helfer für die 2 Abfüllmaschinen.
1 Maschinenführer für die Bedienung des Stapelgerätes und Überwachung der Vakuumprüfeinrichtung und Schrumpffolienmaschine.
1 Helfer für das Umsetzen der Packeinheiten von der Palette auf das Teleskopröllchenband.
1 LKW-Fahrer für das Abnehmen der Packeinheiten am Teleskopröllchenband und das Verladen in den LKW.

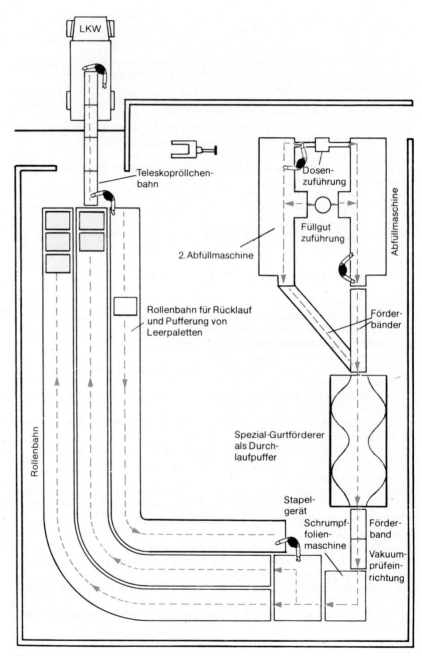

Bild 176   Soll-Zustand: Dosen abfüllen und verpacken

4) Vorgänge des Soll-Zustandes (siehe Bild 176)

a) Die Dosen werden an beiden Maschinen abgefüllt; das Dosenmagazin wird durch Helfer gefüllt; ein Maschinenführer überwacht die beiden Maschinen;

b) die gefüllten Dosen durchlaufen kontinuierlich die Förderbänder, den Stapelpuffer, die Vakuumprüfung und die Schrumpffolienmaschine bis zum Stapelgerät;

c) das Stapelgerät wird durch den Maschinenführer bedient, indem er volle Paletten auf die Rollenbahnen wechselweise weiterleitet und Leerpaletten in das Stapelgerät eingelegt;

d) die vollen Paletten durchlaufen die Rollenbahnen als Durchlaufpuffer;

e) bei LKW-Verladung werden die Packeinheiten der Palette vom Helfer entnommen und über das Teleskopröllchenband zum Abnahmeplatz im LKW befördert; die Leerpalette wird vom Helfer über die Rücklauf-Rollenbahn dem Stapelgerät zugeführt; der Helfer übernimmt auch mit vorhandenem Niederhubroller den Abtransport der Leerdosen zu den Abfüllmaschinen.

f) Das Verladen der Packeinheiten auf den LKW wird weiterhin vom LKW-Fahrer vorgenommen. Hierzu werden noch Verhandlungen mit den Kunden geführt, ob in Zukunft die Abnahme von Mengen in Palettenumfang möglich ist, damit das Entladen der Paletten auf dem LKW entfallen kann. In diesem Fall können die zurückgelieferten Leerpaletten wie die vollen Paletten mittels Niederhubfahrzeug aus dem beziehungsweise in den LKW von einem Mitarbeiter transportiert werden.

5) Das Ergebnis dieser Materialflußgestaltung ist (siehe Bild 176):   Zielkontrolle

a) Es wird eine Verdoppelung des Ausstoßes gegenüber dem Ist-Zustand erreicht;

b) die Investitionen haben sich in rund 18 Monaten amortisiert;

c) anstelle von 8 Mitarbeitern sind nur noch 5 Personen erforderlich;

d) die zweite Schicht kann nunmehr entfallen;

e) der Gabelstapler steht dem Betrieb an anderer Stelle zur Verfügung; dort kann auf eine Neuanschaffung verzichtet werden;

f) der Versand in Schrumpffolien-Verpackungen führt zu einer Senkung der Herstellkosten;

g) das zusätzliche Liegen der Dosen ist durch die Durchlaufpuffer weitestgehend vermieden;

h) die körperliche Belastung der Mitarbeiter kann erheblich vermindert werden.

Literatur

Adamczyk, J.: Der Fließzusammenbau elektronischer Bauteile und Erzeugnisse. Beuth-Verlag, Berlin 1969

Aggteleky, B.: Fabrikplanung. Carl Hanser Verlag, München. Band 1 – 1981, Band 2 – 1982

Autorenteam: Menschengerechte Arbeitsgestaltung. 2. Informationsschrift DGB, ÖGB, SGB. Bund-Verlag, Köln 1978

Autorenteam: Handbuch der Arbeitsgestaltung und Arbeitsorganisation. VDI-Verlag, Düsseldorf 1980

Bahke, E.: Materialflußsysteme 1, Materialflußtechnik. Vereinigte Fachverlage Krausskopf Ingenieur-Digest GmbH, Mainz 1974

Budde, R.: Materialmanagement. Aktive Materialflußgestaltung. Methoden und Techniken der Lager- und Fördertechnik. Erich Schmidt Verlag, Berlin 1973

Förster, G.: Arbeitsstättenverordnung für Betriebspraktiker. Carl Hanser Verlag, München, Wien 1977

Gaugler, Kolb, Ling: Literaturanalyse, Praktizierte Beispiele, Empfehlungen für die Praxis. Kiehl Verlag, Ludwigshafen 1977

Grob, R., Haffner, H.: Planungsleitlinien zur Arbeitsstrukturierung. Handbuch zur Planung komplexer Arbeitssysteme. Siemens AG, Berlin und München 1982

Grob, R.: Erweiterte Wirtschaftlichkeits- und Nutzenrechnung. Reihe: Praxis der Ergonomie. Verlag TÜV Rheinland, Köln 1983

Großmann, A.: Rationeller Materialfluß in Produktionsstätten. Beuth Verlag, Berlin 1981

Hackstein, R.: Arbeitswissenschaft im Umriß. Band 2 Grundlagen und Anwendung. Verlag W. Girardet, Essen 1977

Hertog den, F.J.: Arbeitsstrukturierung. Experimente aus Holland. Verlag Hans Huber, Bern, Stuttgart, Wien 1977

IfaA (Hrsg.): Taschenbuch der Arbeitsgestaltung. Verlag J.P. Bachem, Köln 1977

Konold, P., Kern, H., Reger, H.: Arbeitssystem-Elemente-Katalog. Hilfsmittel zur Planung von Arbeitssystemen. Krauskopf Verlag, Mainz 1977

Krippendorf, H. (Hrsg.): Deutsches Materialfluß- und Transport-Handbuch. Verlag Moderne Industrie, München 1967

Matthöfer, H.: Humanisierung der Arbeit und Produktivität in der Industriegesellschaft. Europäische Verlagsanstalt, Frankfurt/Main 1977

Metzger, H.: Planung und Bewertung von Arbeitssystemen in der Montage. Krauskopf Verlag, Mainz 1977

o.V.: VDI-Handbuch Materialfluß und Fördertechnik. 5 Bände. Beuth Verlag, Berlin 1984

Rohmert, W., Weg, F.J.: Organisation teilautonomer Gruppenarbeit. Carl Hanser Verlag, München, Wien 1976

Spur, G.: CAD, in: Management Enzyklopädie, Band 2, 2. Auflage. Verlag Moderne Industrie, Landsberg 1982

Spur, G.: Aufschwung, Krisis und Zukunft der Fabrik. Produktionstechnisches Kolloquium 1983. Hanser Verlag, München 1983

Todt, H.-H.: Programm zur Simulation von Materialflußsystemen MASIM. Beuth Verlag, Berlin 1974

Ulich, E., Großkurth, P., Bruggemann, A.: Neue Formen der Arbeitsgestaltung. Möglichkeiten und Probleme einer Verbesserung der Qualität des Arbeitslebens. Europäische Verlagsanstalt, Frankfurt/Main 1973

VDI-Richtlinien. 3 300: Anleitungen für Materialflußuntersuchungen, 1973. 2 498: Vorgehen bei einer Materialflußplanung, 1978. 3 330: Kostenuntersuchungen zum Materialfluß, 1965

Warnecke, H.-J., Lederer, K.G.: Neue Arbeitsformen in der Produktion. VDI-Taschenbücher T 52. VDI Verlag GmbH, Düsseldorf 1979

Warnecke, H.-J.: Automatisierung im Betrieb, in: Management Enzyklopädie, Band 1, 2. Auflage. Verlag Moderne Industrie, Landsberg 1982

Kapitel 7

Erzeugnisgestaltung

7.1	Einführung und Begriffsbestimmung	332
7.2	Funktion	334
7.2.1	Funktionsarten und Funktionsklassen	334
7.2.2	Funktionsbedingte Eigenschaften	336
7.2.3	Funktionsanalyse	337
7.3	Vergleich der Lösungen	338
7.4	ABC-Analyse	340
	Literatur	342

7.1 Einführung und Begriffsbestimmung

Verantwortlichkeit
für die
Herstellkosten

Trotz optimaler Gestaltung des Arbeitsablaufes können die Herstellkosten für ein Produkt dennoch vergleichsweise hoch sein, wenn dieses Produkt eine aufwendige Konstruktion hat, wenn teure Materialien verwendet werden oder wenn die Bearbeitung und Montage komplizierter Vorrichtungen bedürfen.

Man kann deshalb sagen, daß die Konstruktion der Erzeugnisse schon weitgehend die erforderlichen Kosten für ihre Herstellung festlegt. Nach Bronner teilt sich die Verantwortlichkeit der verschiedenen Bereiche für die Herstellkosten etwa wie folgt auf:

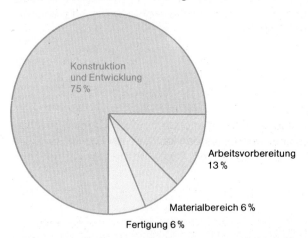

Bild 177

Verantwortlichkeit der verschiedenen Bereiche für die Herstellkosten

Wertanalyse

Da nun ein Konstrukteur im allgemeinen nicht alle Details der Fertigung beherrschen und bei seiner Konstruktion berücksichtigen kann, muß der Arbeitsgestalter mit ihm zusammenarbeiten. Für diese Zusammenarbeit, zu der auch Sachbearbeiter aus Einkauf und Verkauf, aus Fertigung und Qualitätskontrolle hinzugezogen werden sollten, hat der Amerikaner Miles 1947 eine Methode entwickelt, die bei uns unter der Bezeichnung Wertanalyse bekannt wurde.

Nach DIN 69 910 wird die Wertanalyse als das systematische analytische Durchdringen von Funktionsstrukturen mit dem Ziel einer abgestimmten Beeinflussung von deren Elementen (zum Beispiel Kosten, Nutzen) in Richtung einer Wertsteigerung bezeichnet.

Definition der
Wertanalyse

Hierbei werden „die Funktionen eines geplanten oder bereits gefertigten Erzeugnisses festgestellt, analysiert und für ihre technische Verwirklichung systematisch alle heute denkbaren Lösungen ermittelt und überprüft. Anschließend daran wird diejenige Lösung ausgewählt und bis zur Fertigungseinführung verfolgt, deren Kosten dem für diese Untersuchung gesetzten Kostenziel am nächsten kommen und deren Wirtschaftlichkeit gewährleistet ist."

Die weite Verbreitung der Wertanalyse hat ihre Ursache nicht nur darin, daß sie in einer sehr wirkungsvollen Methode zur Verringerung der Herstellkosten von Erzeugnissen besteht. Die Wertanalyse hat sich darüber hinaus als eine Denkweise erwiesen, die nicht nur auf Erzeugnisse, sondern auch auf alle Abläufe, Organisationen und Vorkommnisse innerhalb eines Betriebes angewendet werden kann, deren Verwirklichung in wirtschaftlicher Weise geschehen soll. Diese Denkweise hat folgende Besonderheiten:

Besonderheiten
der
Wertanalyse

1) eine auf die Funktion des untersuchten Objektes gerichtete Betrachtungsweise,
2) die organisierte Zusammenarbeit (Teamarbeit) zwischen Mitarbeitern aus allen Verantwortungsbereichen, die Einfluß auf die Kosten haben,
3) die systematische Anwendung von Regeln für gemeinsames, schöpferisches Arbeiten.

Setzt man statt des Begriffes Funktion den sonst in diesem Buch gebrauchten Begriff Aufgabe, so ist leicht zu erkennen, daß in dieser allgemeinen Formulierung der Besonderheiten der Wertanalyse kein wesentlicher Unterschied zu der im Kapitel 3 gebrachten 6-Stufen-Methode der Systemgestaltung besteht. Wertanalyse in dieser breiten Sicht entspricht also der Arbeitsgestaltungs-, Systemgestaltungs- beziehungsweise Rationalisierungs-Methodenlehre, wie sie in diesem Buch abgehandelt wird. Wertanalyse in enger Sicht kann als *einer* der Rationalisierungsansätze interpretiert werden, die in Abschnitt 3.3.1 erläutert wurden: nämlich als Rationalisierungsansatz Erzeugnisgestaltung, das heißt der Veränderung der Konstruktion der Erzeugnisse, ihrer Baugruppen und Einzelteile, so daß die gewünschten Funktionen mit den geringsten Herstellkosten erfüllt werden können. Von diesem Rationalisierungsansatz ist im folgenden die Rede.

Wertanalyse
und System-
sowie Arbeits-
gestaltung

333

7.2 Funktion

Funktion und Wert

Funktion ist der zentrale Begriff der Wertanalyse. Ihr Ziel ist, die gewünschte Funktion eines Produktes mit dem geringsten Aufwand so zu erfüllen, daß sie den größten Nutzen und damit den größten Ertrag erbringt. Die Differenz zwischen Ertrag und Aufwand ist der Wert eines Produktes für das Unternehmen.

Definition der
Funktion

Nach DIN 69 910 sind unter Funktionen alle Aufgaben zu verstehen, die mit Hilfe eines bestehenden oder noch zu entwickelnden Erzeugnisses erfüllt werden beziehungsweise erfüllt werden sollen.

Die Beschreibung der Funktion soll nicht mehr als zwei Worte (ein Hauptwort und ein Tätigkeitswort) umfassen. Die Funktion zum Beispiel eines Kühlschrankes ist Nahrungsmittel kühlen.

7.2.1 Funktionsarten und Funktionsklassen

Gebrauchs- und
Geltungs-
funktionen

Man unterscheidet

1) Gebrauchsfunktionen (sogenannte technische Funktionen) und
2) Geltungsfunktionen (sogenannte nichttechnische Funktionen).

Die Gebrauchsfunktion einer Uhr ist, die Zeit anzuzeigen, ihre Geltungsfunktion kann sein, schön auszusehen.

Investitionsgüter haben vorwiegend Gebrauchsfunktionen, Schmuck und Kunstgegenstände fast ausschließlich Geltungsfunktionen.

Funktions-
klassen

Weiter sind folgende Funktionsklassen von Bedeutung:

1) Hauptfunktionen und
2) Nebenfunktionen.

Hauptfunktionen kennzeichnen die eigentliche Aufgabe des zu untersuchenden Erzeugnisses (zum Beispiel Glühlampe: Licht abgeben, Kühlschrank: Nahrungsmittel kühlen). Ihre Erfüllung ist unerläßlich.

Hauptfunktionen

Nebenfunktionen kennzeichnen weitere notwendige Aufgaben (Nebenaufgaben), die dazu beitragen, die Hauptfunktionen zu erfüllen (zum Beispiel Glühlampe: „Stromzufuhr ermöglichen", Kühlschrank: „Verdampfer abtauen").

Nebenfunktionen

Sie sind häufig durch die Art der gewählten Konstruktion bedingt (zum Beispiel bei der Glühlampe durch die Art der Lichterzeugung).

Nebenfunktionen, die vom Kunden nicht verlangt beziehungsweise nicht angemessen honoriert werden, sind unnötig.

unnötige Funktionen

Solche Funktionen können auch aus unklaren Angaben oder einer Mißdeutung der Aufgabenstellung resultieren. Sie können auch von der Eigenart einer Lösung abhängen (zum Beispiel Kühlschrank: Wärme erzeugen).

Im folgenden Bild 178 (nach Baier [1969]) sind die Haupt- und Nebenfunktionen für ein Mixermesser in zwei verschiedenen Lösungen angegeben:

Beispiel

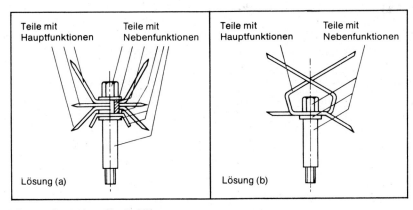

Lösungsalternativen für ein Mixermesser   Bild 178

Die Hauptfunktion des Mixermessers ist Speisen zerkleinern. Bei der Lösung (a) werden für die Erfüllung der Hauptfunktion drei verschieden geformte Messer verwendet. Bei der Lösung (b) wird die Hauptfunktion von einem aus einem Stück hergestellten Messer erreicht. Die Nebenfunktionen, nämlich

– Messer ausrichten,
– Messer befestigen und
– Messer antreiben

werden bei der Lösung (a) durch ein Zwischenstück mit zwei Flächen, einer Mutter, einer Abdeckkappe, zwei Scheiben und einer Antriebswelle erfüllt. Die Lösung (b) zeigt, daß die genannten Nebenfunktionen ebensogut mit drei Einzelteilen, der Mutter, der Abdeckkappe und der Welle erfüllt werden können.

7.2.2 Funktionsbedingte Eigenschaften

zahlenmäßige
Angabe

Die Beschreibung der Funktion wird durch die Nennung der funktionsbedingten Eigenschaften ergänzt. Durch sie sollen die besonderen Ansprüche wiedergegeben werden, die an das Erzeugnis gestellt werden, wie gut, wie lange, wie oft es beispielsweise benutzt werden soll.

Die funktionsbedingten Eigenschaften sollen möglichst zahlenmäßig angegeben werden; zum Beispiel Temperatur 600 °C, Lebensdauer 3 000 Betriebsstunden. Das Produkt soll diese Eigenschaften gerade erfüllen; es soll nicht schlechter, aber auch nicht wesentlich besser sein.

funktionsbedingte
Eigenschaften und
Minimal-
forderungen

Die funktionsbedingten Eigenschaften entsprechen den Minimalforderungen bei der Gestaltung von Arbeitssystemen, die im Abschnitt 3.3.1 erläutert wurden. Für beide gilt, daß nur die Eigenschaften beziehungsweise Forderungen genannt werden sollen, die unbedingt erfüllt werden müssen, und daß keine überflüssigen oder überhöhten Forderungen gestellt werden dürfen (zum Beispiel bezüglich der Rauhigkeit von Oberflächen oder der Toleranz von Paßteilen).

7.2.3 Funktionsanalyse

Die Funktionsanalyse besteht in der Erfassung eines Produktes durch

a) Benennung und Beschreibung der Funktion seiner Einzelteile,
b) Angabe der Funktionsart und
c) Angabe der Herstellkosten.

Ein Beispiel (nach Beier [1969]) soll die Funktionsanalyse verdeutlichen   Beispiel
(Bild 179).

Benennung: Regler-Einstellplatte einer Kraftstoffpumpe

| Skizze: | Beschreibung:
Die Baugruppe besteht aus der Einstellplatte, 5 Sechskant-
schrauben, zwei Stiften und einem mehrfach gebogenen
Federband. Das Federband liegt federnd an den
Schrauben an und ist axial durch einen Sicherungsring
auf einem der Aufnahmestifte gesichert. |

Funktionsbedingte Eigenschaften:
Schrauben müssen verstellbar sein; dabei muß die Federsteifigkeit so sein, daß
Rastung gut spürbar ist. Federband muß demontierbar und austauschbar sein.

Nr.	Benennung	Beschreibung der Funktion	Haupt-Funktion	Neben-Funktion	Herstellkosten DM/100 St.	%
1	Einstellplatte (ohne Schrauben)	Schrauben und Stifte aufnehmen, Feder-band abstützen		x	7,44	8,5
2	Federband	Schrauben sichern	x		15,07	17,2
3	Stift	Feder abstützen und axial sichern		x	2,76	3,1
4	Stift	Feder abstützen		x	1,66	1,9
5	Sicherungsscheibe	Federband sichern		x	0,24	0,3
	Montage des Federbandes einschl. Sicherungsring				60,75	69,0
				Σ	87,92	100,0

Funktionsanalyse   Bild 179

7.3 Vergleich der Lösungen

Im Rahmen der 6-Stufen-Methode gehört die Funktionsanalyse zur Stufe 2 Aufgabe abgrenzen. Das weitere Vorgehen im Rahmen der Erzeugnisgestaltung entspricht dem der Systemgestaltung.

technischer Vergleich

Im Bild 180 (siehe Seite 339) sind verschiedene Lösungen für das Federband der Regler-Einstellplatte mit der Funktion Schrauben sichern einschließlich ihrer technischen Prüfung wiedergegeben. Die Funktion 3 (siehe Bild 180), Feder abstützen und axiales Sichern der Feder, wurde durch einen Einstich in der Regler-Einstellplatte erreicht.

Kostenvergleich

Dem technischen Vergleich folgt der Kostenvergleich nach den im Kapitel 1 wiedergegebenen Richtlinien. Im vorliegenden Beispiel sind lediglich die Materialeinzelkosten und die Fertigungslohnkosten zu berücksichtigen (Bild 181).

Nr.	Kostenart	Ist-Zustand	Lösung 2	Lösung 3
1	Materialkosten in DM/100 Stück Einstellplatte mit Einstich Federband	27,17	3,75 5,48	3,75 5,58
2	Fertigungslohnkosten für Montage in DM/100 Stück	60,75	14,40	13,72
3	Vergleichskosten in DM/100 Stück	87,92	23,63	23,05
4	Vergleichskosten in %	100	26,8	26,1
5	Vergleichskosten in DM/Jahr bei m = 24 000 Stück/Jahr	21.100,80	5.670	5.530
6	Kosten in DM für Entwicklung und Einführung der neuen Lösungen		800	1.000
7	Rückverdienstzeit in Jahren		0,1	0,1

Bild 181   Kostenvergleich für Schrauben sichern

Nr.	Vorschlag für Federband	Vorteil	Nachteil	Bemerkung
	Ist-Zustand			
1	ohne Bolzen und Stift	wenige Teile	Federung für mittlere Schraube evtl. nicht mehr ausreichend	nicht weiter verfolgen, da 2 und 3 günstiger
2	gerade Federbänder	zwei einfache, gleiche Federn; Sicherungsscheibe, Bolzen, Stift, 2 Bohrungen und Montage der Stifte entfallen	Federn kippen bei ungünstiger Stellung der Schrauben	weiter verfolgen, Muster anfertigen, Probe
3	1 U-förmig gebogenes Federband	nur eine Feder, einfache Biegeform, sonst wie bei 2	Montage evtl. schwieriger als bei 2	weiter verfolgen, Muster anfertigen, Probe
4	2 dreieckförmig gebogene Federn	weniger Teile, einfache Montage	teurere Federn als bei 2; Bruchgefahr, da scharfe Biegekanten	nicht weiter verfolgen
5	Weichgummi- oder Plastikkeile	wenige, einfache Teile, einfache Montage	Rastung evtl. nicht ausreichend	provisorisches Muster anfertigen, Dauerlauf notwendig

Technischer Vergleich für Schrauben sichern

Bild 180

7.4 ABC-Analyse

An verschiedenen Stellen dieses Buches wurde schon darauf hingewiesen, daß es bei der Rationalisierung darauf ankommt, sich mit solchen Erzeugnissen und Materialien vorrangig zu befassen, die einen hohen Anteil am Umsatz des Unternehmens haben. Ein besonders einfaches Hilfsmittel für die Auswahl solcher Erzeugnisse ist die sogenannte ABC-Analyse; sie spielt über die Wertanalyse hinaus vor allem auch in der Materialwirtschaft eine Rolle.

A-Teile,
B-Teile,
C-Teile

Bei der Analyse des Produktionsprogramms stellt man immer wieder fest, daß ein großer Teil des gesamten Umsatzes von einem kleinen Teil wichtiger Erzeugnisse bestritten wird, und daß umgekehrt ein kleiner Teil des Umsatzes auf eine größere Zahl weniger wichtiger Erzeugnisse zurückgeht. So unterscheidet man

1) A-Teile: das sind die aus der Sicht des Umsatzes, des Gewinns, des Deckungsbeitrages oder der Kosten wichtigen Produkte,
2) B-Teile: das sind die weniger wichtigen Produkte und
3) C-Teile: das sind die unwichtigen Produkte mit geringem Umsatzanteil.

Analysen ergeben erfahrungsgemäß etwa folgende Zahlen:

	A-Teile	B-Teile	C-Teile
Umsatzanteil in %	80 %	15	5

Bild 182   Erfahrungswerte für den Umsatzanteil von A-, B- und C-Teilen

Beispiel

Im Bild 183 ist ein Beispiel für die ABC-Analyse für ein Sortiment von 8 Erzeugnissen wiedergegeben. Aus diesem Beispiel folgt, daß man die Rationalisierung am besten bei den Erzeugnissen B und F beginnt. Dabei wird unterstellt, daß der prozentuale Anteil der Selbstkosten am Verkaufspreis in etwa gleich ist.

Umsatzverteilung			Rangliste mit Umsatzanteil in Prozenten			
Erzeugnis-gruppe	Umsatz in DM/Jahr	Umsatz/Jahr bezogen auf den Gesamt-umsatz in %	Rang	Erzeugnis-gruppe	Umsatz-anteil in %	aufaddierter Umsatz-anteil in %
A	41 473	3,1	1	B	43,9	43,9
B	587 316	43,9	2	F	31,0	74,9
C	115 055	8,6	3	C	8,6	83,5
D	17 392	1,3	4	H	6,2	89,7
E	57 528	4,3	5	E	4,3	94,0
F	414 733	31,0	6	A	3,1	97,1
G	21 406	1,6	7	G	1,6	98,7
H	82 947	6,2	8	D	1,3	100,0
Gesamt-umsatz	1 337 850	100 %				

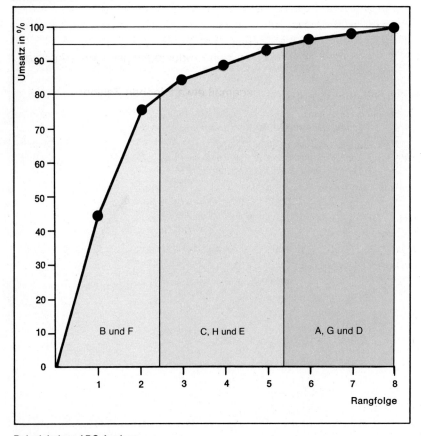

Beispiel einer ABC-Analyse   Bild 183

Literatur

Baier, P.: Wertgestaltung. Carl Hanser Verlag, München 1969

Christmann, K.: Gewinnverbesserung durch Wertanalyse, Praxis und Problematik. C.E. Poeschel Verlag, Stuttgart 1973

VDI (Hrsg.): Wertanalyse. VDI-Verlag, Düsseldorf 1981

Voigt, C.D.: Systematik und Einsatz der Wertanalyse. Siemens Aktiengesellschaft, Berlin, München 1974

Zangemeister, C.: Nutzwertanalyse in der Systemtechnik. Wittmannsche Buchhandlung, München 1976

Händel, S.: Handbuch Wertanalyse. Arbeitsergebnisse des VDI-Gemeinschaftsausschusses Wertanalyse für die Praxis. Hrsg. Verein Deutscher Ingenieure. Verlag Sachon, Mündelheim 1976

Hoffmann, H.: Wertanalyse. Ein Weg zur Erschließung neuer Rationalisierungsquellen. Erich Schmidt Verlag, Berlin 1983

Korte, R.J.: Verfahren der Wertanalyse. Betriebswirtschaftliche Grundlagen zum Ablauf wertanalytischer Entscheidungsprozesse. Erich Schmidt Verlag, Berlin 1977

Rinza, P. und H. Schmitz: Nutzwert-Kosten-Analyse. Eine Entscheidungshilfe zur Auswahl von Alternativen unter besonderer Berücksichtigung monetärer Bewertungskriterien. VDI-Verlag, Düsseldorf 1977

Produktplanung – Wertanalyse – Zuverlässigkeit. Verlag Industrielle Organisation, Zürich 1974

Wertanalyse '81. Tagung Frankfurt/Main 1981. VDI-Verlag, Düsseldorf 1981

Wertanalyse in Verwaltungen nach DIN 69 910. Führungs-, Planungs- und Arbeitskriterien. VDI-Verlag, Düsseldorf 1978

DIN 69 910, Wertanalyse; Begriffe, Methode. 1973. E DIN 69 910, Wertanalyse; Begriffe, Methode. 1980 (Entwurf). E DIN 69 910, Teil 3. Wertanalyse; Arbeitsplan. 1983 (Entwurf). VDI 2 802, Wertanalyse. Vergleichsrechnung. 1976

Kapitel 8

Arbeitssicherheit

8.1	Einleitung	344
8.2	Der Arbeitsschutz	348
8.2.1	Organe des Arbeitsschutzes	348
8.2.2	Staatlicher Bereich	348
8.2.3	Selbstverwaltender Bereich – Träger der gesetzlichen Unfallversicherung	350
8.2.4	Privatrechtlicher Bereich	352
8.3	Allgemeine Arbeitsschutz- und Unfallverhütungsvor-schriften	354
8.3.1	Staatliche Gesetze und Verordnungen	354
8.3.2	Unfallverhütungsvorschriften	357
8.3.3	Arbeitssicherheitsgesetz	358
8.3.4	Arbeitsschutz und innerbetriebliche Zusammenarbeit	360
8.4	Unfälle und Unfallfolgen	362
8.4.1	Unfälle und Berufskrankheiten	362
8.4.2	Auswirkungen eines Unfalls	362
8.4.3	Zahlen zur Arbeitssicherheit	364
8.4.4	Umfang der Arbeitssicherheit	368
8.5	Arbeitssicherheit als menschliches und als technisches Problem	369
8.5.1	Sicherheitswidrige Zustände	369
8.5.2	Sicherheitswidriges Verhalten	369
8.5.3	Höhere Gewalt	370
8.6	Arbeitsgestaltung und Arbeitssicherheit	371
8.6.1	Unfälle und Berufserkrankungen analysieren	372
8.6.2	Unfallarten und Unfallursachen	375
8.6.2.1	Unfallarten feststellen	375
8.6.2.2	Unfallursachen ermitteln	379
8.6.3	Sicherheitsanalyse	383
	Literatur	388

8.1 Einleitung

Begriff
Arbeits-
sicherheit

Der Begriff Arbeitssicherheit kennzeichnet im Rahmen des allgemeinen Arbeitsschutzes einen Zustand, bei dem der Mensch im Arbeitsprozeß vor Unfällen sowie vor Berufskrankheiten geschützt werden soll.

Hierbei geht es also weniger um die soziale beziehungsweise sozialrechtliche Absicherung des allgemeinen Arbeitsschutzes als vielmehr um die unmittelbare Bewahrung von Leben und Gesundheit während der Berufstätigkeit der Mitarbeiter.

Rechtsnormen
und
Maßnahmen

Zur Erreichung dieses Zustandes bedarf es einer Vielzahl technischer, organisatorischer und ergonomisch-gestaltender Maßnahmen, wozu eine Reihe von Gesetzen und weiteren Rechtsnormen erlassen worden sind.

Aus der beiderseitigen Treuepflicht beim Bestehen eines Arbeitsvertrages ergibt sich für den Arbeitgeber eine „Fürsorgepflicht" gegenüber dem Arbeitnehmer.In diesem Rechtsgrundsatz der Fürsorgepflicht, die sich auch auf den Bereich der Arbeitssicherheit erstreckt, ist auch der wesentliche Grund für den Erlaß der nachfolgend genannten gesetzlichen Genralregelungen zu sehen.

Gewerbeordnung

Die Grundnorm, im Betrieb Einrichtungen zur Sicherung der Arbeitnehmer gegen Gefahren für Leben und Gesundheit zu schaffen, ist in der *Gewerbeordnung* (GewO) festgelegt. Hiernach hat der Unternehmer den Arbeitsplatz so zu gestalten und den Arbeitsablauf so zu regeln, daß der Arbeitnehmer vor Unfall und Krankheit weitestgehend geschützt ist. Auf Grund dieser Bestimmung und einzelner Sondervorschriften für bestimmte Wirtschaftszweige sind zahlreiche Verordnungen und Richtlinien des Bundes und der Länder ergangen, die sich mit speziellen Fragen der Arbeitssicherheit befassen.

In den *Unfallverhütungsvorschriften* (UVV beziehungsweise VBG = Vorschriften der Berufsgenossenschaft) legen die Berufsgenossenschaften
kraft autonomen Rechts weitere Pflichten fest, die der Unternehmer im
Rahmen der Arbeitssicherheit zu erfüllen hat. Diese Vorschriften sind für
die Mitgliedsunternehmen der Berufsgenossenschaften und für die in
den Unternehmen tätigen Arbeitnehmer verbindlich. Sie enthalten Bestimmungen über

Unfall-
verhütungs-
vorschriften

- Einrichtungen, Anordnungen und Maßnahmen, welche die Unternehmer zur Verhütung von Arbeitsunfällen zu treffen haben, sowie
  die Form der Übertragung dieser Aufgaben auf andere Personen;
- das Verhalten, das die Versicherten zur Verhütung von Arbeitsunfällen zu beachten haben;
- ärztliche Untersuchungen von Arbeitnehmern, deren Tätigkeit mit
  besonderen Unfall- und Gesundheitsgefahren verbunden ist;
- Maßnahmen, die der Unternehmer zur Erfüllung der sich aus dem
  Gesetz über Betriebsärzte und Sicherheitsfachkräfte ergebenden
  Pflichten zu treffen hat.

Die Unfallverhütungsvorschriften sind Mindestnormen, sie begrenzen
also nicht die Sorgfaltspflicht des Unternehmers, erforderlichenfalls weitere geeignete Maßnahmen zur Verminderung von Unfallgefahren zu
treffen.

Mit dem *Gesetz über Betriebsärzte, Sicherheitsingenieure und andere
Fachkräfte für Arbeitssicherheit* (ASiG) vom 12. Dezember 1973 ist die
Tätigkeit dieser Personen in den Betrieben gesetzlich geregelt worden.
Es handelt sich hierbei um ein Rahmengesetz, das von den Berufsgenossenschaften durch entsprechende Unfallverhütungsvorschriften
ausgefüllt worden ist, nämlich die VBG 122 und 123, die unter anderem
über die Einsatzzeiten von Betriebsärzten, Sicherheitsingenieuren und
anderen *Sicherheitsfachkräften,* über ihre Aufgaben sowie ihre Qualifikation und Fortbildung nähere Angaben enthalten und festlegen, welche
Betriebe – je nach Branche – solche Fachkräfte zu bestellen haben.

Arbeits-
sicherheits-
gesetz:
Sicherheits-
fachkräfte

§ 719 RVO:
Sicherheits-
beauftragte

Außerdem sind, um die Arbeitssicherheit zu erhöhen, nach § 719 der Reichsversicherungsordnung (RVO) alle Unternehmen von einer bestimmten Beschäftigtenzahl an verpflichtet, *Sicherheitsbeauftragte* zu bestellen. Diese werden, ebenso wie die Fachkräfte für Arbeitssicherheit, von der Unternehmens- oder Werksleitung bestellt und sollen auf Gefahrenquellen achten, ihre Arbeitskollegen durch Beispiel und Hinweis zu unfallsicherer Arbeitsweise anhalten und somit auch die eventuell vorhandenen Sicherheitsfachkräfte unterstützen. Da sie jedoch auf dem Gebiet der Arbeitssicherheit freiwillig tätig sind und keinen gesetzlich fixierten Aufgabenbereich haben, tragen sie – im Gegensatz zu den arbeitsvertraglich verpflichteten Sicherheitsfachkräften – auch keine Verantwortung im streng rechtlichen Sinne.

Sicherheits-
ausschuß und
Arbeitsschutz-
ausschuß

Werden mehr als drei Sicherheitsbeauftragte bestellt, so bilden sie aus ihrer Mitte einen *Sicherheitsausschuß*. (In ihm können die Weichen der betrieblichen Sicherheitspolitik gestellt werden, da in ihm alle Verantwortlichen des Betriebsgeschehens vertreten sind.) Wenn jedoch Betriebsärzte oder Fachkräfte für Arbeitssicherheit im Betrieb bestellt sind, ist nach § 11 des Arbeitssicherheitsgesetzes statt des Sicherheitsausschusses ein *Arbeitsschutzausschuß* zu bilden, dem auch Sicherheitsbeauftragte angehören. (Vgl. auch Abschnitt 8.3.4).

Neben den zuvor genannten gibt es noch mehrere andere für die betriebliche Sicherheitsarbeit wichtige Gesetze und Vorschriften; auf einige wird im folgenden noch einzugehen sein.

Betriebliche
Verantwortung
und Pflichten

Während nun in einigen Gesetzen und Rechtsnormen (insbesondere im ASiG und im BetrVG) Verantwortung, Pflichten und Zusammenarbeit der Unternehmer, betrieblichen Führungskräfte, Sicherheitsfachkräfte, Betriebsärzte und Betriebsräte festgelegt sind, bestehen spezielle Regelungen über die Mitwirkung des *Arbeitsstudienpersonals* bei den betrieblichen Sicherheitsmaßnahmen nicht.

Die eigentliche Möglichkeit einer Mitwirkung der *Arbeitsstudienfachleute* auf diesem Gebiet liegt jedoch darin, die Aspekte der Arbeitssicherheit bei der *ergonomischen* Arbeitsplatzgestaltung und bei der Gestaltung der Arbeitsabläufe zu berücksichtigen. Da die Sicherheitsfachkräfte und Sicherheitsbeauftragten als Experten auf dem Gebiet der sicherheitstechnischen Gestaltung der Arbeitsplätze ihr Hauptaugenmerk auf die Verwirklichung und Einhaltung der *technischen* Sicherheitsnormen, -regeln und -vorschriften richten, ist eine enge Zusammenarbeit zwischen dem Arbeitsstudienpersonal und den Sicherheitsexperten und Betriebsärzten nicht nur sinnvoll, sondern auch erforderlich. Diese Zusammenarbeit sollte darin bestehen, an Sicherheitsinspektionen (Betriebsbegehungen) teilzunehmen, um die Sicherheitsfachkräfte dabei zu unterstützen, sicherheitswidrige Arbeitsplätze oder Arbeitsabläufe zu erkennen und ferner bei der Konzeption und Durchführung von sicherheitstechnischen Maßnahmen mitzuwirken.

Mitwirkung der Arbeitsstudienfachleute

Zusammenarbeit mit den Sicherheitsfachkräften

Ergänzend sei noch darauf hingewiesen, daß der Begriff „Arbeitsschutz" in der Bundesrepublik recht weit ausgelegt wird. Die Bundesanstalt für Arbeitsschutz und Unfallforschung (BAU) definiert:

Allgemeiner Arbeitsschutz

„Arbeitsschutz ist die Bewahrung des Menschen vor Gefahren und Beeinträchtigungen in Verbindung mit seiner Berufsarbeit".

Ziel des Arbeitsschutzes ist es, die Gesundheit des Menschen im Berufsleben zu gewährleisten und ihm das Bewußtsein einer weitgehenden technischen und sozialen Absicherung bei seiner Arbeit zu geben.

8.2 Der Arbeitsschutz

8.2.1 Organe des Arbeitsschutzes

Überbetriebliche
Organe des
Arbeitsschutzes

Die außerbetrieblichen Aufgaben im technischen und sozialen Arbeitsschutz werden von den im Bild 184 dargestellten drei Säulen getragen:

1) dem staatlichen Bereich (Bund und Länder),
2) dem selbstverwaltenden Bereich (Berufsgenossenschaften und Eigenunfallversicherungen),
3) dem privatrechtlichen Bereich (Vereinigungen und Institutionen privaten Rechts).

8.2.2 Staatlicher Bereich

Staatlicher
Bereich

Nach der Rangfolge der Rechtsquellen (vgl. Kapitel 6 in Teil I) liegt die Gesetzgebung für den Arbeitsschutz in erster Linie bei der Bundesregierung. Macht der Bund in dieser Hinsicht von seinem Gesetzgebungsrecht keinen Gebrauch, so können die Bundesländer dafür eigene Gesetze erlassen. Ressortmäßig ist der Bundesminister für Arbeit und Sozialordnung für den Arbeitsschutz auf Bundesebene zuständig. Ihm unterstehen die „Bundesanstalt für Arbeitsschutz und Unfallforschung (BAU)" in Dortmund, die mit Koordinierungsaufgaben und der Erforschung von Unfallursachen beauftragt ist, sowie einige Prüf- und Forschungsanstalten. Die Durchführung und Überwachung der staatlichen Arbeitssicherheitsvorschriften ist Aufgabe der Arbeitsschutzbehörden der Länder, insbesondere der staatlichen Gewerbeaufsichtsämter (GAA).

Staatliche
Gewerbeaufsicht

Diese Ämter sind Sonderbehörden für Fragen des Arbeitsschutzes und dürfen nicht mit den Gewerbeämtern oder den Bauämtern der Gemeinden verwechselt werden. Sie führen ihre Aufgaben auf der Grundlage der *Gewerbeordnung* (GO) durch. Den Gewerbeaufsichtsbeamten stehen bei der Ausübung ihrer Aufgaben alle hoheitlichen Befugnisse der Ortspolizei zu.

Die staatliche Gewerbeaufsicht ist wie folgt aufgebaut:

Zentralinstanz: Arbeits- und Sozialminister der Länder; Fachaufsicht.
Mittelinstanz: Regierungspräsident; Genehmigungs- und Ausnahmegenehmigungsinstanz.
Ortsinstanz: Gewerbeaufsichtsämter; Zuständigkeit üblicherweise nach Kreisgrenzen geregelt.

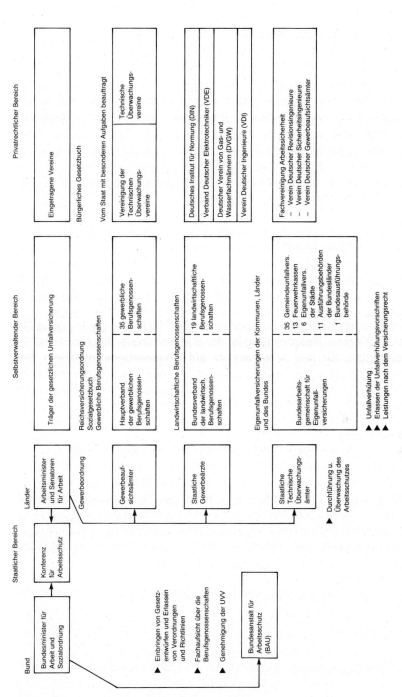

Organe des Arbeitsschutzes in der Bundesrepublik Deutschland (nach BAU/BG Lehrma-   Bild 184
terialien Sicherheitsfachkräfte, Grundlehrg. A/1, 14)

8.2.3 Selbstverwaltender Bereich –
Träger der gesetzlichen Unfallversicherung

Die gesetzliche Unfallversicherung ist eine Pflichtversicherung. Sie dient der Ablösung der Haftpflicht des Unternehmers und ist gleichzeitig eine Versicherung zugunsten der Arbeitnehmer. Gesetzliche Grundlage ist das Dritte Buch der Reichsversicherungsordnung. Träger der Unfallversicherung sind die *Berufsgenossenschaften* (BG). Es bestehen 35 gewerbliche und 18 landwirtschaftliche Berufsgenossenschaften. Für den Bereich des öffentlichen Dienstes (Bund, Länder, Gemeinden) sind Eigenunfallversicherungsträger zuständig.

Berufsgenossen-schaften

Die gewerblichen Berufsgenossenschaften sind nach Gewerbezweigen gegliedert. Sie sind mit weitreichenden Befugnissen ausgestattete Körperschaften des öffentlichen Rechts und führen die ihnen übertragenen Aufgaben in eigener Verantwortung ihrer Organe – jedoch unter staatlicher Aufsicht – durch. Organe der Selbstverwaltung sind Vertreterversammlung und Vorstand; beide setzen sich je zur Hälfte aus Arbeitgeber- und Arbeitnehmer-(Versicherten-)vertretern zusammen. Die Finanzierung erfolgt ausschließlich durch Beiträge der Betriebe.

Das Gesetz (RVO) weist den Berufsgenossenschaften insbesondere folgende Aufgaben zu:

1) Verhütung von Arbeitsunfällen
2) Heilung der Unfallverletzten
3) Berufshilfe für Unfallverletzte } Rehabilitation
4) Entschädigung für Verletzungsfolgen durch Geldleistungen.

Die Berufsgenossenschaften erlassen Unfallverhütungsvorschriften (UVV) über Einrichtungen, Anordnungen und Maßnahmen, welche die Arbeitgeber zu treffen haben, sowie über das sicherheitsgerechte Verhalten der Mitarbeiter bei der Durchführung ihrer Arbeitsaufgaben. Damit stellen die Unfallverhütungsvorschriften sowohl für die Mitgliedsfirmen als auch für die Versicherten autonomes und verbindliches Recht dar.

Technischer Aufsichtsdienst der Berufs-genossenschaften

Die Verbindung zwischen den Berufsgenossenschaften und ihren Mitgliedsfirmen übernimmt der Technische Aufsichtsdienst. Zu den Aufgaben der technischen Aufsichtsbeamten gehört es, die Mitgliedsfirmen in den Fragen der Arbeitssicherheit zu beraten und zu betreuen sowie die betrieblichen Maßnahmen zur Arbeitssicherheit zu überwachen. Zu ihren Aufgaben gehören ferner

- die Erforschung von Unfallursachen,
- die Entwicklung neuer Vorgehensweisen in Richtlinien und Vorschriften,
- die Schulung und Ausbildung von Sicherheitsingenieuren und anderen Fachkräften für Arbeitssicherheit sowie von Sicherheitsbeauftragten.

Die Aufgaben der Gewerbeaufsicht und des Technischen Aufsichtsdienstes der Berufsgenossenschaften berühren sich auf dem Gebiet der Überwachung der technischen Arbeitssicherheit. In Bild 185 sind die Aufgabenbereiche und die rechtlichen Grundlagen beider Institutionen zusammengestellt.

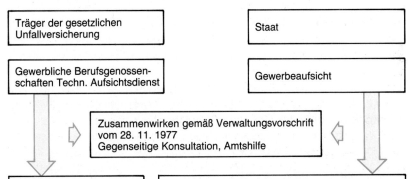

Träger der gesetzlichen Unfallversicherung	Staat
Gewerbliche Berufsgenossenschaften Techn. Aufsichtsdienst	Gewerbeaufsicht

Zusammenwirken gemäß Verwaltungsvorschrift vom 28. 11. 1977
Gegenseitige Konsultation, Amtshilfe

Aufgabe:
- Verhütung von Arbeitsunfällen und Berufskrankheiten
- Durchführung der Ersten Hilfe
- Ausbildung von Fachkräften für Arbeitssicherheit
- Schulung von Sicherheitsbeauftragten und anderen mit der Unfallverhütung betrauten Personen

Rechtsgrundlage:
- §§ 712 – 714 Reichsversicherungsordnung (RVO)
- Unfallverhütungsvorschriften gemäß § 708 RVO

Aufgabe: technischer, medizinischer und sozialer Arbeitsschutz

Rechtsgrundlagen:
- §§ 120 a und b in Verbindung mit § 139 b der Gewerbeordnung (GO)
- § 62 HGB in Verbindung mit § 139 b der GO
- Verordnungen (VO) aufgrund von § 24 GO (Überwachungsbedürftige Anlagen)
- VO aufgrund von § 120 e GO (Anforderungen an bestimmte Anlagen)
- VO über gefährliche Arbeitsstoffe
- VO aufgrund des Sprengstoffgesetzes
- Strahlenschutzverordnungen
- Gerätesicherheitsgesetz (GSG)
- Mutterschutzgesetz
- Jugendarbeitsschutzgesetz
- Arbeitszeitordnung
- §§ 105 a – i GO (Ruhezeiten an Sonn- und Feiertagen) in Verbindung mit § 139 b GO
- §§ 13 – 16 Heimarbeitsgesetz
- § 12 Schwerbeschädigtengesetz
- Sonstige Vorschriften des Bundes und der Länder
- Arbeitssicherheitsgesetz
- Arbeitsstättenverordnung

Durchführung der Arbeitsschutzvorschriften in der gewerblichen Wirtschaft   Bild 185

8.2.4 Privatrechtlicher Bereich

Technische
Überwachungs-
vereine

Während die Gewerbeaufsichtsbehörden und die Berufsgenossenschaften hoheitliche Aufgaben erfüllen und über hoheitliche Gewalt verfügen, erfüllen alle anderen Institutionen im Arbeitsschutz keine hoheitlichen Aufgaben. Die bekanntesten derartigen Einrichtungen privaten Rechts sind die *Technischen Überwachungsvereine* (TÜV).

Ursprünglich als Eigenüberwachungs-Vereine für bestimmte sicherheitstechnisch problematische Anlagen von der Wirtschaft gegründet, werden sie heute von den Unternehmen zur sachverständigen Überwachung und Prüfung der vielfältigsten Anlagen in Anspruch genommen. Die Sachverständigen der TÜV haben kein selbständiges Recht zur Betriebsüberwachung und keine hoheitlichen Befugnisse. Sie arbeiten aufgrund privatrechtlicher Verträge oder im Auftrag hoheitlicher Institutionen. In Hessen und in Hamburg obliegen diese Aufgaben den staatlichen Überwachungsämtern (TÜH).

Außer den TÜV wirken als Sachverständige freiberuflich tätige Ingenieure. Sie müssen als solche anerkannt sein, soweit sie gesetzlich vorgeschriebene Prüfungen durchführen wollen.

DIN
VDE
VDI
DVGW

Fachinstitutionen der technischen Normung sind das Deutsche Institut für Normung e.V. (DIN), der Verband Deutscher Elektrotechniker (VDE), der Verein Deutscher Ingenieure (VDI) und der Deutsche Verein des Gas- und Wasserfaches (DVGW).

Fachnormen-
ausschüsse

Aufgrund entsprechender Verträge mit dem Staat befassen sich die Fachausschüsse dieser Organisationen auch mit der sicherheitstechnischen Normung. Die Ergebnisse (DIN-Normen, VDE-Bestimmungen, DVGW-Arbeitsblätter und VDI-Richtlinien) können in das Verzeichnis A der Allgemeinen Verwaltungsvorschrift zum Gerätesicherheitsgesetz (GSG, früher GtA) aufgenommen werden und gelten dann nach § 3 des Gesetzes als „Allgemein anerkannte Regeln der Technik", sowie nach den §§ 3 und 4 der Allgemeinen Verwaltungsvorschrift als „Regeln der Sicherheitstechnik". Die Mitarbeit in den Fachausschüssen ist ehrenamtlich und steht allen Fachleuten offen.

Durch die Arbeit dieser Fachausschüsse wird festgelegt, was anerkannte Regeln der Technik und Erkenntnisse der Arbeitswissenschaft sind. Die entsprechenden Gesetze und Vorschriften legen zumeist nur Schutzziele fest. In den sicherheitstechnischen Regeln dagegen ist definiert und festgelegt, auf welche Weise diese Schutzziele erfüllt werden können. Damit geben diese Regeln die Voraussetzungen zur sicherheitstechnischen Arbeitsgestaltung (vgl. Abschnitt 5.3.6). Bild 186 zeigt die

Verknüpfung gesetzlicher Vorschriften und Verordnungen mit den anerkannten Regeln der Technik.

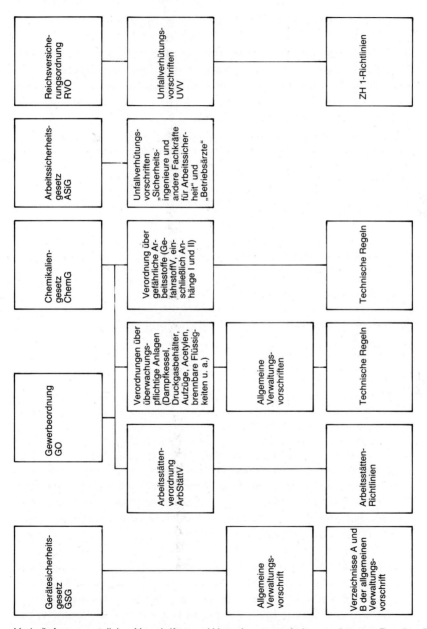

Verknüpfung gesetzlicher Vorschriften und Verordnungen mit den anerkannten Regeln   Bild 186
der Technik

353

8.3 Allgemeine Arbeitsschutz- und Unfallverhütungsvorschriften

8.3.1 Staatliche Gesetze und Verordnungen

Wie bereits festgestellt, sind die Arbeitsschutzbestimmungen in einer Vielzahl von Rechtsnormen enthalten. Hierbei wird von zwei grundsätzlichen Überlegungen zur Arbeitssicherheit ausgegangen:

Gewerbeordnung

1) § 120a der Gewerbeordnung lautet:

„Die Gewerbeunternehmer sind verpflichtet, die Arbeitsräume, Betriebsvorrichtungen, Maschinen und Gerätschaften so einzurichten und zu erhalten und den Betrieb so zu regeln, daß die Arbeiter gegen Gefahren für Leben und Gesundheit soweit geschützt sind, wie es die Natur des Betriebes gestattet. Insbesondere ist für genügend Licht, ausreichenden Luftraum und Luftwechsel, Beseitigung des bei dem Betrieb entstehenden Staubes, der dabei entwickelten Dünste und Gase sowie der dabei entstehenden Abfälle Sorge zu tragen. Ebenso sind diejenigen Vorrichtungen herzustellen, welche zum Schutze der Arbeiter gegen gefährliche Berührungen mit Maschinen oder Maschinenteilen oder gegen andere in der Natur der Betriebsstätte oder des Betriebes liegende Gefahren, namentlich auch gegen die Gefahren, welche aus Fabrikbränden erwachsen können, erforderlich sind. Endlich sind diejenigen Vorschriften über die Ordnung des Betriebes und das Verhalten der Arbeiter zu erlassen, welche zur Sicherung eines gefahrlosen Betriebes erforderlich sind."

Unfallverhütungs-
vorschrift VBG 1

2) § 2 der Unfallverhütungsvorschrift VBG 1.0 „Allgemeine Vorschriften" sagt aus:

„1) Der Unternehmer hat zur Verhütung von Arbeitsunfällen Einrichtungen, Anordnungen und Maßnahmen zu treffen, die den Bestimmungen dieser Unfallverhütungsvorschrift und den für ihn sonst geltenden Unfallverhütungsvorschriften und im übrigen den allgemein anerkannten sicherheitstechnischen und arbeitsmedizinischen Regeln entsprechen. Soweit in anderen Rechtsvorschriften, insbesondere in Arbeitsschutzvorschriften, Anforderungen gestellt werden, bleiben diese Vorschriften unberührt.

2) Tritt bei einer Einrichtung ein Mangel auf, durch den für die Versicherten sonst nicht abzuwendende Gefahren entstehen, ist die Einrichtung stillzulegen".

Ausgehend von diesem Grundgedanken sowie auf Grund einzelner Sondervorschriften für bestimmte Wirtschaftszweige sind zahlreiche Verordnungen des Bundes und der Länder erlassen worden, die besondere Fragen des Arbeitsschutzes behandeln. Die wichtigsten derartigen Regelungen sind folgende:

Jugendarbeits-
schutzgesetz

Das *Jugendarbeitsschutzgesetz* (JArbSchG) vom 12. 4. 1976 untersagt die Beschäftigung Jugendlicher so lange, bis sie ärztlich untersucht worden sind. Zum Schutz der Jugendlichen enthält dieses Gesetz Regelungen über das Verbot gefährlicher Arbeiten, die Arbeitszeit/Schicht, Ruhepausen, Urlaub, Schutz- und Kündigungsfristen.

Das *Mutterschutzgesetz* (MuSchG) enthält für werdende und stillende Mütter Regelungen über Beschäftigungsverbote, Schutzfristen, Zeiten zum Stillen und Kündigungsfristen.

Mutterschutzgesetz

Die *Arbeitszeitordnung* (AZO) gilt für Arbeitnehmer über 18 Jahre. Ausgenommen sind unter anderem Landwirtschaft, Gartenbau, Forstwirtschaft, Fischerei, Seeschiffahrt und Luftfahrt sowie leitende Angestellte, soweit ihnen mehr als 20 Arbeitnehmer unterstellt sind. Die AZO enthält Regelungen über die Normalarbeitszeit (8 Stunden je Werktag), die Höchstgrenze der Arbeitszeit (10 Stunden je Werktag), die tägliche Ruhezeit (11 Stunden je Werktag), sowie Ausnahmen (unvorhergesehene Ereignisse, besondere Arbeitsverfahren), Sonderschutz für Frauen hinsichtlich der Pausenregelung, Nachtarbeit usw.

Arbeitszeitordnung

In der *Arbeitsstättenverordnung* (ArbStättV vom 20. 3. 1975) sind die allgemeinen Anforderungen festgelegt, denen Arbeitsstätten und Arbeitsplätze hinsichtlich der sicherheitstechnischen, hygienischen, ergonomischen und anderer Kriterien entsprechen müssen.

Arbeitsstättenverordnung

Zur Durchführung der Arbeitsstättenverordnung gibt der Bundesminister für Arbeit und Sozialordnung Arbeitsstätten-Richtlinien heraus. Hier sind die Erfahrungen der Praxis und die arbeitswissenschaftlichen Erkenntnisse zusammengefaßt. Diese Richtlinien werden Zug um Zug veröffentlicht und sind Unterlagen für Arbeitsgestalter. (Entsprechende Hinweise zur Arbeitsgestaltung sind in Kapital 5 enthalten.)

Das *Gerätesicherheitsgesetz* (GSG) – die (zum 13. 8. 1979) geänderte Fassung des früheren *Gesetzes über technische Arbeitsmittel* vom 28. 6. 1968 – verpflichtet jeden Hersteller oder Importeur, nur solche technischen Arbeitsmittel in den Verkehr zu bringen, die mindestens den allgemein anerkannten Regeln der Technik, der Sicherheitstechnik und den Unfallverhütungsvorschriften entsprechen. Den technischen Arbeitsmitteln im Sinne des Gesetzes sind Haushaltsgeräte, Sport- und Bastelgeräte sowie Spielzeug gleichgesetzt.

Gerätesicherheitsgesetz

Der Hersteller ist verpflichtet, in einer Gebrauchsanweisung auf die Handhabung des Arbeitsmittels in deutscher Sprache hinzuweisen, sofern dies nicht von vornherein klar ist.

Verwaltungs-
vorschrift
zum GSG

Gemäß § 11 GSG hat der Bundesminister für Arbeit und Sozialordnung eine – inzwischen ebenfalls geänderte – „Allgemeine Verwaltungsvorschrift zum Gesetz über technische Arbeitsmittel" erlassen. Im Verzeichnis A dieser Verwaltungs-Vorschrift sind alle inländischen Normen und sonstige Regeln mit sicherheitstechnischem Inhalt aufgeführt, die als allgemein anerkannte Regeln der Sicherheitstechnik zu beachten sind. Das Verzeichnis führt insbesondere auf:

1) DIN-Normen,
2) VDE-Bestimmungen,
3) VDI-Richtlinien,
4) DVGW-Arbeitsblätter.

Im Verzeichnis B der Verwaltungs-Vorschrift sind die Unfallverhütungsvorschriften, Durchführungsregeln, Richtlinien, Sicherheitsregeln und Merkblätter der Träger der gesetzlichen Unfallversicherung aufgeführt, in denen technische Regeln über die Beschaffenheit bestimmter technischer Arbeitsmittel aufgestellt sind.

Beide Verzeichnisse werden ständig ergänzt und auf dem neuesten Stand gehalten. Dies betrifft auch die jährlichen Veröffentlichungen in der Fachbeilage „Arbeitsschutz" des Bundesarbeitsblattes.

Gesetz zum
Schutz vor gefähr-
lichen Stoffen –
Chemikaliengesetz

Das *Gesetz zum Schutz vor gefährlichen Stoffen* – Chemikaliengesetz (ChemG) – vom 16. 9. 1980 soll Menschen und Umwelt vor den Einwirkungen bestimmter gefährlicher Stoffe und spezieller Zubereitungen solcher Stoffe bewahren. Es verpflichtet einerseits Hersteller und Importeure zur Anmeldung, Einstufung, besonderer Kennzeichnung und Verpackung derartiger Chemikalien, andererseits enthält es (in § 19) bestimmte Vorschriften über betriebliche Maßnahmen, die bei der Herstellung oder Verwendung gefährlicher Stoffe in baulicher, sicherheitstechnischer, arbeitsorganisatorischer und informatorischer Hinsicht zu treffen sind. Weitere Einzelheiten regelt die *Verordnung über gefährliche Arbeitsstoffe* – Arbeitsstoffverordnung (ArbStoffV).

8.3.2 Unfallverhütungsvorschriften (UVV)

Die Berufsgenossenschaften sind nach § 708 RVO verpflichtet, Unfallverhütungsvorschriften zu erlassen.

Dieser Paragraph sei hier auszugsweise im Wortlaut wiedergegeben:
§ 708 [Arten der Unfallverhütungsvorschriften]

1) Die Berufsgenossenschaften erlassen Vorschriften über

1. Einrichtungen, Anordnungen und Maßnahmen, welche die Unternehmer zur Verhütung von Arbeitsunfällen zu treffen haben, sowie die Form der Übertragung dieser Aufgaben auf andere Personen,
2. das Verhalten, das die Versicherten zur Verhütung von Arbeitsunfällen zu beachten haben,
3. ärztliche Untersuchungen von Versicherten, die vor der Beschäftigung mit Arbeiten durchzuführen sind, deren Verrichtung mit außergewöhnlichen Unfall- oder Gesundheitsgefahren für sie oder Dritte verbunden ist,
4. die Maßnahmen, die der Unternehmer zur Erfüllung der sich aus dem Gesetz über Betriebsärzte, Sicherheitsingenieure und andere Fachkräfte für Arbeitssicherheit ergebenden Pflichten zu treffen hat.

Die Unfallverhütungsvorschriften werden in berufsgenossenschaftlichen Fachausschüssen erarbeitet und von den Vertreterversammlungen der einzelnen Berufsgenossenschaften beschlossen. Ordnungsgemäß beschlossene, vom Bundesminister für Arbeit und Sozialordnung genehmigte und bekanntgegebene Unfallverhütungsvorschriften sind autonome Rechtsnormen und von Unternehmern und Versicherten verbindlich zu beachten.

Verpflichtung der Berufsgenossenschaften

Grundvorschrift ist die bereits vorne zitierte UVV 1 „Allgemeine Vorschriften". Hiernach hat der Unternehmer, soweit es nach dem Stand der Technik möglich ist, alle Baulichkeiten und Gerätschaften so einzurichten und zu erhalten, daß die Versicherten gegen Unfälle und Berufskrankheiten geschützt sind; er hat ferner die für eine gefahrlose Regelung des Betriebes und die für das Verhalten der Versicherten erforderlichen Anweisungen zu geben und die Durchführung der Vorschriften zu überwachen. Die UVV 1 enthält die allgemeinen Pflichten des Unternehmers und der Versicherten, die nicht fachspezifisch sind. Für spezielle Arbeiten, Anlagen, Gerätegruppen und Maschinen bestehen besondere Unfallverhütungsvorschriften. Der Arbeitgeber hat die Pflicht, diese für seinen Betrieb wichtigen Vorschriften jedem Arbeitnehmer zugänglich zu machen.

UVV „Allgemeine Vorschriften"

Information
über die UVVen

Im allgemeinen muß der Sicherheitsingenieur beziehungsweise die Fachkraft für Arbeitssicherheit über alle maßgeblichen Unfallverhütungsvorschriften verfügen und diese den Vorgesetzten und Mitarbeitern zur Kenntnis geben. (Siehe UVV 1.0 § 7 und BetrVG § 81.)

Auch das Arbeitsstudienpersonal muß alle wichtigen Unfallverhütungsvorschriften kennen und bei seiner Arbeit berücksichtigen, insbesondere bei der Arbeitsplanung und -gestaltung sowie bei der Arbeitsunterweisung.

Vorschriftenwerk
der Berufs-
genossenschaften

Alle von den Berufsgenossenschaften erlassenen Unfallverhütungsvorschriften sind in einem *„Vorschriftenwerk der Berufsgenossenschaften"* (VBG-Werk) zusammengestellt. Ein Verzeichnis aller Unfallverhütungsvorschriften (VBG-Verzeichnis) wie auch Einzelvorschriften können bei der zuständigen Berufsgenossenschaft kostenlos angefordert werden.

Grundsätzlich sind *alle Mitarbeiter* zur Einhaltung der Sicherheitsvorschriften verpflichtet.

Bußgeld

Die Nichtbeachtung einer Unfallverhütungsvorschrift ist eine Ordnungswidrigkeit. Die Berufsgenossenschaft kann in diesem Falle ein Bußgeld bis zu 20 000 DM verhängen.

8.3.3 Arbeitssicherheitsgesetz

Zweck des
Arbeitssicher-
heitsgesetzes

Das bereits weiter vorne zitierte Arbeitssicherheitsgesetz (ASiG) vom 12. 12. 1973 enthält im § 1 neben den Bestimmungen zur Bestellung von Betriebsärzten und Fachkräften für Arbeitssicherheit auch deren Aufgabe, den Arbeitgeber beim Arbeitsschutz und bei der Unfallverhütung zu unterstützen.

Damit soll erreicht werden, daß
1) die dem Arbeitsschutz und der Unfallverhütung dienenden Vorschriften den besonderen Betriebsverhältnissen entsprechend angewendet werden,
2) gesicherte arbeitsmedizinische und sicherheitstechnische Erkenntnisse zur Verbesserung des Arbeitsschutzes und der Unfallverhütung verwirklicht werden können,
3) die dem Arbeitsschutz und der Unfallverhütung dienenden Maßnahmen einen möglichst hohen Wirkungsgrad erreichen.

Nach den §§ 3 und 6 ASiG ergeben sich die von Betriebsärzten und Fachkräften für Arbeitssicherheit wahrzunehmenden Aufgaben der Beratung und Unterstützung des Arbeitgebers:

Gemeinsame Aufgaben der Betriebsärzte und Sicherheitsfachkräfte

- Planung, Ausführung und Unterhaltung von sozialen und sanitären Einrichtungen,
- Beschaffung von technischen Arbeitsmitteln und Einführung von Arbeitsverfahren und Arbeitsstoffen,
- Auswahl und Erprobung von Körperschutzmitteln,
- Gestaltung der Arbeitsplätze, des Arbeitsablaufes, der Arbeitsumgebung und in sonstigen Fragen der Ergonomie,
- Überwachung des Arbeitsschutzes und der Unfallverhütung durch regelmäßige Begehungen der Arbeitsstätten zur Feststellung von Mängeln, und Vorschläge zu deren Beseitigung an Arbeitgeber oder die dafür verantwortlichen Personen geben,
- Hinwirken, daß sich alle im Betrieb Beschäftigten den Anforderungen des Arbeitsschutzes und der Unfallverhütung entsprechend verhalten,
- Belehrung der Mitarbeiter über Unfall- und Gesundheitsgefahren sowie über Einrichtungen und Maßnahmen zur Abwendung der Gefahren,
- Beachtung der Verwendung von Körperschutzmitteln.

Im § 3 ASiG werden den Betriebsärzten zusätzlich folgende Aufgaben übertragen:

Zusätzliche Aufgaben der Betriebsärzte

- Beratung in arbeitsphysiologischen, arbeitspsychologischen sowie arbeitshygienischen Fragen, insbesondere des Arbeitsrhythmusses, der Arbeitszeit und der Pausenregelung sowie bei
- Fragen des Arbeitsplatzwechsels sowie der Eingliederung und Wiedereingliederung Behinderter in den Arbeitsprozeß,
- Untersuchung, Beurteilung und Beratung der Arbeitnehmer nach arbeitsmedizinischen Gesichtspunkten sowie die Erfassung und Auswertung der Untersuchungsergebnisse,
- Untersuchung der Ursachen von arbeitsbedingten Erkrankungen, Erfassung und Auswertung der Ergebnisse und dem Arbeitgeber Vorschläge für Maßnahmen zur Verhütung der Erkrankungen machen,
- Organisation der „Ersten Hilfe" im Betrieb sowie Mitwirkung bei der Einsatzplanung und Schulung der betreffenden Helfer und des medizinischen Hilfspersonals.

Zusätzliche
Aufgaben der
Fachkräfte für
Arbeitssicherheit

Nach § 6 ASiG werden den Fachkräften für Arbeitssicherheit zusätzlich folgende Aufgaben zugeordnet:

– die sicherheitstechnische Überprüfung von Betriebsanlagen und technischen Arbeitsmitteln vor der Inbetriebnahme sowie bei neuen Arbeitsverfahren vor ihrer Einführung,
– Ursachen von Arbeitsunfällen untersuchen, die Ergebnisse erfassen und auswerten und dem Arbeitgeber Maßnahmen zur Verhütung vorschlagen,
– Mitwirkung an der Schulung der Sicherheitsbeauftragten.

Ausbildung der
Sicherheits-
fachkräfte

Die nach § 7, Abs. 1, ASiG erforderliche Fachkunde wird der Fachkraft für Arbeitssicherheit durch einen staatlich beziehungsweise berufsgenossenschaftlich anerkannten vierwöchigen Grundlehrgang mit einem einwöchigen Aufbauseminar, wie auch von REFA angeboten, vermittelt. Für den REFA-Fachmann kann gerade diese Ausbildung eine wertvolle Ergänzung seines Wissens darstellen. Gegebenenfalls kann er den Aufgabenbereich einer Sicherheitsfachkraft im Betrieb (mit) übernehmen, sofern er Meister, Techniker oder Ingenieur ist.

8.3.4 Arbeitsschutz und innerbetriebliche Zusammenarbeit

Zusammenarbeit
Arbeitsstudien-
mann – Sicher-
heitsfachkraft

Soweit die Aufgaben der Fachkräfte für Arbeitssicherheit die menschengerechte Arbeitsgestaltung betreffen, gehört dies zu einem beträchtlichen Teil auch zum Arbeitsbereich des Arbeitsstudienpersonals, so daß zwischen diesen beiden Gruppen eine umfassende Information sowie eine gute fachliche Zusammenarbeit unerläßlich ist.

Zusammenarbeit
mit dem Be-
triebsrat

Im § 9 ASiG wird auf die Zusammenarbeit der Betriebsärzte und Fachkräfte für Arbeitssicherheit mit dem Betriebsrat verwiesen. Weitere Bestimmungen hierzu enthält das Betriebsverfassungsgesetz. So hat der Betriebsrat nach § 80 BetrVG über die Durchführung der zugunsten der Arbeitnehmer geltenden Gesetze, Verordnungen, Unfallverhütungsvorschriften, Tarifverträge und Betriebsvereinbarungen zu wachen sowie sein Mitbestimmungsrecht bei Regelungen über die Verhütung von Arbeitsunfällen und Berufskrankheiten sowie über den Gesundheitsschutz im Rahmen der gesetzlichen Vorschriften oder der Unfallverhütungsvorschriften nach § 87 Abs. 1 Ziffer 7 wahrzunehmen.

§ 10 ASiG verpflichtet die Betriebsärzte und die Fachkräfte für Arbeitssicherheit grundsätzlich zur Zusammenarbeit. Eine spezielle Verpflichtung besteht hinsichtlich gemeinsamer Betriebsbegehungen.

Zusammenarbeit Betriebsärzte – Sicherheitsfachkräfte

Der § 11 des ASiG fordert die Bildung eines Arbeitsausschusses, der sich aus folgenden Personen zusammensetzt:

Arbeitsschutzausschuß

- dem Arbeitgeber oder einem von ihm Beauftragten,
- zwei vom Betriebsrat bestimmten Betriebsratsmitgliedern,
- den Betriebsärzten,
- den Fachkräften für Arbeitssicherheit und den Sicherheitsbeauftragten.

Der Arbeitsschutzausschuß hat die Aufgabe, über alle Anliegen des Arbeitsschutzes und der Unfallverhütung zu beraten.

Die Zusammenarbeit zwischen den Fachkräften für Arbeitssicherheit und den Sicherheitsbeauftragten – die im Gegensatz zu den Sicherheitsfachkräften freiwillig und ehrenamtlich tätige Mitarbeiter sind, die von *jedem* Betrieb mit mehr als 20 Beschäftigten zu bestellen sind – wurde bereits in der Einleitung kurz angesprochen.

8.4 Unfälle und Unfallfolgen

8.4.1 Unfälle und Berufskrankheiten

Der durch die Berufsgenossenschaften gewährte Versicherungsschutz bezieht sich auf Arbeitsunfälle und Berufskrankheiten.

Definitionen

Ein Unfall ist ein von außen einwirkendes, körper- und sachschädigendes, zeitlich begrenztes Ereignis (Unfallereignis).

Unabhängig vom Körperschaden können mitunter erhebliche Sachschäden entstehen. Es sollte deshalb zwischen Unfällen mit Personenschaden, Unfällen mit Personen- und Sachschaden und Unfällen mit reinem Sachschaden unterschieden werden. Sachschäden fallen *nicht* unter die gesetzliche Unfallversicherung; dafür sollten besondere Versicherungen abgeschlossen werden.

Berufskrankheiten entstehen in der Regel durch länger dauernde oder wiederholte Einwirkungen von schädigenden Einflüssen auf den menschlichen Organismus.

Als Berufskrankheiten werden nur bestimmte, in Anlage 1 zur Berufskrankheitenverordnung (BeKV) aufgeführte Krankheiten anerkannt. In besonderen Fällen können auch andere Krankheiten im Rahmen der gesetzlichen Unfallversicherung entschädigt werden, sofern nach neuen Erkenntnissen die sonstigen Voraussetzungen für eine Berufskrankheit erfüllt sind.

Wegeunfälle

Zu den Arbeitsunfällen zählen auch die sogenannten Wegeunfälle; das sind Unfälle, die die Versicherten auf dem Arbeitsweg zu und von dem Ort ihrer Tätigkeit erleiden.

Obwohl im Jahre 1982 nur rund 10 % aller angezeigten Arbeitsunfälle Wegeunfälle waren, betrug deren Anteil an den tödlichen Unfällen 38 % (siehe hierzu Bild 189).

8.4.2 Auswirkungen eines Unfalls

Beispiel

Ein Beispiel der Auswirkungen eines Unfalls wird die Notwendigkeit der Arbeitssicherheit deutlicher machen als umfangreiche Darlegungen. Bild 187 zeigt, welche Kettenreaktion ein Unfall auf alle möglichen Berei-

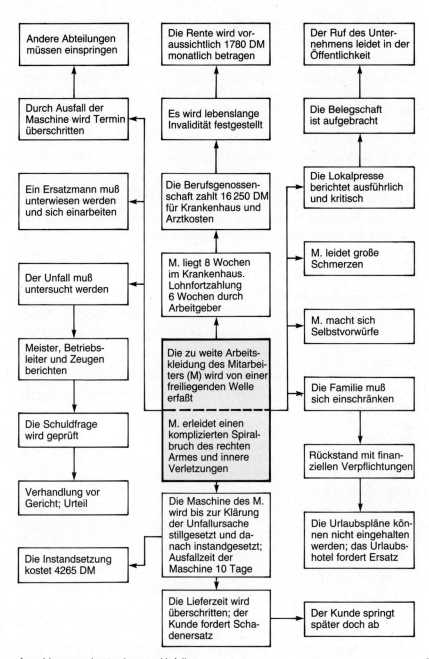

Auswirkungen eines schweren Unfalls　　　　　　　　　Bild 187

che auslöst: Man erkennt aus diesem Beispiel, daß nicht nur der Mitarbeiter selbst, sondern auch der Betrieb und die Allgemeinheit durch Unfälle geschädigt werden.

Durch Arbeitsunfälle und Berufskrankheiten entstehen unserer Volkswirtschaft jährlich Schäden (unmittelbare und Folgeschäden) in Höhe von rund 35 Milliarden DM.

8.4.3 Zahlen zur Arbeitssicherheit

Unfallstatistik

Wie aus Bild 188 zu ersehen ist, stieg die Zahl der Arbeitsunfälle bis 1961 stark an. Dieser Entwicklung wurde durch verstärkte Bemühungen aller einschlägigen Institutionen um die Arbeitssicherheit begegnet, so daß sich ein beträchtlicher Erfolg eingestellt hat.

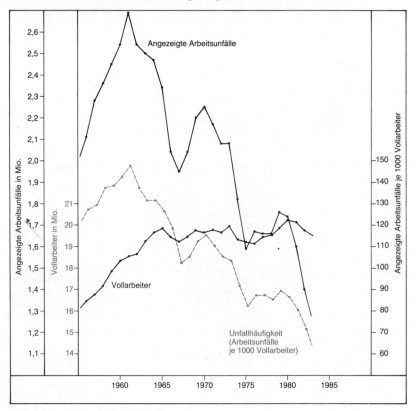

Bild 188   Angezeigte Arbeitsunfälle und Häufigkeit der angezeigten Arbeitsunfälle je 1 000 Vollarbeiter in der gewerblichen Wirtschaft.
(Quelle: Arbeitsunfallstatistik 1984 des Hauptverbandes der gewerblichen Berufsgenossenschaften e.V. Bonn)

Ordnet man den absoluten Zahlen der angezeigten Arbeitsunfälle die Zahl der beschäftigten Arbeitnehmer zu, so erhält man die Unfallhäufigkeit.

In der Unfallstatistik werden nur die anzeigepflichtigen Arbeitsunfälle ausgewiesen. Anzeigepflichtig ist ein Arbeitsunfall dann, wenn ein Beschäftigter tödlich verunglückt oder so verletzt wird, daß er für mehr als drei Tage arbeitsunfähig ist. Somit werden viele kleine Arbeitsunfälle mit geringen Körperschäden nicht gemeldet und daher auch in der Statistik nicht erfaßt.

Anzeigenpflichtige Arbeitsunfälle Beispiel

So zeigen die Zahlen eines in der Arbeitssicherheit führenden deutschen Automobilwerkes mit etwa 20 000 Beschäftigten für das Jahr 1969, daß von den insgesamt 2 635 Arbeitsunfällen und Berufserkrankungen (100 %) 15,4 % meldepflichtige Unfälle mit einer Arbeitsunfähigkeit von mehr als 3 Tagen waren. Davon waren 13,2 % Betriebsunfälle, 1,8 % Wegeunfälle und 0,4 % Berufskrankheiten. Demgegenüber ereigneten sich 84,6 % nicht-anzeigepflichtige Betriebs- und Wegeunfälle mit einer Arbeitsunfähigkeit von weniger als 3 Tagen. Davon waren – laut Durchgangsarzt – 0,3 % Unfälle mit Arbeitsunfähigkeit am Unfalltag, 1,0 % Unfälle mit Arbeitsunfähigkeit von 1 bis 3 Tagen, 4,3 % Unfälle ohne Arbeitsunfähigkeit beziehungsweise mit freiwilliger Weiterarbeit und 79 % Unfälle, bei denen der Arzt nicht aufgesucht wurde.

Beispiele

Nach dieser Aufstellung ereigneten sich in diesem Werk 5,4mal so viele Unfälle, wie man aufgrund der abgegebenen Unfallmeldungen annehmen könnte. Dabei interessieren die nicht-anzeigepflichtigen Unfälle und berufsbedingten Erkrankungen die Sicherheitsorgane und Arbeitsgestalter genauso wie die anderen.

Tödliche Wege-
und
Arbeitsunfälle,
Berufskrankheiten

Entsprechend der im Bild 189 wiedergegebenen Statistik des Gesamt-
unfallgeschehens zeigt auch die Darstellung der tödlichen Arbeitsunfälle
und Berufskrankheiten im Bild 189 eine fallende Tendenz.

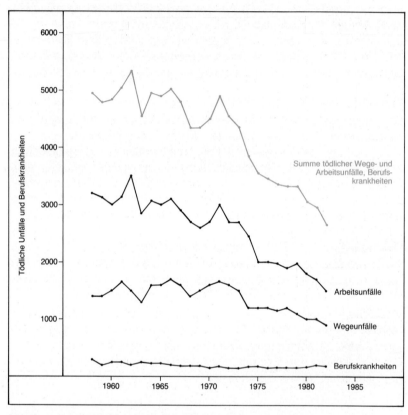

Bild 189

Tödliche Unfälle (Arbeits- und Wegeunfälle) und Berufskrankheiten mit Todesfolge
(Quelle: Unfallverhütungsbericht der Bundesregierung für 1984
Herausgeber: Bundesminister für Arbeit und Sozialordnung)

Arbeitsunfälle
in verschiedenen
Wirtschafts-
zweigen

Bild 190 zeigt die Häufigkeit der im Jahre 1982 erstmals entschädigten
Arbeitsunfälle je 10 00 Vollarbeiter.

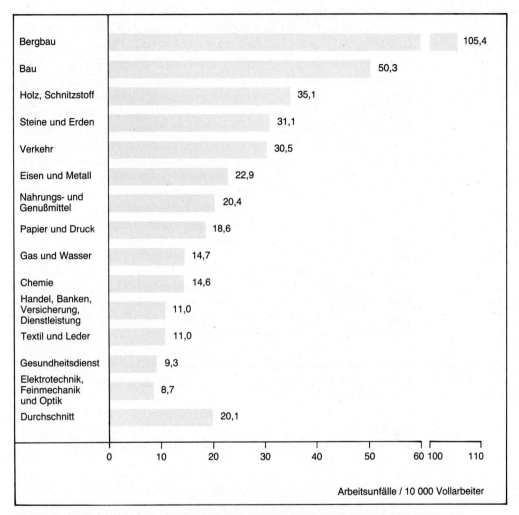

Häufigkeit der im Jahr 1982 erstmals entschädigten Arbeitsunfälle je 10 000 Vollarbeiter   Bild 190
nach Wirtschaftszweigen der gewerblichen Berufsgenossenschaften
(Quelle: Arbeitsunfallstatistik für die Praxis 1984, Hrsg.: Hauptverband der gewerblichen
Berufsgenossenschaften e.V.)

Im Jahre 1982 mußten die gewerblichen Berufsgenossenschaften annähernd 7,65 Milliarden DM für Bar- und Sachleistungen an Verletzte und Hinterbliebene erbringen. (Darin sind Ausgaben für Unfallverhütung und Erste Hilfe nicht enthalten.)

8.4.4 Umfang der Arbeitssicherheit

Sachschäden

Wie das eingangs erwähnte Beispiel (Bild 187) zeigt, hat ein Unfall häufig neben einer Schädigung des Mitarbeiters noch andere Folgen. Ohne den Körperschaden, gegen dessen materielle Folgen die Berufsgenossenschaft als gesetzliche Unfallversicherung einen Schutz gewährt, hintanzustellen, muß doch auch festgestellt werden, daß fast jeder Unfall gleichzeitig Sachschäden und Nachteile für Organisation und Betriebsablauf sowie unter Umständen straf- und zivilrechtliche Konsequenzen mit sich bringt. Umfangreiche Untersuchungen – vor allem in den Vereinigten Staaten von Amerika – haben ergeben, daß auf 330 Ereignisse, bei denen sich ein Unfall hätte ereignen können – sogenannte Beinahe-Unfälle –, 300 ohne Körperschaden, wohl aber oft mit Sachschaden kommen, während bei 30 Ereignissen körperliche Schäden eintreten. Wenn man also wirtschaftliche Überlegungen anstellen will, hat es wenig Zweck, sich bei der Arbeitssicherheit nur auf das zu beschränken, was man landläufig als „Unfall" bezeichnet. Man muß *alle* Ursachen bekämpfen, aus denen sich Beeinträchtigungen, Krankheiten und Körperschäden für den Menschen sowie Sachschäden ergeben. (Solche Sachschäden ereignen sich nach der obigen Statistik etwa zehnmal so oft wie Körperschäden.)

Ertragsminderung durch Unfälle

Hieran wird deutlich, daß der Unfallverhütung die gleiche Bedeutung zukommt wie jeder anderen Bemühung um Leistungs- oder Ertragssteigerung oder um Minderung der Kosten und des Aufwandes. Quantität, Qualität und Kosten der Produktion stehen in enger Wechselbeziehung zur Sicherheit am Arbeitsplatz. Erfolge beim Vermeiden von Schäden sind somit ein Kennzeichen für wirtschaftliche Betriebsführung.

8.5 Arbeitssicherheit als menschliches und als technisches Problem

Unfälle entstehen nicht, sie werden verursacht.   Unfallursachen

Dieser Satz trifft für fast alle Unfälle zu. Verursacht werden sie aber – direkt oder indirekt – beinahe ausnahmslos vom Menschen, entweder vom Betroffenen selbst oder von anderen.

Wirksamere Maßnahmen zur Unfallverhütung können nur von dem getroffen werden, der die möglichen Unfallursachen kennt.

Grundsätzlich lassen sich folgende Unfallursachen unterscheiden:
a) sicherheitswidrige Zustände,
b) sicherheitswidriges Verhalten,
c) höhere Gewalt.

8.5.1 Sicherheitswidrige Zustände

Nicht nur technische Mängel im weiteren Sinn, wie zum Beispiel hervorstehende Nägel, eine mangelhafte oder unzulässige Absicherung elektrischer Leitungen, fehlende Schutzvorrichtungen oder schadhaft gewordene Geländer sind *sicherheitswidrige Zustände,* die einen Unfall auslösen können. Auch eine fehlerhafte Organisation kann zu sicherheitswidrigen Zuständen führen. Bei organisatorisch bedingten Fehlern handelt es sich meist um Mängel in der Arbeitsgestaltung, im Personaleinsatz und um Aufsichtsmängel. Dazu gehören auch eine unzureichende Arbeitsunterweisung und Mängel in der Anwendung der Unfallverhütungsvorschriften.   Technische und organisatorische Mängel

8.5.2 Sicherheitswidriges Verhalten

Der Ausdruck „menschliches Versagen" ist für die Zwecke der Arbeitssicherheit unbrauchbar; denn bei seiner Verwendung als Unfallursache gewinnt man nur zu leicht den Eindruck eines unabwendbaren, schicksalhaften und daher letzten Endes verzeihlichen Ablaufes, gegen den es kein Ausweichen und kein Vorbeugen gibt. Unfälle beruhen jedoch zumeist auf Ursachen, die man erkennen, klar beschreiben und denen man infolgedessen auch vorbeugen kann: „Menschliches Versagen"

Der Fahrer eines Gabelstaplers, der entgegen der bestehenden Vorschrift beim Verlassen seines Fahrzeugs den Schlüssel stecken läßt, handelt nicht aus menschlichem Versagen, sondern er *handelt sicherheitswidrig.*

Ein Kollege, der den Gabelstapler besteigt, mit ihm durch die Werkhalle fährt und mangels Fahrpraxis eine Maschine beschädigt oder einen anderen Kollegen anfährt, hat nicht menschlich versagt, sondern sicherheitswidrig gehandelt.

Ursachen für sicherheitswidriges Verhalten sind

- ca. 20 % Nicht-Wissen (nicht eingewiesen, aufgeklärt, ausgebildet),
- ca. 70 % Nicht-Wollen (bewußtes oder fahrlässiges Handeln gegen Vorschriften),
- ca. 10 % Nicht-Können (aus geistig-körperlichen Gründen).

Maßnahmen

Unfälle werden durch sicherheitswidrige Zustände und/oder durch sicherheitswidriges Verhalten verursacht. Sicherheitswidrige Zustände können durch technische oder organisatorische Maßnahmen beseitigt werden. Sicherheitsgerechtes Verhalten durchzusetzen bedarf pädagogisch/psychologischer und arbeitsorganisatorischer Maßnahmen!

8.5.3 Höhere Gewalt

Höhere Gewalt
als Ausnahme

Der Vollständigkeit halber ist als mögliche Unfallursache auch noch die höhere Gewalt zu nennen. Sie ist dadurch gekennzeichnet, daß unerwartet und unvorhersehbar ein Unfall eintritt, mit dem unter den gegebenen Umständen niemand rechnet und gegen den man sich deshalb auch nicht schützen kann. Der Anteil dieser unvermeidbaren Unfälle beträgt nach allgemeiner Auffassung nicht mehr als 2 %. Es wird allerdings immer wieder versucht, durchaus vermeidbare Unfälle als unvermeidbare hinzustellen.

Führt zum Beispiel das Abgleiten einer falsch angeschlagenen Last beim Transport durch einen Hallenkran zu einem tödlichen Unfall eines darunter stehenden Mitarbeiters, so kann man sicher nicht von höherer Gewalt als Unfallursache sprechen. Wenn hingegen ein Unfall infolge von Sturm oder Blitzschlag eintritt, liegt höhere Gewalt vor.

8.6 Arbeitsgestaltung und Arbeitssicherheit

Nach einem Unfall wird, ebenso wie nach Feststellung einer Berufs- Verhütung von
krankheit, gefragt, wie das geschehen konnte und warum das nicht ver- Unfällen und
hindert wurde. Das sind auch die wesentlichen Fragen, die allerdings Berufskrankheiten
nicht erst hinterher, sondern schon vorher – zur Verhütung – hätten
gestellt werden müssen, nur etwas anders, nämlich:

– Welche Unfälle können sich ereignen, welche Berufskrankheiten entstehen?
– Wie kommt es zu diesen Unfällen beziehungsweise Berufskrankheiten?
– Wie kann man sie verhindern?

Für die Beantwortung dieser Fragen und entsprechende Maßnahmen Aufgaben der
sind die *Fachkräfte für Arbeitssicherheit* zuständig; ihnen obliegen in die- Fachkräfte für
sem Zusammenhang insbesondere Untersuchungen der Unfallart und - Arbeitssicherheit
ursache, Abwicklung der Regularien bei Arbeitsunfällen und Berufserkrankungen, Führen und Auswerten der Unfallstatistik, Gefährdungs-
analysen, Entwicklung und Durchführung von Sicherheitsprogrammen.

Die Folgerungen aus der Beantwortung der dritten Frage betreffen un- Aufgaben des
mittelbar den Aufgabenbereich des Arbeitsstudienpersonals, nämlich Arbeitsgestalters
soweit es die im Abschnitt 5.3.5 behandelte sicherheitstechnische Arbeitsgestaltung betrifft, die ihrer Priorität nach zu drei Grundsätzen führt:

1. Grund- *Gefahren müssen beseitigt werden,*   Gefahren
satz: das heißt Arbeitsplatz, Arbeitsverfahren und Arbeitsablauf beseitigen
           dürfen nicht zu Gefährdungen des Menschen führen.

2. Grund- *Unvermeidbare Gefahren müssen abgeschirmt werden,*   Gefahren
satz: das heißt nicht alle gefährlichen Prozesse in der modernen abschirmen
           Arbeitswelt können beseitigt, einige können höchstens ab-
           geschirmt werden.

3. Grund- *Gegen nicht abschirmbare Gefahren muß der arbeitende*   Körperschutz-
satz: *Mensch durch Körperschutzmittel geschützt werden,*   mittel
           da es nicht immer möglich ist, die Gefahren so einzudäm-
           men, daß der Mensch ihnen nicht mehr ausgesetzt ist.

Methodisches
Vorgehen

Der Arbeitsgestalter muß einen Blick dafür bekommen, welche Verletzungen und gesundheitlichen Beeinträchtigungen in dem von ihm betreuten Bereich auftreten können; er muß sich vorstellen können, wo, das heißt an welchen Betriebsanlagen und -einrichtungen, an welchen und durch welche Betriebsmittel, bei welcher Tätigkeit, mit welchen Werkzeugen sich Körper- oder Sachschäden ereignen können. Um diesen Blick für Gefährdungen zu schärfen, muß er – gemeinsam mit den Sicherheitsexperten und dem Betriebsarzt – methodisch vorgehen.

So muß er zum Beispiel (möglichst zusammen mit einem Arbeitsmediziner) feststellen, welchen Belastungen der Betroffene im Schichtablauf ausgesetzt ist, um zu ermitteln, ob eine Überbeanspruchung – auch kurzfristig – vorliegt, die zu Fehlhandlungen Anlaß geben kann. Sicherheitsanalysen unter Ermittlung der entsprechenden Daten sind hierzu ein geeignetes Mittel; darauf wird noch eingegangen.

8.6.1 Unfälle und Berufserkrankungen analysieren

Anzeige von
Unfällen und
Berufskrankheiten

Um genauere Vorstellungen darüber zu gewinnen, an welchen Stellen im Betrieb Unfälle und Berufserkrankungen auftreten können und welcher Art diese sind, sollte eine Analyse der bisher aufgetretenen Unfälle und Berufserkrankungen vorgenommen werden. Dafür steht die Sicherheitsfachkraft mit den entsprechenden Spezialkenntnissen zur Verfügung. Im Falle der Analyse von Berufserkrankungsanzeigen wird der Arbeitsstudienmann zur inhaltlichen Auswertung auf jeden Fall den Betriebsarzt hinzuziehen. Unfallanzeigen (Bild 191) und Berufserkrankungsanzeigen (Bild 192) sind auf einheitlichen amtlichen Vordrucken vorzunehmen. Sorgfältig ausgefüllte Anzeigen geben konkrete Hinweise auf die Ursachen des Unfalles oder der Erkrankung und somit auch Ansatzpunkte für das Beseitigen bestehender sicherheitswidriger oder gesundheitsgefährdender Zustände und Handlungen.

Zweck jeder Unfallanalyse ist es, die Stellen im Betriebsablauf zu finden, an denen Unfälle beziehungsweise Berufserkrankungen auftreten können, um die dort vorhandenen Bedingungen hinsichtlich Arbeitssicherheit und Gesundheitsgefährdung zu überprüfen.

Absender (Stempel)

UNFALLANZEIGE

① Mitgliedsnummer

② Gewerbeaufsichtsamt / Bergamt

③ Betriebsnummer des Arbeitsamtes

4 Anschriftenfeld für den Empfänger der Unfallanzeige

Eingangsstempel

An die

Berufsgenossenschaft der Feinmechanik
und Elektrotechnik
Bezirksverwaltung Köln

5000 Köln 51

Oberländer Ufer 130

Gefahrtarif, unter dem das Entgelt des
Verletzten nachgewiesen wird, hier einsetzen.

Die mit ◯ gekennzeichneten Fragen sind im Vordruck erläutert

Angaben zum Verletzten

5 Name, Vorname   ⑥ Versicherungsnummer oder Geburtsdatum — Tag | Monat | Jahr

7 Postleitzahl   Ort   Straße

8 Familienstand: ledig | verheiratet | verwitwet | geschieden   9 Geschlecht: männlich | weiblich   10 Staatsangehörigkeit

11 Zahl d. Kinder unter 18 Jahren — zwischen 18 und 25 Jahren, soweit in Schul- oder Berufsausbildung   ⑫ Als was ist der Verletzte regelmäßig eingesetzt?   ⑬ Seit wann bei dieser Tätigkeit?

⑭ In welchem Teil des Unternehmens ist der Verletzte ständig tätig?   15 Ist der Verletzte Leiharbeitnehmer? nein | ja

16 Ist der Verletzte minderjährig, entmündigt oder steht er unter Pflegschaft? Ggf. Name und Anschrift des gesetzlichen Vertreters — nein

17 Ist der Verletzte der Unternehmer, Mitunternehmer, Ehegatte des Unternehmers oder mit diesem verwandt? Art der Verwandtschaft — nein | Unternehmer | Mitunternehmer | Ehegatte | verwandt

⑱ Krankenkasse des Verletzten (Name, Ort)   19 Anspruch auf Arbeitsentgelt besteht bis Tag Monat   20 Hat der Verletzte die Arbeit wieder aufgenommen? nein | ja, am Tag Monat

Angaben zur Verletzung

㉑ Verletzte Körperteile   ㉒ Art der Verletzung

23 Welcher Arzt hat den Verletzten nach dem Unfall **zuerst** versorgt? (Name, Anschrift)   24 Ist der Verletzte tot? nein | ja

25 Welcher Arzt behandelt den Verletzten **zur Zeit?** (Name, Anschrift)

26 Falls sich der Verletzte im Krankenhaus befindet, Anschrift des Krankenhauses: ㉗ Unfallzeitpunkt Tag Monat Jahr Stunde Minute

28 Hat der Verletzte die Arbeit eingestellt? nein | sofort | später, am Tag Monat   29 Beginn der Arbeitszeit des Verletzten Stunde Minute   30 Ende der Arbeitszeit des Verletzten Stunde Minute

㉛ Unfallstelle (genaue Orts- u. Straßenangabe, auch bei Wegeunfällen)

Angaben zum Unfall

32 An welcher Maschine ereignete sich der Unfall? (auch Hersteller, Typ, Baujahr)

㉝ Welche technische Schutzvorrichtung oder Maßnahme war getroffen?   ㉞ Welche persönliche Schutzausrüstung hat der Verletzte benutzt?

35 Welche Maßnahmen wurden getroffen, um ähnliche Unfälle in Zukunft zu verhüten?

36 Wer hat von dem Unfall zuerst Kenntnis genommen? (Name, Anschrift des Zeugen)   War diese Person Augenzeuge? nein | ja

㊲ Ausführliche Schilderung des Unfallherganges (bei Verkehrsunfällen auch Angabe der aufnehmenden Polizeidienststelle)

Arbeitsbereich

unfallauslösender Gegenstand

Bewegung des Gegenstandes

Tätigkeit des Verletzten

Bewegung des Verletzten

38 Datum   39 Unternehmer oder Stellvertreter   ㊵ Betriebsrat (Personalrat)   41 Sicherheitsbeauftragter

Zu beziehen durch: Carl Lang'sche Druckerei KG, 5 Köln 1, Severinwall 4, Telefon 31 15 41

Unfallanzeige   Bild 191

Bild 192   Anzeige über eine Berufskrankheit

8.6.2 Unfallarten und Unfallursachen

8.6.2.1 Unfallarten feststellen

Unfallschwerpunkte treten in bestimmten Arbeitssystemen, an oder infolge bestimmter Arbeitsgegenstände und bei bestimmten Tätigkeiten (oder bei Unterbrechung der Tätigkeiten) auf. Der Arbeitsgestalter muß dies in seine Überlegungen einbeziehen.

Arbeitssysteme, Gegenstände, Tätigkeiten

Grundsätzlich sollen alle Schädigungen vermieden werden, die

– durch die Betriebsmittel, an denen der Mensch arbeitet,
– durch Einrichtungen oder Anlagen, die den Arbeitsplatz umgeben,
– durch Umgebungseinflüsse, die auf den Menschen einwirken,
– durch die verwendeten Werkzeuge und Arbeits- beziehungsweise Betriebsstoffe,
– durch die benützten Transport- und Fördermittel,
– beim Aufenthalt an einem bestimmten Platz,
– bei der Fortbewegung oder durch die Art der Arbeitsorganisation

eintreten können. Bei seiner Tätigkeit an den angegebenen Orten oder Gegenständen kann der Mensch

gegen etwas stoßen (gegen einen festen Gegenstand, der entweder nicht da sein sollte oder den er nicht wahrnimmt)

Bild 193

Durchgänge mit zu geringen Höhen können bei großen Personen zu Kopfverletzungen führen. Der Bereich der Anstoßgefahr muß entsprechend durch Sicherheitsfarben markiert werden. Nach Möglichkeit ist die Anstoßgefahr durch ein schräg angebrachtes Brett mit Dämpfungselementen oder ein Kunststoffpolster zu vermindern.

Bild 194

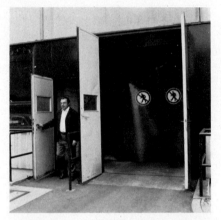

von etwas gestoßen oder getroffen werden

Personen- und Fahrverkehr sind an Eingängen, Ausgängen und Durchgängen voneinander zu trennen. Für den Bereich des Fahrverkehrs sind Fußgängerverbotszeichen anzubringen.

Bild 195

eingeklemmt oder eingequetscht werden

Arbeitsbereiche, in denen Quetschgefahr besteht (Pressen), können durch Abschirmungen gesichert werden. Während der gefahrbringenden Schließbewegung ist dann der Arbeitsbereich abgeschirmt.

Bild 196

sich abscheuern, abschürfen oder schneiden

Beim Umgang mit Blechen besteht die Gefahr von Handverletzungen. Durch Tragen geeigneter Schutzhandschuhe kann Schnittverletzungen entgegengewirkt werden.

fallen, stolpern oder ausgleiten

Bild 197

Speziell in Naßbereichen (Küche) muß
auf rutschfesten Fußboden und Tragen
von Schutzschuhen geachtet werden.
Die Verwendung rutschfester Fliesen
und rutschfesten Sohlenmaterials der
Schutzschuhe helfen mit, Unfälle durch
Ausgleiten zu vermeiden.

*durch etwas verbrannt, verätzt
oder vergiftet werden*

Bild 198

Beim Umgang mit gefährlichen Arbeitsstoffen sind insbesondere persönliche
Schutzausrüstungen zu verwenden.
Durch Gesichtsschutzschirm, Schutzhandschuhe und Arbeitsschutzkleidung
werden Verätzungen vermieden. Atem-
schutzgeräte verhindern Vergiftungen
von Lunge und Atemorganen durch
schädliche Stäube, Gase oder Dämpfe.

*durch physikalische Einwirkun-
gen erkranken*

Bild 199

Arbeiten an Werkzeugmaschinen mit
Lärmpegeln über 90 dBA erfordern die
Kennzeichnung des Arbeitsplatzes mit
einem Gebotszeichen und das Tragen
von persönlichem Gehörschutz.

Bild 200

*sich Verstauchungen, Verren-
kungen oder Zerrungen zu-
ziehen*

Schwerlasten sind in der Regel mit
Transportvorrichtungen zu bewegen.
Beim Handhaben von schweren oder
unförmigen Lasten an Stellen, wo
Transportvorrichtungen nicht verwendet werden können, müssen zwei oder
mehr Personen eingesetzt werden.

Mit den Bildern 193 bis 200 und den dargestellten Unfallgefahren – die
man sich leicht merken kann – sind wohl die hauptsächlichsten Unfall-
möglichkeiten in den Betrieben erfaßt.

Unfallgefahren
sehen

Poppelreuter bemerkt bei seiner Darstellung der besonderen arbeitspsychologischen Voraussetzungen für den Arbeitsstudienmann, daß die Fähigkeit, Arbeitsbesonderheiten, vor allem Arbeitsmängel, zu sehen, eine
Sonderbegabung ist. Er unterscheidet zwei Arten des Sehens von Mängeln: nämlich einmal die „spontane Art", bei der ohne besondere Absicht
Mängel auffallen, oft zugleich mit der „intuitiven" Erfassung von Möglichkeiten, sie zu verhindern. Die zweite Art ist die Fähigkeit des Mängelse-
hens bei „ausdrücklich auf Mängel gerichteter Einstellung". Dazu kann
man sich erziehen, und zwar durch die Beobachtung in mehreren
Durchgängen, wobei man jeweils auf eine andere Komponente des gesamten Sachverhaltes achtet.

Maßnahmen
gemeinsam mit der
Sicherheitsfach-
kraft ergreifen

Grundsätzlich kommt es also darauf an, daß der Arbeitsstudienmann in
der Lage ist, ungewöhnliche Situationen, Ablaufmängel und damit verbundene Gefahren zu *erkennen*. Um dann geeignete Maßnahmen zur
Vorbeugung beziehungsweise zur Abhilfe ergreifen zu können, müßte
der Arbeitsstudienmann *alle einschlägigen Vorschriften* (zum Beispiel
ArbStättVO und -Richtl., UVVen) kennen. Da hiervon nicht unbedingt
ausgegangen werden kann, sollte sich der Arbeitsstudienmann über
das, *was* im konkreten Fall *wie zu tun ist,* unbedingt mit der *Fachkraft für
Arbeitssicherheit* abstimmen.

8.6.2.2 Unfallursachen ermitteln

Was einem Menschen im Betrieb zustoßen kann, wird meist – wie nun bekannt – durch betriebliche Gegebenheiten ausgelöst, die als sicherheitswidrige Zustände oder Verhaltensweisen bezeichnet werden können. Die Gründe dieser sicherheitswidrigen Zustände oder Verhaltensweisen können in einer *falschen, sicherheitswidrigen Organisation* liegen. Die Ursachen müssen erkannt werden, denn nur erkannte Gefahren kann man meiden und unschädlich machen.

Erkennen von Gefahren

Die folgenden Zusammenfassungen geben eine Übersicht über die häufigsten Unfallursachen bei sicherheitswidrigen Zuständen und sicherheitswidrigem Verhalten.

A) *Sicherheitswidrige Zustände*

1) an Schutzvorrichtungen und Sicherheitseinrichtungen (an Betriebsanlagen und -einrichtungen, Betriebsmitteln und persönlichen Schutzmitteln):

mangelhafte Sicherheitseinrichtungen

a) fehlende Schutzvorrichtungen (Gitter, Geländer, Abdeckung, Absaugung, Lichtschranke, Sicherheitsventile usw.).

b) schadhafte, ungenügende und den Menschen behindernde Schutzvorrichtungen und Sicherheitseinrichtungen (unzweckmäßige Zweihandeinrückungen, Schutzgitter mit zu großer Öffnungsweite usw.),

c) fehlende Körperschutzmittel (Schutzhelm, -brillen, -handschuhe, -schuhe, Beinschützer, Schutzanzüge, -gurte, -schilde, -drahtgewebe, Atemgeräte, Gehörschutz usw.),

d) fehlerhafte und schadhafte persönliche Schutzausrüstung (verschlissene Stoffe, Imprägnierung nicht mehr wirksam, sperriger und zu schwerer Atemschutz, glatte Schuhsohlen, schadhafte Schutzbrillen),

2) an Betriebsmitteln (Maschinen, Werkzeuge, Vorrichtungen, Arbeitstische, ortsfeste und bewegliche Transporteinrichtungen, Werkstoffe, Betriebsstoffe, Arbeitsmittel):

mangelhafte Betriebsmittel

a) schadhafte Betriebsmittel (rauhe, schlüpfrige, scharfkantige, verschlissene, ausgefranste, mit Grat versehene, gerissene usw. Teile; fehlende Sicherungssplinte),

b) mangelhaft konstruierte und ungeeignete Betriebsmittel (Hebel zu weit auseinander oder zu nahe zusammen, Schalter in der Nähe sich bewegender Teile, ungünstiges Blickfeld, falscher Sicherheitsanstrich an Maschinenteilen),

Mängel an
Betriebsanlagen
und
-einrichtungen

3) an Betriebsanlagen und Betriebseinrichtungen:

a) fehlerhaft geplante und schadhafte Betriebsanlagen und -einrichtungen (zu enge Baulichkeiten, flurungleiche Gebäude, veraltete Transporteinrichtungen, zu enge Transportwege, beschädigte Gleisanlagen, ungleiche Treppenstufen, zu steile Rampen, zu kleine Türen, zu schwache Geländer, unebene Wegflächen, fehlerhaft verlegte und schadhafte elektrische Leitungen),

b) den Menschen behindernde Anordnung von Betriebsanlagen und -einrichtungen (Beengung, Unübersichtlichkeit, Platzmangel, Unzugänglichkeit),

c) sicherheitswidrige Beleuchtung (unzureichende Beleuchtung, Blendung, arbeitsbehindernde Kontraste, ungünstige Schattenbildung, Zwielicht, unzweckmäßige Farbe der Beleuchtung, flackernde Leuchtstofflampen, fehlende Notbeleuchtung),

d) unzureichendes Raumklima (mangelhafter Luftwechsel, schädliche Dämpfe, zu hohe oder zu niedrige Temperatur, zu hohe oder zu geringe Luftfeuchtigkeit oder Luftbewegung, fehlende Be- und Entlüftung, Zugluft),

e) schädlicher Lärm, Vibration, Feuchtigkeit (zu hoher Schallpegel, zum Beispiel durch kreischende Sägen, Behinderung durch Erschütterungen, nasse Fußböden ohne Schutzroste),

f) Unordnung an Arbeitsplätzen und auf Verkehrswegen (gegenseitige Behinderung, verstellte Verkehrswege, ungepflegtes Werkzeug, verschmutzte Sichtfenster auf Steuerständen, Stolpergefahr durch Abfälle und Zuleitungen),

g) gefährliche Lagerung (Platzmangel, gefährliches Stapeln, verschobener Schwerpunkt, sicherheitswidriges Lagern brennbarer, explosiver oder giftiger Stoffe, zu schwache Gerüste und Regale, unzweckmäßige Leitern),

Organisations-
mängel

4) beim Personaleinsatz:

a) Einsatz ungeeigneter Arbeitskräfte (unzureichende Eignungsfeststellung bei Neueinstellungen und Umbesetzungen),

b) unzureichende Unterweisung und Einweisung bei Neueinstellungen und Umbesetzungen (nicht ausreichende Vermittlung der für die Arbeit benötigten Kenntnisse und Fertigkeiten; mangelnder Hinweis auf vorhandene Unfallgefahren und die dagegen zu ergreifenden Schutzmaßnahmen sowie auf die Unfallverhütungsvorschriften; fehlende Wiederholungsunterweisung).

c) Überforderung der Mitarbeiter
 – durch Anwendung sicherheitswidriger Arbeitsverfahren (Arbeit mit unzureichenden Betriebsmitteln (wie zum Beispiel zu niedrige Leitern, ungesicherter Umgang mit gesundheitsschädlichen Stoffen),
 – durch nicht angemessene Vorgabezeiten bei gefährlichen Arbeiten,
 – durch zu gering bemessene oder fehlende Erholungszeiten,
 – durch nicht in Anspruch genommene Erholungszeiten,
 – durch falsche Zusammensetzung der Arbeitsgruppe (hinsichtlich Anzahl und persönlicher Eigenart der Mitarbeiter),
 – durch Unzufriedenheit über nichtbeseitigte Unfallursachen.

5) durch Aufsichtsmängel:
a) fehlende Kompetenz- und Verantwortungsregelung,
b) ungeeignete Aufsichtspersonen.

6) durch Informationsmängel:
a) mangelnde Möglichkeit für Vorgesetzte, Mitarbeiter und Arbeitsgestalter, sich gegenseitig über sicherheitsfördernde oder sicherheitsgefährdende Angelegenheiten rechtzeitig und genau zu informieren,
b) fehlende Hinweis-, Warn-, Gebots- oder Verbotsschilder.

B) *Sicherheitswidriges Verhalten*

1) Sicherheitswidriger Umgang mit Betriebsmitteln und Betriebsanlagen:

Sicherheitswidriger Umgang mit Betriebsmitteln

a) mit zu hoher Drehzahl arbeiten, zum Beispiel um einen höheren Zeitgrad zu erreichen,
b) Sicherheitseinrichtungen oder Schutzvorrichtungen entfernen oder blockieren,
c) unzweckmäßige oder schadhafte Werkzeuge benützen,
d) gefährlich abstellen, laden oder transportieren,
e) leichtfertig mit gefährlichen Stoffen umgehen,
f) Betriebseinrichtungen und -anlagen vorschriftswidrig belasten.

Sicherheits-
widrige
Handlungen

2) Sicherheitswidrige Handlungen:

a) eigenmächtig und unbefugt handeln,

b) sich an gefährlichen Stellen entgegen geltenden Vorschriften aufhalten,

c) sich durch unzweckmäßige Körperhaltung oder -stellung gefährden,

d) unzweckmäßige oder schadhafte Schutzausrüstung verwenden,

e) verkehrswidrig fahren,

f) andere bei der Arbeit stören, ablenken, necken, ärgern, erschrecken,

g) Nichteinhaltung der AZO-Pausenregelung und der vorgegebenen Erholungszeiten.

Sicherheits-
widrige
Unterlassungen

3) Sicherheitswidrige Unterlassungen:

a) Erkannte Gefahren nicht melden oder nicht beseitigen,

b) gefährliche Stellen nicht absichern,

c) nicht warnen vor Gefahren,

d) Sicherheitsvorrichtungen nicht oder nur unzureichend anbringen,

e) nicht mit den vorgeschriebene Arbeitsmitteln arbeiten,

f) nicht für Ordnung und Sauberkeit sorgen,

g) keine Schutzkleidung oder sonstige vorgeschriebene Schutzausrüstung verwenden.

Abstellen
erkannter Mängel

Sicherheitswidriges Verhalten der Mitarbeiter abzustellen, gehört in erster Linie zum Aufgabengebiet der Aufsichtspersonen beziehungsweise der Vorgesetzten. Bei der Beseitigung von Mängeln beim Personaleinsatz sollte auch der Arbeitsgestalter mitwirken, indem er – möglichst gemeinsam mit der Sicherheitsfachkraft – brauchbare Unterlagen für die Unterweisung der Mitarbeiter erstellt und indem er die Zeitaufnahmebogen vollständig ausfüllt. So muß zum Beispiel bei jeder Zeitaufnahme aus den Unterlagen hervorgehen, mit welchen Betriebsmitteln gearbeitet wird. Es ist ferner anzugeben, ob Schutzkleidung oder Schutzausrüstung verwendet werden muß, und welche Belastung bei der Arbeit auftritt. Der Arbeitsstudienmann sollte notfalls auch in der Lage sein, dem Mitarbeiter die Sicherheitsvorschriften zu erläutern, wenn dieser zum Beispiel infolge mangelhafter Unterrichtung sicherheitswidrig handelt.

8.6.3 Sicherheitsanalyse

Aus dem Vorangegangenen dürfte deutlich geworden sein, daß Arbeitssicherheit nur dann erreicht wird, wenn die mit der Arbeit verbundenen Gefahren erkannt werden. Sichere Arbeitsgestaltung verlangt also zweierlei:

Vermeidbare und unvermeidbare Gefahren

1) Vermeidbare Gefahren beseitigen,
2) unvermeidbare Gefahren erkennbar und durch Schutz der Mitarbeiter unschädlich machen.

Für beide Aspekte betrieblicher Verlustquellenbekämpfung kann der Arbeitsgestalter wichtige Vorarbeit leisten, vor allem durch Mitwirkung beim Erstellen einer *Sicherheitsanalyse*. (Die noch weitergehende Gefährdungsanalyse kann im Regelfall nur eine Sicherheitsfachkraft durchführen.)

Sicherheitsanalyse

Unter einer Sicherheitsanalyse versteht man die Beschreibung des Arbeitsablaufes an einem Arbeitsplatz mit dem Ziel, möglichst alle Gefahren im Arbeitsablauf festzustellen, sie schriftlich festzuhalten und damit ihre Beseitigung oder Verringerung vorzubereiten.

Definition

Die Sicherheitsanalyse ist unter anderem Unterlage für die Arbeits- und Sicherheitsunterweisung und die Beschaffung, Bevorratung und Ausgabe von Körperschutzmitteln (zum Beispiel verschleißbehaftete Schutzausrüstungen).

Die Erkenntnisse einer Sicherheitsanalyse werden zweckmäßigerweise auf einem besonderen Vordruck zusammengefaßt, der entsprechend den Bildern 201 und 202 in drei Spalten gegliedert werden sollte:

Vordruck

1) Ablaufabschnitt,
2) Vorsichtsmaßnahmen (Sicherheitshinweise, Verhaltensregeln, erforderliche Körperschutzmittel) und
3) Gefahren (Merkmale der gefährlichen Tätigkeiten).

Die Reihenfolge der Spalten 2) und 3) ist austauschbar. Wie die folgenden Beispiele zeigen (Bilder 201 und 202), ist auch die schriftliche Form nicht an starre Regeln gebunden.

Beispiele

Sicherheitsanalyse	(Ergänzungsblatt zum Zeitaufnahmebogen Z 1 oder Z 2)	Ablage-Nr.
		Blatt von Blättern

Nr.	Ablauf- abschnitt	Vorsichtsmaßnahmen	Gefahren
1.	Zum Lager- platz der Ble- che gehen und das zum Sortieren be- stimmte Pa- ket aussu- chen.	a Ausreichenden Abstand von den ge- lagerten Stapeln halten. b Transportwege und Arbeitsplätze von Kanthölzern und Verpackungs- material freihalten. c Bleche dürfen nicht über den Palet- tenrand hängen. d Blechtafeln nicht weiter als 20 cm vom Palettenrand ablegen.	Sonst Verletzungen b. Anstreifen an scharfkantigen Blechpaketen. Sonst Stolper- und Sturzgefahr. Sonst Abrutschen der Blechpakete beim späteren Transport möglich. Sonst Verletzungen beim späteren Wenden der Bleche durch unsicheren Stand.
2.	Paket mit dem Greifer an den Kran hängen.	a Der Kranführer hat nach den Wei- sungen des Anschlägers zu fahren. Dieser muß die festgelegten Zeichen geben. b Ring des Greifers seitlich mit beiden Händen greifen – Daumen oben – und in Kranhaken rutschen lassen (Handschuhe und Armschutz tragen). c Kran genau über Mitte der Last ein- weisen. d Vor Anheben der Last auf freien Be- wegungsraum nach hinten achten. Dann von der Last zurücktreten. Vor- sicht beim Rückwärtsgehen! e Hakenabstand der Traverse auf ent- sprechende Breite des Paketes oder der Palette einstellen. Haken ganz unter das Paket schieben.	Sonst Mißverständnisse und evtl. Personenschäden. Sonst Handquetschungen beim Ein- hängen und Anschlagen. Sonst pendelt schräggezogene Last. Sonst Stoß- und Quetschgefahr durch Last. Sonst Herausrutschen möglich.
3.	Kran zum Sortiertisch einweisen und Paket abhängen.	a Bereich unter der schwebenden Last meiden. Aus dem Fahrbereich des Kranes bleiben. Ggf. andere Perso- nen warnen. b Erst unter die Last greifen, wenn die- se auf dem Sortiertisch liegt. c Greifer beim Abhängen an den Grif- fen greifen, ganz wegziehen. Beim Aufziehen festhalten und erst über Kopfhöhe loslassen.	Sonst Gefahr durch pendelnde oder herabfallende Last. Sonst Handquetschungen. Damit die Last nicht wieder erfaßt wird. Damit Greifer nicht gegen andere Mitarbeiter schlägt.
	Es folgt das Herbeitransportieren des Verpackungsmaterials für die sortierten Bleche, das in dieser Beschreibung übergangen wird.		
9.	Einzelblech von Paket aufnehmen, wenden und in oder auf Verpackung legen.	a Nach den vorgegebenen Maßen auf beiden Seiten prüfen. Sortiermaß- stab beim Kontrolleur erfragen. Feh- lerhafte Tafeln nach links (vom 1. Sortierer!) ablegen. Der erste Sortierer gibt Kommando „hoch", „gut" und „weg". b Schutzhandschuhe und Armschutz tragen. c Tafeln fest greifen. d Tafeln gleichzeitig heben, wenden und ablegen, klares Kommando.	Um Mißverständnisse zu vermeiden. Sonst Schnittverletzungen. Sonst Abrutschen. Sonst Mißverständnisse und Körper- schäden.

Bild 201   Sicherheitsanalyse (Beispiel 1)

| Sicherheitsanalyse | (Ergänzungsblatt zum Zeitaufnahmebogen Z 1 oder Z 2) | Ablage-Nr. |
| | | Blatt von Blättern |
Nr.	Ablaufabschnitt	Vorsichtsmaßnahmen	Gefahren
		Besondere Sicherheitsmaßnahmen: 1. Das Bohrwerk ist mit 3 Notaus-schaltern ausgerüstet 2. Das Steuerpendel ist verfahrbar und von jedem Standort aus zu bedienen 3. Auf dem Steuerpendel sind in Form eines Schaubildes alle Be-dienungselemente abgebildet 4. Arbeitsplatzbeleuchtung mit einer 42-V-Lampe mit Haftmagnet 5. Werkzeugaufnahme und Spindel sind ohne Keile und Muttern aus-geführt	Ständige Gefahren in der Arbeits-platzumgebung: Arbeitsplatz befindet sich unter der Kranbahn
1.	Anlieferung des Rohlings mit Hal-lenkran-Hilfe 1 Anhänger	a Schulung der Kranführer und An-hänger, stets gleiche Zeichen verwenden b Last vorschriftsmäßig anschlagen c Belastungstabellen aushängen und beachten Einwandfreie Anschlagmittel ver-wenden	Durch falsches, unsachgemäßes Anhängen der Last, schlechte Ver-ständigung mit dem Kranführer oder schadhafte Anschlagmittel können Quetschungen und Verlet-zungen entstehen
2.	Aufspannen und Ausrichten Facharbeiter und ein Helfer	a Schutzschuhe tragen b Ringschlüssel mit aufgeschweiß-tem Verlängerungsrohr ver-wenden	Bei dem schweren Spannmaterial sind Fußverletzungen möglich Beim Anziehen der Spannschrau-ben Ausrutschen auf dem Spann-bett möglich Gefahr von Handverletzungen durch Aufsteckrohre für Schrauben-schlüssel
3.	Ansetzen von 3Bohrungen nach Zeichnung, auf Meßgenauigkeit achten	a Zum Entfernen der Bohrspäne Spänehaken benutzen b Eng anliegende Kleidung tragen	Beim Bohren entstehen lange Bohr-späne Beim Beobachten des Bohr- und Fräsfortschrittes ist ein Erfaßtwer-den durch das umlaufende Werk-zeug möglich
4.	Fräsen nach Zeichnung, Plan-fräsen an mehre-ren Stellen des Werkstückes	a Spannbett öfters säubern b Beim Verfahren des Bohrwerkes auf sicheren Stand achten, Schutzschuhe mit Profilsohle tragen c Augenschutz verwenden (Schutzbrille)	Die Frässpäne bilden auf dem Spannbett eine Rutschgefahr Abspritzende Späne können Augen-verletzungen hervorrufen Beim Verfahren des Bohrwerkes ist Abrutschen in die Spänefanggrube möglich
5.	Kanten brechen an den gebohrten und gefrästen Stellen mit dem Drehstahleinsatz der Maschine	Umsichtig arbeiten, vorschriftsmäßi-ges Werkzeug verwenden	Beim Werkzeugwechsel Gefahr von Handverletzungen am Fräskopf
6.	Fräsen einer Hohl-kehle nach Zeich-nung, genaues Maßeinhalten wichtig		
7.	Kantenbrechen an der 410-mm-Bohrung auf der Rückseite des Werkstückes		

Sicherheitsanalyse (Beispiel 2)   Bild 202

Bei dem Beispiel „Bleche sortieren" (Bild 201) liegen die primären Gefahren in der Möglichkeit sicherheitswidrigen Verhaltens der beiden Sortierer wegen fehlender Koordination oder mangelnder Verständigung. (Deshalb wurden die einzelnen Ablaufabschnitte hier durch detaillierte Anweisungen in der Spalte „Vorsichtsmaßnahmen" ergänzt.)

Beim zweiten Beispiel (siehe Bild 202) handelt es sich um einen ortsfesten Einzel-Arbeitsplatz in der Fräserei eines Maschinenbaubetriebes. Hier sind Detailanweisungen nicht erforderlich. Diese Sicherheitsanalyse dient vorwiegend der Ermittlung erforderlicher Arbeitsschutzmittel und Schutzvorrichtungen (Vorgang: Bearbeiten [Bohren und Fräsen] eines Kipphebels, Gewicht: 4 300 kg).

Bild 203　　Zweihand-Sicherheits-Einrückung an Karosseriepressen (Werksfoto: Schuler)
Durch die zwangsweise nur mit beiden Händen gleichzeitig zu betätigende Auslösevorrichtung ist eine Gefährdung der Mitarbeiter während des Preßvorgangs ausgeschlossen. Der Werkzeugraum ist zusätzlich durch Lichtgitterschranken abgesichert. Der auffällige Anstrich der Pressenoberkanten dient als Warnung für den Kranführer.

Da der Arbeitsstudienmann gelernt hat, in Systemen zu denken und Arbeitsplätze sowie -abläufe systematisch und menschengerecht zu gestalten, erscheint er als der ideale Partner der Sicherheitsfachkräfte. Er
sollte von sich aus die Zusammenarbeit mit den Sicherheitsexperten im
Betrieb suchen – und zwar unabhängig davon, ob ein solches Zusammenwirken im Einzelfall organisatorisch geregelt ist oder nicht. Denn er
stellt dabei nicht nur sein Wissen und seine Erfahrungen zur Verfügung,
sondern gewinnt selbst eine Fülle neuer Erkenntnisse und Erfahrungen,
die auch für seine sonstige Tätigkeit nützlich sind.

Mitwirkung des Arbeitsstudienmannes bei der betrieblichen Sicherheitsarbeit

Einen größeren Einfluß auf die betriebliche Sicherheitsarbeit gewinnt der
Arbeitsstudienmann dann, wenn er die Funktion eines Sicherheitsbeauftragten übernimmt oder wenn er zur Fachkraft für Arbeitssicherheit bestellt wird. (Das allerdings setzt eine bestimmte berufliche Qualifikation
und Berufspraxis sowie den erfolgreichen Abschluß einer Ausbildung
zum Erwerb der erforderlichen Sicherheitsfachkunde voraus. Näheres
regeln das Arbeitssicherheitsgesetz und die zugehörige Unfallverhütungsvorschrift VBG 122.)

Der Arbeitsstudienmann als Sicherheitsbeauftragter oder Sicherheitsfachkraft

Literatur

Arbeitsunfallstatistik für die Praxis 1984. Herausgegeben vom Hauptverband der gewerblichen Berufsgenossenschaften e.V., Bonn

Compes, P.C.: Betriebsunfälle – wirtschaftlich gesehen. Aulis-Verlag, Köln 1965

Gürtler,H.: Sicherheitsarbeit; Arbeitsblätter, Formulare, Übersichten. Verlag Moderne Industrie, München 1978

Krause, H.; Pillat, R.; Zander, E.: Arbeitssicherheit, Handbuch für Unternehmensleitung. Betriebsrat und Führungskräfte (Loseblattsammlung). R. Haufe Verlag, Freiburg i. Br., Stand 1984

Opfermann, R.; Streit, W.: Arbeitsstätten (Loseblattsammlung). Deutscher Fachschriften-Verlag, Wiesbaden, Stand 1984

Rehhahn, H.: Umrisse einer betrieblichen Sicherheitsstrategie und deren Organisation. Herausgegeben von der Bundesanstalt für Arbeitsschutz und Unfallforschung; Wirtschaftsverlag Nordwest, Wilhelmshaven 1974

Rehhahn, H.: Einflußmöglichkeiten und Verantwortung des Arbeitsstudienmannes für sichere Arbeitssysteme, in REFA-Nachrichten, H. 5/1979

Schommer, H.-D.: Kleines Handbuch der betrieblichen Sicherheitstechnik. Verlag W. Girardet, Essen 1979

Siller,E.; Schliephacke, J. (Bearb.): Arbeitsschutz praktisch organisiert. Muster-Modelle-Möglichkeiten. Herausgegeben von der Berufsgenossenschaft Feinmechanik und Elektrotechnik, Köln 2., ergänzte Aufl. 1979

Dies.: Neues Recht im Arbeitsschutz; Arbeitssicherheitsgesetz für die Praxis, mit Beispielen und Lösungsvorschlägen. Herausgegeben von der Berufsgenossenschaft Feinmechanik und Elektrotechnik, Köln, 2. Aufl. 1976

Skiba, R.: Taschenbuch Arbeitssicherheit. Erich Schmidt Verlag, Bielefeld, 4. Aufl. 1979.

Stichwortverzeichnis

Methodenlehre des Arbeitsstudiums (MLA)

Teil 3: Kostenrechnung, Arbeitsgestaltung

In dem folgenden Stichwortverzeichnis bedeutet zum Beispiel:

Arbeitsgestaltung **70**, 286, 333

Das Stichwort „Arbeitsgestaltung" ist in der MLA (Methodenlehre des Arbeitsstudiums), Teil 3, auf Seite 70 definiert (deshalb ist diese Angabe fett gedruckt); außerdem finden sich auf den Seiten 286 und 333 noch weitere Aussagen über dieses Stichwort.

Ein Gesamtstichwortverzeichnis der Methodenlehre des Arbeitsstudiums (MLA) befindet sich am Ende von Teil 1 der MLA.

A

ABC-Analyse   82, 340
Abgrenzung von Aufwand und Kosten   16
Ablauf-
– analyse   **112**
– –, Darstellungsformen   **116**
– –, Schwerpunkte der   113
– arten, Arbeitsgegenstand   293
– bedingtes Unterbrechen   236
– gestaltung   248, 250
– organisation   70, 248
– prinzipien   249, 250, 252
Abschreibungen   **13**
–, kalkulatorische   14
Alternative Arbeitsorganisationen   222
Anforderungen an den Arbeitsgestalter   74
Anlaufzeit   290
Anthropometrische Arbeitsgestaltung   **142**
–, Prüfliste   142
Äquivalenzzahlenrechnung   34
Arbeits-
– ablaufgestaltung   70, 248
– gegenstand   291
– –, Ablaufarten   293
– gegenstandskosten   23
– gestaltung   **70**, 286, 333
– –, analytisches Vorgehen   73
– –, Anlaß der   91
– –, Anwendungsbereiche   71
– –, Einführung eines neuen Systems   103
– –, Lösungsebenen   94
– –, Minimalforderungen   86
– –, Möglichkeitenliste   99
– –, organisatorische   **207**
– –, Pflichtenheft   87
– –, synthetisches Vorgehen   73
– –, technologische   228
– – und Arbeitssicherheit   371
– –, Voraussetzungen   71
– –, Ziele der   70, 81, 83, 84, 85
– inhalt   **207**, 208
– mittelgestaltung   144
– –, Prüfliste
– – – für handbetätigte Arbeitsmittel   148
– – – für fußbetätigte Stellteile   149
– platz-
– – anordnungen   275
– – gestaltung   70, 137
– – –, anthropometrische   **142**

– – –, ergonomische   142, 347
– – –, informationstechnische   158
– – –, Kriterien   138
– – –, physiologische   **150**
– – – –, Prüfliste Beleuchtung   152
– – – –, Prüfliste Klima   152
– – – –, Prüfliste Lärm   153
– – – –, Prüfliste Muskelarbeit   151
– – – –, Prüfliste Schwingungen   154
– – – –, Prüfliste Stäube, Gase, Dämpfe   154
– – – –, Prüfliste Umgebungseinflüsse   152
– – – –, Prüfliste Informations-
          wahrnehmung   163
– – – –, Prüfliste Informationswahr-
          nehmung durch Fühlen   163
– – – –, Prüfliste Informationswahr-
          nehmung durch Tasten   163
– – – –, Prüfliste optische Informations-
          wahrnehmung   162
– – –, psychologische   **155**
– – –, Schwerpunkte   137
– – –, sicherheitstechnische   **163**
– – typen   **139**
– schutz   164, 347, 348
– – ausschuß   346, 361
– –, Berufsgenossenschaften   350, 358
– –, Gewerbeaufsicht   348
– –, Unfallversicherung   350
– – vorschriften   351, 354
– sicherheit   **344**, 368, 369
– –, Fachkraft für   345, 359, 360
– –, Maßnahmen   344
– –, Rechtsnormen   344
– –, Sicherheitsbeauftragte   346
– – sgesetz   345, 358
– –, Sicherheitsingenieure   345
– – und Arbeitsgestaltung   371
– stättenverordnung   355
– strukturierung   **207**
– strukturierungsprozesse   217
– system
– –, ortsgebunden   **141**
– –, ortsveränderlich   **141**
– systeme, Verkettung der   299
– unfälle   362, 365, 368, 372
– verfahren   228, 230
– wechsel   212
– zeitordnung   355
– zuteilung   286
Arteilung   268, 269

A-Teile   340
Aufbau des BAB   25
Aufgaben-
– bereicherung   **210**, 211
– des BAB   25
– der Kostenrechnung   16
– erweiterung   **209**, 210
Aufwand   **11**
Ausgaben   **11**
Automatische Fertigung   **261**
–, CAD-Systeme   264
–, CAM-Systeme   264
–, Einzelautomat   261
–, flexible Fertigungssysteme   262
–, Industrieroboter   263
–, NC-Technik   263
–, Transferstraße   262
–, Verbundautomat   261

B

Balkendiagramm   126
Bandpause   290
Bandwirkungsfaktor   283
Beidhandarbeit   193, 194, 196
Beleuchtung   152
Berufsgenossenschaften   350
Berufskrankheiten   365, 371, 372, 373
Betriebs-
– abrechnung   17, 21
– – sbogen   25, 26
– ärzte   359, 361
– buchführung   20
– mittelnutzung   231
– übliche Kostenstellen   14
Bewegungs-
– ablauf   183
– elemente   185, 194
– längen   192
– studium   183, 206
– verdichtung   193, 200, 206
– vereinfachung   185, 192, 206
black box   132
Blocklager   310
Brainstorming   96
Bringen   192
B-Teile   340
Budgetkostenrechnung   66

C

CAD-Systeme   264
CAM-Systeme   264
C-Teile   340

D

Dämpfe   154
Darstellung von Abläufen
– durch Beschreibung   116
– in Bildern   120
– in Symbolen   124
Deckungsbeitrag   54
– srechnung   51, 52, 53
DIN   352, 356
Divisionskalkulation   **33**
– mit Äquivalenzzahlen   34
Durchlauf-
– faktor   300
– lager   311
– puffer   260
– zeit   232, 272
DVGW   352, 356

E

Einstellenarbeit   141
Einzel-
– arbeit   141
– automat   261
– kosten   **23**, 24, 37, 38
Engpaßplatz   287
Entwicklungseinzelkosten   39
Ergonomische Arbeitsplatzgestaltung   142, 347
Erholungsbedingtes Unterbrechen   238
Erzeugnisgestaltung   138, 332

F

Fachkräfte für Arbeitssicherheit   345, 359, 360
Fachnormenausschüsse   352
Farbe in Arbeitsräumen   157
Farbgebung   155
Farbgestaltung   155

Fertigungs-
– gemeinkosten 36
– kosten 38
– lohnkosten 23, 36
– stoffeinzelkosten 23
– stundensatz 32
Fixe Kosten 24, **44**, 49
Flexible
– Fertigungssysteme 262
– Montageanlage 205
Fließ-
– arbeit 249, 256, **259**, 272, 273
– fertigung 256, **258**, 272
– –, verfahrenstechnische 265
– reihenfertigung 256, **257**, 280
– systeme
– –, geschlossene 275
– –, offene 275
– transport 258
Fluß-
– diagramm 124
– prinzip **256,** 268, 275, 279, 280, 281
Förder-
– arbeiten 267
– gut 320
– hilfsmittel 302, 303, 320
– mittel 303, 304, 305, 308, 320
– –, Zusammenwirken verschiedener 308
– organisation 320
– vorgänge 302
– wege 298, 318
Fügen 185, 195
Fühlen 160
Funktion **334**
Funktions-
– analyse 337
– –, Kostenvergleich 338
– –, technischer Vergleich 338
– arten 334
– –, Gebrauchsfunktionen 334
– –, Geltungsfunktionen 334
– bedingte Eigenschaften 336
– klassen 334
– –, Hauptfunktionen **335**
– –, Nebenfunktionen **335**
– –, unnötige Funktionen 335
Funktion und Wert 334
Fußbetätigte Stellteile 148

G

Gase 154
Gebrauchsfunktionen 334
Gefahrenstelle 167, 179
Geltungsfunktionen 334
Gemeinkosten 23, **24**, 36, 37, 40
– verrechnungssätze 29, 30
– zuschläge 24
– zuschlagssatz 30, 31
Gerätesicherheitsgesetz 355
Gesamtnutzung 232
– sgrad 232, 233
Geschäftsbuchführung 20
Gestaltungssystem 80
Gewerbe-
– aufsicht 348
– ordnung 344, 354
Gliederung
– der Kosten 23, 24
– des Rechnungswesens 19
Greif-
– abstand 187
– behälter 189, 190
Greifen 187, 188, 190
Grundkosten 16
Gruppenarbeit 141, **214**

H

Handhaben 308, 321
Haupt-
– kostenstellen 14
– nutzung 234
– – sgrad 234
Herstellkosten 37, 38, 332
Hilfskostenstellen 14
Hinlangen 192
Hören 160
Humane Ziele der Arbeitsgestaltung 83
Humanisierung 207

I, J

Industrieroboter 263
Informations-
– fluß 294, 314
– technische Arbeitsplatzgestaltung 158

– wahrnehmung durch	
– – Fühlen	160
– – Hören	160
– – Sehen	158
– – Tasten	160
Interner Leistungsaustausch	28
Investitions-	
– entscheidung	63
– risiko	63
Ist-Kosten	65
Ist-Zustandsanalyse	91, 114
Jugendarbeitsschutzgesetz	354

K

Kalkulation (Kostenträgerrechnung)	33
Kalkulatorische	
– Abschreibungen	14
– Kosten	13, 16
– Zinsen	14
Kennzahlen	29, 30
Klima	152
Konten-	
– klassen	21
– klasse 4	12, 23
– rahmen	21, 23
– – Kontenklasse 4	12, 21, 23
Körpermaße	142
Kosten	**10**
– arten	**12,** 15, 23
– – der Maschinenkosten	40
– – rechnung	22
–, fixe	24
–, Gliederung der	23
–, Ist-	65
–, kalkulatorische	13
– matrix	82
–, Normal-	65
–, Plan-	65
– rechnung	
– –, Aufgabe der	16
– – im Arbeitsstudium	10
– –, Schritte der	18
– rechnungsverfahren	19
–, Soll-	65
– stelle	**14,** 15
– stellenrechnung	22
– träger	**15,** 23
– – rechnung	33

– – stückrechnung	17
–, variable	24
– vergleichsrechnung	18, **56,** 57, 59, 204
Konstruktionseinzelkosten	39
Kritische Stückzahl	**60**
–, Ermittlung der	60, 61, 62

L

Ladeeinheiten	302
Lager-	
– arten	309
–, dezentrale	310
– güter	322
– organisation	321
– ort	322
Lagerung	309
– ssysteme	310, 313, 322
–, zentrale	310
Lärm	153
Leistungsanpassung	283, 284, 285, 287
Leistungsartenrechnung	17

M

Maschinen-	
– kosten	40
– stundensatz	42
Material-	
– einzelkosten	23, 35
– fluß	291, 294, 314
– – gestaltung	249, **291,** 295, 296, 313
– – –, fertigungstechnische Faktoren	299, 319
– – –, fördertechnische Faktoren	301, 320
– – –, Funktionspläne	314, 316, 317
– – –, lagertechnische Faktoren	309, 321
– – –, Leitsätze	314
– – –, methodisches Vorgehen	313
– – –, Prüfliste	
– – – – fertigungstechnische Faktoren	319
– – – – fördertechnische Faktoren	320
– – – – lagertechnische Faktoren	321
– – – – räumliche Faktoren	318
– – –, räumliche Faktoren	296, 318
– – –, Simulation	314
– – –, Untersuchungsmethode	313
– – systeme	292, 315
– gemeinkosten	36

– kosten	36
Mehrfachvorrichtungen	197
Mehrstellenarbeit	141
Mengenabhängige Kosten	23
Mengenteilung	286
Mensch-Maschine-System	158
Minimalforderungen der Arbeitsgestaltung	86
Mischkosten	**46**
–, Zerlegung von	46, 47, 48
Monotonie	155
Montagehilfen	186
Motivation	155
Musik	155
Muskelarbeit	151
Mutterschutzgesetz	355

N

NC-Technik	263
Nebennutzung	235
Netzplantechnik	130
Neutraler Aufwand	11
Normalkosten	65

O

Organisatorische Arbeitsgestaltung	**207**
Organisatorische Ziele der Arbeitsgestaltung	84
Ortsgebundene Arbeitssysteme	141
Ortsveränderliche Arbeitssysteme	141

P

Persönlich bedingtes Unterbrechen	238
Physiologische Arbeitsplatzgestaltung	**150**
– Prüfliste	
– – Beleuchtung	152
– – Klima	152
– – Lärm	153
– – Muskelarbeit	151
– – Schwingungen	154
– – Stäube, Gase, Dämpfe	154
– – Umgebungseinflüsse	152
Plankosten	65, 66
– rechnung	**65,** 66
Platzprinzip	266

Prüfliste	
– akustische Informationswahrnehmung	163
– Beleuchtung	152
– fußbetätigte Stellteile	149
– handbetätigte Arbeitsmittel	148
– Informationswahrnehmung durch	
– – Fühlen	163
– – Tasten	163
– Klima	152
– Lärm	153
– Muskelarbeit	151
– optische Informationswahrnehmung	162
– Schwingungen	154
– Stäube, Gase, Dämpfe	154
– Umgebungseinflüsse	152
– zur anthropometrischen Arbeitsgestaltung	142
Psychologische	
– Arbeitsplatzgestaltung	**155**
– Farbwirkungen	157
Puffer	260, 287
– lager	311, 323

R

Rationalisierungs-	
– ansätze	86, 333, 340
– investitionen	63
Regallager	310
Reihenfertigung	256, **257,** 280
Restfertigungsgemeinkosten	40
Rundtisch	204

S

Schutz-	
– ausrüstungen	180
– einrichtung	167, 173, 174, 175, 177
– systeme	172
Schwarzer Kasten	132
Schwingungen	154
Sechs-Stufen-Methode der Systemgestaltung	**78,** 215, 220, 221, 313, 333, 338
Sehen	158
Selbstkosten	17, 37, 38, 41
Sicherheits-	
– analyse	382
– ausschuß	346
– beauftragte	346

– farben   155
– hinweise   178
– ingenieure   345
– technik   164, 165, 166, 178
– technische Arbeitsplatzgestaltung   163
– widriges Verhalten   380
– widrige Zustände   378
– zeichen   178
Soll-Kosten   65
Soll-Zustands-Analyse   115
Sondereinzelkosten
– der Fertigung   38
– Vertrieb   39
Speicherkopplung   199
Springer   290
Standardkostenrechnung   66, 67
Stapelpuffer   261
Stäube   154
Stellteile, fußbetätigt   148
Störungsbedingtes Unterbrechen   238
Strukturierungsprinzipien   209
Systeme vorbestimmter Zeiten   185
Systemgestaltung   70, 333

T

Takt-
– abstimmung   274, **282**
– ausgleichszeit   289
– zeit   **282**, 285, 288, 289
Tasten   160
Teamarbeit   72
Technische
– Nutzung   239
– Überwachungsvereine   352
Technologische Arbeitsgestaltung   228
Teilkostenrechnung   19, **51**
Teilmechanisierung   200
Transferstraße   262

U

Unfall-
– anzeige   373
– arten   374
Unfälle   **362**, 365, 368, 372
Unfall-
– folgen   **362**
– statistik   364

– ursachen   369, 370, 374, 378
– verhütungsvorschriften   345, 354, 357
– versicherung   350
Umgebungseinflüsse   152
Umlage   28
– schlüssel   28
Umwehrung   170, 171
Unproduktive Ablaufabschnitte   198

V

Variable Kosten   24, **43**, 49
VDE   352, 356
VDI   352, 356
Verbundautomat   261
Verdeckung   170, 171
Verfahrenstechnische Fließfertigung   265
Verkleidung   170
Verrechnung von Kosten über den BAB   25
Verrichtungsprinzip   **254**, 268, 270, 271, 279,
                                              280, 281
Vollkostenrechnung   19
Vorgabezeit   288
Vorrichten   191

W

Wanderprinzip   266
Wegeunfälle   362
Werkbankfertigung   **254**
Werkstättenfertigung   254
Wertanalyse   332, **333**
Wiedergewinnungsdauer   63
Wirtschaftlichkeitsrechnung   56

Z

Zeit-
– abhängige Kosten   23
– banddarstellung   126
Ziele der Arbeitsgestaltung   81, 83, 84, 85
Zinsen   13
– kalkulatorische   14
Zusätzliche Nutzung   236
Zuschlagskalkulation   **35**
– mit Maschinenstundensätzen   40
Zweckaufwand   11